图书在版编目(CIP)数据

和谐美散论/周纪文著. —济南:山东大学出版社,2023.2
(山东大学儒学高等研究院教授自选集)
ISBN 978-7-5607-7634-7

Ⅰ.①和... Ⅱ.①周... Ⅲ.①美学-文集 Ⅳ.①B83-53

中国版本图书馆 CIP 数据核字(2022)第 188735 号

责任编辑 张铭芳
封面设计 王秋忆

和谐美散论
HEXIEMEI SANLUN

出版发行 山东大学出版社
社　　址 山东省济南市山大南路 20 号
邮政编码 250100
发行热线 (0531)88363008
经　　销 新华书店
印　　刷 山东新华印务有限公司
规　　格 880 毫米×1230 毫米 1/32
　　　　 18.25 印张 410 千字
版　　次 2023 年 2 月第 1 版
印　　次 2023 年 2 月第 1 次印刷
定　　价 82.00 元

总　序

山东大学素以文史见长，人文学科为山东大学学术地位和学术声誉的铸就做出了极为重要的贡献。而在目前山东大学的人文学科集群中，2012年重组的儒学高等研究院当之无愧地位于第一方阵，是打造“山大学派”的一支生力军。山东大学儒学高等研究院已成为目前国内规模最大、实力突出的国学研究机构。而儒学高等研究院的前身和主体是2002年成立的文史哲研究院。如此说来，儒学高等研究院已然走过了20年的岁月，恰如一个刚刚走出懵懂、朝气蓬勃的青年。

在这20年的生命历程中，儒学高等研究院锻造形成了鲜明的学术特色，即以中国古典学术为重心，以古文、古史、古哲、古籍为主攻方向。本院学者在中国古典学术领域精耕细作，取得了一批具有时代高度的标志性成果，受到学术界广泛赞誉。这一学术特色使儒学高等研究院积极融入了当代学术主流。20世纪90年代以降，中国人文学术发展的大趋势是从西方化向本土化转型，而古典学术是实现本土化的一项重要资源。儒学高等研究院顺应时势，合理谋划，全力推进，因此成为近20年来中国古典学术研究复兴与前行的重要参与者和推动者。

儒学高等研究院的另一特色是横跨中文、历史、哲学、社会学(民俗学)四个一级学科,并致力于打破学科壁垒,在合理分工的基础上力求多学科协同融合。儒学高等研究院倡导和推行的儒学研究实质上是广义的国学,不以目前通行的单一学科为限。在这种开放多元的学术空间中,本院学者完全依据自身的兴趣和能力进行自主探索、自由创造,做到术业有专攻。目前,本院在史学理论、文献学、民俗学、先秦两汉文学、杜甫研究等若干领域创获最丰,居于海内外领先地位。今后的工作重点是在学科协同和学科整合上做进一步探索尝试,通过以问题为轴心的合作研究产生新的学术优势和学术生长点。

在20年的发展中,儒学高等研究院一方面继承前辈山大学者朴实厚重、精勤谨严的学风,一方面力图贯彻汉宋并重、考据与义理并重、沉潜与高明并重、传世文献与出土文献并重、国学与西学并重、历史与现实并重、基础研究与开发应用并重、个人兴趣与团队合作并重、埋头做大学问与形成大影响并重的科研方针,致力于塑造一种健康、合理、平衡的新学风。本院学者中,既有人沉潜于古籍文献的整理考释,也有人从事理论体系的创构发明,他们能够得到同等的尊重和支持。古典学术研究的学派或机构具有自身特色或专长无可厚非,但必须克服偏颇和极端倾向,摒弃自大排他心态。唯有兼顾各种风格、路向的平衡,才能更好地契合学术发展规律,更大限度地释放学术创造力。

当下，古典学术研究正面临五四以来百年未有的历史机缘。中央高度重视中华优秀传统文化的创造性转化、创新性发展，注重发挥传统文化在提升国家文化软实力、推动世界文明交流互鉴、为社会治理提供历史智慧等方面的独特功用。儒学高等研究院将顺势而为，与时俱进，将现有的学术优势与国家重大需求相对接，在古典文献整理研究、儒家思想理论阐释、传统文化精华推广普及等领域齐头并进，努力为古典学术研究的全面繁荣做出新的贡献。

2005年的"山东大学文史哲研究院专刊"第一辑出版说明中曾提出："'兴灭业，继绝学，铸新知'，是本院基本的科研方针；重点扶持高精尖科研项目，优先资助相关成果的出版，是本院工作的重中之重。"这是当年我们这项学术事业"筚路蓝缕，以启山林"时的初心。而今机构名称虽已更易，但初心不变。"山东大学儒学高等研究院教授自选集"即是这一事业的赓续和拓延。这套书是本院33位专家学者历年学术成果的集中盘点和展示，有的甚至是毕生心血之结晶。这同时也是对文史哲研究院成立20周年暨儒学高等研究院重组10周年的一个纪念。期待学界同行的检阅和批评。

山东大学儒学高等研究院
教授自选集编辑委员会
2022年10月

自　序

三月初，看到《儒学高等研究院教授自选集征稿通知》时，我并没有响应，可能是因为从来没有过这种打算吧。几天之后，在学院的一次活动时，听几位教授谈论此事，尤其是加华教授分析的理由，我才意识到这件事情对于个人和儒高院都很有意义，虽然内心依旧觉得学术大家才有出版自选集的资格，但是几番纠结后还是决定报名忝列其中。

整理文稿就是一次学术生涯的回顾，在一次次时光的闪回中，会想起很多人、很多事。从学生时代到人过半百，虽然学术论文不像散文诗歌那样饱含情感、直抒胸臆，但是从字里行间，还是可以觉察自己从青涩到熟稔的变化。文章的合作者也从我的导师变成了我的学生，我仿佛看见了在周先生面前和在学生面前的自己，惊悉岁月易逝的同时，又被岁月的温暖所感动。

按照出版体例，我把文章大致分为两个部分。第一部分是"和谐美学理论研究"，主要收录了对周来祥先生美学思想进行研究的文章。我从1993年开始跟随当代著名美学家周来祥先生学习，后来留校，和周先生合作写过文章，出版过著作，参加过周先生主持的研究课题。对于"和谐美学"理论的学习和研究既包括整个理论体系的、个别学术问题的，也包括周先生本人。2007年，我出版了专著《和谐论美学思想研究》。去年，在纪念周来祥先生逝世十周年之际，我又写了《对“美是和谐”的再思考》。现在再来翻看这些文章和著作，才发现它们占了我学术成果的大半。原来二十多年间，我就是在反反复复地学习和思考着先生的理论思想，或许从题目上看，感觉多有重复，可能只有我心里最清楚，反复学习给我带来了什么样的提高。而这些提高和不同的认知，体现在我于不同时期谈论某一问题时所作的表述，比如对于“和谐”这一核心概念，我最初基本上照搬周先生的解释，仅仅把它作为一个美学范畴、审美特征，现在把它看作一种人类的基本认识方式、一种世界的基本结构方式、一种最基本也是最积极的关系模式、一种值得追求的人文精神。就像理论必然会对应研究对象，今天的世界如此对抗又包容、如此丰富又复杂、如此多变又暧昧，世界不断生发意义、散发魅力、提出问题，使得“和谐”在内的美学概念都变得更具延展性和融合性，所有的理论只是给了我们一个看待世界的视角，等待我们去调整、去发现、去超越。周先生从20世纪五六十年代思考论证和谐美学问题，到八九十年代求证和谐与崇高的关系问题，再到2000年之后思索矛盾与和谐、一与多、对立与统一的问题。我读他的书和文章，也在思索他提出的问题，反思他给予的答案，我研究和谐美理论本身，也用和谐美理论去研究其他的现象。虽然我感觉依然没有跟上周先生的步伐，但越来越理解他，越来越敬仰他，他的思想和品格是我学术研究的基础和榜样，一定意义上说，和谐美学思想塑造了我——包括我的学术研究以及我的人生。因此，第二部分“审美文化研究及其他”也是在和谐美学理论指导下的成果，这其中有一半的文章源于三个科研项目：一个是周先生主持的项目，这个项目从我读博时期一直延续到工作之后；另一个是我和周先生共同主持的，但是因为先生的逝世，我不得不承担下来，第一次独自面对巨大的压力；还有一个是我参与的陈炎教授主持的当代审美文化研究项目。除此之外，也有一些文章是和我的学生合作的，年轻学人们思维活跃、兴趣广泛，敢于尝试新领域，这是我鼓励的，也是我喜欢的。我们教学相长，现在这些学生有的已经在高校任教，有的博士在读。基于以上原因，我把这本自选集命名为《和谐美散论》。

感谢儒高院的安排和资助，感谢张扬老师的帮助，如果不是这个机会，我想我不会有勇气和精力出版自选集。感谢赵彩玲同学和马慧莹同学，有些文章因为没有保存电子文档，需要从网上下载，没有她们俩帮我查找校对，都不知道能不能按时交稿。由于所选文章的写作和发表时间跨度比较长，在此次结集出版之际，对这些文稿一并进行了修订。在此要真诚感谢责编张铭芳女士，她非常认真负责，又非常专业，为书稿的修订做了大量辛苦的工作。这本文集对于我而言算是勉力为之，我会把它当作自己的学术小结，用于自勉。

周纪文

2022 年 6 月

目　录

和谐美学理论研究

审美文化研究及其他

和谐美学理论研究

构筑和谐美学的理论体系大厦*

——周来祥先生美学思想述评

周来祥先生是当代著名的美学家，他提出和创建的和谐美学思想是中国当代重要的美学理论体系，美学界有人将其归为中国当代美学六大学派之一。1949 年，20 岁的周来祥先生考入了华东大学，一年后又转入山东大学中文系。1953 年从中文系毕业直到今天，半个多世纪的时光，他大多都是在山东大学的教学和科研工作中度过的。今天，已是年过七十的周先生仍然勤奋地工作着。每天，人们都可以在山大的校园里看到他匆匆走过的身影，那是因为一种学术信仰一直都在激励着他，对和谐论美学思想的思考和理论体系的构建一直都在鞭策着他，使得他无法放慢脚步，浏览一下身边的景色。所以，他才这样作过描述：泰山巍巍，白云悠悠；纷乱无止，和谐难求！

周来祥先生 50 多年的学术生涯，可以说是硕果累累，有一次，著名学者谢冕先生曾开玩笑地说他是学术界的劳动模范。他先后出版了《马克思主义的美学原则》、《美学问题论稿》、《论美是和谐》、《文学艺术的审美特征与美学规律》、《论中国

---

* 本文原载于《阴山学刊》2003 年第 2 期。收入本书时有改动，以下各篇同，不再一一注明。

古典美学》、《中国美学主潮》(主编)、《西方美学主潮》(主编)、《中西比较美学大纲》(合著)、《鲁迅文艺思想》、《乘风集》、《中外美学名著大辞典》(主编)、《再论美是和谐》、《古代的美·近代的美·现代的美》、《周来祥美学文选》等15部理论专著,并在意大利出版了《中国的现代美学》一书。他还在国内外发表美学文艺学论文220多篇,计550多万字。除了科研,他还培养了35名博士生、36名硕士生和15名进修教师。周来祥先生1986年被国务院学位委员会评为博士生导师,1987年创办了山东大学美学研究所并任所长,他还兼任着国际美学学会执委会委员、山东省美学学会会长、中华全国美学学会理事、中国作家协会会员、贵州大学名誉教授、北京师范大学兼职博士生导师、南开大学等十几所大学的客座教授等职务。

周来祥先生在20世纪50年代末、60年代初萌发并提出了“美是和谐”的观点,到1984年出版《美学问题论稿》《论美是和谐》《文学艺术的审美特征与美学规律》和《论中国古典美学》时,他的和谐论美学思想就已经成型了。90年代,他又出版了《再论美是和谐》,对这一思想和理论体系进行进一步的完善,使得这一具有体系性、宏观性和辩证思维特征的思想理论更加富有包容性和开放性。另外,和谐论美学思想萌芽于五六十年代的美学思想大论争时期,成熟于80年代美学热潮的阶段,又在90年代现代美学思想体系的建构时期进行了自我超越,可以说,周来祥先生美学思想的发展经历了中国当代美学发展的主要阶段和全部过程。所以,总结和研究周来祥先生的和谐论美学思想,不但可以了解他的思想成果和治学精神,而且对中国当代美学研究的得失和思想发展的轨迹都有借鉴和启示作用。

周来祥先生的和谐论美学思想大致包括了方法论和体系论、本质论、美学和艺术形态论、美学史研究和中西比较美学研究等四大部分。

一、方法论与体系论

日本著名的美学家今道友信先生曾打过一个比喻,他说最好把方法看作道路,要前进,要抵达目的地,选择什么样的道路,可以根据自己的情况和爱好而定,重要的是要选择正确的道路,坚定地走下去。对于周来祥先生来说,正确的道路就是马克思主义辩证逻辑的思维方法,正是因为他几十年来对此持之以恒的坚持与探索,才有了研究上的如此成就。周来祥先生也说过,方法就是理论研究的生命线。从理论上讲,这里所说的方法,不是外在的方法,也不是技术上的方法,从某种意义上讲,方法就是内容的构架,是内容本身。说到底,方法是一种深层的心理结构和基本的思维模式,它构成着思想理论的基础。

对于马克思主义辩证逻辑的思维方法,周来祥先生既有深入的研究,更有独特的运用。应该说,辩证思维是马克思主义美学和文艺学的内在要求。辩证思维是黑格尔创造的,但黑格尔的辩证思维是唯心的,马克思给予了唯物主义的改造。周先生认为辩证思维的最大特点是运用流动概念和流动范畴,在概念和范畴的辩证运动过程中再现客观事物发展的历史过程。辩证思维与形而上学思维是相对立的,形而上学思维使用的是孤立的静止的概念和范畴,认识事物的方法是:A 是 A,不是非 A,是一种抽象的同一性。辩证思维使用的是动态的概念和范畴,辩证思维认为 A 是 A,也是非 A,是一种对立的、复杂的、具体的统一性。这一点非常重要,它使得美学概念和范畴都处于结构构成和历史运动的动态变化之中,而不仅仅是僵死的结论。

周来祥先生认为"方法论并不是单一的,而是一个多层次的结构系统,它的最高的最普遍的层次是哲学方法论(也是世界观),是辩证唯物主义,是马克思主义的辩证方法"①。周来祥的和谐论美学思想萌发于 20 世纪五六十年代,中国美学界在当时无一例外都受着马克思主义的影响。而周来祥在马克思主义的辩证思维方法中又格外偏重两点,即从抽象上升到具体和逻辑与历史相统一。可以说,这两种方法既构成了他美学思想的方法论,也同时构建了他美学思想的体系论。

由抽象上升到具体,是以具体上升到抽象为前提的。这里就要弄清两个概念:具体和抽象。由具体到抽象,再由抽象上升到具体,前一个"具体"是感性现象的具体,后一个"具体"是思维概念的具体,也就是说这两个"具体"的含义是不一样的。感性现象的具体是形式上的具体,内容上的抽象;思维概念的具体是形式上的抽象,内容上的具体,是多方面的复杂的规定。两个具体之间的中间环节就是抽象。所谓抽象就是对现象具体进行分解、分析,从而找出最简单、最本质的规定。由具体上升到抽象,是一个分解和分析的过程,将混沌的表象打碎,然后抽出最简单最一般的规定性,在这个基础上,再向具体范畴上升。在这里,抽象范畴和具体范畴都是针对概念和范畴来讲

---

① 周来祥:《周来祥美学文选》(上),广西师范大学出版社 1998 年版,第 171 页。

的。抽象的范畴反映的最一般的本质方面，是抽象的统一，抽象范畴相对贫乏；具体范畴就要更加丰富和全面一些，是多种复杂的质的规定性的统一，这种统一是矛盾对立的统一性，是具体的统一性。但是，抽象的范畴和具体的范畴之间又是相对的，尤其是在范畴的运动过程中，具体范畴相对于前一个范畴是具体的，但对于下一个范畴又是抽象的。

具体到抽象是由抽象上升到具体的前提，即前一个阶段的终点，是后一阶段的起点。因为辩证思维既不能从现象具体开始，也不能从具体范畴开始。现象具体是混沌的表象，内容上是空洞的；具体范畴则是综合的结果，是认识过程的结果，都不能作为思维的出发点。思维只能从最抽象的范畴出发，然后一步步复杂丰富起来，最后才能认识一个具体的事物。但是这个抽象的范畴是从感性具体来的，所以，辩证思维要以具体到抽象为前提，然后从抽象上升到具体。

弄清楚具体与抽象这两个概念，对于寻找思维的起点，明白思维的过程，都是非常重要的，尤其对于思想体系来说。找到正确的思维起点，即逻辑的出发点，就如同选择了正确的路径，如同一个乐队有了演奏的基调，因而找到一个正确的逻辑起点，几乎等于完成了体系的一半。

从抽象上升到具体，就是概念否定之否定的一个过程。具体概念在保留了抽象概念的基本内容和一般规律的情况下，扬弃抽象概念，向前发展。对于这种概念的发展过程，周先生曾简要地以美的概念发展举例说明："美的本质的概念是最抽象的最缺乏规定性的最贫乏的一个概念，是人类社会实践的最早产物。"但美学只能从美的本质开始，由美的本质发展出各种美的形态，社会美的出现是对美的本质的否定和扬弃，自然美又是对社会美的否定和扬弃,社会美又可以看作美的本质和自然美的中间环节,概念的发展一个比一个丰富,一个比一个具体,各种美的形态的展开,使美的本质这一概念得到日益深刻的规定性,再回到美的实践和创造的关系的时候,也就具有了丰富的内容。“也就是说否定之否定的那个复归,才是最具体的真理。这也就是一个大圆圈,这个圆圈就是美学的体系。”①

从这里我们已经可以大体看到思维方法和体系构造的大致了。如果说从抽象上升到具体的方法注重的是概念的辩证运动,那么,逻辑与历史相统一的方法则注重的是将概念范畴的运动置于历史具体之中。周先生认为:“所谓历史的方法是通过事物现象的发展过程,以揭示事物的内在联系和规律的方法。逻辑的方法和历史的方法在形式上是不同的,但在内容上是一致的。因为历史的方法包含着逻辑,包含着客观事物的逻辑和规律。逻辑的方法也是历史的方法,因为逻辑的过程,反映着历史的过程和规律。所以在这个意义上二者本质上是一致的,是理论和实践相结合的一个形态,在这个意义上历史的方法也就是逻辑的方法,逻辑的方法也就是历史的方法。”②因而,在方法论的层面上,周来祥的和谐论美学不但找到了正确的逻辑起点,而且这种历史的观念也表现出与各家美学理论的差异。

理性时代的美学思想以阐明美的本质为根本,所以为提出一个美的本质的定义就穷尽了无数美学家的智慧。但是,无论

---

① 周来祥:《周来祥美学文选》(上),广西师范大学出版社 1998 年版,第 155 页。

② 周来祥:《周来祥美学文选》(上),广西师范大学出版社 1998 年版,第 157—158 页。

将美定义为何种概念，这个定义都必须面对无限丰富的社会现实和艺术事实的检验。因而伴随着一个又一个美的定义，质疑和批判也从来没有停止过，直到20世纪非理性思潮突起，干脆放弃了这种努力。但是把逻辑运动中的概念放入历史运动之中，将逻辑与历史统一起来，不能不说是在方法论层面上的一种突破。正是基于这种突破，和谐论美学就试图为寻找美的本质提供一条新的思路，即将美的定义放在人类审美活动的历史发展之中，以宏观的视野和运动的思维来审视丰富而具体的审美活动和审美感受，在总结人类审美活动的历史发展和审美体验的时代转化的基础上界定美的本质。

可以看出，和谐论美学方法论的两个侧重点是内在一致的，这就为思维方法的展开确定了一个原则，即理论的思考是概念范畴的逻辑运动。但在这种逻辑运动中，随时要与审美的现象形态相结合，与各个历史时期的审美理想和美学文献相结合，可以说，和谐论美学思想从方法论层面上就表现出了一种辩证法的精神和历史主义的观念。

美和审美都是一种历史现象，而不是一成不变的、超历史的。随着人类历史的演进，随着社会政治、经济、文化等各个方面的变化，人们的审美趣味和审美理想也在不断变幻着色彩，从静观的优美到激进的崇高，从极端的丑直至裂变的荒诞，人们的审美趣味就像孩子手中的万花筒，色彩丰富，变化万端。如果不是将美的定义放在如此复杂的现象之中来审视，美的本质从何谈起。可以说，正是将美看作历史的、运动发展的概念，所以和谐论美学从古代的美到近代的美，再到现代的美，从和谐美到崇高美再到丑、荒诞，逻辑的推演和历史的转换才能相吻合。从这一点上看，和谐论美学超越了经典美学试图从美的对象中寻找美的本质的努力，深刻地指出了美具有时代性，时代性的审美趣味和审美理想也必然是历史性和时代性的结果。

当然，和谐论美学的历史主义并不是传统历史研究，周来祥先生认为传统的历史研究注重史料而缺乏逻辑，正像经典的理论注重逻辑而忽视历史一样。和谐论美学就是要将二者结合起来，因而，和谐论美学将美的定义放在历史的具体观察之中，但又不是去归纳历史，而是提出具有时代性的审美主潮的特征。这种审美历史不是随机性的，不是无规律可循的，逻辑的内容要依据历史的自然进程，而历史的具体也在本质上表现出自身的规律性，暗合着逻辑的发展，这就是逻辑和历史的本质统一。

从世界美学史的发展看，20 世纪是非理性的天下。作为以理性思考和逻辑体系建构为特色的和谐论美学同样受到质疑。毋庸讳言的是，作为注重体系建构的思想，和谐论美学在形成之初，确实带有目的论和决定论的色彩。周来祥的美学思想曾受黑格尔哲学和美学思想影响，黑格尔的哲学和美学思想体系代表了近代发展的最高成就，同时其最大的缺陷也就在于目的论、决定论以及回归式的体系。和谐论美学试图追求的是黑格尔式的理论完整性，因而不可避免地也就表现出其内在矛盾性。按照和谐论美学描述的严格意义上的逻辑顺序，人类的美学发展经过古典和谐美学时期，会导向对立崇高的近代美学时期，并进一步发展到辩证对立统一的现代美学时期。但是中国现实的美学发展并没有出现典型的崇高美阶段，而当代审美中出现的丑和荒诞色彩也对和谐论美学提出了挑战。目的论和决定论的思想带有理想主义的特点，也往往会把预见等同于现实。因而在 80 年代末到 90 年代初，周来祥先生开始重新阐释和谐论美学,作出理论的自我超越。在《再论美是和谐》中,他将对立统一的现代辩证和谐美界定在理想层面上,大大淡化了目的论和决定论色彩,开始从偏重逻辑、偏重理论的完整转向注重审美和艺术现实,指出只有在对立因素充分发展的基础上实现的统一才是马克思主义所理解的辩证统一。在对立因素没有充分发展之前,丑和荒诞作为独立的美学范畴出现了,现代主义和后现代主义发展成为时代的审美主潮。从周先生对丑和荒诞概念的诠释、对现代艺术现实的审视,可以看出他已经不再拘执于黑格尔的正、反、合的三段论,而是更加注重历史发展和艺术事实,周先生对理论的重新解释也使得和谐论美学更加具有理论的包容性和现实意义。在非理性主义思潮走过一个世纪的发展之后,人们看到了非理性的破坏和颠覆,却迟迟无法实现对理论的重建,于是开始反思非理性,反思非理性所导致的虚无主义和相对主义,反过来就发现其实人们不能离开理性的精神,不能没有辩证法的精神。

二、本质论

和谐论美学在界定美的本质时提出"美是和谐",这也是和谐论美学思想的核心内容。和谐为美的思想和美是和谐的范畴在中外美学史上都是古老的问题。仅从字面上看,人们往往会把它当作一个形式美的概念,或是古典美的范畴。事实上,美是和谐的内在含义绝不是词语层面上的意义所能包括的,甚至说必须透过词语层面的意义,才能够认识到这个美的定义的内涵。周先生讲:

> 和谐是一个深刻的美学和哲学范畴。它起码包括这样紧密联系的四层含义：(1)形式的和谐。人、物、艺术、外在因素的大小、比例及其组合的均衡、和谐(形式美)。(2)内容的和谐，即主观与客观、心与物、情感与理智的和谐(内容美)。(3)形式和内容的和谐统一(生活美，特别是艺术美更以此为主要的要求)。从唯物主义说，首先是内容的和谐，内容的和谐要求着形式的和谐，并规定着内容和形式之间的和谐统一。(4)而内容的和谐又决定于主体与客体、人与自然、个性与社会的和谐自由的关系，这种和谐自由的关系集中体现为完美的、全面发展的人(在艺术中则体现为理想的典型和意境)。①

要理解和谐美的本质含义，还必须从和谐论美学界定美本质的特殊方法入手，这种特殊方法也就是周先生提出的审美关系理论。和谐论美学也是实践美学，在方法论上，周先生提倡马克思主义美学的理论与实践相统一的原则，他把人的本质力量对象化作为美的本质的一般规定。但是，和谐论美学又不同于一般的实践派美学，因为，周先生认为这种界定还没有揭示出美之所以为美的特殊本质。而揭示特殊本质的特殊方法就是审美关系，即把人类的审美活动和审美感受看作一种对象与人的关系、客体对象内在结构各部分之间的关系、主体内心结构各部分之间关系的产物，包括主体与客体的关系、人与自然

---

① 周来祥：《再论美是和谐》，广西师范大学出版社 1996 年版，第 190—191 页。

的关系、理性与感性的关系、自由与必然的关系等,正是从这种关系之间的作用与转换的情况来总结审美活动的规律。

人类主体与客体之间主要存在着三种最基本的关系,即认识关系、实践关系和审美关系。在认识关系中,主体以理智为前提,去把握客观世界的规律性(真);在实践关系中,主体以意志为前提,去实现其目的性(善);在审美关系中,主体则以情感为前提,去寻求客观世界合目的性(善)与合规律性(真)的统一。其中审美关系介于实践关系和认识关系之间,具有鲜明的二重性格,即物质性的和精神性的。审美关系一方面与物质实践相联系,构成美的本源;另一方面与理性认识相联系,构成审美意识。审美关系成为二者相互过渡的中介,成为人的对象性关系中的"第三王国"。从发生学角度看,认识起源于主客体之间的相互作用,同时包含主体与客体,也就是说,从审美关系的角度讲,没有审美对象,就没有审美主体,因为没有审美对象的生产,也就没有审美主体的产生;同样,没有审美主体,也就没有审美对象,因为对象不过是主体的对象化,是客体对人类主体的一种属人的关系。在这种对象性的自由关系中,对象与主体是相互依存、互为条件的,因而从这种辩证的审美关系看,美不单是对象的属性,也不单在主体自身,而是在主客体相互作用的审美关系之中,或者说美是一种关系属性。

从现象学角度看,对象的真、善、美只是相对于主体的智、意、情而言的,随着客体展开的真、善、美三种不同的对象(或者说是同一对象的三个不同侧面),主体会相应发展智、意、情三种不同的主观意识和主体能力(或者说是同一主体能力的三个不同侧面)。其中,美,从客观方面看,是真与善的和谐统一,是合目的性与合规律性的和谐统一;从主观方面看,则介于理智与意志之间,是理智与意志和谐统一的审美意识(情)。审美意识是一种以情感为网结点的知觉、想象、理智等心理因素构成的综合心理结构,是不同于科学以概念判断为特点的心理认知方式,审美关系由审美意识的特殊性来决定。审美关系既包含伦理实践内容,又不同于物质性的实践关系,因为审美关系内在地具有自觉的、理性的意志目的和价值观念,同时又是一种自由的审美观照,所以人类在这种独特的把握对象、肯定自身的方式中,主体和客体、主观和客观达到和谐自由的统一。因此,周来祥先生认为审美关系的特质就是和谐自由,故美的本质是和谐,是人与自然、主体与客体、感性与理性、社会与个性、实践活动的合目的性与客观世界的合规律性的和谐统一。

这种从审美关系的角度来界定美的本质的方法,使得和谐论美学的本质论自成一家,它在美的根源认识上区别于主观说、自然说、主客观统一说;在现实的审美对象认识上,又不同于美的客观性和社会性的统一说。所以说,和谐论美学思想在本体论层面上作出了理论突破。从本体论意义上讲,美不再被看作一种对象性的存在,不再是主观对客观对象的机械认识,在这里,主体的审美活动以及从中获得的审美感受,被看作是美存在的唯一前提。从这个意义上也可以说,和谐论美学拒绝从人类丰富的审美活动和审美感受中抽象出对象的本质属性,或者说,作为概括性的抽象概念"和谐",并不完全是审美客体对象性的本质属性,至少不完全是,和谐范畴只是在这种关系中呈现出来的一种人类审美的内心感受、一种具体的心理体验,因而,"和谐"只有作为深刻的科学和美学范畴,突破字面的表层意义,才能成为理论的界定。甚至应该说,在最本质的意义上,美都永远只存在于人类的审美活动与审美感受之中。只有从这里来理解和谐论美学思想和它对美本质的定义,才不会将和谐论机械地理解为“美是和谐”的表层意义,将和谐论美学看作形式美或古典美的概括,将和谐论美学体系看作是静止的、封闭的。恰恰相反,正是因为和谐论美学对美本质把握的独特角度,将美的定义永远放入动态的审美关系之中,所以,和谐论美学才是开放的、发展的。只有理解了这一点,才能明白为什么周来祥先生后来提出的丑和荒诞的美学范畴依然包含在和谐论的理论之中,为什么和谐为美的思想依然能够包容今天反审美、非艺术的审美事实。

审美关系理论是周来祥和谐论美学的精华所在,为美的本质论提供了特殊的路径,同时,美是和谐的本质论又为和谐论美学思想的子系统——和谐论文艺美学的逻辑展开提供了前提。对于和谐论文艺美学中艺术的审美本质,周来祥在美的本质基础上提出三大本质特征。第一,艺术不以概念为中介,但又趋向于一种不确定的概念。艺术同样是一种认识活动,但艺术是以情感为中介的感知、理智、想象等艺术元素有机统一的审美意识结构。第二,艺术在形式上是无目的的,但又趋向于一定的社会目的,即艺术内在地具有伦理性、实践性和目的性。艺术活动是以形式上的无目的为特征的,是一种自由的审美观照,但这种无目的同时又符合一定的目的性,艺术的无目的是从有目的转化来的,潜在地包含着一种目的。第三,艺术是自由的审美意识,因为艺术具有认识性和真理性,本质上却又不是科学认识活动;艺术与伦理实践相结合,本质上也不是物质性的意志伦理实践活动,艺术处于二者之间,是必然与自由的直接统一,本质上是自由的,是一种审美的自由的活动。关于和谐论文艺美学的本质论观点这里就不展开了。

三、美学和艺术形态论

美是和谐,和谐在这里还是一个抽象的范畴,就历史性逻辑范畴来看,逻辑范畴的展开还必须与历史相结合,这同样是逻辑与历史相统一的原则。

根据这一原则,和谐论美学对美的形态的划分首先应从逻辑和历史两方面分别来看。在逻辑分类中,有质和量两个标准,依据量的标准,美分为偏于内容的社会美和偏于形式的自然美。艺术美则是二者的统一。依据质的标准,美又被划分为偏于和谐的优美(狭义的美)、偏于矛盾对立的崇高美。另外,周先生还指出:"在某种意义上,除了'优美'之外的其他审美对象,基本上是美与丑的关系所形成的种种复杂的具体形态。"①这些具体形态包括了滑稽、喜剧、悲剧、丑、荒诞等等。

> 逻辑的分类同时也是历史的分类,逻辑的起点与美的历史的起点、逻辑的进程与美的历史发展是相一致的。②

> 和谐的逻辑展开与审美关系的历史发展(其根源是人类社会历史的变迁),与人类文化艺术的历史嬗变,与

---

① 周来祥:《周来祥美学文选》(上),广西师范大学出版社 1998 年版,第 292 页。

② 周来祥:《周来祥美学文选》(上),广西师范大学出版社 1998 年版,第 292 页。

人类审美活动的历史实践，总体上是一致的。综观历史，和谐的嬗变，大体经过了古代素朴的和谐美，近代对立的崇高（广义的美）和现代辩证的和谐美三大历史阶段，或者说三大美的历史形态。①

三大美的理论正是周来祥先生对和谐范畴历史发展形态的高度概括，也是他的辩证思维和历史主义观念得到充分展开的理论具体。

三大美的理论，简而言之就是古典的和谐美、近代的崇高美、现代辩证的和谐美。总体来讲，古代的和谐美是指构成美和艺术的各种因素有序地、稳定地、和谐地组合为一个有机整体，是主体与客体、人与自然、个体与社会、自由与必然的素朴的和谐统一。当然，在漫长的历史进程中，古典和谐美还有从壮美到优美再到崇高美的萌芽的具体转换。近代崇高则是上述矛盾对立双方在统一中偏于对立，构成的各种元素无序地、动荡地、不和谐地组合为一个矛盾复杂体，其中也经历了从崇高到丑再到荒诞的发展经历。现代的美是辩证和谐的美，是扬弃古代和谐美，吸收近代对立和古代和谐并加以综合发展，在深刻对立基础上，各种因素重新达到更高层次的、辩证的和谐统一。

与美的三大历史形态相对应的，是艺术史上出现的三大形态。周先生认为，艺术的发展与美的发展是同步上升的。与古典和谐美相对应的是古典主义艺术，古典主义艺术将各种组成

① 周来祥：《周来祥美学文选》（上），广西师范大学出版社 1998 年版，“序”，第 3 页。

元素——理想与现实、再现与表现、客观与主观、情感与理智、思辨与想象、空间与时间、内容与形式等素朴地结合在一起,组成一个稳定、和谐的统一体,成为艺术和美学的第一个成熟形态。到了近代,与对立的崇高相呼应的是崇高型艺术,即浪漫主义和现实主义艺术。近代崇高型艺术中的各组成元素表现出分裂、对立的变化和不稳定、不和谐、动荡的特征,各组成元素分裂为对立的形态,其中偏于客观、再现、理性、现实、理智、内容的是现实主义艺术,偏于主观、表现、感性、理想、情感、想象、形式的是浪漫主义艺术。真正现代意义上的新型和谐美艺术是对应于现代美学形态的艺术形式,是理想与现实、表现与再现、情感与理智等组成因素走向更高层次的综合的艺术呈现。在和谐论美学中,美学和艺术三大形态的发展,是一个辩证否定和螺旋上升的过程,其终点恰恰是对起点的否定之否定,是在更高层次上向起点的复归,这是人类美学发展的一种必然趋势。

在美学和艺术形态论中,周来祥先生的突出贡献还不是对古代美和古典主义艺术的总结,而是对崇高美和崇高型艺术的深刻论述。周先生对崇高概念的深入剖析和对丑概念的重视,以及 20 世纪 90 年代以后,周先生提出的由崇高(广义的美)经丑走向荒诞的近现代美学发展三部曲,使得和谐论美学在辩证思维和历史观念的基础上,表现出理论的巨大包容性和内在机制的发展性,并再次引起学界的关注。

周来祥先生提出崇高(广义的美)是近代美学发展的第一个历史环节,丑是第二个环节,荒诞则是第三个环节。本来崇高的出现就是丑的介入和不断扩张的结果,但是崇高只是不和谐,其中丑的因素是有限度的,所以崇高最终是导向和谐的。

但是随着丑对美的不断侵占和排挤，在崇高的进一步发展中，不和谐的因素日益极端化，丑甚至完全占据了美的领域，涤荡了一切和谐的因素。如果说崇高是不和谐与和谐的组合体，那么丑就是不和谐与反和谐的组合体。成为审美活动主角的丑并未因此而停止它发展的脚步。当丑将不和谐、反和谐的极度对立进一步推进，发展到无序、混乱、颠倒的状态时，就成为荒诞。荒诞在本质上与丑是一致的，丑的反和谐还有对立的两面，只是将对立推向极端，而荒诞则是否定、排斥对立面，完全陷入单面的无序、混乱地步。对于丑和荒诞的区别，周先生指出，从哲学角度讲，丑中还有理性，而荒诞则是彻底的非理性化；丑否定统一性，是在认识论的范围内，而荒诞则是在本体论的意义上否定统一性；丑是将对立极端化，而荒诞则是摒弃对立的一方，走向平面化。因而，荒诞的审美特征表现为从根本上粉碎整体、本质、中心、秩序等概念，在本体上把一切推入无序、颠倒、错乱的深渊，荒诞的最本质特征就是悖论。“一方面它在丑的极度对立和纷乱激荡中，否定了整体、本质、中心、秩序，追求着单面的无差别的和谐境界；而当它一旦达到这无差别的和谐之境，同时也就陷入否定整体、本质、中心、秩序之后的最根本的无序、颠倒、错乱之中，这一个悖论就像一个怪圈，渗透到荒诞和荒诞的后现代艺术的骨髓和血肉之中，成为它们总体的美学精神。”①

周来祥先生对近代美学三部曲的深入分析，以及对崇高、丑和荒诞范畴的深入论述，使得这一发展过程——从古代素朴

① 周来祥：《周来祥美学文选》（上），广西师范大学出版社 1998 年版，“序”，第 8 页。

和谐经近代崇高到现代丑、荒诞——的内在逻辑更具有理论说服力，同时也更符合历史发展事实的过程。正是有了抽象范畴的理论界定，艺术形态的发展变化也才更加清晰，相对于近代美学发展的三部曲，艺术发展从近代崇高型艺术到现代主义艺术，再到后现代主义艺术的发展脉络便一目了然了。对于艺术形态的发展，周先生也有自己的独到见解，他认为浪漫主义艺术和现实主义艺术属于近代崇高型艺术，而不是以往所认为的自古就有。因为古典主义艺术是在对立中追求统一，而近代崇高型艺术则是在统一中强调对立，浪漫主义艺术和现实主义艺术正是在对立因素的强调上区别于古典主义艺术。周先生将这两种艺术形态界定在近代艺术范围内，使浪漫主义和现实主义从含混的艺术表现形式概念变为明确的艺术形态概念。另外，作为当代艺术，现代主义艺术和后现代主义艺术更是纷繁复杂，不但流派迭起，“主义”众多，而且都呈现出有悖于审美习惯和反审美的倾向，人们看现代和后现代艺术，不仅眼花缭乱，而且无从把握，所以，仅从艺术表现来看，似乎很难有统一的认识。事实上，非理性主义本来就是反对理性、中心、整体、本质这些概念的，认为这样会导致绝对论，但非理性主义提供的理论认知却走向了虚无主义。基于理性思辨的和谐论美学则可以让我们明白地看到艺术形态的转换与美学形态的嬗变之间的本质联系，以及其历史的发展又是如何印证内在逻辑发展的。

从另一层意义上，我们也可以进一步看到，和谐论美学在其原有的方法论和本质论的基础上，越发注重历史发展事实，在坚持辩证法精神和历史观念的同时，不断超越自我，完善理论的包容性和开放性，使理论更加合理，更具现实意义。

四、中西方比较美学和美学史研究

三大美的理论是对美学和艺术发展的内在逻辑性的具体展开,但相对于无限丰富的美学历史发展,三大美仍是抽象的历史逻辑范畴,因而从抽象走向具体,逻辑和历史相统一的必然就是对美学史的研究。与此同时,三大美的发展勾勒,已经呈现出东西方在美学特征上的显著不同,甚至应该说是两大美学体系。

可以说,周来祥先生是中国当代比较美学研究的开拓者之一,他较早开始关注中西方美学的不同特色,经过近 20 年的研究,已经建立了一个目前在国内较为领先,在国外有重大影响的中西方比较美学体系。

在审视中西方两大美学系统时,他首先树立一种宏观的历史眼光,抓住各自发展的主潮和规律,将这些有代表性和规律性的内容加以比较,同时从具体的思想家和美学著作出发,做到宏观比较与微观比较相结合,获得在一定时代的基础上把握其各自特点的确实性。作为两种不同的美学系统,中西方美学之间既有相同的发展规律,又包含巨大的文化差异,因而,既要做到同中求异,保持各自文化的特性,又要做到异中求同,发掘人类审美活动的共同规律。有人总结说,在当今全球化的语境下,应该促进经济一体化和文化对话化,不同文化之间的比较研究,正是这种对话的表现。对话的前提是不同文化的地位平等,因而,文化间的差异不但不可忽视,而且不可歧视,这是对话的态度,也为比较提供可能。而对话是为了共同的发展,这是比较的现实意义。当然,在具体的比较研究中,也应该是逻辑与历史相统一的,静态与动态相结合的,既要注重阶段性的平行比较,总结不同地域、民族的审美特性,又要兼顾历史的纵向发展,在历史发展的动态运动中,比较不同文化间的审美趣味与审美体验各自有什么样的演变规律,相互间又有什么样的影响。例如,中国在明中叶以前是典型的古典和谐美学时期,但是在和谐中又有偏于表现的美学倾向,相对应的西方这一时期在和谐之中却有再现的美学思潮,从这种阶段性的横向比较中,就可以清晰地看到中西方古典美学具有偏于表现和偏于再现的民族差异。接下来,中国在明中叶之后,出现了近代崇高美的萌芽,掀起了浪漫主义洪流,一直到清中叶直至近、现代,现实主义成为主流,而对应的西方美学发展却是表现派压倒写实派,非理性主义渐成主流,这种历史发展的动态对比,在一定程度上勾画了中西方美学在表现与再现的总体特征方面双向逆转的发展趋势。事实上,在中国历史进入近代的开篇之际,中国的文化界和思想界受到西方思潮的冲击非常大,各种思想流派纷纷传入中国,包括科学主义和人文主义的各个派别,对当时的文化颠覆和重建有着巨大影响。非理性主义的一大特征就是反传统,但是中西方反传统的目标是不一样的,具体的美学表现虽然不同,内在的思想影响却是深入的。

因此,周来祥的比较美学既是一种美学研究,也是一种文化研究、社会学研究和思维学研究,这就构成了对中西方美学的多层次、多角度、多视点的综合比较,开比较美学研究之新风,同时也为和谐论美学研究开辟了新的理论空间。周先生一直认为应该将中国的美学研究推向世界,让世界知道中国的美学,也让世界知道中国人如何看待西方美学,中西方比较美学就是一个有效的途径,另一个具体的途径是对中西方美学史进行研究。

无论是中国美学史,还是西方美学史,国内相关的研究成果还是很多的,出版的版本也有很多种。但周先生一直表示要写一部有自己特色的美学史,这就有了后来他主编的《中国美学主潮》和《西方美学主潮》。这两本美学主潮史都有着鲜明的特点。一是历史跨度大,《中国美学主潮》是从先秦跨越到20世纪80年代,《西方美学主潮》是从古希腊跨越到20世纪90年代的后现代主义。另一个突出的特点是“抓住了占主导地位的审美理想和艺术思潮的变化脉络,并以它带动其他次要范畴的运动和发展,从而把各个时代的主潮突现出来,而在突出主潮的同时也尽可能地把时代的风貌展示出来”①。这种特点其实突出的是周来祥先生在历史之中展开逻辑的美学思想,这也是和谐论美学的与众不同之处,可以说,这是一位美学思想家兼理论研究者的美学史,对理论品质的强调是其鲜明的个性,它不同于一些历史研究的美学史,可能会牺牲一些具体个别的历史事实,因为它的着眼点不是汇总历史,而是在历史事实中有所发现,这种发现正是历史研究对理论研究的贡献。正像周先生说的:“一方面把美学发展的特殊规律描绘出来,另一方面也想透过这一特殊规律,把东西方美学发展的共同规律展现出来。”②审视人类活动的历史,观照人类审美感受的发展,无疑是为了更好地研究人类审美活动的规律,预见人类美

---

① 周来祥:《周来祥美学文选》(下),广西师范大学出版社1998年版,第1311页。

② 周来祥:《周来祥美学文选》(下),广西师范大学出版社1998年版,第1311页。

学的发展前景，这是美学理论研究的使命，因而也就成了周来祥先生研究美学史的出发点。

周来祥先生的和谐论美学思想是以理性思维为根基、以辩证逻辑和历史主义为根本建立起来的美学体系，和谐论美学从方法论、体系论到本质论、形态论，再到具体的美学史研究，其理性和辩证的精神一以贯之。和谐论美学萌发于20世纪五六十年代，成熟于80年代，又在90年代实现自我超越，它的发展从一个侧面表现了中国当代美学的发展面貌，所以说，周来祥先生的和谐论美学不但自成一家，而且在中国当代美学思想中非常具有代表性。面向21世纪，无论是对人类自身还是社会发展的实际需要，抑或理论本身对非理性的反思，和谐论美学都应该拥有更为广阔的理论空间和更确切的现实意义。

解读周来祥的和谐论美学思想*

周来祥和谐论美学思想萌发于20世纪50年代末、60年代初，到80年代出版《论美是和谐》和《论中国古典美学》时就已经成型了。从提出“美是和谐”这一论断开始，几十年来，周来祥先生一直没有停止过对这一理论的探讨与发展，到90年代出版《再论美是和谐》和《古代的美·近代的美·现代的美》时，他的和谐论美学思想以及理论体系便更臻成熟和完善。同时，对“美是和谐”美学思想的批评和质疑也一直没有中断过，有些人认为“美是和谐”仅仅是一个形式美的概念，有些人认为这只不过是一个古典美的范畴，更多的人认为“美是和谐”思想体系有牺牲感性材料、拿感性材料填充理性判断之嫌。20世纪90年代后，随着周来祥和谐论美学思想更为完善、更具包容性和合理性，上述的许多观点越来越被人们认识到是对和谐论美学思想的误读。

---

* 本文原载于《学术月刊》2002年第9期。

一

周来祥在《论美是和谐》一书中，第一次完整而明确地阐述了“美是和谐”的论断：“我认为美是和谐，是人和自然、主体和客体、理性和感性、自由和必然、实践活动的合目的性和客观世界的规律性的和谐统一。”①这一结论的推断来自对美学思想发展史的考证。众所周知，和谐论美学思想的源头可追溯到古希腊毕达哥拉斯学派的“和谐美学观”，毕达哥拉斯学派从“数”的观点，提出音乐的美在于高低、快慢、强弱的不同声音的和谐统一。在我国的传统美学思想中，最初也留下了“八音克谐”的记载。也就是说，从和谐美学思想观念的起源开始，人们就认识到，“美是和谐”的思想最初是对艺术形式美的一种总结，就像毕达哥拉斯学派从数学的角度研究音乐、雕塑、绘画等艺术，音乐是由高低、强弱、轻重不同的声音组成的一种和谐关系，造型艺术也是一种由线条、形体组成的数的关系，它的特点就在于长短、大小、比例、平衡、对称等外在特征的和谐统一。事实上，和谐论美学思想作为一种深刻的美学理论，自然不仅仅局限于此。周来祥先生也说过，和谐为美的思想在美学史上，确有偏于形式的一派，其中就包括毕达哥拉斯、亚里士多德、达·芬奇、柏克、霍迦斯等等。亚里士多德就认为美在于事物的体积的大小和秩序，并提出量和秩序两个原则，即在体积上不能太大，也不能太小，在组成上各部分之间要和谐统一。

① 周来祥：《论美是和谐》，贵州人民出版社1984年版，第73页。

而柏克也十分偏重外在的形式美因素，认为外在的感性特征，如小、娇弱、光滑、渐变等因素会引起人们的快感和美感。尽管如此，也不能说明和谐论美学观就是一种形式美学。周来祥在《再论美是和谐》一书中明确指出："有人说和谐是一个偏于形式的范畴，其实不然。和谐当然包括形式的因素，但绝不止于形式。和谐是一个深刻的美学和哲学范畴。它起码包括这样紧密联系的四层含义：(1)形式的和谐。人、物、艺术、外在因素的大小、比例及其组合的均衡、和谐(形式美)。(2)内容的和谐，即主观与客观、心与物、情感与理智的和谐(内容美)。(3)形式和内容的和谐统一(生活美，特别是艺术美更以此为主要的要求)。从唯物主义说，首先是内容的和谐，内容的和谐要求着形式的和谐，并规定着内容和形式之间的和谐统一。(4)而内容的和谐又决定于主体与客体、人与自然、个性与社会的和谐自由的关系，这种和谐自由的关系集中体现为完美的、全面发展的人(在艺术中则体现为理想的典型和意境)。"① 这一论述对和谐论美学观的四层含义进行了抽象而深入的阐明，也就是说，将任何外在的和谐美特征等同于和谐论美学的全部都是将这一深刻的思想简单化了。比如说对称、平衡、协调、统一，任何一个概念都可以成为"和谐为美"的鲜明的外在特征，你可以举出大量的生活和艺术例证，但这并不表明它是"和谐"范畴的全部。如果对称就等同于和谐，那么中国古典绘画中的"留白"现象该如何解释呢？同样，我们还可以在中国古典园林建筑中找到不对称、不平衡的许多典型，而事实上，

---

① 周来祥：《再论美是和谐》，广西师范大学出版社 1996 年版，第 190—191 页。

这种故意造成的不对称、不平衡,恰恰是为了一种心理的平衡和协调,是为了造成生动之势,产生动态之美,与人的生理和心理所追求的、所向往的节奏和运动感相适合。所以说,对称美也好,秩序美也好,都不过是古典和谐美的一种形态、一种表现。以和谐为美的根本意义并不在此,而在于各种因素的素朴的合度的统一,也就是中国古典美学中所提到的"中和"。如果我们看一下中国古典美学,就会发现中国古典美学对"和谐"概念的论证其实更能体现和谐美的本质。比如"和"的概念,"和"的前提是杂多,承认矛盾和对立的存在,承认各种事物中存在差别,但是在差别与对立中,更强调矛盾双方的相互渗透和相辅相成,不强调矛盾的激化和分裂。春秋时期就有和、同之辨,"以他平他"的杂多或对立统一就是"和",单一的抽象统一就是"同"。美不是"同",而是"和",是多种不同因素的有机统一。后来无论是儒家从伦理方面论证,还是道家从心理上来求证,都延续了这一思想。可见,中和精神深刻地体现着和谐为美的本质。"和谐美"的表现在于恰到好处,而对称、平衡、协调等都是为达到恰到好处的统一的"度"服务的,为达到"中和"的"度",可以采取形式上的对称、平衡,也可以不对称、不平衡,而外在形式的表现并不是本质,所以说,就本质而言,和谐为美是一个多层次的深刻的美学范畴,甚至包括了以对立因素为特征的崇高美。

如果说对称、平衡、协调等只是和谐为美的一种表现,并不等同于和谐美,还是很容易理解的,那么,和谐论美学是否就一定意味着消解对立面、为统一而统一、消解对立因素呢?应该说,和谐论美学的终极目的是指向统一的,没有统一就没有和谐,这种统一是各种因素的素朴的统一,这也正是和谐为美的本质所在。但是,组成美的各种因素之间却常常是对峙的,人与自然、感性与理性、主观与客观、个性与社会、情感与理智等,这些组成因素之间并非是先天统一的,也不是始终统一的,可以说在历史与逻辑的双重发展中,这些对立因素都是以对峙方式出现的,只不过在古代,矛盾结构的双方尚没有达到完全对立,就已经被一方所统一,所以古典美往往会牺牲一方因素,如个性与社会、个体与群体,往往是个性与个体服从于社会和群体,淹没于社会性和群体性之中,这正是因为对立因素双方没有得到独立展开和充分发展。到了近代,以对立为特征的崇高美代替了和谐美,对立因素的双方出现裂变,各自向相反的方向发展,因而主体与客体、人与自然、个体与社会、必然与自由等关系总是建立在一种不和谐、不均衡、不稳定的状态之上,内容与形式上也是冲突、对立的,表现为无限的内容要冲破有限的形式,压倒形式,而形式本身也存在着许多以矛盾对立为特征的丑的因素,这就恰好可以解释为什么《巴黎圣母院》中有卡西莫多的形象出现:因为崇高美是近代美学的理想,对对立的强调,对矛盾和冲突的表现,正是近代崇高美的产物。近代崇高美是对古典和谐美的发展和突围,正是有了强调对立的崇高美,有了丑的因素的介入,才有了美学的发展,有了美的形态的多样化,人们的审美情感也更为复杂和丰富。崇高美是美的高级形态,相对于古典和谐美,崇高美更显得多姿多彩,引人入胜。但是,崇高美对对立的强调也只达到了一定程度,崇高美最终也是追求统一的,对立因素在崇高美阶段并不完全决裂,因而崇高美只是一种过渡形态,由美开始,引入丑的因素,最终回归美,在审美情感上也会由痛感最终转化为快感。

到了丑和荒诞的阶段，这种对立则更为彻底，达到决裂，因而在美学形态上的表现才是无序的、荒诞的、混乱的，事实上这也是对立因素进一步发展的必然，没有充分的裂变和独立发展，就没有美学形态的成熟，自然也就不会达到更为高级的美学形态，走向更高级的统一。比如周来祥就认为我国封建社会发展时间很长，古典美和艺术也得到了充分发展，相反，资本主义没有充分发展，相对应的以近代崇高为审美理想的崇高美和近代艺术也没有得到充分发展，以和谐美为审美理想的古典主义艺术没有被彻底扬弃，中国的美学形态和艺术形态都有待于彻底完成从古代向近代的过渡，所以直到今天，和谐理想在民间还有大量的遗存，古典和谐的东西还有很大的市场，这也是中国古典美学和艺术发展的一个特色。由此可见，对立和统一之间是一种辩证关系，对立始终存在，对立必然走向统一，而统一的到来又是再次对立发展的开始，统一是和谐美的表现，对立发展是走向统一的过程，素朴统一的古典美阶段是低级的形态，辩证统一的现代美阶段则是更为高级的美的形态。可见，和谐论美学并不以消解对立为存在前提，对立与统一之间是一种辩证的发展，一种动态变化的必然。

由此可见，和谐美的思想体系已远远超过了"和谐"这个词本身所承载的意义，正像傅谨在《周来祥美学思想的自我超越——评〈再论美是和谐〉》一文中说的："'美是和谐'说实际上非但没有像许多赞同它的论者和批评它的论者所错误理解的那样，将人类所有审美活动中所感受到的'美'归之于对象所具有的'和谐'的本质属性，而且它正是在拒绝从无可穷尽的人类审美感受与审美活动中抽象出对象的本质属性这一点上，开拓了一条界定美的本质的崭新道路。”①所以说，要真正读解周来祥和谐论思想体系，就要从他对美本质的论证开始研究，他认为美在和谐，美在于各种因素的素朴的统一，而美既不完全在主体，也不完全在客体，美存在于审美关系之中，相对于认识关系和实践关系，审美关系介于两者之间，有二重性。这样的主客体关系统一在客观对象上，构成了美的本质，反映在主观上，又构成审美意识，也就是说没有审美对象，就没有审美主体，反之亦然。同时，审美关系是不以主体的意志为转移的客观关系，是一种和谐自由的关系，这是由主体和客体之间的和谐自由所规定的独特本质，“人类在这种独特的把握对象肯定自身的方式中，主体和客体、主观和客观达到了和谐自由的统一”②。美的本质的规定正来自这里，因而从一定意义上说，“和谐”作为字面意义上的一个概念，自然无法涵盖如此丰富和庞大的人类审美活动和审美感受。但是，作为一个深刻的美学范畴、一个思想体系的核心、一种带有终极关怀性质的追求和理想，“美是和谐”不但涵盖了人类的审美活动，而且它正是人类自由的审美关系的追求。

二

从“和谐”这一概念来看，古典和谐美是一种静态美，这是

① 傅谨：《周来祥美学思想的自我超越——评〈再论美是和谐〉》，《浙江社会科学》2001 年第 2 期。

② 周来祥：《再论美是和谐》，广西师范大学出版社 1996 年版，第 200 页。

毋庸置疑的，但这并不能说明和谐论美学就是静态美学，这是两个概念。实际上，理论把握需要一种相对静止的状态，因为只有在相对静止的状态，思维才能存在。我们总结古典美学就把古代美学作为一个相对静止、封闭的对象，总结近代美学特征又把近代美学作为相对静止的感性存在。在相对静止的状态中，纷繁庞杂的感性才会泥沙沉淀，将特征凸显出来，而比较两种相对静止状态的特征也才能发现近代崇高美对古典和谐美的突破及其异同。当然，这种静止的把握只是让感性存在相对静止，让思维在相对静止的状态下获得更充分的思考和分析，但是思维本身却不是静止的，相反，辩证思维是追求发展、动态与开放的一种先进的思维方式，也只有动态变化的，才能是发展开放的，所以说以辩证思维为特征的和谐论美学本身是动态的美学。

对动态美学的发展也正是周来祥和谐论美学史观所强调的，在《再论美是和谐》一书的“自序”中，他说道：“我没有把美是和谐这一命题看作是永恒的定义，而是把它作为出发点，不断地在逻辑和历史的运动中向上升华，形成了古代素朴和谐美（包括由壮美经优美向崇高萌芽的发展）、近代对立的崇高（包括崇高经丑向荒诞的嬗变）和现代辩证和谐美的三大形态。在我这里，一切美学范畴、美和艺术的形态，都既是逻辑的范畴，又是历史的范畴。”[①]我们说古典和谐美是一种静态美，但要强调的是，古典和谐也不是静止的，不能将古代看成是静止的、封闭的，同样也不能将近代看成是静止的，古典和谐美也

① 周来祥：《再论美是和谐》，广西师范大学出版社 1996 年版，“自序”，第 3—4 页。

好,近代崇高美也好,包括丑、荒诞的美学形态都是整个和谐论美学发展过程中的一个阶段,整个的过程是发展的、动态的,不会静止在某一个阶段,古典和谐美不是终止,近代崇高美,现代、后现代美学同样也都不是发展的终点。

对于美学史发展的过程,周来祥提出了三大美的理论,即古代素朴和谐的美、近代对立崇高的美和现代辩证的和谐美。他认为美学研究的对象、内容是随着历史的发展而变化的,各个时代并不相同,而逻辑上的一般意义的美学,只是对这一历史长河凝缩地把握。于是,周来祥的和谐论美学对美学史的把握就呈现出独特性:美是在历史中被定义的,不是超历史的,也不是一成不变的,只有将美放入历史的演进中,观察人类审美趣味与审美理想在各个历史时代的不同,才能抓住既合乎历史发展又合乎逻辑推演的美,也才能够准确认识美的本质。反过来,将美看成一个历史的、发展的概念,也是从和谐论美学对美本质的独特把握而来的,不把美看作对象本身的一种属性,既不是纯客观的,也不是纯主观的,而是由和谐自由的审美关系所规定的,是一种关系属性、系统整体属性。相对应的,主客体的这种审美关系一直处在运动发展之中,所以对美的认识也肯定要从人类审美活动的历史发展过程中来把握,以宏观的、历史的眼光来看待美的发展,肯定每个时代都有符合时代精神的审美理想,这样既解决了经典美学在美的定义与不断变化的艺术创造之间的矛盾,同时也说明了和谐论美学的发展性和开放性。

周来祥的和谐论美学将美置于历史之中,给予动态的、整体的、宏观的、辩证的把握,但是对于这样一个美学思想体系,肯定有人有此疑问:以多种因素的统一为美的本质的和谐论美学是否能解释现代以不统一、反和谐为特征的艺术现实和审美趣味？以辩证和谐美为历史预见的美学发展是否只是目的论的逻辑推理呢？

周来祥和谐论美学认为古代的美（和艺术）是素朴的和谐美，把构成美和艺术的各种因素有序地、平衡地、和谐地组合成一个有机整体。而在审美关系中，古代的主客体之间没有充分对立裂变，古代强调的是主客体间的相辅相成，相互转化、依存，个体融于群体之中。主体依存于客体，以客体为根基，没有独立，没有自觉意识和个性意识；而客体在原始的、完满的主体的眼中，呈现的又不是客体世界的本质真实，而是类型化的，同样缺乏具体的个性特征，也缺乏理性的精神和复杂的内涵。相对地，古代艺术和审美趣味也常常是范本化的、理想化的，缺乏偶然性、个别性和复杂性。和谐美是整个古代的美的特征和理想，整个古代的艺术也都是按照美的艺术原则来处理的，这在中西方都是一样的，无论是古希腊的雕塑，还是莫高窟的石刻，无论是波提切利的维纳斯，还是王羲之的《兰亭序》。当然，在漫长的古代艺术史上，也有偏于激昂浓烈的作品与偏于妩媚轻柔的艺术，这就是和谐整体在古代呈现出的从壮美经优美向崇高不断发展的表现，壮美、优美、萌芽中的崇高是古代和谐美发展的三部曲，但崇高在古代还仅仅是一个萌芽而已。到了近代，对立的崇高（广义的美）——其矛盾性质、结构原理都是把美和艺术的各种元素对立地、无序地、动荡地、不和谐地组合为一个整体——第一次冲破了古典和谐圈。在审美关系上，近代的主客体之间的关系是在主体基础上展开的深刻对立和复杂的矛盾斗争关系。主体意识高扬，个性自觉解放，人以理性的主体与封建的客体现实相对抗。当主体与客体的对立走向极端时，主体又彻底否定客观世界，感性主体极度膨胀，出现以丑为代表的现代艺术,而丑的极端裂变又进入了荒诞和后现代艺术。也就是说,矛盾对立的发展在近代呈现出不同阶段性,近代美也历史地呈现为崇高经丑向荒诞的嬗变,崇高、丑、荒诞是近代美(和艺术)发展的三部曲。狭义的崇高美还是从不平衡走向平衡,由对立走向统一,所以对立是有限的,到了丑(和现代主义艺术)则将有限的对立继续裂变,推向极端,而荒诞又进一步发展对立的每一个因素、各个侧面,处于反和谐的悖论之中。因而从广义上说,崇高(狭义)、丑、荒诞都是在主体基础上的对立,有着共同的本质。到了现代辩证和谐美(和艺术),人类的审美和艺术达到新的发展阶段,彻底否定了近代形而上学的绝对对立,复归为古代的和谐统一,同时也彻底否定古代素朴的和谐,在近代对立的基础上,把近代对立和古代和谐予以辩证地结合和发展,成为既追求对立又追求和谐的新型的美(和艺术)。其矛盾性质和结构特征是把各种元素既深刻对立又和谐统一地结合为一个真正的有机体。应该说,这是人类审美史上所呈现出的审美活动的宏观规律和整体特征,它符合逻辑发展的规律性,同时也被历史的现实发展趋势所印证。

应该说,周来祥和谐论美学思想在成型后,明显带有黑格尔哲学思想和美学体系影响的痕迹,呈现为三段论式的结构,更多的是一个回归式的体系,所以在提出新的和谐美阶段时,以这种美和艺术为美学发展的顶峰,的确有明显的目的论色彩,这也是很受其他学者质疑的地方。但是在 20 世纪 80 年代末,尤其在 90 年代,周来祥将思考的关注点集中在西方现代和后现代艺术上,致力于解决摆在美学研究面前的艺术现实问题。于是他发现,从古代和谐美到近代崇高美(狭义的)的发展，无疑是符合美学发展规律的，而这种发展同时也暗含着人类审美活动与艺术变化的可能。从美的本质定义出发，从对立因素的逻辑发展来看，崇高（狭义的）也不应该是近代美的全部，因为对立因素尚没有充分裂变，随着对立因素的进一步极端发展，它将丑和荒诞深化为独立的审美范畴。以崇高（狭义的）、丑、荒诞来概括新的对立统一的和谐美出现之前的美和艺术阶段，是周来祥对现代、后现代美和艺术存在与发展的研究和总结。正像他说的，“美是和谐”不是一个永恒的定义，而是一个发展的起点，古典和谐也好，近代崇高也好，丑和荒诞也好，都是发展的过程。同样，现代、后现代时期也不是人类审美活动的终止，即便新的辩证和谐美到来，也不会是发展的终点，人类的审美活动会伴随人类一直发展下去。这样，周来祥和谐论美学体系就有了更大的包容性，也就更加合乎规律性和历史性，面对感性现实和艺术实践的解释也就更加有逻辑说服力。所有这些都使得和谐论美学体系成为真正开放式的思想。

对于丑这个范畴，周来祥在《再论美是和谐》和《古代的美·近代的美·现代的美》中都给予了极大的关注。他认为自从丑扬弃了崇高（狭义的），成为一个独立的审美范畴之后，美学史上出现了新的审美时代，丑和现代主义艺术成为一种美学主潮，标志着人类的审美活动更加多样，审美感受更加复杂、丰富。因而必须充分认识丑在美学发展史上的重要性。同时，他认为当丑成为一种独立的审美对象时，就不是审美，而是审丑了，这是传统美学所面临的新课题，所以我们必须扩大和发展新的范畴，甚至学科。如果把“美是和谐”作为整体的发展过程，丑只是过程中的一个阶段，作为二元对立的概念，没有丑也就无所谓美，而现实之中，既有美，也有丑，也可以说，丑是古典和谐的必然产物，只是必须包含在整体的和谐之中，以不破坏和谐的美为原则。但是，就像夏斯勒说的，丑是一种活跃的辩证否定的因素，在本质上可以参与一切美。[①] 正是近代的“丑”的日益升值和膨胀，导致了“美”“丑”矛盾结构的变化，才有了近代崇高美的出现、矛盾对立的进一步激化、矛盾结构的不断演变，也同样产生了丑和荒诞的美学形态。应该说，尽管丑是不和谐的，荒诞是反和谐的，但是作为审美活动的现象，二者仍然处于和谐论美学思想的对象范围之中，这并不矛盾。正像罗森克兰兹说的，丑“不在美的范围以内”，“但又始终决定于对美的相关性，因而也属于美学理论范围内”。[②] 尽管现代、后现代主义美学和艺术追求的是反和谐，强调的是不统一，但作为美学发展过程中的环节，和谐论美学对此仍具有概括性。

周来祥和谐论美学思想经过萌芽、成熟和自我超越的发展之后，显现出更大的包容性和合理性。当然事情往往会存在正反两方面的表现，比如说“和谐论美学”强调历史性和时代性相结合，在概括审美理想和审美意识的时代性和主流性的同时，就不得不忽略一些庞杂和纷繁的枝节。事实上，和谐论美学思想就是从抽象开始的，以“和谐”概念为起点的，但这种抽象又是从现象具体得来的，从现象具体到理论抽象，就必然会牺牲个别，只有这样才能看到一般，抓住本质，然后再回到具体，才能说明具体，解释个别，而牺牲掉的个别也都是可以弥补

---

① 转引自［英］鲍桑葵：《美学史》，张今译，商务印务馆 1985 年版，第 533 页。

② 转引自［英］鲍桑葵：《美学史》，张今译，商务印务馆 1985 年版，第 512 页。

的。相反,如果从具体出发,虽然可以在一些方面显出合理性,但往往会在丰富多彩的具体之中失掉对本质的把握,因而很难说明问题的实质。面对更具有偶然性、随机性、个体性的历史现实,陷入其中就无法把握它,超乎其上就必须抓住主潮,这种两难的选择使得周来祥“和谐论美学”在史料的整理和阐释上也许显得不够充分,这也是常常被人指出的缺憾,其实周来祥先生并不是忽视这一问题的存在,而是在思维进程中还未走到这一步。因此,阐释个别与偶然,或者说分门别类地细读具体材料,对周来祥先生来说是一件还没有全部完成的工作。

和谐美学的新发展与本质超越*

2007年9月，周来祥先生出版了《三论美是和谐》，相比较《论美是和谐》和《再论美是和谐》，这本著作使得和谐美学思想和学术体系实现了新的发展和本质性超越。和谐美学思想萌发于20世纪的五六十年代，在80年代出版的《论美是和谐》中，周来祥先生阐释了美是和谐的理论根据，完成了理论体系框架的建构。90年代，《再论美是和谐》出版，研究的重点集中在了崇高、丑、荒诞的美学范畴上，揭示了近代崇高经丑向荒诞发展的逻辑规律，以及现代和后现代美学的本质特征，将和谐美学思想发展引向纵深，扩大了美是和谐理论的包容性，实现了一次本质超越。之所以说《三论美是和谐》是新的发展和又一次本质超越，是因为著作集中探讨了和谐美学的核心问题和基础问题，就理论的核心"辩证和谐"进行了充分说明，并创造性提出和阐释了"和谐思维"概念，同时又全面论证和夯实了哲学、渊源和实践三大基础问题。

---

* 本文原载于《东方丛刊》2009年第2期。

一、和谐思维与矛盾思维
——哲学和思维基础的创造性发展

和谐美学理论有一个非常重要的方法论基础，就是辩证思维。周来祥先生就多次提到和谐美学思想的提出，与他学习黑格尔的《小逻辑》和马克思的《资本论》有直接关系，主要运用了抽象上升到具体、逻辑与历史相统一的辩证思维方法。但是随着西方20世纪以来现代和后现代思潮的影响，质疑和批评哲学、美学主客二元对立思维模式的声音也是不绝于耳，甚至到了一谈主客二分就认为是二元对立、就应该被批判和抛弃的地步。因此，和谐美学同样也面临着如何认识主客二元对立和如何超越二元对立的问题。

第一个需要回答的问题就是什么是主客二元对立的思维模式。周先生分析道，主客二元对立的基础是差异和矛盾，这也是其本质属性。但是反过来，差异和矛盾并不等同于二元对立，也不是必然地导向二元对立。因为差异和矛盾可以区分出对立和非对立，也就是"对立"和"杂多"。按照黑格尔的分析，"杂多"是不同事物各自独立；而"对立"是本质的"异"，相异者，就是与自身正相反对的别物。也就是说，杂多和对立是有着本质区别的，杂多是外在的非本质的"异"，杂多之间性质是并列的，比如酸、甜、苦、辣、咸；而对立则是内在的本质的"异"，对立之间是肯定和否定的关系，是相互规定的关系，比如真和假、美和丑，它们相比较而存在。

进一步讲，"承认矛盾的对立，并不等于是二元对立的思维模式。事实上,承认矛盾的对立,可以走到二元对立,也可以不走到二元对立,而走到对立的和谐统一,在这里关键是看对矛盾对立的态度、方法和世界观。不承认对立双方相互依存、相互融合、相辅相成、和谐统一的,才是真正的主客二元对立;而坚持、强调矛盾双方相互依存、相互影响、相互融合、相互沟通、相互妥协、相辅相成、和谐统一的,则不是二元对立,而是科学的辩证思维"①。这一点非常关键,辩证思维与二元对立是有关联性的,因为都承认矛盾对立,这也是使人产生迷惑的一点,指出二者的关联性,同时又点明二者的本质区别所在,就更加辩证地、合理地解决了什么是主客二元对立的问题,以及辩证思维与二元对立的区别问题。辩证思维是和谐理论的思维基础,因而,对于辩证思维的阐明,是关乎理论生死存亡的问题。

从本质上区别辩证思维与二元对立是为了更好地发展思维模式,超越二元对立。超越二元对立,还要从认识辩证思维和研究辩证思维入手。从辩证思维的角度看,对立性和统一性是矛盾的两方,二元对立的思维模式就是绝对地强调对立性,而否认矛盾的统一性,因此辩证地解决对立性和统一性的关系问题,就是对二元对立思维模式的超越。在此基础上,周来祥先生提出了"和谐思维"的概念。

和谐思维是相对于矛盾思维提出的。周先生认为和谐思维和矛盾思维是辩证思维的两大类型,都属于辩证思维的子范畴。但是从哲学的本质规定上看,二者是有明显差异的,"矛盾思维认为和谐是相对的、有条件的,而矛盾的对立斗争是绝

---

① 周来祥:《三论美是和谐》,山东大学出版社 2007 年版,第 23 页。

对的、无条件的，矛盾是万事万物存在的内在根据和事物发展的根本的动力”①。因此，矛盾思维强调对立面之间的本质差异，否定其共同性和相通性，主张以斗争的方式来处理矛盾。而现代辩证和谐哲学则认为和谐也是绝对的、普遍存在的。因为和谐首先是一种关系存在，是一个关系范畴，是由各种因素和各个方面的不同关系构成的，是宇宙万物中事物关系的一个基本特征，因而各种要素和各个方面的关系是决定和谐体本质的关键。现代辩证和谐强调建立在对立双方（或多方）利益根本一致并不断协调的基础之上，合作发展，互利共赢，这就使得和谐思维与矛盾思维在本质内涵和运动特征上，都有了明显的区分。当然，矛盾思维也承认对立双方的互相依存性，而和谐思维也承认矛盾对立的存在，也就是说，和谐思维并不否认矛盾的存在，也不回避斗争的可能。

从人类认识和历史发展的实际来看，人们认识到事物的存在是建立在差异和矛盾之上的，首先意识到发展的动力便是来自矛盾斗争，而斗争哲学在历史的特定阶段也起到了不可替代的作用。但是事实上，和谐统一同样是事物发展的动力，因为和谐也是绝对的、普遍存在的，而且宇宙万物要得到最终的全面发展，更要依赖于相互协调、相互融合、共同发展的和谐思维，而不是一方消灭另一方、一方取代另一方的矛盾思维。尤其是在建设社会主义和谐社会、与全球共谋发展的今天，和谐思维才是和平建设和持续发展的基础。

提出“和谐的普遍性”概念，是在哲学思维基础上超越二元对立的关键点，这就从根源上和特征上区分了矛盾思维与和

---

① 周来祥：《三论美是和谐》，山东大学出版社2007年版，第73页。

谐思维,在方法论的建构和论证上,发展了辩证思维,完成了思维基础和哲学基础上的超越。“辩证思维也是随着历史发展而发展的,在新的时代,和谐正由暂时的、有条件的、相对的,上升为普遍的、绝对的、无条件的,现代和谐论是马克思主义在当代的应用、发展和创新,是古典和谐论的创造性发展和现代转换,是辩证思维的当代形态,是辩证思维发展的新阶段。”①

二、和谐思想与中华文化
——文化渊源与思想继承的细致梳理

虽然和谐美学理论体系的架构来自西方哲学与美学思想,但是,和谐范畴的内涵、和谐思想的形成,尤其是和谐思维的精神都继承于中华传统文化。周来祥先生曾经集中论述过中华传统美学的本质特征和表现形式,并就中华传统文化的中和精神作过专门的论述。提出和谐思维之后,周先生更是进一步指出现代和谐理论应该是传统和谐思想的现代化表现形态。

和谐观念在中国远古时代就已经产生了,古典和谐概念经历了从“和”到“中和”再到“中”的发展演变过程。春秋以前的“和”多指不同事物、不同因素的和谐组合,所谓“以它平它谓之和”;《礼记·中庸》之后,以“礼”为“和”的标准,所谓“发而皆中节谓之和”;到汉代董仲舒时,用“中和”观念来总结事物发展的全部过程,所谓“中者,天地之所终始也;而和者,天

---

① 周来祥:《三论美是和谐》,山东大学出版社 2007 年版,第 54 页。

地之所生成也”[①],“中”偏重于时间发生的始与终,“和”则偏重于空间存在的生与成。董仲舒就已经指出了“中和”的普遍性和绝对性,到了朱熹开始将“中和”实用化、生活化,将“礼”泛化到生活的一切言行之中,所谓“中即平常也,不如此便非中,便不是平常”[②]。“和”“中”“中和”在发展过程中有一定的区别,但是基本精神一致,可以相互换用,因此,中华传统文化又被称为“中和文化”,中华文化精神又被称为“中和精神”,这不仅因为“中和”范畴在中华传统文化发展中贯穿始终,还因为和谐的精神要旨已经渗透了文化的每一个细胞。

中华传统文化是一种中和文化,“中和”也就成了中国古典哲学和美学最核心的范畴和本质内涵的体现。周来祥先生仔细分析了“中和”范畴,总结了其七大特征。第一,中和是一个关系范畴,体现不同事物、因素之间协调有序的关系。第二,中和包含差异和矛盾,同时使差异和矛盾的对立关系得到协调平衡的发展。第三,中华传统哲学思想就已经对差异和矛盾进行了杂多的异和相反的异的本质区别。第四,中和也是一种方法,在处理不同事物和因素之间的关系时,不是像西方哲学那样侧重对立斗争,而是强调二者之间的和谐互补、相反相成。第五,辩证地对待和与不和、中与不中,认为这是事物存在的两大关系类型,二者并存,各有其用,因时而异。但是不和最终会归于和,不中最终也会归于中,“和”“中”也是最终的目的和最根本的原则。第六,“和”是事物最终产生和发展的动力。正

① (清)苏舆撰,钟哲点校:《春秋繁露义证》,中华书局1992年版,第444页。

② (宋)朱熹撰,朱杰人、严佐之、刘永翔主编:《朱子全书·中庸一》,上海古籍出版社、安徽教育出版社2010年版,第2008—2009页。

所谓“和实生物,同则不继。以它平它谓之和,故能丰长而物生之”①。最后指出,“中”“和”贯穿于事物发展的全过程。总而言之,中和观念就是古典的和谐论,体现的是古代素朴的辩证思维。可以说,全面分析“中和”范畴,对于加深现代辩证和谐的研究和认识是具有启示和推进作用的。

中华传统文化是中和主义的文化,因此古典和谐在传统文化中有着极其丰富的表现形态。从人类存在与发展的角度讲,人类从诞生之日起,就一直面临着如何处理人与自然、人与社会、人与自身的三大关系问题,因此,古代哲学家们首先思考的也是如何协调这三种关系。比如说古代有“乐以调风”的观念,就是通过音乐来协调人与以气候为代表的自然之间的相互关系,通过追求音乐的和谐,达到人与自然、人与社会,乃至整个宇宙的和谐。《左传》中就记载“天子省风以作乐”,《国语·周语》中也讲:“夫政象乐,乐从和……以遂八风,于是乎气无滞阴,亦无散阳,阴阳序次,风雨时至,嘉生繁祉,人民和利,物备而乐成,上下不罢,故曰乐正。”天、地、人三者的关系一直都是中华文化和哲学的核心命题,于是就有了天和、地和、人和的关系理念,并最终提出“天人合一”的理想境界。同样是追求天和、地和、人和,同样是倡导和谐理念,儒家、道家和佛家又各有侧重。概括而言,儒家侧重人与人、人与社会、人与自身的和谐,以“仁者,爱人”为核心思想,以“礼”的秩序建立为要旨,以“推己及人”为方式,以血脉亲情为基础,以家国建设为主要内容,把“人和”明确为天、地、人三和之首,和谐的关系具体表现

① 上海师范大学古籍整理研究所校点:《国语》,上海古籍出版社1998年版,第515页。

为政通人和的社会理想和内圣外王的人格理想。道家侧重天与人、人与自然的和谐,庄子把天人和谐又分为“天乐”和“人乐”两种,“天乐”来自“天和”,“人乐”来自“人和”,“天和”就是尊天顺天,尊重自然,“人和”是用“与天和”的精神来处理人与人的关系,道家的天人和谐同样包括了人与自然、人与人、人与社会的和谐,其中人与自然的和谐是基础。佛家与道家相同的是注重内心的和谐,即身与心的和谐,追求对现实物质世界局限性的超越,形成了中华文化重体悟的内倾性特征,但是佛家又倾向于心性与佛性的合一。三家观念互补互动,构成了中国古典和谐论的全部思想,奠定了中国人思维模式和人格构成的基础。

除了天和、地和、人和,儒家之和、道家之和、佛家之和的不同之外,古典和谐观念还有许多具体表现形式,比如从性质上区分有异质之和与杂多之和,从组成结构上区分有主从之和与并列之和。春秋时期《左传》就已经对异质之和与杂多之和做过区分,书中讲“一气,二体,三类,四物,五声,六律,七音,八风,九歌,以相成也;清浊、小大,短长、疾徐,哀乐、刚柔,迟速、高下,出入、周疏,以相济也”①。

传统和谐的丰富形态说明了古典和谐观念的重要与普泛,同时也证明了和谐是中华文明的根本精神,是传统文化的主导价值观念,是中国古代人们的世界观、价值观和方法论,是追求的理想和精神的展现,形成了中华文化的根基。和谐观念深深地影响着中华文化的形成和传承,从哲学思想到日常生活,中

① (清)阮元校刻:《十三经注疏〈附校勘记〉》(下),中华书局1980年版,第2093—2094页。

国人遵循和谐的原则,追求和谐的境界,陶养和谐的人格,构建和谐的关系,和谐渗透了每一个中华文化因子。和谐精神是中华文化的优良传统,和谐文化是中华文明的宝贵资源,是中华文明贡献给世界和后人的东方智慧。它不但反映了古人对和谐社会和和谐人生的理想与追求,而且对构建社会主义和谐社会,对促进人与自然、人与人、人与社会和谐关系的发展,都有着深刻的启示意义和参考价值。和谐美学梳理和谐范畴,剖析古典和谐观念,一方面是为了更加合理地论证辩证和谐,另一方面更加明确了中华文化的审美特质,充分挖掘中华文化的和谐传统,为今天的社会和文化发展提供思想的资源。从这一角度看,马克思主义和谐美学应当是中华传统文化的现代转换和创造性发展。

三、和谐美学与和谐社会
——现实基础与理论认识的互动

周来祥先生在谈到主客二元对立的思维模式时,讲到马克思其实已经辩证地科学地解决了这个问题,但是为什么马克思之后,人文主义和科学主义的对立依然存在?正是因为“这种对立的解决绝对不只是认识的任务,而是现实生活的任务,而哲学未能解决这个任务,正因为哲学把这仅仅看作理论的任务”①。因而马克思认为,这一对立的解决只有到共产主义才

① ［德］马克思:《1844 年经济学哲学手稿》,人民出版社 2000 年版,第 88 页。

是可能的,因为"这种共产主义,作为完成了的自然主义,等于人道主义,而作为完成了的人道主义,等于自然主义,它是人与自然之间、人与人之间的矛盾的真正解决,是存在与本质、对象化和自我确证、自由与必然、个体和类之间的斗争的真正解决"①。可见,真正解决二元对立的关键在于新社会的建立,从这个角度讲,理论的发展必须要有现实的基础,和谐社会的构建就为真正解决二元对立的矛盾提供了现实的前提和基础。

社会主义和谐社会的建设一方面为和谐美学的发展提供了物质条件和现实基础,另一方面为和谐美学理论提供了进一步发展的启示和机遇。

和谐美学认为和谐是动态的、发展的、历史的,由古代素朴的和谐美,经近代对立的崇高美,向现代更高更新的辩证和谐美发展。但是,一直也有人质疑现代辩证和谐美,认为这只是美好的理想而已,是理论的预设。现在建设社会主义和谐社会的提出为现代和谐美学提供了物质基础,也为美学理论的发展提出了任务和要求。社会主义和谐社会是人与社会、人与自然、人与自身、主体与对象高度和谐统一的社会,在此基础上必将产生新的审美关系,创造出新的现代和谐美,形成新的和谐美学,所以说社会主义和谐社会是和谐美学的源泉和发展动力,同时为彻底消解二元对立、开创辩证和谐的新时代创造了物质条件。

研究和谐美学与和谐社会的关系,一方面将和谐美学的发展置于现实的基础之上,另一方面又使理论的发展获得现实的意义。和谐美学作为社会主义和谐文化的一个有机组成部分,

---

① 《马克思恩格斯全集》第42卷,人民出版社1979年版,第120页。

必然对建设和谐文化，构建和谐社会，推动人与自然、人与社会、人与自身的和谐发展，培育社会主义全面和谐发展的现代人产生积极意义。从美学的角度观察社会发展，人与自然、人与社会、人与自身、人与艺术之间会构成特定的审美关系，形成自然美、社会美、自身美和艺术美，和谐美学认为和谐社会是一个美的社会，新的和谐美即体现在新的社会整体美之中，也决定着和谐社会中每一种具体的美，各种美的类型正是和谐的不同关系构成的表现。

和谐美学是社会主义和谐文化的有机组成部分，因此它的发展必然以科学发展观为指导。科学发展观强调以人为本、全面协调、可持续发展，因此必然走向和谐的发展。以科学发展观为指导就是以和谐的态度、观念和思维去研究问题，以和谐的原则和方法去解决美学问题，因此为和谐美学带来了创造性、突破性的发展。

在发展的和谐美学的基础上重新审视以往的美学范畴，会产生新的反思，以往的美学范畴是建立在二元对立基础之上的，随着对二元对立的超越，美学范畴也会产生新的发展，比如崇高、丑和荒诞。随着新型和谐关系的建立，崇高的发展会走向一种新的“壮美”。而丑将失去在西方现代艺术中的绝对地位，转化为一种被日益缩小、逐步消解的审美元素。荒诞中极端对立的悖论概念将被辩证否定，倾向于消解对立、向往和谐的精神将得到引导和发展，最终融于和谐世界之中。

同样，发展的和谐美学是在研究西方现代、后现代语境中产生的美学理论，比如它认为生态美学虽然强调人与自然的“整体和谐”，比主客二元对立前进了一步，但问题在于这个“整体和谐”是以人为本、以自然为本，还是二者在绝对平等形态下的以自然为本呢？回避这个问题就无法做到真正的理论突破。在分析和研究这些西方现代、后现代理论的同时，和谐美学也在积极对待其中的合理观点和有效方法，将其作为进一步发展和谐关系的因素加以吸收。

总之，和谐美学的新发展是在理论自身的发展要求和社会现实实践要求的双重前提下完成的，主要在方法论和实践论两个层面上，在哲学思维、文化资源和时代特点三个基础上，实现了突破性的发展，其中最为主要的是提出了“和谐思维”的核心概念。在构建社会主义和谐社会和科学发展观的启示下，周来祥先生深入思考，研究了和谐美学以及当代美学发展的现状，围绕着对二元对立思维模式的思考，实现了方法论的创造性发展，解决了长期以来困扰和谐美学以及当代中国美学发展的很多问题，所以说，和谐美学的这一次新发展是又一次的本质超越。从这个新发展、新超越看，周先生显然是在努力创造着当代马克思主义的和谐美学，我们预祝他在耄耋之年取得更大的辉煌。

和谐论美学的特征*

——兼与其他美学流派比较

和谐论美学思想形成于20世纪的50—60年代，在80年代，其理论体系得到完善，在90年代，又进行了修正和补充。所以，从和谐论美学思想的发展历程来看，它经历了中国当代美学的各个历史阶段，既有自身的理论特征，又有时代的语境色彩，与其他美学流派思想既有差异又有共同点。

一、从实践美学到后实践美学

中国当代美学的发展自然不是“从实践美学到后实践美学”这样一句话可以概括的，无论是实践美学还是后实践美学，都基于一定的思想基础或理论主张，但是实际上，其中还包括许多思想流派和理论观念，而且它们之间在某些问题上还针锋相对，“从实践美学到后实践美学”只是说明在1949年以后的两次美学研究高潮中，存在着一种必然的联系。

---

* 本文系山东大学成长基金项目系列成果之一，原载于周纪文著《和谐论美学思想研究》，齐鲁书社2007年版，第209—234页。

中国当代美学的基本格局是在20世纪的五六十年代关于美本质的大讨论中形成的,实践论美学就产生于那个时期,在80年代成为中国美学研究的主流思想。要分析实践论美学,还要回到那个年代,甚至回到中国现当代美学研究产生之初,研究朱光潜的美学思想,因为在那次美学大讨论中,朱光潜的主观论美学思想是一个集中的反思对象。

朱光潜的美学思想是中国近现代美学中最早出现的理论体系之一,分为前后期,前期主要受克罗齐哲学和美学思想的影响,被称为主观论美学思想,思想的核心是主体审美感受的能动性和特殊性;后期朱先生也运用马克思主义的理论观念,比如意识形态论和社会实践论来修正自己的美学思想,成为主客观统一派。但是实际上,其美学思想的主要倾向还是主观论美学。

在朱光潜早期的美学理论中,直觉的研究是一个核心和基础问题。受克罗齐的思想影响,他认为审美经验就是形象的直觉,在对美感纯粹性的认识上与克罗齐基本一致。克罗齐认为在直觉活动中,人们对外在世界的本质并不了解,只是借助外在事物的形象来表现内在情感,他称之为“抒情的直觉”。朱光潜同样也认为:“形象是直觉的对象,属于物;直觉是心知物的活动,属于我。在美感经验中心所以接物者只是直觉,物所以呈现于心者只是形象。”①克罗齐甚至完全否认外在世界的客观性,认为外在世界只是借主体的情感显现附带出来的东西,直觉是主体主动地搜寻外在事物的形象来表现内在情感,直觉是完全封闭的,不与外在世界发生联系,外在事物的形象

① 朱光潜:《文艺心理学》,安徽教育出版社2006年版,第4—5页。

只是表现情感的手段,不是直觉的“知”的目的。在这一点上,朱光潜的观点又与克罗齐的理论存在出入。朱光潜并不否认外在世界的客观存在,他认为主体的直觉不但“知”内在的情感,也“知”外在形象,不但主体主动搜寻外在形象,而且外在形象也可以感发内在情感。这里讲的也就是“移情作用”。“移情作用”实际上是一种外射作用,就是审美主体的知觉或情感外射在物的身上,成为在物的,从而达到物我同一的状态。朱光潜认为移情作用常常与审美经验相伴,与审美心理相似,但不是美感经验,也不是美感经验的必要条件,但是他同时认为,美感经验中的确包含移情作用,所以,他认为美感经验是审美主体的情趣与审美客体的情趣之间的往返回流,这也就是他所讲的“心物统一”。美有客观的成分,也有主观的价值,他否定仅从主观性或客观性来规定美,已经显示出主客观统一的思想观念,但是受西方反理性思想的影响,他更加强调主体的主观性,心与物的统一最终统一于心。所以朱光潜美学思想的核心是主体审美感受的特殊性和能动性的论述。因而在其美学理论中,情感和想象两大范畴得到充分阐释,并由此加深了与客观论的差异。尽管朱光潜在对直觉的理解上与克罗齐并不一致,承认外在事物的客观性,但是,在理论论证上,他的主要精力都放在了对美感经验的描述上,而没有深入经验现象的客观存在层面。另外,外在事物的形象在朱光潜这里也不是纯粹的客观形象,而是融合了主观情感的“意象”,虽然他讲意象就是景,但是意象是“观照来的”,是由情感来贯注、来融化,才获得生命,形成形象的,所以他又讲,直觉就是“突然间心里见到”的形象,是艺术的创造。和克罗齐一样,虽然朱光潜强调了审美活动中的主体性价值,但更多的是进行了美感经验的描述，并没有讲明主体是什么样的主体，也就没有深入主体的本体论层面，因而引起了种种的疑问。

20 世纪 50 年代以后，朱光潜的主观论美学思想成为众矢之的，朱光潜也开始反思自己的美学理论，并运用马克思主义观点来进行修正。首先他批判了自己前期的唯心主义哲学基础，接受马克思主义的唯物主义本体论基础，并在此基础上接受反映的认识立场，把外在事物的感觉认识当作一切认识活动的基础。除了接受马克思主义的本体论和认识论的基础之外，朱光潜在后期的思想中，主要在马克思主义的理论观点中为其早期的思想寻找解释，比如用马克思主义关于艺术是意识形态的观念，为早期的“美在意象”的理论寻找马克思主义的依据。美是一种意识形态，因而美就既不是自然客观存在，也不是社会客观存在，而是存在于人类的意识之中，这就与朱先生早期强调的美是意象的观点不矛盾了。因而他讲，美不仅在物，也不仅在心，解决美的问题，应该把主观和客观统一起来。所以在《美学怎样才能既是唯物的又是辩证的——评蔡仪同志的美学观点》一文中他讲：“美感在反映外物界的过程中，主观条件却起很大的甚至是决定性的作用，它是主观与客观的统一，自然性与社会性的统一。”①所以，1956 年，李泽厚在其《论美感、美和艺术》一文中就明确讲到朱光潜的心物统一说是近代主观唯心主义的：“从哲学根本观点上说，不在心，就在物；不在物，就在心；美是主观的便不是客观的，是客观的便不是主观

---

① 朱光潜：《朱光潜美学文集》第 3 卷，上海文艺出版社 1983 年版，第 35 页。

的;这里很难‘折中调和’,中间的路将导致唯心主义。”[①]因而可以看出,尽管朱光潜后来被称为主客观统一派,但是其美学思想的核心还是主观的美学观念。

不过美学流派中的主观派主要指的是高尔泰的美学思想。高尔泰在人的哲学的高度上对美感经验的能动性进行了深刻的概括。与朱光潜不同,高尔泰认为美就是美感创造的,因而论证美感的本质就是发现美的本质。同时他认为马克思主义关于人的本质的观念为解答美是什么提供了深刻的理论依据,将人的本质与美学问题紧密联系在一起。人作为有意识的存在,本质就是自由,而异化就是自由本质的丧失。“美底本质,就是自然之人化。自然人化的过程不仅是一个实践的过程,而且是一个感觉的过程。在感觉过程中人化的对象是美的对象。”[②]“感觉必然地从那些暗示着、或者象征着人的本质的事物的形式,体验到一种特殊的快乐,这种体验,就是美。所以美是自由的象征。”[③]所以说,在高尔泰的美学思想中,美感经验是研究的核心和出发点。他认为审美心理结构有两个基本层次——历史层和社会现象层,这是审美心理的表层;自然生命力是审美心理的深层。其中深层心理是根本性的,不用历史来创造。他认为,美的发现是一种审美的体验,而且是个体的审美体验,因为这样的审美体验才是可靠的,表明了自然生命在人这个层次上进入自由的境界。个体的审美感觉作为历史积淀下来的心理结构,使生命超越了生物感觉的狭隘性,使自由

---

① 李泽厚:《美学论集》,上海文艺出版社 1980 年版,第 21 页。

② 高尔泰:《论美》,甘肃人民出版社 1982 年版,第 8 页。

③ 高尔泰:《论美》,甘肃人民出版社 1982 年版,第 202 页。

的体验通过感觉达到个体与整体、存在与本质的统一。

与主观论思想形成对峙的是客观论，其中以蔡仪的美学思想为代表。蔡仪的美学思想体系是建立在对以唯心主义为特征的美学思想的批判基础上的，他批驳从主观感觉来把握美的观点，认为美是客观的，不是主观的；美的事物之所以美，是在于这事物本身，不是在于我们的意识作用。但是客观的美可以为我们的意识所反映，可以引起我们的美感。而正确的美感的根源正是在于客观事物的美。蔡仪从辩证唯物主义的理论基础上肯定了自然美的客观存在，并强调了艺术美的现实基础。艺术是对现实本质的认识，这是中国现代美学经常论及的一个重要问题。对于认识问题，蔡仪提出了具体概念，在分析概念的形成时，他认为概念具有二重性，既是抽象的又是具体的，既是感性的又是知性的，是在个别中显出一般，在特殊中显出普遍。蔡仪认为这种具体概念就是艺术的认识，在蔡仪的美学理论中，美的认识与艺术的认识以及艺术想象和形象思维基本上是同义的概念，形象思维就是借助概念的具象性，这是美的基础，也是科学与艺术的区别。基于美的客观性和艺术的认识特性，蔡仪提出了美在典型理论。“美的东西就是典型的东西，就是个别之中显现着一般的东西；美的本质就是事物的典型性，就是个别之中显现着种类的一般。”①美的本质就是事物的典型性，现实的典型是个别之中显现着一般的客观事物，艺术的典型是把一般突出到决定性的地位，典型论突出的“一般”，是在个别与一般的统一中将一般作为基础。实质上，典型论是知性的抽象概念与表象相结合的产物，是机械的反映论。

---

① 蔡仪：《新美学》，群益出版社 1948 年版，第 68 页。

无论是主观论美学还是客观论美学都是在把主客观之间的矛盾推向两极，主体论实践美学则试图融合两极，主要以李泽厚的美学思想为代表。主体论实践美学是在批判和继承主观论和客观论的基础上发展起来的，它强调既不能以主体的某种心理因素作为理论的逻辑起点，也不能从某种先在的客观因素基础上建构美学，而应该以实践作为美学的逻辑起点，在社会实践活动中，达到审美主体与审美客体的统一。“美是客观存在，但它不是一种自然属性或自然现象、自然规律，而是一种人类社会生活的属性、现象、规律。它客观地存在于人类社会生活之中，它是人类社会生活的产物。没有人类社会，就没有美。”①从实践论美学对美本质的规定来看，它是以社会实践的历史唯物主义原理为理论基础的，其中“自然的人化”是其理论的核心和基本的观点。李泽厚讲：“在我看来，自然的人化说是马克思主义实践哲学在美学上（实际也不只是在美学上）的一种具体的表达或落实。就是说，美的本质、根源来于实践，因此才使得一些客观事物的性能、形式具有审美性质，而最终成为审美对象。这就是主体论实践哲学（人类学本体论）的美学观。”②自然的人化又分为外在客观的自然人化和内在主体的自然人化。“一个方面是外在自然，即山河大地的‘人化’，是指人类通过劳动直接或间接地改造自然的整个历史成果，主要指自然与人在客观关系上发生了改变。另方面是内在自然的人化，是指人本身的情感、需要、感知以至器官的人化，这也

---

①　李泽厚：《美学论集》，上海文艺出版社1980年版，第25页。

②　李泽厚：《美学四讲》，生活·读书·新知三联书店1989年版，第63页。

就是人性的塑造。"①李泽厚早期的美学思想偏于外在自然人化的问题,主要论证美的本质,后期转向内在主体的自然人化问题,着重于人的主体性问题,研究重点从美的本质转到美感的研究。李泽厚讲的所谓主体性就是动态化的人性,是自然与社会、感性与理性的统一,是历史实践的产物。他指出主体性概念包括四层含义:"'主体性'概念包括有两个双重内容和含义。第一个'双重'是:它具有外在的即工艺—社会的结构面和内在的即文化—心理的结构面。第二个'双重'是:它具有人类群体(又可区分为不同社会、时代、民族、阶级、阶层、集团等等)的性质和个体身心的性质。这四者相互交错渗透,不可分割。而且每一方又都是某种复杂的组合体。"②其中主体性的主观方面,也就是文化心理结构是其主体性实践哲学主体。李泽厚首先强调的是物质实践和人类群体的基础,这是他早期研究的核心,后来他逐渐转向了主观方面和文化—心理结构问题。转向主体性问题之后,他的研究重点也就转向美感的研究。李泽厚对美感的研究主要有三个方面,即审美态度、审美心理的要素与结构以及审美心理积淀。李泽厚的美感理论从唯物主义认识论出发,首先肯定美感的现实依据,同时又从历史唯物主义出发,对审美心理作了历史性和社会性的解释,他指出美感具有二重性,既是对客观世界的反应和认识,又是主观的情感判断:"美感(美的感情)是包含着伦理功利等社会内

---

① 李泽厚:《李泽厚哲学美学文选》,湖南人民出版社 1985 年版,第 384 页。

② 李泽厚:《李泽厚哲学美学文选》,湖南人民出版社 1985 年版,第 164—165 页。

容,而以直觉判断为形式的一种高级的反映和认识。”①李泽厚的美学思想有一个发展的线索,从美本质到美感、从认识论到心理学、从想象到情感。从总体上讲,他把主观论与客观论的融合推进了,用动态的社会实践作为美学理论的逻辑起点,并通过历史积淀理论解决主体与客体、主观与客观、人与自然等矛盾因素的对立统一。例如,他解释说:“‘积淀’的意思,就是指把社会的、理性的、历史的东西累积沉淀为一种个体的、感性的、直观的东西,它是通过自然的人化的过程来实现的。”②主体论实践美学汇合主观论和客观论两大美学思想体系,通过自然人化说和历史积淀说,将美学理论从抽象本质上升到具体形态,成为连接未来美学发展的重要环节,虽然后期实践美学偏于对美感、主体情感和审美心理的研究,但是从根本上讲,李泽厚的美学体系仍然具有理性主义的特征和客观论思想的根基。

总体而论,实践论美学就是以马克思主义实践哲学为理论基础的美学思想体系,以社会实践(主要指物质实践活动)为逻辑起点,以辩证唯物主义和历史唯物主义为思想指导,主要的思想理论来源就是马克思的《1844年经济学哲学手稿》。实践论美学是一个总体性的概念,但是在后实践美学的批判指向上,主要针对的就是李泽厚的“社会派”实践论,即主体性实践美学。在中国的实践论美学经过主观论、客观论和主客观统一论的发展之后,主体性实践美学派在跨越主观与客观、唯物与

① 李泽厚:《美学论集》,上海文艺出版社1980年版,第80—81页。

② 李泽厚:《李泽厚哲学美学文选》,湖南人民出版社1985年版,386—387页。

唯心的界限上，做出了积极而有效的努力。20世纪80年代之后，实践论美学思想也在各个美学家的不断修正和深化中有了新的发展，实践论美学也迅速壮大为中国当代美学最主流的思想观念，其中形成了几个影响颇大的思想流派，有李泽厚的社会积淀美学，蒋孔阳的创造美学，周来祥的和谐美学，刘纲纪的实践自由美学等。在实践论美学自身发展的同时，中国当代美学思想也在西方现代反理性思潮的影响下，出现了新的思想观念和美学新流派，而这些新的美学流派，因为都以反思和批判实践论美学为理论旗帜，又被统称为后实践美学，其中影响较大的有以潘知常为代表的生命美学，以杨春时为代表的超越美学，以王一川为代表的修辞论美学，以张弘为代表的存在论美学，以及生态美学和价值美学等。

生命美学认为实践论美学所认定的逻辑起点就是错误的，实践是一个抽象的概念，是人类改造世界的物质性活动，是审美活动的基础，但不是审美活动本身。而且实践活动是在理性指导下的活动，而审美活动在很大程度上恰恰是非理性的；实践活动是社会性的、现实性的活动，而审美活动则是个体性的、超现实性的活动。实践在很大程度上是一个认识论和价值论范畴，而不是审美的范畴，因而以实践为逻辑起点的美学体系也必然会导致将实践原则作为美学的唯一依据，而实践论最核心的理论论断"美是人的本质力量的对象化"就是一种理性主义的预设，一种先验论的观念，实践论美学的最大误区也就是理性主义、人类中心主义和二元论的思维模式。所以实践论美学所设定的人的本质是一种类本质、一种抽象的主体性，这种抽象的命题结果就是以理性压倒感性、以社会属性压倒自然属性、以现实性代替超越性，忽视个体审美活动的价值，混淆审美活动与实践活动,忽视审美活动的独特性。因而生命美学主张以个体的感性生命为理论的基础和研究的起点,认为美的本源产生于审美活动,个体化的审美经验才是审美活动存在的决定因素。“人类的生命活动确实以实践活动为基础,但却毕竟不是‘唯’实践活动。因此,我们应该把目光拓展到以实践活动为主要组成内容的人类生命活动上面来,从实践活动原则转向人类生命活动原则,而这就意味着:美学要在人类生命活动的地基上重新构筑自身。”①美是审美活动的外化,美感是审美活动的内化,审美关系是审美活动的凝固化,艺术是审美活动的二级转化。潘知常认为以生命活动取代实践作为美学研究的逻辑起点,可以在更广阔的角度上研究审美活动,突出审美活动的非功利性和超越性的本质,更加接近审美的自由真义。

杨春时在《走向“后实践美学”》一文中,首先指出了实践论美学的历史局限性和理论缺陷:一是理性主义印记,忽略审美活动的超越性特征;二是现实化倾向,忽略审美的超现实特征;三是强调实践的物质性,忽略审美的纯精神性;四是强调实践社会性,忽略审美的个体化特征;五是实践美学虽然一定程度上克服了主客体的二元对立结构,但是仍然认为美是客观的,事实上忽略了审美是一种主体的完全对象化,消除了主体与客体的差异与对立,是主观与客观的完全同一;六是审美关系上的决定论模式;七是实践的本体论范畴导致片面的客观性和实体观念;八是强调实践的生产性和创造性,忽视审美的消费性和接受性;九是以实践本体论为哲学基础,缺乏解释学基

① 潘知常:《美学的重建》,《学术月刊》1995 年第 8 期。

础;十是存在一般性取代特殊性倾向,不能揭示审美的特殊本质。由此,杨春时提出超越实践美学,首先就要以生存观念取代实践观念,把生存作为本体和逻辑起点,并针对实践论美学的十大缺陷,提出了生存观念的十大优势,包括:具有理性基础,又具有超理性的本质;具有现实基础,本质上又超现实;具有物质基础,本质上又是精神性的;具有社会性基础,本质上又是个体性的;克服主客二分模式,把主体与客体统一于生存状态;肯定生存的超越性和自由性,排除因果决定论模式;排除存在实体化、客观化倾向,把审美作为自我生存活动,把美作为自我创造的对象;把审美作为创造与接受、生产与消费相统一的活动;具有本体论和解释学相统一的基础;克服一般性代替特殊性倾向,揭示审美活动的特殊性质。可见超越美学提出的超越性主要表现为两点:一是本体的置换,二是解释学的介入。因而杨春时说:"审美是超越现实的自由生存方式和超越理性的解释方式。审美的本质就是超越,肯定了这一点,就在现代水平上肯定了审美的自由性。自由并非传统哲学所说的对必然的认识或对自然的改造,而是对现实的超越,超越即自由,审美是超越的途径和形式。因此,尽管以生存为逻辑起点,但我并不打算称这个美学体系为'生存美学',而宁愿称之为'超越美学'。超越性把审美与现实活动以及这个美学体系与其他美学体系区别开来。超越是生存的本质规定,审美成为生存的最高形式。因此,以生存作为逻辑起点,就可以推导出审美诸种质的规定性。"①

存在论美学也首先分析和批判实践论美学,认为以知识论

① 杨春时:《走向"后实践美学"》,《学术月刊》1994 年第 5 期。

或认识论为特征,以形而上学为归宿的二元论缺陷,必然导致对审美活动特殊性的忽视和默认二元对立存在,造成理论的内在矛盾。因而张弘提出建立以语言为中心、以现象学为出发点的存在论美学。存在论美学依据“存在论差异”原则,区分美的事物与美的存在,肯定美的事物的多样性和存在的同一性;拒斥二元论,在一元论基础上取消感性与理性、感觉与理智的二分法,表明美不是别的,就是审美方式的实现;反对传统美学的形而上学化,主张美只存在于现实领域。同时指出,美的现实性并不等于美滞留于物质属性中,审美是一种构形的现象世界,在特定的时空和历史条件下会体现现实的另一维度。也就是说,审美一方面具有超越物质性的特征,一方面又密切关联现实的存在。而现象是语符化的,艺术就是以各种语符系统为中介形成的文本,美学的使命就是探讨文本的语符构成特征及其与一般语符现象的构成性原则方面的区别,通过显态的艺术语符来把握隐态的审美方式的自身构成,也就是把握美。

价值论美学认为审美活动本质上是一种价值活动,审美关系的特征主要不是认识而是价值,审美关系是具有审美需要的主体在实践活动中把握客体能够满足需要的属性的过程中建立起来的,因而必然表现为一种价值活动。价值论美学的哲学基础是马克思主义的哲学价值观。“在马克思主义哲学价值论看来,价值这个范畴最一般的含义是对主客体关系的一种特殊内容的表达,这种内容的特质就在于客体对主体的作用是否同主体的结构或尺度、需要相符合、接近、一致。以实践唯物主义为基础的价值论研究是一种面向主体为主的研究,即把考察价值特性的依据、解决价值问题的出路更多地放在对价值关系中的主体研究方面。这种研究对以主体性活动为特征的审美活动及其价值生成具有具体的指导作用。”①价值论美学以现实生存的人的审美活动为逻辑起点。它指出“现实”是指当下、现在、实在,“现实生存”具有自然和文化双重特性,一面是生命的感性存在、个性化的审美体验,另一面是感性的个体化的人参与审美价值的生成,自然与文化相统一。

王一川认为中国当前的美学形态主要有三种,即认识论美学、感兴论美学和语言论美学,他认为修辞论美学并不属于语言论美学,而是对三种美学形态的综合与超越。修辞论美学注重话语与文化语境和历史的互动关系,主要表现为内容的形式化、体验的模型化、语言的历史化和理论的批评化,通过个人文本阐释、文化语境阐释和历史阐释三个层面达到对具体艺术现象的把握。由此,王一川认为修辞论美学可以弥补认识论美学忽视语言和形式、感兴论美学忽视模型化和系统化运用、语言论美学忽视历史视界的局限,把认识论美学的内容分析与历史视界、感兴论美学的个体体验、语言论美学的语言中心立场和模型化主张综合起来,实现对三者的超越。与后实践美学相同的是,修辞论美学也将修辞与人的生存联系起来,认为“修辞,就是为适应特定的生存而调整话语。因此,修辞实际上是人的生存的智慧或智慧的生存”②。不同的是,修辞论美学在超越实践美学的同时,还意在超越以生命和存在为逻辑起点的后实践美学。

希望超越后实践美学的还有生态美学。生态美学就认为

---

① 黄凯锋:《价值论美学——美学研究的未来走向》,《哲学动态》1998年第7期。

② 王一川:《修辞论美学》,东北师范大学出版社1997年版,第87页。

生命主体论美学是一种主体的无限膨胀和感性的泛滥，依然是人本中心主义的，带有乌托邦性质，是在主体论和个体性的对立、实用理性和超功利的感性对立之间，从一个片面走到另一个片面。[①] 而生态美学强调的是“万物皆有生命，万物各有主体性”[②]。生态美学的哲学基础是生态哲学，确立人与自然在生命基础上的平等关系。生态学强调的是生物链，在生物链上，人只是一个环节，人的生存发展要依赖于自然生态系统的平衡，整个生态系统的平衡又依赖于各个系统自身的协调平衡，生命的存在就是协调平衡的结果，而美是对生命的一种肯定方式，从这个意义上讲，美在生命。生态美不是从个体或物种的角度看生命，而是从生命的普遍联系性来看待生命。生态美学正是从普遍联系和生态平衡、从物种平等角度实现主体与客体、感性与理性的真正统一。生态美学认为生态美是美的本质属性，生态美的最根本的内在性质首先是生命性，其次是生命性延伸出来的宜人性，在这一点上，又表现出美的精神性和超越性。

杨春时在《走向“后实践美学”》一文中对后实践美学有一个总结，认为后实践美学具有三个特点：一是吸取当代美学研究的最新成果，与世界对话，具有开放性和现代性；二是打破实践论美学的统一局面，使中国美学研究呈现出多元化格局；三是实现对实践美学的批判和继承、扬弃和超越。从美学研究的发展来看，这三个特点其实是后实践美学对推动美学研究作出

① 参见刘成纪：《从实践、生命走向生态——新时期中国美学的理论进程》，《陕西师范大学学报》(哲学社会科学版)2001 年第 2 期。

② 刘成纪：《从实践、生命走向生态——新时期中国美学的理论进程》，《陕西师范大学学报》(哲学社会科学版)2001 年第 2 期。

的贡献，但是，后实践美学在打破美学格局的同时，是否真的解决了它所提出的问题，是否真的实现了超越，却是另当别论。后实践美学在解构实践美学之后，自身理论的建构显然严重不足：一是理论的逻辑起点过于宽泛模糊，缺乏实际的规定性；二是在批判实践美学的客观倾向后，又导向了主观论立场，并没有解决二元对立的问题。而修辞论美学、生态美学、价值美学正是看到了这一点，又试图修正和超越后实践美学，但是其理论的性质同样存在乌托邦的色彩，而且从根本上讲，也是以反思和批判实践观念为主，并没有跳出后实践美学的大范围。

二、比较之下的特征

从理论的哲学基础上讲，和谐论美学思想也是以马克思主义为哲学基础的，因而有人把和谐论划在实践美学的范围之内，但是，和谐理论显然又具有自己不同于实践美学的理论特征，因而又有人把它划归当代新美学的范围。从实践论美学与后实践论美学的发展逻辑上来看，如果把实践美学广义化，把马克思主义的辩证唯物主义和历史唯物主义，把《1844 年经济学哲学手稿》作为实践美学的理论来源，广义地来讲实践美学，那么和谐论美学也是在这个范围之内。但是，如果以实践范畴为理论的逻辑起点，以马克思主义的实践论为理论基础来看实践美学，那么和谐论就应该是发展了的实践美学，而不是严格的实践美学。这也解释了为什么一些学者在反驳后实践美学时，指出其仅以李泽厚的社会积淀美学为批判对象，来总结实践美学的理论缺陷，这种批判并不完全。不过，理论划分只是一个大致的标准，我们主要还是想看一看，在各种理论流派的对比之中，和谐论美学所显示出的理论特征是什么。因为是建立在理论流派之间的比较，所以，比较突出的就是理论基础方面的不同，而具体的一些理论观点和研究问题的不同，都是建立在基础不同之上的。另外，这种比较是以和谐论思想为核心的，也就是说，以显现特征为目的，而不是思想流派的全面比较。

对于一个理论体系而言，最基本的、最关键的就是研究本体和逻辑起点，这是一个理论建立的基础，也往往是理论的核心问题所在，所以，各家思想首先就是要表明自己的本体论和逻辑起点，而反对者也往往是从这一根本性的问题上来进行批判，比如后实践美学对于实践美学的批判，就是从实践观念入手，以生命、生存、体验等概念来取代实践范畴，从理论的基础上来解构体系。而一些学者反驳后实践美学对实践论美学的批判，也会从逻辑起点的阐明开始，或者是指明后实践美学对理论基础的理解存在偏差，如张玉能在反驳杨春时的文章《坚持实践观点，发展中国美学——与杨春时同志商榷》中，就认为他对实践美学的一些主要范畴，如实践、人的本质、自由等的理解不够准确。还有人指出把实践看成实践美学的基本范畴和逻辑起点本身就是一个误解，比如朱立元在《"实践美学"的历史地位与现实命运——与杨春时同志商榷》一文中，提出马克思主义的实践观只是实践美学的哲学基础，实践范畴也只是实践美学的哲学出发点，不是真正的逻辑起点，也不是基本范畴。在实践论美学之内，主观论与客观论的争执主要也就是集中于本体论的认识上。所以，从思想流派的比较而言，本体论和逻辑起点是首要的特征区别。但是，在本体论和逻辑起点以及基本范畴等理论特征的深层，起作用的还有方法论的区别。

实践论美学都是以马克思主义哲学的实践论为理论基础，早期的和谐论美学思想也有这种倾向，对于美的本质，周来祥先生在《美学论纲》中首先就强调“美是社会实践的产物”，“美的本质既不能到物质世界的自然属性中去寻找，也不能到人们的主观意识中去探求，而只能到主体实践对客观世界的能动关系中去探索”。[①] 这时周来祥先生已经提出了审美关系说，在主体实践与客观世界的能动关系之间，也已经可以看出和谐论的独特性，但是这时的论述更接近于客观性与社会性相结合的论点：“美的规律即是客观的必然性和主体的社会性和谐统一的规律，这种统一的结果即规定着美的本质。”[②] 但是在后来的论述中，周来祥先生就不再强调美的实践本质了，他只是在讲到马克思主义实践观点时，认为只有马克思在辩证唯物主义和历史唯物主义的基础上，通过实践观念，融合和发展了以往的一切和谐美的思想，马克思指出的共产主义理想是“人和自然界之间、人和人之间的矛盾的真正解决，是存在和本质、对象化和自我确证、自由和必然、个体和类之间的斗争的真正解决”[③]。这种共产主义理想就是对立统一的和谐美。

周来祥先生讲过和谐理论也是在马克思的《1844 年经济学哲学手稿》中得到启示的，但是这种启示不是实践范畴的逻辑起点，也不是美的客观属性或主体审美的能动性，而是主要集中在两个特征上：一是在美的本源上，主张主客体的客观关

① 参见周来祥：《论美是和谐》，贵州人民出版社 1984 年版，第 291 页。

② 周来祥：《论美是和谐》，贵州人民出版社 1984 年版，第 292 页。

③ 《马克思恩格斯全集》第 42 卷，人民出版社 1979 年版，第 120 页。

系说;二是在美的本质特征上,主张关系的和谐自由说。和谐论认为美的本源不在纯然的客观对象——这个客观对象包括绝对的客观自然界的属性和事物的客观社会属性,也不在纯然的主观世界——这个主观世界包括人的主观意识和主观统一的意象。美只存在于主体与客体的关系之中,而且是主体与客体的审美关系之中,在人与自然的对象性关系中,不论是物质实践关系、精神意识关系还是审美过渡关系,都是客观存在的关系,这就是主客体的客观关系说。人类主体在其对象性活动中,一方面生产主体的对象,一方面也为对象生产主体,同时生产主体与对象的自由关系,在对象性的自由关系中,对象和主体互相依存、互为条件。这就是审美关系的自由和谐说。从主客体的关系来讲,和谐论美学与主观派、客观派、主客观统一派、客观性与社会性统一派,以及后实践美学等思想都有了鲜明的区别。但是,区别还不能表明和谐论美学的特征,如果说,比较之下的区别显示出了特征的话,那么这种特征就是和谐论美学这两个核心论点的理论基础,即方法论和本质论观念。

周来祥先生的和谐论美学的主要观点是从马克思的《1844年经济学哲学手稿》中得到的启示,事实上,他在马克思主义理论中得到的更大的启示是辩证思维的方法,如果说,其他实践美学的理论家,主要是借用了马克思主义的实践论,那么和谐论主要借用的就是方法论,正是因为思维方法上的特殊性,和谐论美学才与其他各家美学思想有了关键性的区别。

一种美学理论总是要先面临美的本质问题,这往往也就是理论体系的逻辑起点,所以,不同美学理论的区别和特征就会在本体论层面上显出区别。和谐论给出的美的定义是"美是和谐”,“和谐”就是美的本质规定性,也是理论的逻辑起点。当“和谐”被定义为美的本质时,它就成了一个严格而深刻的哲学和美学范畴,它的内涵和外延都远远超过了词语的字面意义。“美是和谐”的本质定义是建立在审美关系理论上的,所以也可以说美是和谐自由的审美关系,审美关系说是和谐论美学为界定美的本质所寻找到的特殊方法。审美关系说是建立在马克思主义的实践论和皮亚杰的发生认识论基础上的。皮亚杰的发生认识论认为在人类的认识实践活动之前,并不事先存在一个有着自我意识的主体,同样也不存在已经准备好把自己烙印在主体之上的客体,也就是说,在人类的认识活动之前,主客体并不是已经分离对立,然后主体再作用于客体,而是处于一种主客未分的状态,认识起源于主客体之间的相互作用,处于主客体相互作用之间,又包含着主客体。现代科学证明,意识现象是物质世界自身长期发展的结果,并不存在真正区别于物质世界的“主体”,而真正的主体与客体是在人类的社会实践行为中才逐渐产生出来的,在社会实践中,有实践和认知能力的主体得以产生,并在实践和认知的中介作用下,分化与主体对应存在的客体,在主客体的相互作用下,也才最终产生人类所特有的意识现象。从这个意义上讲,皮亚杰的认识论与马克思主义认识实践理论是有一致性的。和谐理论对皮亚杰发生认识论的借鉴主要还是在认识结构方面,以此来建构和谐理论体系。皮亚杰认为认识的结构不是康德的“先天的知识”,也不是黑格尔的与主体无关的逻辑框架,而是在个体的认知过程中逐步形成的,它表现为一个能动的行为格局,并最终发展成为一个不断建构的逻辑格局,所谓格局就是指一种活动的功能结构,处于不断变化、不断建构之中。但是,皮亚杰的

“实践”主要指“认知”过程,而和谐论把实践的意义规定为一切社会生产活动的总和,这又是与马克思主义实践论的结合。马克思认为,生产实践是一种二重化的活动,通过劳动实践一面改造和创造客观世界,一面创造人类自身,创造人类的思维、意志、审美以及各种感觉能力。也就是说,人类主体在其对象化的活动中,一面生产主体的对象,一面也为对象生产了主体,同时还生产了主体和对象间的自由关系。对象的丰富性和多样性,产生了主体的多样性,主体可被划分为实践主体、认识主体、审美主体。而人类主体对客体对象又有着制约作用,有什么样的特殊主体,才有什么样的特殊对象。有了审美主体,并以感性和理性直接统一的情感观照的审美形式去把握对象,对象才能把审美对象呈现给审美主体,形成现实的审美对象。因而从审美对象和审美主体的相互作用的辩证关系来看,美不单在对象的属性,也不单在主体自身,而是在主客体相互作用的审美关系之中,所以说,美是一种关系属性。美是和谐的本质界定,把人类所有审美活动和审美感受都看作一种对象和人的关系、对象内部结构各部分的关系,是构成人的内心世界整体的各部分之间的关系的产物,在一种关系结构的格局中去考察人类的审美活动和审美感受。这种从审美关系界定美的本质的特殊方法,使得和谐论与其他实践论美学有了质的区别,实践论美学在论证美的本质时,主要强调的是人的本质力量的对象化,自然的人化,这样就无法解释为什么同一个对象既是人的实践对象、认识对象,同时又是审美对象。忽视了对象的多样性和丰富性,自然也就无法区分主体的多重性,实践派的观点仅仅停留在自然的人化层面上,就很难深入地解释主体与对象的多重关系。从这一点上讲,实践美学还是一种哲学研究,而不是美学研究,忽略了美的特殊本质。而和谐论认为主体与客体之间至少存在三种关系,通过不同的方式建立起不同的对象性关系,主体可以同时作为实践主体、认识主体和审美主体,相应地客体同时就作为实践客体、认识客体和审美客体。由于主体与客体之间存在三种不同的关系,所以,当人们采取实践的方式时,对象也就会以实践的对象出现,主体采用审美观照的方式时,对象也就成了审美的对象。在这个意义上,和谐论美学恰恰指明了审美活动的特殊性,强调的也是审美活动和审美感受的特殊本质,而不是像后实践美学所指责的那样,忽视审美活动的特性,以实践活动代替审美活动。其实从人与对象的对应性关系出发来考察美的本质,不但使和谐美学区别于实践论美学,而且也区别于后实践美学。事实上,后实践美学在以生命和生存来取代实践作为理论的研究核心和逻辑起点的时候,虽然照顾到了审美的感性、精神性和超越性特征,但是,也并没有找到审美的本质特征,因为生命本身也是复杂的、丰富的,具有多侧面和多重性表现的,甚至说,生命和生存本身也不是人类所专属的。生态美学在强调物种生命平等的观念时,其实忽略了意识现象是人类所特有的,因而生态美只能是一种美的属性,而不是根本属性,生态美也不会是美的本质规定,因为审美活动和审美感受也是人类所特有的。另外,无论是生命、生存还是生态,在作为美的本质规定性和理论的起点时,显然缺乏严格的规范和理论的辨析,显得过于笼统、模糊,并不像和谐概念一样是建立在人和对象的关系结构的严格论证之上的。

在审美关系中,人类的审美活动和审美感受就不再被看作是对客观对象的“美”的机械认识,美的本质规定也就不再是一种永恒的定义。和谐理论从本体论意义上,把“美”看作一种关系属性,而不是像实践美学那样把美看作一种对象属性,或者是存在于客观对象,或者存在于主体感受,把美看作是事物或意识本身的一种属性,事实上,后实践美学认为美是审美活动的外化、美是审美方式的实现等,还是从审美主体来规定美,把美看作是意识现象的一种属性。这是一种对象性的思维方法,而和谐论则试图从辩证思维、系统整体和审美关系的整体属性来研究美,把美规定为一种关系属性、系统属性。审美关系是把动态的审美活动和审美感受看作是美存在的前提,又把客观的实践活动作为审美关系存在的基础,这样美就是主体与客体、主观与客观、人与自然、个体与社会、感性与理性等的和谐统一。从这一点上讲,美就是动态发展的,而不是理性预设的、一成不变的;是产生于个体审美活动的,而不是脱离个体性和特殊性的;是以主体情感为核心的,是具有精神性和超越性的,而不是陷于现实的理智和意志活动之中的。

除了本体论层面上的区别特征,还有方法论层面上的特殊性。美学家在规定美的本质时,都希望找到永恒不变的定义,却恰恰忽略了美的丰富性和发展性。和谐论美学在对美学史和艺术史的考察和独特理解中,意识到美是历史的、发展的,而不可能是超历史的、一成不变的,美处于不断的否定之否定的上升过程之中,这是和谐理论在解决美的本质定义时,寻找到的方法论层面的突破。周来祥先生讲:“在我的美学中,‘和谐’是个总范畴,它在逻辑和历史的运动中形成了古代素朴和谐美、近代对立崇高和现代辩证和谐美三大形态。在我这里,一切美学范畴、美和艺术的形态,都既是逻辑的范畴,又是历史的范畴,是历史与逻辑的统一。”[①]从人类美学史和艺术史的发展来看,每个历史时期都有不同的艺术原则和艺术现象,也都有不同的审美理想和审美情趣,如果美是超历史的,是一成不变的,仅仅是抽象在主体或客体上的一种属性,那么就无法解释审美的时代性表现,也就会像传统美学那样在美的理论和艺术现象的解释之间形成无法解决的矛盾。“如果说美是一种人类价值,那么同时也必须看到,美并不是一种超历史的、凝固不移的价值,它总是要随着历史的演进,随着人类关于经济、政治、文化乃至所有领域的追求而演进,而一部美学史正是一部人类审美感受与趣味演变的历史,只有从历史的角度,从人类审美趣味史的角度考察,才有可能把握‘美’的本质。”[②]对于美的这种历史性发展的把握,也使得和谐理论与其他思想有所区别。周来祥先生认为,蔡仪、朱光潜、李泽厚三派都把美、丑、崇高、悲剧、喜剧看作是古已有之,未能做到逻辑与历史的统一,是违背马克思主义唯物史观的。事实上,李泽厚在后期的积淀理论中,也把美的本质放在了人类审美活动的历史之中去考察,强调了美的历史发展性,但是从本质上讲,主体论实践美学还是把美规定为一种对象属性,只是在人类的审美经验上,强调了历史的积淀过程,将个体的审美感受与社会和文化的历史发展结合起来。比较主体论实践美学与和谐论美学,前者更加注重人类审美经验的历史发展过程,将个体的美感经验放在人类整体的审美发展历史之中;后者则更加注重揭示美学史上审

① 周来祥:《周来祥美学文选》(下),广西师范大学出版社 1998 年版,第 1935 页。

② 傅谨:《周来祥美学思想的自我超越——评〈再论美是和谐〉》,《浙江社会科学》2001 年第 2 期。

美活动和审美感受的宏观发展规律,揭示审美活动中呈现出的普遍性,从这点上讲,和谐论美学的特征依然得益于辩证思维的方法,更好地解决了逻辑与历史的统一问题。正是在逻辑与历史的统一上,在方法论层面上,与后实践美学相比,和谐论美学又表现出整体性和宏观性的思维优势,揭示美的历史性和普遍性的理论价值。作为理论把握,将一般性与特殊性相结合,而不是仅仅把研究的目光放于感性体验、放于当下存在。在强调美的现象和美的本质的研究中,通过动态发生结构和历史发展意识,在方法论层面和本体论层面予以解决。

总体而言,和谐美学理论是一个大的思想体系,其理论特征,或者说是重要学术成果可以总括为七个方面。和谐美学在理论上的贡献,首先是提出了"美是和谐"的命题。以和谐为美、以和谐理念为美的理想,以和谐作为核心价值取向,以和谐为灵魂,以"主体与对象、人与自然、个体与社会、人与自身、感性与理性、实践活动的合目的性与客观世界的规律性的和谐统一"作为美学追求的最高目标和人生最高的审美境界。① 和谐美学以和谐为核心展开美学范畴的辩证运动和逻辑构架,是它的根本特点。从范畴的纵向发展看,是从古典素朴的和谐美,经近代的崇高(以及现代和后现代的丑与荒诞),发展到社会主义新型的辩证的和谐美,这通常被称为"三大美学",或古代的美、近代的美、现代的美三大美的形态。从更加严格的逻辑结构看,美的对立面,不是崇高,而是丑。"美是和谐,丑是不和谐,反和谐。"崇高与荒诞都是过渡性范畴,崇高是由和谐向

① 参见周来祥:《三论美是和谐》,山东大学出版社 2007 年版,第 513 页。

丑的反和谐的过渡,荒诞则由反和谐的丑趋向于新的和谐。在这里,无论是美的动态发展,还是静态的逻辑结构,都是以和谐为轴心而展开的。这是和谐美学的基本内容,也是和谐美学的主要创造,更是它与实践美学、生存美学、生命美学等的不同之处。因此,北京大学闫国忠教授认为和谐美学是20世纪中国创造的六种美学模式之一。①

① 参见闫国忠:《美学百年总序》,《中华读书报》1999年10月13日。

对和谐论美学思想两个问题的反思*

一个理论从它诞生的根源上,就先天带有优势和缺陷。一个理论最独特的性质,也许就是它最致命的弱点。一个理论最坚持的根本与原则,也许就是其最大的障碍和盲区,这是一把双刃剑。而任何一个理论研究者也都面临着两难的选择,感性与理性、思辨与经验,永远都无法平衡兼顾、两全其美。对于一个理论研究者,坚持与放弃都需要学术的勇气。

一、目的论和决定论之反思

在提到和谐理论时,人们往往会提到它的两个思想来源,一个是马克思主义的唯物论,一个是黑格尔的辩证法。当然,周来祥先生强调的是马克思主义的辩证思维方法。因而在提到和谐理论的缺陷时,人们也会从分析黑格尔开始。黑格尔美学理论经常被批判的一点就是目的论和决定论,尽管周来祥先生用马克思主义的唯物论改造了黑格尔的理论基础——理念

---

* 本文系山东大学成长基金项目系列成果之一,原载于周纪文著《和谐论美学思想研究》,齐鲁书社 2007 年版,第 261—278 页。

论,但是,和谐理论从研究方法的继承上,依然带有浓重的目的论和决定论的色彩,这也是很多人质疑和批判和谐美学理论的一点。

从哲学上讲,决定论是一种承认并说明事物和过程之间存在普遍制约性的思想观点,是一种认为事物具有因果联系性、规律性和必然性的学说。与决定论相反的是非决定论,非决定论就否认因果联系的普遍性,否认事物发展的规律性和必然性,认为事物运动不受因果关系制约,也没有规律和秩序可遵循。决定论随着发展形成几种形态:机械决定论、统计决定论和辩证决定论等。马克思主义主张的是辩证决定论,承认事物的发展具有普遍的制约性和规定性,在这种观点下总体地把握事物的发展,并如实反映事物发展过程中的多种因素的相互作用和动态统一,其中包括原因与结果、必然与偶然、单向性和多向性,以及整个历史与现实的纵横交错的关系。

而目的论认为,事物是由某种神秘的力量按照一定的目的预先安排的。目的论观念可以追溯到柏拉图和亚里士多德。当然人们还把他们分别称为"内在目的论"和"外在目的论"的代表,但他们思想基础的根本都在于把对"目的因"(终极原因)的探求视为人类一切认识活动的核心。所以这种"目的论"又可以称为"本体目的论"。"本体目的论"思想的影响十分深远,该思想提出后的两千多年的人类知识活动的一个重要目标,就是要追问和证明"目的因"的存在。这样就产生了两种相反的结果:一种是导向有神论的宗教迷信或泛神论的活力论;另一种则是随着近代科学的兴起(主要是牛顿力学的成功),放弃了对终极目的因的寻求,转而对自然现象进行因果性解释的客观规律的探求,进而形成了机械论(因果论)。虽然在机械自然观统治时期,对目的因的寻求在自然科学的某些领域(主要是生物学)中并没有停止,如沃尔夫的庸俗目的论、莱布尼茨的单子论等,但寻求目的因的本体目的论已被证明是一种并不科学,至少是不能对自然界的本质予以合理解释的理论。

从以上来看,周来祥先生的目的论和决定论观点,更应该看作对本体目的论和马克思主义辩证决定论的继承,只不过在研究方法和体系构成上,和谐理论带有黑格尔式的"三段论"色彩。

马克思主义的辩证决定论主要有两个前提,一个是承认普遍规律的决定性,另一个是多种因素的辩证统一。这两点说明辩证决定论承认事物存在普遍规律性,而且普遍规律决定着事物的变化发展。但是,事物的变化发展又具有具体性和多样性,这就是由多种因素的辩证统一决定的。我们知道,是黑格尔突破了形式逻辑的僵硬界限,发展了辩证法,提出动态的、综合的理性概念,也就是普遍性与特殊性、一般性与个别性相统一的"具体的普遍性",即内在本质性是普遍存在的,个别性的外在现象是在本质特性之内的,是对内在普遍性的感性显现。马克思继承了黑格尔的"具体普遍性"观点,所以,现代哲学理论认为事物是发展变化的,发展变化存在着普遍性、必然性的规律,但是普遍性规律包含着发展的具体性,从而否定了近代哲学片面化的发展观念,近代哲学将发展变化的客观性绝对化、片面化,看不到普遍联系和具体变化。而本体目的论也是首先强调事物发展存在内在的终极的决定因素,就是神或者客观规律。所以,无论是本体目的论,还是具体的普遍性规律,事实上都是强调一种总体性原则。戈德曼就认为马克思主义方法论是一种总体思想支配的归纳的发生学结构主义。

总体性和必然性观念是现代理性思维的重要特征和原则，也是反理性思维、后现代主义理论批判的主要观念。比如波普尔就曾对总体性观念进行过激烈的抨击，他认为我们的知识是有可能存在错误的，而错误往往来自必然性和规律性的认识，事物不具有必然性，对事物的认识要强调特殊性、差异性、变异性和多元性特征。同样，本体目的论也是现代哲学和自然科学批判的一个对象，比如达尔文主义者所描述的生命体系，就认为生命体系是由某种外在的或内在的、超然的、不可抗拒的，以及普遍的、永恒的规律先天决定的。但是现代哲学和自然科学恰恰反对的就是这种对终极目的因的追寻和坚信。比如法国生物学家雅克·莫诺就认为，生物是有目的的客体，但是生物的进化过程却是一种偶然性现象，并不存在一个终极目的在创造着生物或生物器官。另外像美国生物学家E. 迈尔虽然不同意将生物进化的原因完全归于偶然性，但是他也反对本体目的论以终极目的因来解释自然界进化的思想。他认为生物进化是有目的性指向的行为，主要表现为行为的程序性，也称程序目的性，但这种程序性也是一种自然选择的结果，而不是终极目的决定的。从根本上讲，本体目的论同样存在一种总体性和必然性的观念。

我们之所以这样追根溯源地列举出传统和现代的各种理论，只是想更清楚地认识到和谐理论的目的论和决定论有着怎样的理论背景。大家都认为和谐理论最大的、先天的缺陷和误区就在于目的论和决定论，但是，我们看到，对于目的论和决定论也不可一概而论，马克思主义的辩证决定论有其合理性。一方面，事物的存在与运动是有规律性的，这也是自然科学已经证明的，包括反对终极目的因的现代生物学家，也认为生物运动中存在着目的性，当然这个目的性并不是终极决定因。另一方面，辩证决定论强调各种因素的共同作用，强调必然与偶然、原因与结果、单向性与多向性的综合统一。而像波普尔所说的，知识的错误只是来自必然性和普遍性的认识，如果只看到事物存在的特殊性、个体性、偶然性、差异性甚至变异性，这其实就是经验主义的观点。强调感性经验，反对理性抽象，但是，感性经验既是最真实的知识来源，也可能是最错误的知识结论，因为感性经验是带有欺骗性外在因素的。因而，辩证决定论所强调的普遍联系性和具体规律性应该还是科学的认识观念，所以，并不是谈决定论就是错误的。目的论也是一样，如果把目的论发展成为一种先验的、超验的、以终极目的因决定和解释一切的理论，那就成了唯心的或机械的观念。但是正像现代科学理论所讲的，目的决定论是他们所反对的，而目的性思维又是他们所强调的。把目的论和决定论放在一起，核心就是总体性和必然性的观念，强调总体性和必然性观念，是一种理性的自觉，但是，夸大总体性和必然性观念，就是一种理性的自大。

我们再来具体看和谐理论，和谐理论的目的论和决定论色彩，主要表现在美学体系的三段论和封闭性上。周来祥先生的和谐理论构想，是美的发展由“和谐”经“崇高”到更高层次的“辩证和谐”，也就是人们认为在形式上所继承的黑格尔式的正、反、合的三段论。这是“美是和谐”的逻辑命题形态，根据美的本质是建立在审美关系的变化发展中的观点，美不是一种对象性属性，而是一种关系属性，而关系属性是处于不断变化之中的。所以，美就是运动的、发展的，就是在社会实践基础上形成的主体与客体、个体与社会、现实与理想、感性与理性等一系列矛盾运动的关系形态,因而“美是和谐”的逻辑命题,才同样展现为阶段性的历史形态。对应于逻辑发展的三个阶段,历史同样展现为三个阶段的理想形态。第一阶段是古典和谐美和古典主义艺术阶段。在古代,社会的基础是奴隶社会和封建社会的自然经济形态;思想上以强调共性和统一的意识观念与伦理价值观念为基础;思维方式以素朴的辩证法为主,强调对立统一、相互妥协;社会生活等级化明显,没有形成势均力敌的对立阶级。在这种思想观念和生活状态下,人们的审美活动和艺术活动呈现出和谐美的理想状态,和谐的原则就是生活的准则、追求的理想,自然也就是艺术的处理原则。在主体与客体、主观与客观、自然与社会、现实与理想、感性与理性、表现与再现、内容与形式等诸元素的关系上,强调平衡、稳定、有序和统一,表现出平静的、愉悦的审美感受。因而,古典和谐美成为一种范本式的理想美,古典主义艺术成为素朴统一的一元艺术。在第二阶段,社会基础发生了根本变化,资本主义的商品经济代替了农耕社会的自然经济,自由竞争、资本垄断和劳动剥削激化了社会矛盾,阶级对立日益明显;在思想观念上,提倡个性解放和主体意识,思维方式则是形而上学为主导。与这样的生产和生活方式相对应,近代的审美意识和审美情趣有了本质的改变,在主体与客体、现实与理想、感性与理性、个体与社会、表现与再现、内容与形式等诸元素的关系上,强调矛盾斗争、对立分裂,表现为不平衡、不稳定、无序的状态,带来夹杂痛苦的、不平静的、复杂的审美感受。近代美学成为对立的崇高美形态,近代艺术出现二元对立的分化局面:一种是片面强调主体、表现、理想、情感的浪漫主义;一种是片面强调客体、再现、现实、理智的现实主义。随着矛盾对立的极端化发展,分裂状态日益明显,审美形态由崇高(狭义的)发展到丑再到荒诞,艺术形态也沿着两条路线,向两个极端发展。一个是从浪漫主义经具象的表现主义到抽象的表现主义再到荒诞派戏剧;另一个是从现实主义经自然主义到照相写实主义再到新小说派。一边是彻底追求主体、表现、情感,否定客观、再现和理智;另一边是彻底追求客体、再现与现实,否定主观、表现与情感。而近代美学和艺术也从审美走向了审丑。第三个阶段主要是现代辩证和谐美和现代新型艺术,它所对应的社会生活和生产方式是回归和谐后的状态。社会基础是社会主义的生产方式,人与人之间因为消除了剥削关系而重新进入协作、互助的自由状态;思维方式以辩证法为主导,现代辩证和谐美成为扬弃了近代对立、包含了古代和谐、既追求矛盾对立又追求和谐统一的新型审美和艺术形态,在对立冲突的基础上实现真正意义上的和谐统一。

从和谐到对立再到辩证和谐,是最终的辩证和谐决定了发展的轨迹,不但决定着和谐走向对立之后,崇高还会向和谐复归,而且决定着崇高走向更大的分裂之后,走向丑和荒诞之后,走向彻底的反和谐、不和谐、混乱无序之后,还会物极必反地走向辩证和谐。这一切都是辩证和谐作为终极目的因、作为终极意义上的完善,内在地决定的。而且在发展的过程中,发展的环节也是被内在规律所决定的。比如从古代和谐到近代崇高,是矛盾对立的必然发展,必然会走向二元对立,相应的艺术发展也由理想的一元形态分裂为二元的对立形式。从这种逻辑与历史相结合的发展过程来看,和谐理论在很大程度上体现出逻辑发展的特征,比如偏重历时性,强调环节的中介性。广义的和谐,包括壮美和优美;广义的崇高,包括崇高、丑和荒诞;辩证和谐是一个历时性的发展线索,在这个线索上,每一个范畴都是上下范畴的逻辑中介,对上下范畴起到解释和证明的作用。可是历史发展并不都是直线的,范畴的排列也很难讲都是历时的。再则,逻辑与历史的统一体现在逻辑范畴同时也是历史范畴上,范畴是逻辑线索上的,这一点没有异议,但是范畴在历史发展中的位置,是不是就一定像逻辑上的排列呢?对此的证明就有些任意取舍历史之嫌,这也是和谐理论被质疑最多的地方。很多人认为这样的思想方法会导致通过牺牲现实材料或曲解现实材料,去迎合理论的完整。而其历史价值观就像黑格尔所构筑的哲学体系总是将历史逻辑化,同时将逻辑历史化一样,也是一个非常完满的、历史与逻辑相结合的、存在着明显的目的论色彩的构想。在具体的美学形态发展方面,对于周先生分析的中国古典美学由前期的壮美到后期的优美的发展过程,一些学者认为这种分析在理论上和实践上都缺乏足够的根据,因为在中唐以前,优美艺术也曾居于主导地位,像魏晋时代的书法、雕刻,南朝时期的散文、诗歌等;中唐以后,壮美艺术也并不总是居于次要地位,如元代的散曲、杂剧,清代的小说、诗歌等等。

从“和谐”到“对立”再到“辩证和谐”,这正是一个从肯定到否定再到否定之否定的过程,也是一个正、反、合的三段论。在这个三段论中,包含着从不完善到较完善,最终达到终极意义上的完善的过程,也是否定之否定的螺旋上升过程。在这个辩证逻辑的发展过程中,暗含着目的论和理想主义的色彩,因为在逻辑起点上就已经包含着逻辑终点,在整个的逻辑发展过程中,终点虽然不可能一下子达到和实现,却一直在决定着发展的方向和轨迹,逻辑终点就是一个逻辑发展的终极目的,而逻辑的发展就是在终极目的作用下的发展。逻辑起点是不是就一定包含着逻辑终点？终极目的是不是就一定决定着逻辑发展？如果仅从逻辑的层面上讲，可以肯定地认为就是这样，因为逻辑起点包含着最一般、最本质、最单纯的规定，所以也必然地暗含着逻辑终点，而最简单、最一般、最本质的规定性，也必然地会随着逻辑的发展，不断由抽象上升到具体，而本质规定性也在决定着具体的展开过程，直到逻辑终点。反过来，逻辑终点作为终极目的，事实上影响和决定了逻辑的发展。但这仅仅是逻辑的推导，再完美的逻辑理论，要成为与历史相统一的合理的理论，要成为能够对现实和历史有足够包容性和解释能力的理论，都要从逻辑与历史的具体结合过程中来看。但是逻辑与历史的结合却是复杂的，虽然我们可以从人类的认识史、思想史的发展起点和一般过程中，看到逻辑与历史在物质实践过程中的一致性规律，但是，具体到一个理论之中，这种一致性也仅仅是一种理论成立的前提。一致性规律并不能说明逻辑与历史发展的完全吻合——起点与起点、终点与终点、阶段与阶段一一对应式的吻合，否则历史就成了逻辑安排的历史，因为历史发展毕竟是复杂的，存在更多的偶然性、特殊性、个别性的因素。

我们说这个否定之否定的螺旋上升过程，这个由不完善到较为完善再到终极意义上的完善过程，带有强烈的理想主义色彩。一方面是出于理论家对于逻辑论证方法和体系的坚信，另一方面是出于关怀现实的感情基础。这一点在封闭式的理论体系中表现得尤为明显。和谐论在理论体系时期，周先生不仅把新的辩证和谐美作为逻辑的终点，完成逻辑的运动发展，而且对照现实，把革命的浪漫主义和革命的现实主义相结合的社会主义艺术形式作为新型艺术的代表。但是,周先生并非没有意识到理想与现实的巨大差距和尖锐矛盾,所以,后来在突破理论体系的思考中,他加强了美学理论对现代和后现代艺术的解释和包容,把中国的现实阶段局限在有中国特色的社会主义初级阶段,把辩证和谐的逻辑重点放在理想层面上。但是,周先生同时讲道:“荒诞艺术把崇高和丑中的对立,推到混乱、颠倒的极致,‘物极必反’,对立达到极端之后,必然要出现一个更高的统一,更高的综合,更高的和谐。人类在经过近代崇高、丑,荒诞的对立、动荡、颠倒、无序的痛苦分裂和百般折磨之后,一种向往新的平衡、新的宁静、新的和谐的情感在萌动。”①尽管和谐论思想体系已经悄然地由封闭走向开放,辩证和谐作为一个终极目的因的性质也褪色了许多,但是作为终极的目的,在理想的层面上,还是为理论的终点保留了光明的未来。

其实马克思主义的辩证决定论是强调必然与偶然、单向性与多向性相结合的,强调多种因素的决定作用,也就是强调一种由黑格尔讲的“具体的普遍性”。事实上,在一个理论的具体论证过程中,这种具体的普遍性只是一种理论的解释,是相对于片面的绝对的普遍性,是相对于形式逻辑的孤立和静止而言的,但规律性毕竟是一种理性的抽象,强调的就是普遍性、一般性和必然性,而且坚信规律对于发展变化的决定作用,坚信原因会导致结果。所以要做到普遍性与特殊性、一般性与个别性、抽象性与具体性的统一,做到理论界定的二者兼顾,是很难的。因而就出现了在普遍性基础上的特殊性,在一般性之中的

① 周来祥:《周来祥美学文选》(上),广西师范大学出版社 1998 年版,第 433 页。

个别性，在抽象性之内的具体性，事实上，这还是本体目的论，还是设定了一个超然的、内在的、不可逆转的终极目的因。

从以上的分析来看，对于决定论和目的论的问题，应该有所保留，有所扬弃，保留总体性的思维观念，扬弃必然性的决定意识。正像大家都承认的，理论体系的建构在一定程度上是合理的也是有利的，从历史发展的角度来看，和谐理论对于美学和艺术的发展有着很强的概括能力，从对审美意识和审美情趣的本质分析来看，也让人们更加清晰而深入地认识了审美活动。从这个意义上讲，我们应该看到总体性思维观念的合理性与理论优势，但是，必然性的决定意识，封闭体系所带来的目的论色彩，一定程度上夸大理性的概括能力，强化理想主义的色彩，这也是理论应该警惕和规避的。所以，修正和谐理论中的目的论和决定论倾向，一方面要坚持总体性思维观念，承认理性的概括作用；另一方面应将目的论改为目的性思想，加强对偶然性、个别性因素与形态的关注，最后放弃理想化的理论预设。何谓目的性思想？李东在《“目的性思想”辨析》一文中称目的性思想是现代科学理论，比如生物学、系统论、自组织理论的基础思想。在既反对用终极目的因又反对用单纯的机械因果规律去解释自然界的一切现象的基础上，各种目的性思想的倡导者提出了各自用“目的性思想”去解释自然界现象的“目的性”理论。“目的性”这一概念并不是什么新概念，但通过立场和观念的转换，通过对追求终极目的因这一旧观念的扬弃，赋予“目的性”一词以特定的含义，“目的性”这一概念又具有了新的活力，并且成为现代科学不可或缺的基础性概念。将“目的性”概念与系统、结构、反馈、程序等概念有机结合，加以新的诠释，不仅避免了与本体目的论追求终极目的因思想的混淆,有助于跳出追求终极目的因的怪圈,又为生物有机体和系统的目的性特征找到了一种科学的、合理的解释语言,是由追求终极目的因的本体论向寻求"目的性"解释的认识论的转换。从认识论的解释性的立场上看,作为一个解释性的词汇,"目的性"这一概念,反映的只是事物(生物有机体和系统)的一种属性,是一事物与其他事物之间的某种过程性、活动性联系的特征。它并不承诺一个终极目的因或目的本体的存在。同因果性理论一样,目的性思想是一种认识论的、建构性的、解释性的思想。比如,控制论创始人维纳认为,对于一个控制系统来说,一切有目的的行为都可以看作需要负反馈的行为。目的性就是系统的负反馈。主张结构目的性的法国生物学家雅克·莫诺认为:"一切生物所共有的一个根本特征,那就是生物是赋有目的或计划的客体,这种同一性或计划性是在它们的结构中显示出来的。"①生物的这种结构目的性起源于生物自主的形态发生,并且正是生物的目的性器官使得生物中高度有序的结构得以维持、复制和增殖。而主张规律目的性的 E. 迈尔认为,非生物界的一切物体都具有改变其状态的能力,其状态变化均遵从自然规律,比如引力定律和热力学第二定律,不过"非生物界物体状态变化的目的定向只是被动的、无意识的,是由外界力量或条件所支配。且其变化的最终状态就是'目的'"②。

正像上述解释的那样,"目的性"不是什么新概念,周先生

① [法]雅克·莫诺:《偶然性和必然性》,上海外国自然科学哲学著作编译组译,上海人民出版社 1977 年版,第 5 页。

② 李东:《"目的性思想"辨析》,《哲学动态》1997 年第 1 期。

在方法论上就已经引用过系统论、控制论等自然科学的理论方法，而系统论和控制论等理论也恰恰主张总体性思维，但是“目的性”思想之所以具有新的理论意义，就在于观念的转变。从一种终极决定性思想转变为一种过程解释性思想，“目的”是审美活动和审美意识本身所具有的属性，表现为活动的过程性和联系性，而活动的结果，也就是审美和艺术的自然形态，就是目的，这个目的并不是预设的或者终极的。当然，审美活动和生物或非生物的自然的、无意识的、被动的变化还不一样，审美活动是建立在主体和客体的共同基础上的，主体在审美关系中生成，对审美活动有着能动的决定作用，但是主体的构成因素和活动因素更为复杂，而人类主体同样也可以看作一种有机系统，所以，主体的目的性也只是反映一种活动性的联系，遵循一定的规律，但不是本体的目的因。因此，我们在解释美和艺术的发展时，既要概括发展的规律性，又要解释变化的多样性，既要解释目的性对发展的影响，又要避免把目的性变成目的因。

二、美学范畴的设定

我们说过，理论的特色有时候就是一把双刃剑，一边可以成就理论的独特性质和个性魅力，另一边也可能成为理论的偏颇之处，被人攻击。

美学范畴对于美学理论而言至关重要，一个理论如果拥有自己独特的范畴体系，那么这个理论自然也就是自成系统的、成熟的理论。和谐理论就是这样，它拥有一套自己的美学范畴,自成体系,独具风格。而且在这套范畴体系的支持下,对美学史、文艺美学、比较美学等学科的研究也都完成了体系构建,并显示出与众不同的品质。

周来祥先生在范畴的使用上,并没有创新的概念,而是沿用了一些传统的美学范畴,但是在范畴的规定性上,他都重新给予了新的定义。这些新的定义与概念原有的规定性之间存在重合部分,这样就容易造成一些误读。比如和谐范畴,从字面意义上讲,人们容易把它理解为一种形式美的概念,与协调、对称、比例等概念联系在一起,而且和谐概念在美学上更多地出现在古典美学思想中,也容易让人误以为是专指古典美的范畴。但是,周来祥先生把它改造成了理论的最基本的范畴,也就是本质美的范畴,并从四个方面逐层次地给予了定义,使之成为一个深刻的哲学和美学范畴。其实和谐在一些美学理论中也是比较严格的美学范畴,但是周先生把它的内涵进一步扩大,这样和谐就成了一个理论的基本范畴。海德格尔说:"一门科学在何种程度上能够承受其基本概念的危机,这一点规定着这门科学的水平。"①和谐概念是从审美关系的角度研究美和审美所得出的,从这一基本点看,和谐作为基本范畴是具有抗危机能力的,但是这并没有改变这一范畴一直以来被人误读的状况,尤其是在现代和后现代思潮与艺术现象的冲击下,以和谐范畴来解释反和谐、不和谐的美学现象,就显得更加复杂。

再比如崇高,崇高作为一种情感体验的心理反应,也同和谐概念一样,在人们的语言共识性上,有着一定的心理基础,所

---

① [德]海德格尔:《存在与时间》,陈嘉映、王庆节译,生活·读书·新知三联书店1987年版,第12页。

以在理解上就容易混淆。崇高作为美学范畴,在西方的理论中,也形成一种基本文化认同。比如,凯瑞特在《美的理论》中就曾总结过崇高的动态过程:首先是要存在超常的体积或力量的客体,接着是主体表现出受挫或拒绝的消极状态,随后则出现自我扩张和情感提升,最后是产生与客体合一的积极情感。事实上,和谐理论对崇高的具体论述,如崇高的审美感受,也是和西方美学中的崇高范畴相似的,但是,周来祥先生把崇高作为一个大的理论范畴,涵盖了西方美学发展史的近代、现代和后现代,所以,对于崇高范畴的使用,就需要不断地加以注解。当然崇高范畴也有狭义的理解方式,专指近代阶段,但是在与崇高范畴相对应的艺术形态范畴,又出现了浪漫主义和现实主义,而浪漫主义和现实主义作为不同的、截然相反的艺术主张,都对应崇高的审美感受,这显然也需要一定的理解前提。所以,和谐和崇高范畴,一方面被规定出很广大的适用范围,另一方面又要不断地作补充、作解释。将和谐美分为广义的和狭义的、古典的和现代的,将古典和谐美又分为壮美和优美;将崇高也分为广义的和狭义的,在崇高的大范围中,又分出悲剧、喜剧、丑、荒诞等范畴。从这些分化和解释来看,我们就觉得范畴的范围规定得有些大,涵盖的逻辑和历史阶段性太长,所以也容易给人造成将历史简单化的印象。而范畴与现象的对应,也容易给人留下将现象简单化的印象。比如丑和荒诞范畴,从字面意义上理解,丑应该是一个大范畴,因为它直接与美相对立存在;荒诞也是一种审丑的情感感受,而且对应于艺术现象。想要在现代丑和后现代艺术荒诞之间划出清晰的界限很难,因为现代艺术的审丑本身也带有很大的荒诞性,而后现代现象中的一些大众化、泛艺术化、娱乐化的倾向,又不存在荒诞的感受。

应该说，和谐论美学范畴的设定主要是从逻辑发展上考虑的，所以，各个范畴在基本结构上有着语法上的一致性。和谐作为最基础的范畴，一开始就决定了范畴的语法结构，在主体与客体、主观与客观、人与自然、个体与社会、现实与理想、必然与自由、情感与理智，还有艺术元素中的表现与再现、时间与空间、内容与形式以及形式的各种要素之间，在关系结构中，强调平衡、稳定、有序统一的就是和谐，强调不平衡、不稳定、无序对立冲突的就是崇高。因为和谐和崇高都是大范畴，从广义上理解，和谐还分为壮美和优美，壮美和优美在基础结构上与和谐一致，都是强调素朴的和谐统一。同样从广义上理解，崇高又可以概括悲剧、喜剧、丑、荒诞等范畴，在基础结构上保持一致性，在矛盾关系上都强调矛盾冲突、对立斗争。悲剧存在于美与丑的斗争中，丑是有害的，有伤害力的。喜剧的丑也是有害的，但已经没有伤害力，是被嘲笑和讽刺的对象。与狭义的崇高相比较，丑和荒诞都是把对立分裂推向极端，丑是把崇高的对立推向极端化的表现，荒诞则更甚，是推向混乱无序和荒诞不经。所以，从逻辑上讲，这一系列范畴的发展顺序非常清楚，每一个范畴都有相应的逻辑位置，都是一个逻辑中介，范畴与范畴之间形成相互解释和相互证明的作用，后一个范畴是前一个范畴的具体发展，从和谐到对立崇高再到辩证和谐，经过肯定到否定再到否定之否定，恰好是一个"之"字形的螺旋上升。因而在理论体系之内看范畴，尤其是在逻辑推导的线索上看范畴，这些范畴都非常清晰，也容易理解，因为相互之间都可以解释。但是如果在体系之外看这些范畴，理解起来就不那么容易了。原因就在于这些范畴在设定中，过于强调逻辑发展的层次，历时性很强，而当逻辑发展与历史相结合时，这些范畴所对应的现象形态却存在共时性、混合性、交叉性等复杂局面，所以，就容易造成将历史逻辑化的现象。

与前一节分析过的目的论和决定论联系起来考虑，我想范畴的设定也存在一定的目的论和决定论色彩，这其中的目的因就是否定之否定的发展规律，就是螺旋上升的发展线索，而元素和关系形成的基本结构则起到决定性作用。从和谐的平衡、稳定、有序、统一，到打破平衡、有序和统一的对立、冲突、矛盾与斗争，就是由肯定到否定，但是发展的内在规律决定了“之”字形的回归路线，所以，否定之否定的辩证和谐就成了一种发展的必然结果，而在这样的一条规律性路线上，范畴只是一种过程性的环节。然而这只是理性的演绎和预设，感性的发展却是复杂的、纷繁的、没有终极性的目的决定因素，这正是现代科学理论批判本体目的论的关键所在。但是我们也并不认为，现象的发展真的就像现代科学认为的那样，是一种自结构、自组织，目的是一种完全自然的形态。因为在审美活动中，人类主体毕竟有着能动的决定作用，而不应该完全像其他生物那样交予器官的结构或者系统的负反馈，完全是无意识的、被动的、由外界因素决定的。

因而我们认为，对于理论的建构和观点的表述而言，范畴的使用是必需的，就像对于认识而言，理性的归纳和演绎都是必需的，我们首先肯定理性的概括能力，范畴作为理性的抽象概括，是至关重要的。其实我们从和谐美学的本质规定上看，用和谐概括壮美和优美，用崇高概括悲剧、喜剧、丑和荒诞，也没什么问题，但是正像周先生希望的那样，逻辑范畴应该同时是一个历史范畴，而历史的复杂性又要求着理论一方面有概括能力，另一方面又要有区分作用，所以，相对于丰富而复杂的历史现象，历史范畴就应该分割得更为细致、更为集中。但是如果历史范畴在涵盖范围上缩小，在与审美和艺术现象的对应上更具体，那么，逻辑范畴就必然会与历史范畴出现错位，想要解决这个问题，就需要调整逻辑范畴的设定。

其实，在研究现代艺术和后现代艺术时，周先生提出的丑和荒诞范畴，就已经是对范畴体系进行调整的结果。我想，这表明周先生早已意识到了美学理论与艺术现象之间的解释错位问题，但是，这种调整毕竟是局部的。因为一方面和谐理论对于古代和近代美学与艺术的概括和解释是比较有效的；另一方面，周先生更多考虑的依然是范畴的体系化问题。所以，他只是对崇高的发展作了部分修正。不过尽管这种修正是局部的，但意义是很大的，因为它象征着和谐理论从封闭体系向开放体系的迈进，而且还意味着逻辑发展环节的进一步丰富。从这一点上讲，和谐理论的范畴体系在不改变基本格局的前提下，还应该有更多的修正和补充，比如线索的多向化、形态的细分化等。还有改变过去范畴过于历时化，以及单一的范畴特征涵盖过多形态的特征的状况。

和谐美学的发展与中国美学三十年*

——周来祥先生访谈录

周纪文:周先生,2008 年 10 月 19 日,“中国美学 30 年暨周来祥先生执教 55 周年”学术研讨会在山东大学召开,与会专家就中国美学 30 年的发展历程,和谐美学思想的发展、特色与价值,以及和谐美学理论与中国美学 30 年发展的关系等问题展开讨论。这一论题在历史经验的总结性上、未来发展的借鉴性上和学科探讨的开拓性上,都具有理论和实践的重大意义。我受《中国文化研究》编辑部的委托,特就此论题对您作学术专访。今年是改革开放 30 年,所以现在探讨这个问题也就显得格外有意义。您觉得呢?

周来祥:是啊。记得 1998 年的时候,我写了一篇《我飞越发展的二十年》,发表在《光明日报》上。前不久我又应校报之约,写了一篇《前三十年与后三十年——我所感受的改革开放》(后来也发表在《人民日报》上)。在这两篇文章中,我都非常感慨地总结了改革开放以来我们国家、我们美学界,以及我个人学术道路的巨大变化与飞速发展。没有对比不足以显示差别,没有总结不足以照见未来。当然,我这两篇文章还大都

---

* 本文原载于《中国文化研究》2009 年第 3 期。

是我个人的总结和感言,这次会议上,很多专家从各个角度谈到了中国美学30年的发展,都非常具有学术价值,我觉得受时间的限制,谈得还不够,还不充分,我们应该就这个论题更深入地、更广泛地谈下去,应该有一批文章出来,因为这30年的发展,不论是对整个美学界,还是对各个研究者、学派,都非常具有总结和思考的价值。

周纪文:我们知道"美是和谐"的观点是周先生在上个世纪的50—60年代就已经提出来的,当时是中国当代美学发展的第一次高潮期。虽然发生在50多年前,但是对改革开放以后的美学发展却有着巨大的影响。我觉得谈30年的发展不能不讲50年前,50年前的发展不仅是一个对比的参照物,更是这30年发展的一个基础。您是中国当代美学发展的亲历者和见证者,就请您先帮我们回顾一下50年前吧。

周来祥:好的。当时的美学大讨论是从批判朱光潜先生开始的,对朱光潜先生的批判可以说是思想斗争和意识形态斗争的一种深入表现,因为在大背景上,这种斗争从批判胡适和胡风时就已经开始了。不过对朱光潜的批判不是从外部开始的,而是他自己先写了一篇自我检讨。1956年6月,朱先生写了一篇自我批评的文章《我的文艺思想的反动性》,发表在《文艺报》上。文章的"编者按"指出:"为了展开学术思想的自由讨论,我们将在本刊继续发表关于美学问题的文章,其中包括批评朱光潜先生的美学观点及其他讨论美学问题的文章。我们认为,只有充分地、自由地、认真地互相探讨和批判,真正科学的、根据马克思列宁主义原则的美学才能逐步地建设起来。"黄药眠随即发表了《论食利者的美学》,分析朱光潜学说"实际上所起的反动作用"。蔡仪则针对黄先生的文章发表了《评

〈论食利者的美学〉》，认为他也不是一个唯物主义者，仍然是以唯心主义的观点批判唯心主义。朱先生则又发表《美学怎样既是唯物的又是辩证的》，反驳蔡仪的机械唯物主义观点，强调在审美过程中主观条件的“决定性的作用”。在后来两个月的时间里，《人民日报》也连续发表不同观点的批判文章，很多人参与了进来，美学问题成了那个年代罕见的引起公众高度关注的学术事件。

我当时也写了文章，《文艺报》本来说下期用，但后来用了黄药眠先生的文章，一来因为我当时还是一个小青年，二来黄先生的文章从标题就可以看出很符合当时的政治气氛，所以说当年整个的批判气氛还是很紧张的。因为朱先生是著名学者，像他这种情况的人还有一些，在知识分子中间产生的影响和波动就很大。朱先生的那篇反驳文章是这场批判开始学术化的一个标志，所以说，朱先生非常勇敢，非常了不起。后来李泽厚出来试图解决问题，他写了《论美感、美和艺术》，既批评朱光潜，又反对蔡仪，提出了“美是客观性与社会性相统一”的命题。这引起了朱光潜和蔡仪的反批评，吕荧、高尔泰、蒋孔阳等人也加入讨论。高尔泰的观点一出来，讨论更加学术化。这场讨论虽然开始于朱光潜的自我检查，但最后是四家鼎立，没有哪一家被否定，这一局面还是不同于大批判的，一定程度上体现了“百家争鸣”的精神。

周纪文：在当时的中国社会背景下，出现这样一场学术讨论的确有些意外，应该说有机缘巧合的原因，更主要的还是因为美学和哲学更接近，和政治的距离稍远一些。不过，“百家争鸣”精神的体现还是有很大的局限性，有些像戴着镣铐跳舞。

周来祥：我觉得这个比喻也不是太准确，局限性肯定是有的，而且对于一些政治尺度的把握也是很严格的。但是，参加讨论是自由的，学术问题的争鸣应该说也是自由的。至于说学术的主题主要是哲学问题，思想意识也存在政治倾向，这很大程度上和我们那一代人所受到的马列主义教育有很大关系。有一点你说得很对，美学在那个年代引发了这样一场学术讨论，形成了中国当代美学的第一次高潮，的确和美学学科与政治比较远有关系。我记得周扬就说过一句话："你们可以大胆地发表意见，大不了就是个唯心主义。"有了这个底线，大家的胆子自然就大了些。加入的人越来越多，批判也逐步演变为四家争论。到了 1959 年，开了一个座谈会，这应该标志着已经进入了第二个阶段。在第二个阶段不但形成了四家学说，而且大家意识到不能老在美的本质问题上打转儿，应该把眼界放宽一些，开始讨论像美学对象问题、艺术问题，甚至是个别门类的艺术问题。

周纪文：那场大讨论已经过去 50 多年，您怎么评价它？

周来祥：我觉得消极的方面肯定有，更多的是在划分"唯物"和"唯心"上兜圈子，要分清阶级界限，要看为哪种政治服务，为哪个阶级服务。从这个意义上说，这场讨论对美学学科的建设作用不大，尽管也出现了几家几派，但还是从哲学上划分的，究竟美学上怎样划分，却没有更多的深入讨论。所以现在回过头来看，"唯物"就能解决美学问题吗？"唯心"就不能解决美学问题吗？说它是客观性的、社会性的，就等于是美学特质了吗？当时的大讨论止步于唯物主义和唯心主义之辨，就是历史的局限。

不过这场讨论积极的方面更多，一个很大的成果就是很多人加入了美学研究的队伍。当时参加讨论的就有七八十人，发表文章有一百六七十篇，后来出版的《美学问题讨论集》共六集,大概收录了50多篇。这在当时的学术环境下,也是非常不易、非常巨大的成果了。而且很多人走上了美学这条道,通过讨论,还使得思考不断深入。比如李泽厚经过辩论也发现自己的观点有不足之处,高尔泰后来说美是自由的象征,也是有变化的。而我后来认为,蔡仪先生的"典型"概念对于古典美来说还是很准确的,但到后来就不准确了,他的美只是放在了客体对象身上,而没有放在审美关系里。

总之,我觉得这场大讨论对于学术研究来说,初步发扬了学术民主的精神,这种影响甚至超出了美学界,更为重要的是形成了四家学说,为新中国的美学发展奠定了基础,美学这一学科从在中国落地生根开始也在这一时期迈出了关键的一大步。当然,这次讨论涉及美学本身的问题比较少,这一点留下了很大的遗憾。

周纪文:周先生对五六十年代那次美学大讨论的回顾,可以说是既生动具体又一语中的,我觉得您的总结太对了,那次大讨论的最大成果是为美学培养了一批研究者,这是美学发展的最大的前提和最坚实的基础。另外,大讨论所初步形成的学术精神和学术观点,也为80年代美学的发力,以及美学热的出现做好了准备。比如说70年代末80年代初的美学发展就是在这一阶段的基础上继续探讨了美的本质问题,并实现体系化。

我们现在常说改革开放带来了科学的春天,对于美学发展来说也是如此。我这里也看到一些粗略的统计,从1978年国内报刊重新发表美学文章开始,1979年,中国社会科学院哲学研究所美学研究室编辑的大型丛刊《美学》问世,这是中国当代第一个专业美学刊物。同年,中国社会科学院文学所文艺理论研究室编辑的《美学论丛》也首次出版。1980年10月，为了满足高等院校开设美学课的急需，教育部举办了建国以来首次高校美学教师进修班，朱光潜、王朝闻、蔡仪、李泽厚等人授课，培养了大批美学教师。

除了美学论文的大量发表、研究队伍的不断壮大，还有一个最大的特点，就是一批美学著作问世。这些著作大都是在上一阶段大讨论基础上的研究成果，以四家学说为代表，在对美的本质问题研究的基础上完成了理论的体系化工作。比如朱光潜的《谈美书简》、蔡仪的《新美学》、高尔泰的《美感》、李泽厚的《美学四讲》，此外还有蒋孔阳的《德国古典美学》、宗白华的《美学散步》、王朝闻的《美学概论》等，这其中也包括周先生的《美学问题论稿》和《论美是和谐》。当然各家在体系化的过程中也都在不断丰富和修正自己的理论，但是基本上还是保持了原有的立场。

中国美学的发展已经有了百年历史，如果我们大致来划分的话，五六十年代的美学大讨论应该是处于发展的第二阶段；改革开放以后，当代美学发展进入第三阶段。但是如果我们把改革开放的30年作为观察的对象，70年代末80年代初才是刚刚起步，对于这30年美学的发展，不知周先生有没有总结过，可以给我们先大致归纳一下吗？

周来祥：关于改革开放以后的美学发展，我也常常会回过头去思考一下，尤其是今年。如果说总结的话，我想这30年也可以大致分为三个阶段：从70年代末到80年代中期为第一阶段，基本上是迅速丰富和发展期；80年代后期到90年代，美学逐步进入了理性发展和多元探索期；进入新世纪以后，在新的机遇和挑战下，我觉得美学发展在理论探索和思想状况上都应该出现质的飞跃。

关于七八十年代美学发展的特点，刚才你已经谈到了一些。总的来说，我觉得应该有几点：大背景是领导意图没有了，政治意识淡化了。第二是改革开放打开了中国的大门，也打开了美学的大门，西方美学大量涌入，好像一下国际化了。西方19世纪末以后的东西，从叔本华、尼采一直到后现代，大部分都是在这一时期介绍进来的。第三是学科建设意识逐步增强。大家不再忙着批判谁，批判什么问题，而是抱着真正学术的态度来建设学科，考虑学科建设的体系问题和发展问题。所以，一些原来一直致力于美学思考和研究的人，就厚积薄发，相继出版了专著，发表了大量的论文，比如李泽厚、蒋孔阳等，各个大学也开设了美学课程。

周纪文：我们知道，这一时期您也出版和发表了一系列的专著和论文，比如《美学问题论稿》、《论美是和谐》、《文学艺术的审美特征与美学规律》、《论中国古典美学》、《鲁迅文艺思想》（合著）、《中西比较美学大纲》（合著）、《中国美学主潮》（主编并撰写）等，还有150多篇论文，共计450多万字。改革开放以后，短短一段时间能写出这么多专业理论文章和专著，我想这正是您所说的厚积薄发吧。

周来祥：是啊。我是在1961年到1963年期间，被借调到北京参加高教部组织的高等学校美学教材的编写工作。在《美学原理》编写组的一次关于“美的本质问题讨论会”上，我第一次提出了“美是和谐”的理论观点，认为美是和谐，是主体与客体、人与自然、人与社会、人与自身、感性与理性、实践活动的合目的性与客观世界的合规律性的和谐统一。1962年，我在给人民大学文艺理论研究班所作的专题报告中指出，“美是和谐”不仅是一个逻辑命题,而且还是一个历史命题。作为逻辑与历史的统一,它展开为古代素朴和谐美与古典主义艺术,近代对立崇高美与近代浪漫主义和现实主义艺术,以及现代辩证和谐美与社会主义新型艺术,也就是三大美的范畴,这是我对于美和艺术的审美本质以及艺术创作的美学规律的见解。1963 年,我回到山东大学,开设了“美学原理”课程,把自己的思想成果融入到教学中,并编写了《美学三讲》和《美学论纲》。可以说,“美是和谐”的思想理论那时已经初步形成了,在此基础上,我不断搜集资料,虽然没有发表的机会,但是在头脑中,更为系统和全面的理论正在逐步形成。因而,改革开放以后,才会水到渠成地把和谐美学的思想体系健全起来。

周纪文:一些研究和谐美学思想理论的专家认为,这一时期是“和谐理论的体系阶段”,或者称为“前期和谐说阶段”。您不但把前一阶段的思考成果进行了完整的表述,而且对和谐理论体系进行了完善和丰富。其中《美学问题论稿》和《论美是和谐》可以看作是和谐理论体系的初步形成,以及逐步展开和丰富的一个开始。我们看到在此基础上,您的美学研究的范围和内容不断扩展,从抽象思辨不断走向丰富具体。随着思考主题的深入和理论发展的内在需要,文艺美学、比较美学、中外美学史等领域,也逐步被纳入到研究范围之中,整个和谐美学体系也随之更加确立和完备。您能把和谐美学理论体系的构成再给我们概括一下吗?

周来祥:和谐美学体系的理论基础是“审美关系说”。五六十年代的一般美学和文艺理论的研究都是将艺术创作和审美活动纳入到“反映论”的模式上,这主要是受苏联模式的影响。而我认为,要认识美的独特规律与特征,就要先分清人与现实的三种关系,即认识关系、实践关系和审美关系之间的辩证关系。艺术和审美活动虽然有认识的内容,也部分地符合“反映论”的规律,但却不限于认识内容。而且认识活动是主体以理性概念去把握客观世界的规律性,即真,强调的是理智与客观。同样,艺术与审美活动虽然具有伦理实践的一些特征,但伦理实践活动是以意志去实现主体的目的性,即善,也是作为主观作用于客观的物质活动,强调的是意志与目的。而审美活动介于二者之间,是协调主客体关系的“精神—物质”活动,既体现主体的意志和愿望,又暗含客观世界的本质与规律,是“无规律的合规律性”和“无目的的合目的性”,是以情感为中介自由再现客观规律和表现主观目的,是最自由、最和谐的关系。分清三者之间的辩证关系,才能掌握美和艺术的独特性质,也才能理解“美是和谐”的思想。从这个角度看,美的本质就不是一种对象属性,而是一种关系属性。我们就不能只从对象的性质或者审美主体来判断美的性质,而必须从主客体之间所形成的具体的、特定的关系中来把握美的本质。由此,和谐论美学思想也就在美的根源认识上区别于主观说、客观说和主客观统一说,在现实的审美对象的认识上,又不同于美的客观性与社会性统一说。

在审美关系说的基础上,我认为“美是和谐”不仅是一个逻辑命题,还是一个历史命题。随着人类认识和实践关系的深入,人与现实的审美关系也会呈现出不同的历史形态,不同的历史形态就是展开的逻辑,所以逻辑与历史在本质上是统一的。“美是和谐”作为一个历史命题,随着历史的展开也会呈现出不同的方式和理想类型。古典和谐美与古典主义艺术在主体与客体、主观与客观、人与自然、必然与自由、理想与现实、再现与表现、内容与形式等诸多矛盾因素中强调平衡、稳定、有序的和谐统一，这是由古代人素朴的辩证思维方式和宗法文化的社会基础决定的；近代崇高美与近代浪漫主义和现实主义艺术在诸矛盾因素中强调对立分裂，并由不和谐走向和谐，这是由近代人与自然、人与社会的分裂对峙和近代形而上学的思维方式决定的；现代辩证和谐美与社会主义新型艺术是超越了古代和谐美和古代艺术，扬弃了近代崇高美与近代艺术，实现的一种对立统一的新型美，是与马克思主义的辩证思维模式相一致的。这也就是三大美的理论。

周纪文：有专家说，李泽厚先生是用马克思主义的实践论来改造康德，而周来祥先生是用马克思的辩证唯物主义和历史唯物主义来改造黑格尔。我想这一观点也有一定道理，因为和谐美学思想的确在辩证思维和历史主义观上非常突出，这一点在"审美关系说"的基础上就已经显现了出来，三大美的理论则可以看作是集中的展现。

周来祥：此外，和谐美学体系的完善还主要表现在美学学科的不断发展和丰富上。在对艺术的审美本质的认识基础上，我较早也较为完整地提出了文艺美学的理论，撰写了《文学艺术的审美特征与美学规律——文艺美学原理》。以艺术的审美本质为逻辑起点，从质和量的两个分类原则出发，在质的方面，以三大美的理论和中西比较美学的纵横发展与对比作结构；在量的方面，从再现艺术、表现艺术和综合艺术作分类研究。最后又对艺术创作、艺术作品、艺术欣赏与批评进行了分析阐述，在文艺美学理论中，形成了独具特色的理论体系。学界也说这是我国提出的第一个体系性的理论。

同样，在比较美学的研究中，我也是较早涉及这一领域并提出独特理论的人之一。在中西比较美学的研究中,从宏观的理论体系到微观的作家作品,我都进行了研究,《中西比较美学大纲》(与陈炎合著)是国内这一领域第一本体系化的理论著作。在《论中国古典美学》中,也针对一些具体问题展开了论证。比如对于中西美学发展中的共同规律和不同民族特征的宏观把握,像对"诗中有画"与"画中有诗"、"意境"与"典型"的概括,再比如《乐记》和《诗学》的对比、金圣叹与巴尔扎克的对比等。中西方的美学与艺术发展既有共同的规律性和本质特征的相同点,也有着不同民族在文化传统、历史发展的具体情况下产生的不同特征和历史错位。从总体上看,在古代中西方都以和谐美为审美理想,以一元的古典主义艺术为代表。但是对比来看,中国是偏于心理和谐和表现艺术,以"意境"胜;西方则是偏于物理和谐和再现艺术,以"典型"胜。近代以后,中西方的美学形态和艺术表现在物极必反的情况下,出现双向逆反的发展倾向。中国是表现艺术的主导地位让位于再现艺术,经验美学被理论形态所取代,伦理美学走向反伦理倾向;西方则是再现艺术的主导倾向被表现艺术潮流冲刷,理论形态被经验形态所代替,宗教美学出现反宗教倾向。在现代社会,随着各文化之间的碰撞与融合,表现与再现的辩证统一才是艺术和美学发展的共同趋势。另外,在对比较美学的研究中,我提出了比较适合比较美学和理论体系建构的研究方法,即微观与宏观研究相统一,同中求异与异中求同相结合,静态研究与动态研究相一致。

对于美学史的研究,我更加强调坚持辩证思维的方法,即抽象上升到具体,逻辑与历史相统一,这就决定了逻辑范畴同时也是历史范畴。我主持编写了《中国美学主潮》,90年代后还主持编写了《西方美学主潮》，都是以历史研究的姿态，将美学理论融入美学历史的发展之中，并且对中国美学自身的范畴发展和艺术特征进行了梳理。以中国美学史为例，它的发展同人类美学的发展有着总体一致的规律性，同时更有着独特的民族性和历史特色。比如在古典和谐的历史时期，中国美学的发展还经历了从前期的壮美时代逐步转向后期的优美时代，从偏于写实艺术到偏于写意艺术，这是中国古代美学和艺术的历史发展特色。和谐美学理论的美学史研究也有着独到特点，提出了以审美理想和主要范畴为线索的研究范式，成为一种新颖而独特的"主潮式"研究和撰写方式。

周纪文：以"审美关系说"为基础，以"美是和谐"为主要观点，以马克思主义辩证思维为方法论，研究范围涉及本质论、美和艺术的形态论、文艺美学、比较美学、美学史等，和谐美学在80年代一步步将理论体系，甚至包括教学体系完善了起来，成为独树一帜的当代中国美学流派，所以后来学界认为"老四派"已经转变为了"新三派"，新三派其一就是和谐美学。

我们知道美学大讨论期间形成的"老四派"，在80年代依然非常活跃，尤其是李泽厚和他的《美的历程》，在新时期的社会环境下广为传播。这个新的环境促生了80年代的"美学热"。周先生亲历了这两次"美学热"，您认为它们之间有着怎样的区别与联系？

周来祥：首先说联系吧，第一次"美学热"产生了四家学派，为中国当代美学发展打下了基础，迈出了一大步。第二次"美学热"，其实来得有些晚，时隔二十多年，我们才来谈论和发展四家学说，我们才来完善自己的学术观点和理论体系，对于我这一代人来讲，其实心里面是有些痛楚的，因为我们最好的时光被浪费了。但是对于年轻一代来讲,的确是赶上了好时代,赶上了美学发展的好机遇。

从学科传承上讲,两次“美学热”之间是有着密不可分的关系的,老一代美学研究者依然充当主力,年轻的学者也无不是学习着第一次“美学热”的成果成长起来的。但是时代毕竟发展了,社会环境不同了,思想观念不同了,眼界和机遇也都不同了。这要得益于改革开放、学术环境的宽松、学术资源的丰富,尤其是社会上思想解放的巨大渴求,都促使了第二次“美学热”的出现。

说到不同,五六十年代的美学大讨论,我们已经说过了,当时是有很多思想约束和观念局限的,只是在哲学和意识形态上兜圈子,总是要讲唯心还是唯物,这是时代造成的局限。80 年代以后就不同了,党和国家倡导思想解放,社会群众渴望思想解放,而且社会生活每天都在发生着天翻地覆的改变,促使人们不得不思考。许多思想束缚没有了,意识禁锢没有了,“人性”“人道”成了争论热点,“文化寻根”“审美价值”成了热门话题。

所以说,五六十年代“美学热”的出现有一些机缘巧合。比如说美学相对于其他一些人文社会学科,离政治问题距离稍远,成了当时一个可以相对自由发挥的场地,而在讨论过程中,也越来越学术化,因而讨论得以延续,参与人员不断扩大。但是仍然是在意识形态所限定的范围内,而且参与范围也还是在学科之内。相比而言,80 年代“美学热”的问题意识和影响范围都要大得多,这主要是因为改革开放带来了社会变化,从思想观念到穿衣打扮,“变革”的现象和话题都在刺激着人们去思考、去追问。而美学作为一门既抽象思辨又形象具体,既关联主体意识又关联客体现象的学科,自然成为人们首选的思想工具。再加上参与了五六十年代美学大讨论的人,焕发了学术青春,正是热情高涨、硕果频出的时候,因此,天时地利人和就形成了第二次“美学热”。可以说,80 年代的“美学热”从范围和程度上都超过了第一次,而且更多地表现出社会思想启蒙的色彩,具有了更多的社会价值。比如说当时在高校里,大学生选修美学课的特别多,报考美学专业硕士、博士研究生的也特别多,一定程度上,这可以被看作是社会处于一种思想和精神饥渴状态下的表现。

周纪文:80 年代的美学担当了许多学术之外的任务,因此大家说这是“虚热”。经历了这次“美学热”,相对来说大家认为美学走入了发展的低谷,也有人说美学边缘化了。回顾历史,我们看到 80 年代“美学热”的出现有一些特殊的历史原因,它的退潮是随着改革开放的进一步深化、思想解放的不断深入的一种退场,也是社会发展的必然。经过了思想启蒙期之后,人们可以谈论、能够谈论的事情和领域就更多了。90 年代之后,经济发展越来越成为社会的主题,人们关心它是因为它更多地左右着生活,经济学也就代替美学成了“显学”。这时的美学褪去了一些学术外的热度,但真正的学科发展其实并没有减弱,而且也不会因为社会关注度的降低,一门学科就失去了存在和发展的可能性。就美学而言,它和生活离得很近,和艺术也离得很近,我们的生活发生了改变,我们的艺术变换了载体和形式,我们的美学研究在对象和范围上也会发生改变。比如说 80 年代,文学是主要的艺术形式,小说和诗歌的创作与欣赏,以及(它们)所表现出的精神内涵都是美学所研究的主要问题,后来随着大众文化的兴起,高雅文化和通俗文化的讨论一度是最热烈的话题,出现了日常生活的审美化和审美生活的日常化,这种变化促使了美学研究内在的变化。但是,美学作为学科,依然有它存在的价值和发展的巨大空间。

纵观美学在80年代后期到90年代的发展,我们发现其实这是一段很重要的时期,是美学自身理性发展和多元发展的一个时期。比如说“新三派”的提法,后实践美学与实践美学的论争,还有审美文化研究的出现等等。我们说美学表现出理性发展的趋势,是因为一些新的观点被提出,一些新的思维方法被运用。虽然中国当代美学的发展依然受到西方话语的巨大影响,但是研究的问题却越来越本土化了。比如说“新三派”——生命说、和谐说、自由说,都不约而同地在思想渊源上寻找传统文化的支持和民族文化的特征。而后实践美学的共同特质就是反思实践美学,反思本质论和体系论,他们意欲超越实践美学,希望推倒权威后给美学发展带来更广阔的天地。这一时期又是美学多元发展的阶段,比如后实践美学就包括生命美学、超越美学、修辞论美学、存在论美学、价值论美学等等。从学术观点的争论到学术流派的迭起,这本身也说明了学术研究的活跃和视角变化的多样。而90年代以后,随着“文化热”取代“美学热”,美学研究也面临着巨大的发展挑战。以“美学大讨论”为基础的美学研究主要是一种抽象思辨的学术方式,有人说它只属于象牙塔,有人说它是居于云端的学术。而现实生活的复杂变化和火热表现,吸引着也呼唤着美学的面对,不论是高高在上还是封闭在象牙塔中,都无疑会让美学走入死胡同。面对现实问题和自身困境,美学研究不得不开始转型。于是出现了美学与多学科交叉的现象,吸收文化学、社会学、人类学、心理学、传播学等学科的研究方法和研究视角,将美学研究的视域不断扩展。这是中国当代美学发展不得不迈出的一步，也是进一步发展的关键一步。

如果说90年代是中国当代美学发展的关键一步，我们注意到，90年代同样是和谐美学发展的关键一步。有人说这是和谐美学的后体系时代，我们更想说是周先生的和谐思想自我超越的阶段。因为在这之前，也有质疑和谐美学思想的声音，比如理论体系所形成的目的论和决定论思想，以及由此所带来的面对现代和后现代艺术如何解释的问题等等。我想90年代和谐思想的发展，尤其是崇高范畴的论证，正是面对问题的自我超越。请周先生再给我们详细分析一下这一阶段和谐美学的发展。

周来祥：所谓的“后体系时代”是有些学者的总结，我最初的想法并不是有意要超越原有的理论体系，和谐理论深入发展是一个必然走向，其实就是研究重心在这一阶段有所不同。在80年代，我的精力主要放在对和谐范畴的思考和论证上，对于崇高范畴，只是指出了它是一个近代范畴，具有过渡性特征，但是并没有着力论证崇高范畴的重要位置和理论价值。1987年，《中国社会科学》首篇编发了我的《美和崇高纵横谈》，在这篇文章中，我把美（狭义的美）和崇高（广义的美）界定为两种形态，指出崇高是一个有着独立价值和地位的美学范畴，在和谐论美学中与和谐有着同样重要的地位。通过对矛盾诸因素的充分分析来论证崇高范畴发展的合理性，而矛盾的运动也就是范畴沿着逻辑与历史线索发展的原动力。在崇高范畴展开的同时，我把和谐、崇高、丑、荒诞、悲剧、喜剧等在逻辑层面上作了梳理，在历史线索上进行了性质划归。因而就可以清晰地看到崇高与丑、悲剧和喜剧，为什么属于一个大的范畴。因为它们在本质特征上是一致的，都是在崇高的本质特征基础上和系统结构的不同方面展开形态。这是第一次重心转变。

90 年代以后，我的关注点又转向了丑和荒诞，可以看作是又一次重心转变。这次转变有一个契机，因为 90 年代我所关注的一个主要研究对象是西方现代艺术。通过对西方现代艺术的研究和思考，我在 1993 年之后，发表了一系列的论述丑和荒诞的文章。其实早在《中西比较美学大纲》中我就已经注意到了丑这个范畴。丑的本质特征是对立、冲突、动荡、无序，丑就是不美、不和谐，丑还给人带来痛感。从这个意义上讲，近代崇高的出现，是丑的因素增强的结果，正是丑对美的不断渗入、不断挤压，才最终造成了美（狭义的美）向崇高（广义的美）的转变。丑的这种特质和作用，西方近代美学家早有注意，像鲍桑葵、夏夫兹伯里等都曾说过：没有丑的出现，就没有美的具体变化。随着美的不断发展，丑也就越来越独立，越来越具有重要的价值和地位。丑作为与美相对立的另一面，“在本质上参与一切美”，作为一种“活跃的要素”和“辩证的否定”推动着美的发展，丰富着美的形态。丑在近代之后，成为打破范本美的主要因素，成为美学范畴和艺术形态发展最重要的参与者和决定者。正是丑最终导致了美（狭义的美）的瓦解，带来了美（广义的美）的形态的不断分化，才出现了崇高、滑稽、喜剧、悲剧、荒诞等美学范畴。19 世纪末 20 世纪初，丑终于成为一个独立的美学范畴和审美理想，美学发展也就从崇高美（狭义的崇高）走向了丑，直至荒诞和后现代主义艺术。

基于对崇高、丑、荒诞美学范畴的思考和研究，我发现 20 世纪以后的西方美学发展已经超出了和谐理论中原有的崇高范畴的历史和逻辑范围。而我们中国美学的发展，虽然还不具备西方后工业社会的典型形态，但是，现代社会的文化结构却是非常复杂的多元并存局面，西方现代、后现代因素大量存在，这是所有的美学研究者必须面对的现实。美学理论对现实问题有多大的解释能力，既考量着每一个理论体系，也是每一个研究者必须解决的理论问题。从美和艺术的历史发展来看，古代和谐美到近代崇高美的发展已经得到了历史验证，这就说明作为美的本质规定性，和谐美的发展规律是符合人类审美活动和审美意识的发展的。但同时新的历史发展也显示出“三大美”的原有结构论证对于新的艺术现象和审美特征缺乏解释能力，它需要发展和丰富，它需要在面对复杂性和具体性问题上具有更大的包容空间和分析能力。我在《古代的美·近代的美·现代的美》中写道：“当丑成为一种独立的审美对象之后，我们对美的范畴和形态，也会产生一种新的视角、新的看法。过去我把美分为古代和谐美、近代崇高美和现代辩证和谐美三大形态，而在丑独立之后，特别是它又作为西方近现代美的典型形态之后，那么审美的对象和形态实际应是古代和谐美、近代丑和现代辩证和谐美三种，而崇高和荒诞只是一种过渡形态，只是美和丑的一种组合形态。”在这个意义上，也可以说丑和荒诞范畴的论证与展开不仅解决了现代主义和后现代化主义的艺术阐释问题，而且扩大了和谐理论的包容性，完成了一次自我的超越。

周纪文：我想大家之所以认为90年代是和谐美学的后体系时代，正是因为与体系时代相比，90年代最大的特点就是对体系的修正，甚至可以说是打破。傅谨在《周来祥美学思想的自我超越》一文中总结说：“对和谐论美学的这一修正还最终使得这个理论在整体上不再呈现出以黑格尔哲学体系为代表的那种回归式的封闭特征，显示出‘体系时期’的和谐论美学所没有的开放性，甚至可以说形成了一种新的开放的和谐论美学。”

联系中国当代美学在这一阶段的发展来看，和谐美学的超越就不仅仅是一个理论自身的发展问题，它还显现出整个美学界发展的一个典型性。为什么这么说呢？和谐美学观点产生于五六十年代的美学大讨论，成熟和完善于80年代的第二次“美学热”时期。到了90年代，和其他的美学流派思想一样，经过了迅速的生长期，走入了缓慢的发展期。而随着老一代美学思想家的激情表述和完美构建之后，整个中国美学界也走入了发展的瓶颈。如何突破？怎样发展？年轻一代干脆反戈一击，以批判体系时代的理论为起点，试图发展新的理论观点。于是从一个侧面看，中国美学界生机勃勃，多元并生；但从另一个侧面看，却又是众神喧哗，昙花一现。我们秉承的是大破大立的思想原则，可是大破之后如何立，却显得基础不牢、后劲不足，因而有价值的理论建构并不多。在这种学术语境下，周先生既没有简单地否定自我，也没有急切地批评别人，而是又从最基础的艺术现象开始研究。经过了几年的苦苦思考，才以对“崇高”范畴的展开，以对崇高、丑、荒诞三大范畴的论证，实现了自我的理论突破。因此我们觉得和谐理论在这一阶段上的自我超越不但具有理论价值，而且具有研究价值，它为我们提出了一些思考的问题，并给出了回答，如理论体系对于理论的发展是有利还是有弊、理论体系就一定是封闭的吗、一个体系从封闭走向开放如何可能等等。周先生一辈子致力于理论体系的建构与发展，对于这个问题，不知您能给我们什么样的提示？

周来祥:对于体系,美学界一直存在不同的看法。西方现代美学是没有体系的。在黑格尔美学体系之后,西方占主导的是非理性的美学思潮,就是不承认体系,要打垮体系,认为体系是过时落后的东西。但是,我们注意到,西方经过了体系时代,经过了康德、黑格尔那样的大体系,所以,他们现在发现体系中有不好的东西,许多东西被大体系淹没了,所以他们要反对体系,他们也有资格反对体系。这也是有道理的。但是事物的发展都是辩证的,没有体系的时候要发展出体系,当体系发展到一定程度,太崇拜体系的时候,体系的弱点就暴露了出来。许多东西无法被包容进体系里面,这时候就需要反对体系。理性过于膨胀的时候,感性就会受到压抑和扭曲,就要反抗,就要膨胀,这是符合辩证法的。可是我们现在的情况是,从来都没有一个严正的逻辑形态的体系。老祖宗那里就没有。刘勰的《文心雕龙》算一个体系吗?从逻辑上看,它只是分了一些方面,很难看出其中概念的逻辑关系。近代以来,一些大学者,包括王国维,他们可以说是有思想上的体系,但依然缺乏理论形态的体系。毛泽东的《实践论》《矛盾论》是按照逻辑体系来构架的,但是像马克思的《资本论》那样的著作,像黑格尔的《小逻辑》《大逻辑》那样的大体系,中国是没有的。从这个意义上说,中国是缺乏大的理论形态体系的。所以,60年代的时候,周扬提出,我们没有体系,我们需要马克思主义的理论体系。

建立任何形态的理论体系都是很难的,写一篇文章,表述在一个逻辑形态里、一个范畴里的逻辑发展,就非常难。我一直都在探讨如何把古代美、近代美、现代美的美学形态,以概念的逻辑体系呈现出来。这很难说是成功的。把自己的美学思想表述在一个稳定的理论形态里面,不是仅仅在思想上有些联系的形态,而是在理论形态上有内在联系的体系,应该说是有意义的。在中国学界,体系是迫切需要的,尽管现在还没有出现真正成熟的理论形态的范畴辩证运动的体系,但也有了一些苗子。或许后人研究现在的美学时,会指出其中存在的体系内涵,这一点无疑是令人欣慰的。

有人说,和谐美学的三大美理论、中西两大美学体系的理论,是不是太宏大了,掩盖了个别的具体分析,是否存在像黑格尔体系那样的局限。说实话,这个问题也是我所忧虑的,但是我思考之后认为别无选择。任何事物都有两面性,只能取大舍小,以后再弥补。当年马克思、恩格斯就曾经说过,在逻辑与历史现象统一的方法中,就必然要删去那些个别的、偶然的、曲折的历史细节,就必然要在生动的感性之中找出最简单、最基本的内在联系,否则就找不出事物的基本规律和主要发展线索。就是西方现代的结构主义也是如此,它就是要"简化",也被认为是牺牲了个别,但是这是必要的牺牲,因为只有掌握了基本规律,理清了主要线索,才能回过头来,从抽象上升到具体,真正理解具体的、个别的事物。

我还要说的是,我不同意黑格尔的最后的绝对,我也不认为谁能掌握绝对真理,我们都只能在有限之中研究美学。倘若我们在有限的探讨中发掘出了几颗真理的种子,在我们相对的认识中,日渐趋向客观真理,就已经是很欣慰的了。

周纪文:我们已经分析和看到,对于和谐美学理论来说,这一阶段的突破非常重要,它使得和谐美学思想具有了更加合理的构建,显示出更大的包容性和开放性,这是和谐美学理论面对现实问题和理论自身发展问题的一个前提和基础。我们注意到进入新世纪之后,周先生写了很多关注现实的文章,从人文学科建设到审美教育问题，从美学发展的历史回顾到现实社会的未来展望，甚至包括抗击非典、世博会开幕这样的社会热点话题。和谐社会理论发表之后，您就这一话题更是多次撰文阐述观点和进行论证。但同时我们也看到，关于和谐美学思想自身的发展，您却是又回到了最基础的哲学问题，比如说2005年您发表了一系列关于二元对立思维的文章——《论哲学、美学中主客二元对立思维模式的产生、发展及其辩证解决》（《文艺研究》2005年第4期）、《哲学美学中主客二元对立与辩证思维》（《学术月刊》2005年第8期）、《超越二元对立、创建辩证和谐》（《东岳论丛》2005年第5期）。我们感觉和谐美学思想又进入到了一个新的发展阶段。如果要总结一下的话，我们认为可以称之为回归和本质超越阶段。回归有三个方向，一是向哲学思维的基础问题回归，二是向现实问题回归，三是向传统文化研究回归。事实上，回归是为了在根基问题上的研究，更是为了超越，所以我们觉得这是在回归研究基础上的本质超越。那么这一阶段发展的契机是什么？是一直以来的问题推动着您的思考，还是现实发展的变化再一次激发了您的学术热情？为什么您在更加关注现实问题的同时，又回归了哲学思维的基本问题和传统文化问题？

周来祥：是啊，这几年我也感觉好像更加充满了学术热情，当然这和发展的契机有关系。建设社会主义和谐社会理论的发表，以及一些纲领性文件的出台，让我确实很受鼓舞，感觉到和谐美学思想有了社会现实的基础，找到了自己的根。马克思就曾经说过，哲学思维上的对立（主客二元对立）的解决绝不只是认识的任务，而是一个现实生活的任务，而哲学未能解决这个任务，正因为哲学把这仅仅看作理论的任务。马克思同时还指出这一对立的解决只有到共产主义才是可能的,因为“这种共产主义,作为完成了的自然主义,等于人道主义,而作为完成了的人道主义,等于自然主义,它是人和自然之间、人和人之间的矛盾的真正解决,是存在和本质、对象化和自我确证、自由和必然、个体和类之间的斗争的真正解决”①。可见,二元对立真正解决的关键在于新社会的建立。从这个角度讲,理论的发展必须要有现实的基础,和谐社会的构建就为真正解决二元对立的矛盾提供了现实的前提和基础。当然,有了现实的基础,我更应该积极地思考和解决哲学的基本问题,这就又回到了二元对立的问题。

批判二元对立是现代思维的一个共同特征,西方 20 世纪以后的哲学和美学思潮大都矛头直指二元对立,甚至告诉我们要发展就要颠覆二元对立。那么怎样颠覆二元对立,其中还有一个前提是怎样认识二元对立。我认为主客二元对立的基础是差异和矛盾,这是它的本质属性。但是反过来,差异和矛盾并不等同于二元对立,也不是必然地导向二元对立。因为差异和矛盾可以区分出对立和非对立,也就是“对立”和“杂多”。按照黑格尔的分析,“杂多”是不同事物各自独立,和别物发生关系后其性质互不影响;而“对立”是本质的“异”,相异者,就是与自身正相反对的别物。也就是说,杂多和对立是有着本质区别的,杂多是外在的非本质的“异”,杂多之间性质互不影响,比如酸、甜、苦、辣、咸;而对立则是内在的本质的“异”,对立之间是肯定和否定的关系,比如真和假、美和丑。

进一步讲,承认矛盾的对立,并不等于是二元对立的思维

---

① 《马克思恩格斯全集》第 42 卷,人民出版社 1979 年版,第 120 页。

模式。事实上,承认矛盾的对立,可以走到二元对立,也可以不走到二元对立,而走到对立的和谐统一,在这里关键是看对矛盾对立的态度、方法。不承认对立双方互相依存、互相融合、相辅相成、和谐统一的,才是真正的主客二元对立;而坚持、强调矛盾双方互相依存、互相影响、互相融合、互相沟通、互相妥协、相辅相成、和谐统一的,则不是二元对立,而是科学的辩证思维。这一点非常关键。辩证思维与二元对立是有关联性的,因为都承认矛盾对立,这也是使人产生迷惑的一点。指出二者的关联性,同时又点明二者的本质区别所在,就更加辩证地、合理地解决了什么是主客二元对立的问题,以及辩证思维与二元对立的区别问题。

从本质上区别辩证思维与二元对立,是为了更好地发展思维模式,超越二元对立。所以我觉得要超越二元对立,还要从认识辩证思维和研究辩证思维入手。从辩证思维的角度看,对立性和统一性是矛盾的两方,二元对立的思维模式就是绝对地强调对立性,而否认矛盾的统一性。因此,辩证地解决对立性和统一性的关系问题,就是对二元对立思维模式的超越。

周纪文:这应该就是您提出的"和谐思维"概念吧。我们也觉得"和谐思维"概念的提出是创造性的,是非常关键的。因为一方面它可以解决哲学基础上的思维方式问题,从而认识二元对立和超越二元对立;另一方面,它又对"和谐"这个具有中国传统文化特色的范畴进行了科学的论证。在当前的社会环境下,"和谐"作为一个核心概念和理论基点,都更加具有合理性。请您再具体分析一下"和谐思维"。

周来祥:和谐思维是相对于矛盾思维提出的,是辩证思维的两大类型,都属于辩证思维的子范畴。但是从哲学的本质规定上看,二者是有明显差异的。矛盾思维认为和谐是相对的、有条件的,而矛盾的对立斗争是绝对的、无条件的,矛盾是万事万物存在的内在根据和事物发展的根本动力。因此,矛盾思维强调对立面之间的本质差异,否定其共同性和相通性,主张以斗争的方式来处理矛盾。而现代辩证和谐哲学则认为和谐也是绝对的、普遍存在的。因为和谐首先是一种关系存在,是一个关系范畴,是由各种因素和各个方面的不同关系构成的,是宇宙万物中事物关系的一个基本特征,因而各种要素和各个方面的关系是决定和谐体本质的关键。现代辩证和谐强调建立在对立双方(或多方)利益根本一致并不断协调的基础之上,合作发展,互利共赢,这就使得和谐思维与矛盾思维在本质内涵和运动特征上,都有了明显的区分。当然,矛盾思维也承认对立双方的互相依存性,而和谐思维也承认矛盾对立的存在,也就是说,和谐思维并不否认矛盾的存在,也不回避斗争的可能。

从人类认识和历史发展的实际来看,人们认识到事物的存在是建立在差异和矛盾之上的,首先意识到发展动力便是来自矛盾斗争,而斗争哲学在历史的特定阶段也起到了不可替代的作用。但是事实上,和谐统一同样是事物发展的动力,因为和谐也是绝对的、普遍存在的,而且宇宙万物要得到最终的全面发展,更要依赖于相互协调、相互融合、共同发展的和谐思维,而不是一方消灭另一方、一方取代另一方的矛盾思维。尤其是在建设社会主义和谐社会与全球共谋发展的今天,和谐思维才是和平建设和持续发展的基础。

区别矛盾思维与和谐思维的关键是认识到和谐的普遍性存在,辩证思维也是随着历史发展而发展的,在新的时代,和谐正由暂时的、有条件的、相对的,上升为普遍的、绝对的、无条件的，现代和谐论是马克思主义在当代的应用、发展和创新，是古典和谐论的创造性发展和现代转换，是辩证思维的当代形态，是辩证思维发展的新阶段。

所以说，超越二元对立、颠覆二元对立是一个非常深刻的问题，要从根本上消除二元对立才行。我认为现代和后现代是不能彻底颠覆二元对立的，因为它们产生的文化基础，包括哲学、宗教、伦理、美学等是建立在二元对立之上的，所以，它们只能把二元对立推向极端，推向一元，这就是它们的颠覆。我认为这个问题的解决会是历史性的、划时代的一个大变化。我们整个的人类文化到现在将要在消解二元对立的基础上彻底反思，这就是我们现代学者应该肩负的任务，所以我们的任务很大，我们要把颠覆文化的颠覆者再颠覆。

周纪文：傅谨在论和谐美学思想在90年代的自我超越时，讲道："任何一种通过对人类历史理想化的整体把握体现出来的终极关怀，都必须以作为思维主体的哲学家和美学家对于他们生存其中的社会环境的现实关怀作为思想和感情基础。对现代历史的思索与把握，尤其是从美学层面上思考与把握现代社会与历史，在80年代末90年代初成为周来祥理想主义追求的新内容，这就成为和谐论美学解决上述理论与现实之间的尖锐矛盾的契机，最终导致周来祥美学思想从'体系时期'到'后体系时期'的超越。"①在这个意义上，我们觉得新世纪以后和谐美学思想的发展无疑又是一次自我的本质超越。因为就理论本身而言，其完成了从哲学思维基础上的再论证，尤其是解

① 傅谨：《周来祥美学思想的自我超越——评〈再论美是和谐〉》，《浙江社会科学》2001年第2期。

决了超越二元对立的问题。如果说上一次的超越是缘于理论与现实的尖锐矛盾,那么这一次超越的契机则是理论与现实的相互召唤与契合。我们知道周先生正在主持一个大的社科研究项目——“弘扬中华文化和谐精神,构建社会主义和谐社会”,我想这既是对和谐美学思想的又一次全面总结和发展,又是您近年来面对和思考现实问题,让理论与现实紧密结合的一次努力。

周来祥:我认为社会主义和谐社会建设为和谐美学的发展提供了物质条件和现实基础,也为中国当代美学的发展提供了启示和机遇。

和谐美学认为和谐是动态的、发展的、历史的,由古代素朴的和谐美,经近代对立的崇高美,向现代更高更新的辩证和谐美发展。但是,一直也有人质疑现代辩证和谐美,认为这只是美好的理想而已,是理论的预设。现在社会主义和谐社会建设的提出为现代和谐美学提供了物质基础,也为美学理论的发展提出了任务和要求。社会主义和谐社会是人与社会、人与自然、人与自身、主体与对象高度和谐统一的社会,在此基础上必将产生新的审美关系,创造出新的现代和谐美,形成新的和谐美学。所以说社会主义和谐社会是和谐美学的源泉和发展动力,同时为彻底消解二元对立,开创辩证和谐的新时代创造了物质条件。

研究和谐美学与和谐社会的关系,一方面将和谐美学的发展置于现实的基础之上,另一方面又使理论的发展获得现实的意义。和谐美学作为社会主义和谐文化的一个有机组成部分,必然对建设和谐文化,构建和谐社会,推动人与自然、人与社会、人与自身的和谐发展,培育社会主义全面和谐发展的现代人产生积极意义。从美学的角度观察社会发展,人与自然、人与社会、人与自身、人与艺术之间会构成特定的审美关系,形成自然美、社会美、自身美和艺术美。和谐美学认为和谐社会是一个美的社会,新的社会整体美也决定着和谐社会中每一个具体的美,各种美的类型正是和谐的不同关系构成的表现。

在发展的和谐美学的基础上重新审视以往的美学范畴,会产生新的反思。以往的美学范畴是建立在二元对立基础之上的,随着对二元对立的超越,美学范畴也会产生新的发展,比如崇高、丑和荒诞。随着新型和谐关系的建立,崇高的发展会走向一种新的"壮美";而丑将失去在西方现代艺术中的绝对地位,转化为一种日益缩小、逐步消解的审美元素;荒诞中极端对立的悖论概念将被辩证否定,倾向于消解对立、向往和谐的精神将得到引导和发展,最终融于和谐世界之中。

周纪文:在和谐美学发展的新阶段上,我们注意到周先生一是非常强调理论研究与现实问题的结合,从而展开对哲学基础问题和社会现实问题的思考;二是非常强调对传统文化的研究。您不仅自己写了一些文章,而且主编并参与撰写了《中华审美文化通史》。虽然说审美文化研究在90年代以后非常红火,《中华审美文化通史》的出现也在这一阶段上,但是,我们感觉到您的研究更有一种美学发展的宏观考虑,不知这样认为对不对?

周来祥:是的,我们对传统审美文化的研究并不是跟风应景的,这个项目是开始于上世纪90年代教育部的社会科学基金项目和山东大学"211工程项目",后来通过数位博士生的共同努力,历经10多年的时间,现在才以《中华审美文化通史》(六卷本)的形式和大家见面。

事实上,传统文化,尤其是传统美学一直都是我重点研究的一个部分。80年代我就出版过《论中国古典美学》,后来主编《中国美学主潮》。当时我就已经明确意识到,要构建带有民族性、本土性的美学理论体系,归根到底还是要依赖于传统思想资源,还是要体现传统文化精神。也正因为有这种想法,所以和谐美学理论对传统美学思想和艺术形态的研究,始终是放在中西方两大文化体系的对比之中的。从文化起源到社会生产力,从社会政治体制到民族心理结构,我们始终把握着民族文化特性这个基本点。以往我们中国的美学研究以学习西方为主,被称为西方美学在中国。可是当我们走出国门去参加国际美学会议的时候,我们发现西方对东方美学、中国美学非常感兴趣、非常重视。国际美学学会主席柏林特教授在听完我的发言后,就曾经对我说:"你们中国有这么好的美学,为什么不介绍到国际上去?"但是同时我们也发现,我们要介绍的中国美学既要有中国文化特征,也要有现代科学的论证。

和谐美学思想本身就具有很浓重的中国文化特性,从"和谐"范畴的设定,到和谐精神与和谐理想的倡导,都和传统美学一脉相承。我曾经写过《中国的传统文化思想是中和主义的》《和·中和·中——再论中国传统文化的和谐精神及其审美特征》《三论中华文化的和谐精神及其现实意义》等文章,专门论述这一问题。我认为中华传统文化是一种中和文化,"中和"也就成了古典哲学和美学最核心的范畴和本质内涵的体现。我总结了"中和"范畴的七大特征。第一,中和是一个关系范畴,体现不同事物、因素之间协调有序的关系。第二,中和包含差异和矛盾,同时使差异和矛盾的对立关系得到协调平衡的发展。第三,中华传统哲学思想就已经对差异和矛盾进行了杂多的异和相反的异的本质区别。第四,中和也是一种方法,在处理不同事物和因素之间的关系时,不是像西方哲学那样侧重对立斗争,而是强调二者之间的和谐互补、相反相成。第五,辩证地对待和与不和、中与不中,认为这是事物存在的两大关系类型,二者并存,各有其用,因时而异。但是不和最终会归于和,不中最终也会归于中,"和""中"也是最终的目的和最根本的原则。第六,"和"是事物最终产生和发展的动力。正所谓"和实生物,同则不继。以他平他谓之和,故能丰长而物归之"。总而言之,中和观念就是古典的和谐论,体现的是古代素朴的辩证思维。

因此说古典和谐在传统文化中有着极其丰富的表现形态。从人类存在与发展的角度讲,人类从诞生之日起,就一直面临着如何处理人与自然、人与社会、人与自身的三大关系问题。因此,古代哲学家们首先思考的也是如何协调这三种关系。比如说古代有"乐以调风"的观念,就是通过音乐来协调人和以气候为代表的自然之间的相互关系,通过追求音乐的和谐,达到人与自然、人与社会乃至整个宇宙的和谐。《左传》中就记载"天子省风以作乐"。《国语·周语》中也讲:"夫政象乐,乐从和……以遂八风。于是乎气无滞阴,亦无散阳,阴阳序次,风雨时至,嘉生繁祉,人民和利,物备而乐成,上下不罢,故曰乐正。"天、地、人三者的关系一直都是中华文化和哲学的核心命题,于是就有了天和、地和、人和的关系理念,并最终提出"天人合一"的理想境界。同样是追求天和、地和、人和,同样是倡导和谐理念,儒家、道家和佛家又各有侧重。概括而言,儒家侧重人与人、人与社会、人与自身的和谐,以"仁者,爱人"为核心思想,以"礼"的秩序建立为要旨,以"推己及人"为方式,以血脉亲情为基础，以家国建设为主要内容，把“人和”明确为天、地、人三和之首，和谐的关系具体表现为政通人和的社会理想和内圣外王的人格理想。道家侧重天与人、人与自然的和谐。庄子把天人和谐又分为“天乐”和“人乐”两种。“天乐”来自“天和”，“人乐”来自“人和”，“天和”就是尊天顺天，尊重自然，“人和”又是用“与天和”的精神来处理人与人的关系。道家的天人和谐同样包括了人与自然、人与社会、人与人的和谐，其中以人与自然的和谐为基础。佛家与道家相同的是注重内心的和谐，即身与心的和谐，追求对现实物质世界局限性的超越，形成了中华文化重体悟的内倾性特征，但是佛家又倾向于心性与佛性的合一。三家观念互补互动，构成了中国古典和谐论的主导思想，奠定了中国人思维模式和人格构成的基础。

当然了，我们研究传统文化，论述中和文化，还是为了发展当代文化。要发展当代美学，民族化、本土化、中国化是我们必须选择的一条道路。所以说，《中华审美文化通史》的出版是为了和谐美学的进一步丰富和完善，同样也是为了弘扬民族文化，推动当代美学的中国化进程。我们说过当代美学是社会主义和谐文化的一个组成部分，和谐社会的建设为和谐文化的发展提供了现实基础，而美学思想则提供精神产品，包括观念体系、价值标准和理想构建。

周纪文：我们总结了一下，在这次会议上，大多数专家的发言集中在三个方面。一是对和谐美学的思想特色和理论价值的分析，比如辩证思维的方法论、三大美以及崇高范畴的理论，再比如和谐美学在文艺美学、比较美学、美学史等领域独具特色的理论。二是和谐美学 30 年来的发展经验，以及与中国当代美学发展的关系。三是周先生的治学精神和人格魅力。有专家讲到,周先生是唯一的贯穿中国美学这30年的美学家。老一代的美学家有的已经不在了,有的淡出美学界多年了,只有周先生从五六十年代的美学大讨论开始,一直站在美学研究的学术前端,从未中断过美学的思考、科研和教学工作。更加难能可贵的是周先生创立的和谐美学思想,在30年的发展中,从提出到完善,从抽象到丰富,再到一次次的超越,为中国当代美学贡献了极具理论价值和学术特色的一个美学思想体系。现在,我们来研究和谐美学思想,不仅要研究它的理论,也要研究它的发展,因为它的发展历程同样具有参考价值和借鉴意义。

和谐美学这30年与中国当代美学30年的发展息息相关。这种相关性不仅仅因为周先生是一个当代美学家,和谐美学思想是当代一个重要的美学流派,更为重要的是,和谐美学理论的发展对于中国当代美学而言非常具有典型性。在时间阶段上,从体系时代到反体系时代,以及多元发展和转型时期,又到了和谐社会建设的新时代。和谐美学自身也经历了体系时代阶段、后体系时代阶段(自我超越阶段)和新世纪回归式的发展与本质性的超越阶段。这种时间阶段性上的一致并不是刻意保持的,而是理论自身发展造成的,也就是说在当代美学发展遇到问题和转机的时候,周先生同样在和谐理论发展的挑战与机遇中思考。正因为这样,和谐美学的发展变化也从一个侧面反映了改革开放的光辉历程和重大成就。更值得我们注意的是,为什么周先生在这30年的发展中,在理论研究的方向性把握和体系建构的广度与深度上,都能够做到一直处于学术前沿,并不断推出有理论价值和历史意义的成果?

周来祥:这个问题我过去考虑得不多,是这次会议上有同志指出来的,说我是唯一贯穿中国美学这30年发展的人。我没有考察过,不过提到这一点,我心里是有些感慨的。一是30年转瞬而过了,时光如梭呀!二是很多人故去了,一些老朋友走了,是中国美学界的损失。如果问我为什么坚持下来了,也很简单,一是信仰,二是毅力。学术的信仰,它支持着我去追求,很苦很难的阶段早就过去了,现在学术思考对我来说是幸福的事。

为什么和谐美学的发展能和中国当代美学的发展保持一致?我想有两点吧,一是和谐美学本身就是中国当代美学的一部分,它的发展是在整体语境之下的;二是我的思考一直围绕着美学理论的发展问题。遇到的是什么问题?怎样突破它?从哪里突破它?这些一直都是我思考的核心和动力。

如果说和谐美学思想对当代中国美学有贡献和价值的话,我想最大的贡献就是理论体系。这个理论体系不仅仅是思想的成果,它还显示着思想的方法和研究的路径。就像你刚才说的,和谐美学理论发展本身也是有参考价值和借鉴意义的,我想这个价值在于和谐美学走出了一条大家已经看到的路,也就是理论体系发展的路,思想学派发展的路。这次会议上也有很多同志谈到思想学派的问题,大家在回顾和总结的时候发现思想学派的存在是必要的,是有利于推动学术研究的。还有就是坚持,坚持自己的观点,坚持自己的信仰,"不以物喜,不以己悲",在顺境时保持冷静,在逆境时耐得寂寞,不要左顾右盼,不要浅尝辄止,而要持之以恒。

周纪文:感谢周先生,今天您不仅详尽地为我们分析了和谐美学思想,分析了中国美学30年的发展,而且还送给了我们这么好的学术经验和人生经验。祝愿周先生健康长寿!学术常青!

周来祥:谢谢!

周来祥和谐美学思想的理论贡献与历史价值*

作为具有世界影响的美学家，周来祥先生（1929—2011）一生执着于美学的研究和教育，发表了290多篇有影响的学术论文，出版了20多种美学论著，形成了以“美是和谐”为核心观点的独特的美学理论体系，学界称之为和谐美学学派。和谐美学思想和理论体系既具有独特的理论观点与研究方法，又具有突出的学术价值和历史价值。其理论特征主要体现在三个方面：一是以“和谐”为元范畴，提出了“美是和谐”的理论观念。二是始终坚持马克思主义的辩证思维方法论。三是建立和完善了一个理论体系，这个体系的建构又体现在两个层面：（1）在和谐、崇高、丑、荒诞、辩证和谐等范畴的逻辑演变与不断丰富发展中，实现了逻辑与历史相统一的理论论证；（2）将“美是和谐”的观念贯穿于哲学美学、文艺美学、中西比较美学、中西美学史、审美文化学等美学的各个分支学科，建构成和谐美学的大体系。这个大体系不但体现于美学理论本身，而且在学科建设、教学培养，乃至社会实践之中，都具有建设性意

---

* 本文系与戴孝军合写。戴孝军，山东大学儒学高等研究院2003级硕士，阜阳师范大学副教授。本文原载于《文史哲》2011年第5期。

义。周先生的和谐美学思想与理论体系具有重大的理论贡献和历史价值,这种价值体现在理论发展中的建构意义、学术追求中的启示意义以及思想传播中的实践意义之中。周先生在六十多年的美学追求中,一直致力于思考和建构,在坚持核心观点和价值追求的基础上,凭着对学术理想的信仰和自身理论意识的敏锐,不断地推进理论思考,完善思想体系,实现理论超越。周先生的学术生涯充分展现了他勇于坚守理想信仰的坚毅精神和不断开拓创新的勤勉精神,其和谐美学理论与思想体系则是周先生用生命浇灌的美学之花。

一、和谐美学思想的理论贡献

1. 独特而鲜明的理论观点——美是和谐

"美是和谐"是和谐论美学对美的本质的规定,也是和谐论美学思想的核心内容。周先生是这样界定"和谐"范畴的:"和谐是一个深刻的美学和哲学范畴。它起码包括这样紧密联系的四层含义:(1)形式的和谐。人、物、艺术、外在因素的大小、比例及其组合的均衡、和谐(形式美)。(2)内容的和谐,即主观与客观、心与物、情感与理智的和谐(内容美)。(3)形式与内容的和谐统一(生活美,特别是艺术美更以此为主要的要求)。从唯物主义说,首先是内容的和谐,内容的和谐要求着形式的和谐,并规定着内容和形式之间的和谐统一。(4)而内容的和谐又决定于主体与客体、人与自然、个性与社会的和谐自由的关系,这种和谐自由的关系集中体现为完美的、全面发展的人(在艺术中则体现为理想的典型和意境)。”[1]

首先,周先生是从审美关系上来界定“美是和谐”,认为“美是和谐”是一种关系范畴,关系各方既相互依赖又相互制约,达到一种和谐自由的境界。其次,和谐是一种广义的美,不再是单独的形式美,形式美只是和谐美的一种,和谐不只包括形式美,还包括内容美,形式和内容的统一及其理想状态,是一种主观与客观、主体与客体、人与自然、人与社会的和谐关系。最后,和谐作为一个最本质的抽象和最深刻的归纳,处于一个逻辑起点的位置,这个逻辑起点符合辩证逻辑的方法论,它的展开能为一个理论的生长提供空间和动力。因为和谐是一种关系范畴,关系之间的变化也会引起暂时的不和谐状态,比如崇高、丑和荒诞,但是从本质意义上讲,这些不和谐状态只是暂时的,最终还会走向和谐状态。

对于和谐范畴,周先生不但作了抽象的定义和逻辑的论证,而且从美学史的角度,对和谐范畴的发展作了梳理,指出和谐是美在各个历史时期的共同理想。尽管这一理想在古代、近代和现代的具体表现并不相同,古代主要认为美是真或善,近代主要认为美是自由,现代认为美与人类的生存实践密切相关。但是不同时代的美的形态有着内在的本质统一性,即美始终与人类的生存状态和实践活动紧密相连,是对人的本质力量的正面价值的肯定。美和审美的历史发展以及美学理论的发展证明,和谐是人与自然、主体与客体、合目的性与合规律性的统一,和谐的统一也就是自由,美的本质特征就是和谐、自由。

---

① 周来祥:《周来祥美学文选》(上),广西师范大学出版社 1998 年版,第 312 页。

周来祥先生最初对“和谐”范畴的论述主要来自对西方美学发展史的考察，是一种范畴发展的历史梳理，并进一步论证和总结了“美是和谐”观念。“和谐”范畴的梳理与“美是和谐”观念的论证虽然来自西方美学史，但“和谐”范畴与观念却又极具中国特色。当然，在中国古典美学发展史中，范畴的发展与论证一直不够严谨，周先生后来还是专门写文章论证了“和谐”概念在中国古典美学中的发展，以及“和谐”观念与思想在中国古代思想史中的发展与变化。实际上，中国传统的美学思想尽管没有对“和谐”范畴作过严格的论证，但内在精神却是更加符合“和谐”的本质规定，如“和而不同”“天人合一”“和实生物”等。因此，周先生认为中国传统文化的根本精神就是中和主义，儒家讲人与社会之和，道家讲人与自然之和，禅家讲内在的心理之和，都重“和”。“和”的内容已成为中国人传统的心理结构和思维方式。这样的文化精神就熔铸了中国古典和谐美的艺术。正像傅谨在《辩证思维的魅力》一文中所说，黑格尔逻辑体系的致命缺陷在于缺乏感性体验的基础，而和谐论的逻辑起点则是既有深刻的理论内涵，又有生动的感性意蕴，“中国人尤其注重艺术与审美活动中的感性体验的悠久的美学传统，使周来祥形成了与在西方理性主义传统中滋生的美学家们截然不同的思维模式，而正是这种东方式思维特点与辩证法的有机结合，造就了周来祥中国式的辩证思维方法”①。可以看出，美是和谐的观念既具有西方式的理性辩证特征，有

① 傅谨：《辩证思维的魅力——论周来祥美学思想特点》，蕾纪、文颖选编：《周来祥和谐美学研究评论文选》，中国文史出版社2002年版，第344页。

高度的概括力和生长力，又具有中国式的感性体验特征，有充分的说服力和亲和力。对此张岱年先生曾给予高度评价：周来祥同志提出“美是和谐”，“这是中西两千年美学思想的深刻总结，具有重要的意义，非常精湛，非常正确”，“是对于当代美学的一项重要贡献”①。

2.理论思想的坚实基础——辩证思维的方法论

和谐论美学思想始终坚持马克思主义的辩证思维方法的运用，这是周先生治学的一贯特点，也是和谐论美学思想的一大特色。周先生认为方法是治学的“生命线”，它比研究成果更重要，因此，周先生终其一生都在坚持运用、发展马克思主义的辩证思维方法。对于马克思主义辩证思维方法，周先生既有深入的研究，更有独特的运用。应该说，辩证思维是马克思主义美学与文艺学的内在要求。辩证思维是黑格尔创造的，马克思给予了唯物主义改造。周先生认为辩证思维方法不同于形而上学思维的最大的特点就是运用流动概念和流动范畴，在概念和范畴的辩证运动过程中再现客观事物发展的历史过程。在辩证思维方法中，周先生最注重抽象上升到具体、逻辑与历史相统一的方法。周先生认为抽象上升到具体是概念的辩证运动，找逻辑起点是这个运动的关键，找到了逻辑起点就完成了体系的一半。而逻辑与历史的统一方法则是将概念范畴的运动置于历史具体之中。周先生认为：“所谓历史的方法是通过事物现象的发展过程，以揭示事物内在联系和

---

① 张岱年：《谈〈周来祥美学文选〉》，《光明日报》1999年8月13日。

规律的方法。逻辑的方法和历史的方法在形式上是不同的，但在内容上是一致的。因为历史的方法包含着逻辑，包含着客观事物的逻辑和规律。逻辑的方法也是历史的方法，因为逻辑的过程，反映着历史的过程和规律。所以在这个意义上二者本质上是一致的，是理论和实践相结合的一个形态，在这个意义上讲历史的方法也就是逻辑的方法，逻辑的方法也就是历史的方法。"[①]因而，在方法论的层面上，周先生的和谐美学不但找到了正确的逻辑起点，而且这种历史观念也表现出与各家美学理论的差异。

无数理性主义美学家为阐明美的本质定义耗尽了智慧，但是，无论将美定义为何种概念，这个定义都必须面对无限丰富的社会现实和艺术事实的检验。因而伴随着一个又一个美的定义，质疑和批判从来就没有停止过，直到 20 世纪非理性思潮突起，美学家们干脆放弃了这种努力。把逻辑运动中的概念放入历史运动之中，将逻辑与历史统一起来，不能不说是在方法论层面上的一种突破。正是基于这种突破，和谐论美学思想试图为美的本质寻找一种新的思路，即将美的定义和审美关系的变化放在人类审美活动的历史发展之中，以宏观的视野和运动的思维来审视丰富而具体的审美活动和审美感受，在总结人类审美活动的历史发展和审美经验的时代转化的基础上界定美的本质。

周先生认为美学研究只能从最抽象的美的本质开始，然后从美的本质发展出各种美的形态，社会美的出现是对美的

---

① 周来祥：《周来祥美学文选》（上），广西师范大学出版社 1998 年版，第 157—158 页。

本质的否定和扬弃，自然美又是对社会美的否定和扬弃，社会美又可以看作美的本质和自然美的中间环节，概念的发展一个比一个丰富，一个比一个具体，各种美的形态的展开，使美的本质这一概念得到日益深刻的规定性，再回到美的实践和创造的关系的时候，也就具有了丰富的内容。这就是美的本质概念的逻辑发展。而逻辑的也是历史的，美和审美又是一种历史现象，随着人类历史的演进和政治、经济、文化等各个方面的变化，人类的审美趣味和审美理想也在不断变换色彩，从静观的优美到激进的崇高，从极端的丑直至裂变成荒诞，人类的审美趣味也会变幻万端。如果不将美的定义放在如此复杂的现象之中来审视，美的本质就无从谈起。可以说，正是将美看作历史的、运动发展的概念，所以和谐论美学从古代的美到近代的美，再到现代的美，从和谐美到崇高美再到丑、荒诞，逻辑的推演和历史的转换才能相吻合。从这一点上看，和谐论美学超越了经典美学试图从美的现象中总结美本质的努力，深刻指出美具有时代性，审美趣味和审美理想也必然是历史性和时代性的结果。

当然，和谐论美学的历史主义观并不仅仅注重研究史料而缺乏逻辑，而是要将二者结合起来，因而和谐论美学思想将美的定义放在历史的具体观察之中，但又不是去归纳历史，而是提出具有时代性的审美主潮的特征。这种审美历史不是随机性的，不是无规律可循的，逻辑的发展必然符合历史的自然进程，而历史的具体也在本质上表现出自身的规律性，暗合着逻辑的发展，这就是逻辑和历史的本质统一。这同时也在方法论层面上表现出一种辩证逻辑的精神和历史主义的观念。

可见,虽然当时各家的美学理论都是以马克思主义方法论为基础,但和谐论的特征在于对辩证思维方法始终如一的坚持,以及对历史唯物主义的继承,强调逻辑与历史的统一,既追求理论研究的严谨、逻辑推理的缜密,以西方的辩证思维纠正传统思维的模糊性,又强调结合历史、结合现实,在理论研究的各个环节强调有的放矢、有据可依、符合历史事实,以纠正纯粹逻辑推演的封闭性,这也是"主潮式"研究方法的设想和依据之所在。

3. 完善而具有建构意义的和谐美学思想体系

和谐美学思想对当代中国美学最大的贡献是理论体系,这个理论体系不仅仅是思想的成果,还是在方法论基础上的必然构建。这个思想体系包括方法论、美的本质论(包括艺术的审美本质)、美的形态论(包括艺术的审美形态)、审美意识论、中西方美学史理论、中西方比较美学理论、审美文化史理论等。这是一个庞大的思想体系,它是以和谐为核心,展开美学范畴的辩证运动和逻辑构架,这是它的根本特点。从范畴的纵向发展看,是从古代素朴的和谐美,经近代的崇高(以及现代和后现代的丑与荒诞),发展到社会主义新型的辩证和谐美,这通常被称为"三大美"理论,或古代的美、近代的美、现代的美三大美的形态。从更加严格的逻辑结构看,美的对立面,不是崇高,而是丑。美是和谐,丑是不和谐、反和谐。崇高与荒诞都是过渡性范畴,崇高是由和谐向丑的反和谐的过渡,荒诞则是由反和谐的丑趋向于新的和谐的过渡。在这里,无论是美的范畴发展,还是理论的逻辑架构,都是以和谐为轴心而展开的。这是和谐美学的基本内容,也是和谐美学的独特创造,更是它与实践美学、生存美学、生命美学等的不同之处。因此,闫国忠教授认为，和谐美学是20世纪中国创造的六种“美学模式”之一。① 季羡林先生称赞道：“周来祥教授独树和谐美学的大旗，既能自圆其说，又是独辟蹊径，不落窠臼，巍然挺立于美学之林，为中国美学界增光添彩。”②

对于理论体系，美学界一直存在不同的看法。西方现代美学是没有体系的。在黑格尔美学体系之后，西方占主导的是非理性的美学思潮，就是不承认体系，要打垮体系，认为体系是理性的代言，是理性高于一切的结果，是独断论和目的论的表现。但是，我们注意到，西方经过了体系时代，经过了康德、黑格尔那样的大体系，发现了体系给思想发展带来的弊端，所以他们要反对体系，纠体系建构之偏。但是事物的发展都是辩证的，体系的建立在一定历史阶段是必要的，而且也是有益处的。体系可以为人们看待世界提供一个视角，为思考问题提供一种方法。当然体系不是万能的，它不可能解决一切问题，也不可能适用于一切时代。周先生很清楚这一点，当美学发展开始走入反思体系的时候，当理论研究面临新的实践问题的时候，他既没有选择匆忙地抛弃体系，也没有选择盲目地维护体系，而是自觉地回到理论本身，回到体系本身，从理论基础和实践问题出发，完成自我的超越。一次是提出了近代崇高范畴，使得和谐美学体系由封闭走向开放；一次是反思和论证主客体的二元对立问题，回到哲学美学的方法论基础和本质问题，解决理论体系的基础问题。

---

① 参见闫国忠：《美学百年总序》，《中华读书报》1999年10月13日。

② 季羡林：《读周来祥教授〈美学文选〉》，《光明日报》1999年3月12日。

二、和谐美学理论的历史价值

1. 理论发展中的建构价值

和谐美学思想和理论体系的发展，表现在六十多年来周先生不断将其向纵深和宽广推进，一直致力于理论性的创新发展和体系建构。这种建构一方面体现在“美是和谐”思想观念的丰富与发展之中，另一方面体现在和谐美学理论大体系的构建之中。和谐美学思想体系在自身发展完善的同时，又表现出对当代中国美学思想的推进和对学科建设积极而重要的促进作用。

对于一个理论体系来说，明确研究对象是首要的问题，和谐论美学思想正是从这个基础问题来建构它的思想体系，显示出它的独特性。20世纪五六十年代，人们为美的研究对象是客观对象还是审美主体，是客观属性还是主观体验，是美的一般规律还是艺术的特殊表现形式等问题争论不休的时候，周先生立足于马克思主义的实践观点，提出了美是源自审美实践活动的审美主客体之间的客观关系，而在本质上，这种关系是一种和谐自由的关系的闪光思想。周先生把其作为逻辑起点，多角度、多层次、全方位地为我们展开了一个充满理性思辨色彩和丰富实践内容的美学理论体系。20世纪八九十年代，和谐论美学思想体系面临现代、后现代主义的挑战，周先生深入研究了西方现代、后现代艺术，终于以“崇高”“丑”和“荒诞”的范畴论证来完成了体系的自新。随着建设和谐社会方针的提出，周先生在和谐美学思想中找到现实基础的支持之后，没有简单地嫁接和解释，而是返回了理论的哲学基础问题，从思维方式、创新性方面，提出“和谐思维”的概念，既发展了和谐美学思想，也将和谐理论的论证从社会实践层面引领至哲学基础层面，拓宽了其理论结构。

在建立和完善“美是和谐”思想观念的同时，周先生一直致力于美学研究领域的拓展和美学学科的建设。早在20世纪80年代，周先生就开始了对文艺美学的研究，出版了《文学艺术的审美特征与美学规律——文艺美学原理》，以艺术的审美本质为逻辑起点，从质和量的两个分类原则出发，在质的方面，以三大美的理论与中西比较美学的纵横发展和对比作结构。在量的方面，对再现艺术、表现艺术和综合艺术作分类研究。最后又对艺术创作、艺术作品、艺术欣赏与批评进行了分析阐述，在文艺美学理论中，形成了独具特色的理论体系。这是我国美学界提出的第一个体系性的文艺美学理论。2003年，周先生又出版了《文艺美学》一书，进一步系统研究文艺美学，指出文艺美学的研究对象和内容的独特性，通过与心理学、哲学认识论、社会学、伦理学、生存实践论的比较，形成多视角、多层次的综合观察，确定文艺美学的学科位置。“和谐论”文艺美学体系弘扬、发展了古今中外尤其是康德的美学思想和艺术理论，既有对美和艺术的总体把握，又有对艺术作品审美构成的具体探索，并且它运用发展着的辩证思维方法，构筑了一个纵横结合、网络式、圆圈形的逻辑框架体系，这是它的特色。周先生也是较早涉足比较美学这一领域并提出独特理论的研究者之一，1992年出版的《中西比较美学大纲》是中国美学界第一部系统研究中西比较美学的专著。该书一改过去比较研究只注重具体研究和局部研究的传统，使得比较美学在学科建设和理论建设上都有了飞跃性发展。2007年，年近八旬的周先生编纂完成了一套六卷本的《中华审美文化通史》,从而系统地研究和整理了中国传统文化、近现代文化现象中的一切审美因素,较为全面地把握了中国审美文化的本质、特点及其发生、发展、嬗变、兴替的美学规律,成为第一部有着统一的核心观点和理论体系的审美文化通史。

尽管周先生编撰了《中国美学主潮》和《西方美学主潮》,但他一直还有一个心愿,希望撰写一部有思想特色和理论体系的《中国美学史》,这个心愿如今也成了一个遗憾。但是,他所涉及的对哲学美学、文艺美学、比较美学、中国美学史、西方美学史、审美文化史的研究,以及在美学教学和培养上的经验,都为我们留下了宝贵的财富。

2. 学术追求中的启示价值

周来祥先生是美学界为数不多的一个贯穿中国美学 60 多年发展史的美学家,他从 20 世纪五六十年代的美学大讨论开始,一直站在美学研究的学术前沿,从未中断过对美学的思考、科研和教学。更难能可贵的是,他创立的和谐美学思想,从提出到完善,从抽象到丰富,再到一次次的超越,为中国当代美学贡献了极具理论价值和学术特色的一个美学思想体系。从这个意义上讲,和谐美学思想作为一个文本、一个对象,我们不仅可以研究它的理论思想,还可以研究它的发展,因为它的发展历程具有很重要的启示价值。这个启示价值主要有三点:一是坚持学术创新,保持敏锐的理论意识,合理提出并完善独特的学术观点。二是坚持学术信仰,无论学术环境热与冷,都不改变研究的热情和思考的努力。三是坚持学术胸怀,既不断扩大自己的研究视野,也积极吸收和接纳新鲜的、不同的思想和观念。

和谐美学思想的每一次建构都是在美学思想发展的关键时期,遇到了纠缠不清的问题时提出的。像20世纪五六十年代美学大讨论形成的四家学派,说到底就是在“唯心”“唯物”之间兜圈子,强调的是从哲学而不是从美学的划分,更没有对审美和艺术的特征给予足够的重视。周先生经过自己的思考,提出了“美是和谐”的美的本质论,以审美关系为研究对象,就更加准确地捕捉到审美和艺术的独特性,找到了更为合理的理论基础。20世纪80年代末以后,随着西方现代、后现代思潮的冲击,青年学人流露出越来越激烈的对体系的反感和否定,周先生在深入研究西方现代、后现代艺术的基础上,详细论述了“崇高”“丑”和“荒诞”这些范畴,并完成了体系的自新。20世纪80年代初,周先生认为崇高是一个近代范畴,具有过渡性和双重性的特点,但是,正是这种过渡性的特征,使得崇高更像一个处于古典和谐与现代辩证和谐之间的链接,而没有显示出独特的重要位置和理论价值。所以,在《美和崇高纵横谈》一文中,周先生认为崇高是一个有着独立价值和地位的美学范畴,在和谐美学中与和谐一样具有重要的地位,而不再是一个处于古典和谐与现代辩证和谐之间的过渡性范畴。周先生认为崇高的加入,使得古典和谐美逐渐向分裂、对立转化,但还没有完全分裂、彻底对立,还是和谐的。丑和荒诞的加入彻底打破了古典和谐美的静止状态,使得分裂与对立成为常态、动态,但是在理论的深层又有一种和谐美的回归,这个回归的和谐美不是古典的和谐美,而是一种充满现代意识的辩证的、动态的和谐美。进入21世纪,周先生针对众人对主客二元对立思维模式的争论,发表了一系列超越主客二元对立的思维模式的文章,提出“和谐思维”的概念,使辩证思维又发展到一个新的阶段。周先生认为主客二元对立的基础是差异和矛盾，这是它的本质属性，但是差异和矛盾并不等于二元对立，也不是必然导向二元对立。因为差异和矛盾可以区分出对立与非对立，也就是“对立”和“杂多”。按照黑格尔的分析，“杂多”是不同事物各自独立；而“对立”是本质的“异”，相异者，就是与自身正相反对的别物。即杂多和对立是有本质区别的，杂多是外在的非本质的“异”，杂多之间性质是并列的，比如酸、甜、苦、辣、咸；而对立则是内在的本质的“异”，对立之间是肯定与否定的关系，是相互规定的关系，比如真和假、美和丑，它们之间相比较而存在。事实上，承认矛盾的对立，可以走到二元对立，也可以不走到二元对立，而走到对立的和谐统一。

中国当代美学经历了从体系时代到反体系时代以及多元发展和转型时代，再到和谐社会建设的新时代。和谐美学自身也经历了体系时代阶段、后体系时代阶段（自我超越阶段）和21世纪的本质超越阶段。这种时间阶段性上的一致并不是刻意保持的，而是因为周先生在和谐理论发展的挑战与机遇中不断思考着。因此说，和谐美学思想的每一次突破和自我超越，都表现出他作为一位理论家和思想家敏锐的问题意识和理论意识，表现出他对学术理想矢志不渝的追求，表现出一种创造性的理论探索精神。周先生创建和谐美学体系，并坚持到生命的最后一刻，是非常不容易的。和谐美学思想和理论体系在发展过程中不断面对质疑和困境，他从不马上反驳和辩解，而是认真地、默默地去思考，经过长时间反复思考和论证后，再提出自己的观点和阐释。因此，和谐美学理论在发展过程中一直都在坚持理论体系自身发展的路、思想学派发展的路。所以，周先生在提出思想学派百家争鸣的重要性以后，特别强调了坚持：坚持自己的观点、信仰，不为物喜，不为己悲，在顺境时保持冷静，在逆境时耐得住寂寞，不左顾右盼，不浅尝辄止，要持之以恒。这是值得我们后辈学习和铭记的。

3. 社会发展中的实践价值

一个理论的价值和意义在一定程度上还取决于它的现实意义，取决于它面对现实问题和发展变化时的应对性和指导性。进入21世纪，在党中央提出构建社会主义和谐社会之后，周先生在和谐美学思想找到现实基础的支持，他并没有简单地嫁接和解释，而是返回到理论的哲学基础，创造性地提出了“和谐思维”的概念。周先生认为和谐思维是相对于矛盾思维提出的，两者是辩证思维的两大类型，都属于辩证思维的子范畴，是绝对的、普遍存在的，也是事物发展的根本动力。但是和谐思维首先是一种关系范畴，各个方面的关系和要素是决定和谐体本质的关键。周先生认为现代辩证思维强调在对立双方（或多方）利益根本一致并不断协调的基础之上，合作发展，互利共赢，这使得和谐思维与矛盾思维在本质内涵和运动特征上，都有了明显的差异。在处理事情的方式上，矛盾思维主张以斗争的方式来处理矛盾，而和谐思维则是以相互协调、相互融合、共同发展的方式来处理。周先生认为，在社会主义和谐社会建设与全球共谋发展的今天，和谐思维才是和平建设和持续发展的基础。

周先生认为社会主义和谐社会建设为和谐美学的发展提供了物质条件和现实基础，也为中国当代美学的发展提供了启示和机遇。和谐美学认为和谐是动态的、发展的、历史的，由古代素朴的和谐美，经近代对立的崇高美，向现代更高更新的辩证和谐美发展。当然,也一直有人质疑现代辩证和谐美,认为这只是美好的理想而已,是理论的假设。社会主义和谐社会建设的提出为现代和谐美学提供了物质基础,也为美学理论的发展提出了任务和要求。社会主义和谐社会是人与社会、人与自然、人与自身、主体与对象高度和谐统一的社会,在此基础上必将产生出新的审美关系,创造出新的现代和谐美,形成新的和谐美学。所以说社会主义和谐社会是和谐美学的源泉和发展动力,同时为彻底消解二元对立,开创辩证和谐的新时代创造物质条件。研究和谐美学与和谐社会的关系,一方面将和谐美学的发展置于现实的基础之上,另一方面又使理论的发展获得现实意义。和谐美学作为社会主义和谐文化的一个有机组成部分,必将对建设和谐文化,构建和谐社会,推动人与自然、人与社会、人与自身的和谐发展,培育社会主义全面和谐发展的现代人产生积极作用。

和谐美学思想理论既是抽象的又是具体的,既是深奥的哲学美学思想,又是与现实相联系的、可以行之有效的观念和方法。周先生就曾说和谐美学的最大特点,就在于"既是具有中国特色的又是符合马克思主义的,既能领起美学研究潮流的又能解决美学实际问题的"①。从这个意义上讲,周来祥先生的和谐美学思想的价值和意义已经超出了美学学科本身,周先生所提出的"美是和谐"的观念、"和谐思维"的方法论,以及他所倡导的"和谐"精神,必将产生更加深远和广阔的影响,这也是周来祥先生作为一位思想家所具有的更大意义的贡献。

---

① 周来祥:《周来祥美学文选》(下),广西师范大学出版社 1998 年版,第 1944 页。

对“美是和谐”的再思考*

——周来祥先生逝世十周年纪念

2011年6月30日，先生离开了我们。我永远记得北京那一夜的滂沱大雨，任何语言都难写我心中的痛。十年的时间里，我都没有写过纪念先生的文章，因为这个话题总是让我难以自控而语无伦次。我甚至时常会恍惚，觉得先生还在五号楼的办公室里，我随时可以去见他，走到门口会听见收音机传出的声音，推门进去，先生会在一摞一摞杂乱的书堆里抬起头冲着我微笑……

周来祥先生作为中国当代著名的美学思想家，把一生献给了美学思想研究，“美是和谐”不仅是他的理论成果，也是他的生命信仰。先生仙逝的十年之祭，应该用对先生思想的学习和继承来写就，这也是学生最好的怀念方式。

一、“美是和谐”的三次论证

周来祥先生最著名的美学理论就是“美是和谐”，他的思

---

* 本文原载于《马克思主义美学研究》2021年第2期。

想也因此被称为"和谐"美学流派。对于"美是和谐"的理论，周先生有三本著作分别进行了集中的论述，它们是1984年由贵州人民出版社出版的《论美是和谐》、1996年由广西师范大学出版社出版的《再论美是和谐》和2007年由山东大学出版社出版的《三论美是和谐》。从出版时间上看，这三部著作差不多都是间隔了十年时间；从书名来看，我们很容易明白作者在理论反思和推进上的用意，因此也可以说，周先生每隔一段时间就重新思考"美是和谐"这个论题。顺着周先生对"美是和谐"的这三次论证，我们不但可以理清"美是和谐"理论的思想主旨，而且可以看出促使一个理论发展的原因、目的和结果。

1959年，周来祥先生在《文艺报》发表了《马克思关于艺术生产与物质生产的不平衡规律，是否适用于社会主义文学》，这成为他学术生涯的历史性转折点。他后来回忆说，正是从这篇文章开始，他越来越感觉必须建立"有中国特色的自己的思想体系"，所以有研究者认为此后的二十年是周先生理论体系的酝酿阶段。1961年，周来祥先生被借调到北京参加高教部组织的高等学校美学教材的编写工作，在一次关于"美的本质问题研讨会"上，周先生第一次提出了"美是和谐"的理论观点，次年在给中国人民大学文艺理论研究班所作的专题报告中提出和阐释了他对艺术审美本质以及艺术创作的美学规律的独到见解，和谐论美学思想也初步得到完整表达。周来祥先生在《再论美是和谐》的自序中说过："50年代末，60年代初，当我在北京参加高校文科教材《美学概论》编写工作时，在对大量感性材料的观察中，升华出'美是和谐'这一最简单最抽象的规定，并在《美学问题论稿》《论美是和谐》等书中作了初步的表述。”[①]所以说，尽管《论美是和谐》一书出版于1984年，但是“美是和谐”的理论是周先生经过长期思考，在五六十年代提出的思想成果。

从“美是和谐”本质观的提出，到整个理论体系的确立与完备，这一阶段被研究者们称为和谐理论的体系时代。和谐理论的体系化主要表现在两个方面：一是理论本身的完善，包括“审美关系”说和三大美理论的完善；二是美学学科研究的完善，包括在文艺美学、比较美学、美学史和审美文化等研究上的深入。早期的和谐理论主要是从逻辑层面和历史层面对“和谐”范畴进行论证，正像《论美是和谐——由美的范畴发展史所得出的一个结论》一文所说，“美是和谐”“是人类美的思想发展的必然理论结果”，所以这篇文章就是按照西方美学发展的主要趋势和线索来概括和分析关于美的学说，并以此为基础来研究和建立和谐美学理论。[②] 80年代以后，我们发现周来祥先生的研究重心逐渐地从和谐范畴转向了崇高范畴。在《论美是和谐》中，对于崇高范畴的论述还不算多，与崇高范畴并列的是优美范畴和滑稽范畴，书中指出崇高范畴是一个近代范畴，具有过渡性和双重性特点，也许正是这种过渡性的特征，使得崇高范畴更像处于古典与现代辩证和谐之间的一种连接，在和谐美学思想早期的论述中还没有给予它独特的理论地位。1987年，周来祥先生发表了《美和崇高纵横谈》一文，充分论述了美与崇高的逻辑与历史关系，将崇高范畴与和谐美范畴对等

---

① 周来祥：《再论美是和谐》，广西师范大学出版社1996年版，“自序”，第1页。

② 参见周来祥：《论美是和谐》，贵州人民出版社1984年版，第73—74页。

看待，认为崇高不再仅仅是一个过渡环节，而是一个具有独立价值和地位的美学范畴。崇高的逻辑和历史地位以及理论价值，在《文学艺术的审美特征和美学规律》《中西比较美学大概》和《中国美学主潮》等著作中都显得更加清晰和突出。80年代后期，和谐和崇高都是作为两个对等的发展范畴出现的，当然，在崇高范畴得到充分论证的同时，也引发了对另一个范畴的着重研究，那就是丑。

周来祥先生在提出和论证“美是和谐”观点时有一定的时代背景，“关于美的本质特征问题，在我国美学界曾有过热烈的讨论，争论的焦点集中在划分美学中唯物论和唯心论的界限。若从这个角度看，我们应当从马克思《一八四四年经济学哲学手稿》出发，从实践观点出发，去探讨美的本质，探讨美之所以为美的原因和根源”①。同样，对于崇高和丑的关注与研究也有时代性的社会和学术背景，除了和谐理论自身发展的原因，作为美学理论对于现实问题有多大的阐释能力，也是研究者所面对的和每一个理论体系都必须解决的问题。20世纪80年代末到90年代初，在考察和研究西方近现代艺术的基础上，周先生撰写了一系列关于崇高、丑和荒诞美学范畴与艺术审美的文章，以回应社会审美意识、审美趣味、审美形态上的种种变化所引发的研究挑战。可以说，周先生的美学思想一直都有两个维度的思考，一个是历史的，一个是当下社会的。理论研究始终是要面对问题、解决问题的，不过美学理论研究所思考的问题更加基础，一直都集中于问题的本质属性，致力于寻找事物的规律和发展的趋势。也正因如此，我们才说“美是和谐”

① 周来祥:《论美是和谐》，贵州人民出版社1984年版，第73页。

理论的产生和发展虽然各有不同的背景、面对的是不同的问题,但是其思想成果是一直具有价值和意义的。

过去我们认为五六十年代周来祥先生提出和谐美学观念是理论体系的酝酿阶段,80 年代研究重心由和谐范畴转向崇高范畴是理论的发展完善阶段,90 年代研究重心又从崇高范畴转向丑和荒诞范畴是自我超越阶段,现在看来这个阶段划分是不准确的。应该说,从和谐观念提出之后,周先生一直在不断地完善和谐美学理论体系,从古代的美(古典美)到近代的美(崇高美)再到现代的美(丑和荒诞美),从范畴研究这一角度一次次推进,可以让我们清晰地看出人类的审美意识和美的形态是如何发展与丰富的。而和谐美学思想在完成范畴研究考察之后的发展新阶段应该是在《三论美是和谐》出版之前、21 世纪之初,周来祥先生将他的研究再次调整回对哲学问题的思考。我们根据周先生的回忆可以知道,他最初走向美学研究之路其实源自对哲学的兴趣。作为中文系的学生,周先生却对当时山东大学著名经济学家吴大坤教授的政治经济学课程非常着迷,尤其是《资本论》一书所展现的逻辑思辨力量深深吸引着他,他开始刻苦研读《资本论》、列宁的《哲学笔记》和黑格尔的《小逻辑》,这一基础影响了他的学术之路和理论体系。时隔五十年之后,周来祥先生再次回到对哲学基础问题的思考,他在《论哲学、美学中主客二元对立思维模式的产生、发展及辩证的解决》一文中说:“近几年来,质疑主客二分思维模式的文章越来越多,而且给人的一种印象是似乎只要一提人与对象、主体与客体这类概念,就是二元对立的思维模式。这促使我不断地研究和思考:究竟什么是主客二元对立的思维模式?在西方哲学史、美学史上二元对立处于一个什么位置?海德格尔是如何消解二元对立的？二元对立与马克思的辩证思维是怎样的关系？我们应怎样对待二元对立？”①通过对二元对立和辩证思维的深入思考，他提出了“和谐思维”概念。如果说三大美理论是从逻辑与历史相统一的基础上，为“美是和谐”理论演示合规律性与合目的性的统一，那么“和谐思维”概念就是在思维方式的基础上，为“美是和谐”寻找合理性与完善性。

二、“美是和谐”意味着和谐自由的审美关系，关系属性是事物的基本属性之一

把周先生三次对“美是和谐”论题的集中阐述联系起来看，我们会发现和谐美学理论并不是一个封闭的思想体系。虽然周先生早期受黑格尔逻辑思维的巨大影响，在理论体系的建构上有三段论的明显特征，但是他的美学思想却一直是开放的，这是因为“美是和谐”理论无论是从提出、发展、完善还是自我修正、自我超越等方面，始终都围绕着人的问题。人所面临的历史、社会、自身等发展问题是不断面临挑战、不断变化着的，这些问题又被周先生辩证地放在了人的关系属性之中，因此美学的问题也就是人自身的问题。“究竟什么是美呢？我认为美是和谐，是人和自然、主体和客体、理性和感性、自由和必然、实践活动的合目的性和客观世界的规律性的和谐统

① 周来祥：《三论美是和谐》，山东大学出版社2007年版，第1页。

一。”[①]“和谐是一个深刻的美学和哲学范畴，它起码包括这样紧密联系的四层含义：(1)形式的和谐，人、物、艺术、外在因素的大小、比例及其组合的均衡、和谐(形式美)。(2)内容的和谐，即主观与客观、心与物、情感与理智的和谐(内容美)。(3)形势和内容的和谐统一(生活美，特别是艺术美更以此为主要的要求)。从唯物主义说，首先是内容的和谐，内容和谐要求着形式的和谐，并规定着内容和形式之间的和谐统一。(4)而内容的和谐又决定于主体和客体、人与自然、个性与社会的和谐自由的关系，这种和谐自由的关系集中体现为完美的、全面发展的人(在艺术中则体现为理想的典型和意境)。所以和谐为美，归根结底是以全面发展的人为理想。”[②]周先生从整个美的范畴发展史中得出一个结论，和谐是美在各个历史时期的共同理想，尽管这一理想在古代、近代和现代有着不同的具体展现，但又有着内在的本质统一性，即美始终与人类的生存状态和实践活动紧密相连，是对人的本质力量的正面价值的肯定。同时，虽然各种美学理论围绕和谐美的理解各有偏重，甚至分歧巨大，但是又存在一个根本的契合点，认为主客体之间存在一种特殊的关系。基于此，和谐才是主体与客体、感性与理性、人与社会、人与自然、人与人关系的统一，和谐就是统一自由的关系，美的本质特征才是和谐自由。

对“美是和谐”理论的再思考，相比较美本质问题，我们觉得审美关系论更应该被强调和重视，这是一个更基本更关键的

---

① 周来祥：《论美是和谐》，贵州人民出版社1984年版，第73页。

② 周来祥：《再论美是和谐》，广西师范大学出版社1996年版，第190—191页。

理论。周来祥先生在建立理论体系之初,首先要解决和回答的是美学研究对象的问题。西方美学史上学者们对于美学研究对象的问题一直存在分歧,并由此形成了美学研究的不同范式。当代中国美学研究同样因为对研究对象的不同认识,形成了不同的理论流派。而周来祥先生认为美学的研究对象应该是审美关系,《论美是和谐》的第一篇文章就是《论美学研究的对象和范围》,《再论美是和谐》中也再次强调了审美关系论,有《美学是研究审美关系的科学——再论美学研究的对象》一文。周先生说:“我认为,美学是研究审美关系的科学。审美关系作为人与现实对象(自然、社会)的一种关系,它有客观的方面:美的本质、美的形态;也包括主观方面:美感、美感的类型、审美理想;也包括主客观统一产生的高级形态的艺术,也就是说,审美关系包括美,审美,艺术这三大部分。”①周来祥先生在《马克思的“人化自然”学说和美的本质——与朱光潜、蔡仪、李泽厚同志商榷》中讲:“这种审美关系规定说,并非无稽之谈,而是根据马克思《一八四四年经济学哲学手稿》提出来的。”②即“马克思说过:‘对象如何对他来说成为他的对象,这取决于对象的性质以及与之相适应的本质力量的性质,因为正是这种关系的规定性形成一种特殊的、现实的肯定方式。’”③由此周先生认为美的本源既不在纯然的客观世界,也不在纯然的主观世界,而是存在于主体与客体的关系之中。关系成为一个独立的研究范畴,根据马克思的理论,在人与客观对象所建

① 周来祥:《论美是和谐》,贵州人民出版社 1984 年版,第 4 页。

② 周来祥:《论美是和谐》,贵州人民出版社 1984 年版,第 121 页。

③ 转引自周来祥:《论美是和谐》,贵州人民出版社 1984 年版,第 127 页。

立的对象性关系中,实践关系、认识关系和审美关系都是自由的关系,因为实践、认识和审美都是主体对客观规律的掌握和支配,因此都是与对象世界的自由关系,而美只是这种自由关系的特殊形式。作为特殊的自由关系的审美关系,其特殊性在哪里呢?其一,审美关系介于实践关系和认识关系之间,具有二重性格,即同时具有实践关系的物质性特点和认识关系的意识性特点。主体与客体之间作为意向性的关系存在,关系双方相互依赖性地生成和存在,而关系属性更是取决于双方的存在状态,因此美的本质就必须是统一和谐的关系。其二,审美关系具有特殊的把握对象的方式。在审美活动中,人与对象的关系主要不是为了对象,而是通过对象"直观自身"(马克思语),在这个意义上讲,主客体之间的审美关系实质上就是审美主体与人类自身的关系,就是个人与人自身的直接同一,也就是说审美活动是人类为了实现人类自身的目的性活动,是主体为了追求自由完善的内在努力。

当我们把美学问题的思考还原到主体与客体的关系属性上时,还原到人类自身活动所面临的问题时,就很容易明白为什么人类会锲而不舍地追求美、会孜孜以求地追问美,因为美的问题就是人类发展的问题。从美学史的角度看,人类通过实践活动创造了越来越丰富的审美对象,同时审美主体也变得丰富。正像马克思说的:"劳动的对象是人类生活的对象化:人不仅象在意识中那样理智地复现自己,而且能动地、现实地复现自己,从而在他所创造的世界中直观自身。"①人类是通过实践活动在对象性关系中确定自身的,包括人的智慧、能力和情

① 《马克思恩格斯全集》第42卷,人民出版社1979年版,第97页。

感,而“直观自身”是最能够帮助人类肯定自己、完善自己的活动,因此审美关系才是自由的关系。

从本质上讲,审美关系都是统一和谐的,但是具体到各个民族在建立审美关系时,却是有差异的、丰富多彩的。就思维方式而言,虽然中西方在古代都认识到了事物之间关系的存在和重要性,但主要还是一种对象性的,是基于对对象实体的认识,即使如此,中西方也存在着巨大的差异,这种差异使得中国没有像西方思维模式一样走向真正的二元对立。比如中国的阴阳观和五行说,就表现出中国古代对关系认知的特殊性。中国古人认为宇宙万物是由一阴一阳构成的,阴阳之间是一种相互对应和相互补充的关系,所以万物运行可以形成一种联系、变化、循环的圆形结构。五行说更是把五种基本元素结构在一起,形成相生相克的关系,这都表达出中国传统思维对关系属性的基本认知是朴素辩证的、协调关联的、整体统一的。因此,周先生认为太极图是中国古代第一美图,正是因为太极图直观而抽象地表现了美的本质是和谐统一的。周先生在提出“美是和谐”观念之初,就意识到要建立“有中国特色的自己的理论体系”。尽管美学研究的起步和和谐范畴的最初论证都借鉴了西方哲学思想和美学材料,但是,周来祥先生的美学思想和理论核心还是有着鲜明的中国传统精神特征。换句话说,和谐美学所传达出的美学精神其实已经成为了周先生的一种生命信仰,就如他自己说的“我的一生不是一首和谐的歌,但我在不和谐中追求着和谐”①。他对审美关系的思考已经从美学和艺术问题扩展到了社会、生活和生命的范围,究其根本,其实

① 周来祥:《再论美是和谐》,广西师范大学出版社 1996 年版,第 1 页。

从来都没有离开他对人自身的思考,这个精神是扎根在中国传统文化之中的,表达了传统精神的核心价值观念,这一点在21世纪之后,周先生集中论述的"和谐思维"思想中有着明确的表达。

我们再回到关系属性的问题上,关系不仅仅是美学研究的对象,还是万事万物的根本属性之一。以我们人类而言,人从动物性走向人性,从依赖客体走向主体独立,从强调群体性走向呼吁个体自由,人的确获得了越来越多的独立性和自由,但是无论人获得多少的独立和自由性,也都没有失去人处于万事万物的关系之中的关系属性,相反,如果没有与关系属性相联系的对立面或差异体,独立和自由也就失去了存在的价值和意义。因此,人要获得真正的自由,与他者形成和谐统一的审美关系,首先要明确关系属性,认识关系属性,然后才是走向和谐自由的关系。

三、疫情之下看和谐思维的意义

我们说人与自然社会建立起实践、认识和审美关系,在审美活动中同时生成了审美客体和审美主体,这就意味着存在主客体二分的前提,没有主客二分也就不可能有主客统一。但是主客二分并不等于主客二元对立,甚至并不必然导向二元对立,周来祥先生正是从思考二元对立进入以"和谐"作为思维方式的哲学思考的。

"我觉得客观存在是统一的,也是差异的、矛盾的。而差异、矛盾是绝对的、永恒的、无处不在的。但万事万物的差异及矛盾的性质、形态是不同的,大体上可以划分为两种:一种是对立的;一种是非对立的,或者说是杂多的。二元对立是指差异矛盾的两方面在本质上是截然相反的,如美与丑、真与假、善与恶、肯定与否定、前进与后退、正与反、是与非、阴与阳、黑与白等。同时对立的双方又互为依据:失去了正,就没有反;失去了美,就没有丑。非对立的,杂多的,则不具有这种本质上的截然不同,如酸、甜、咸、辣,如红、黄、蓝、白,如东与北、西与南,其性质各自独立,彼此不受影响:失去了红,仍有黄、蓝、白;失去了酸,仍有甜、咸、辣。”①这就从最基础的问题上解释了二元对立并不是事物存在的唯一关系,只承认二元对立或者只从二元对立的思维模式出发,是否定了事物存在的多样性。在此基础上,周先生进一步对二元对立思维方式本身也进行了辨析。首先,事物的矛盾性也有所区别,既有绝对的对立也有辩证的对立。所谓绝对的对立,就是对立双方不可能产生相互融合的可能性,这是真正的二元对立观念;而辩证的对立观念则认为矛盾双方不仅是对立的,同时也是统一的,不仅是绝对相反的,同时又是可以融合渗透、相辅相成的。不仅如此,辩证的对立观念还认为相互对立是和谐统一的前提条件。其次,从思维方式的历史发展来看,主客二分并不是从人类社会产生就有的。主体与客体的分化是人类发展中独立化的表现,但是分化的主体与客体并没有直接走向对立,而是保持着相互依存、相互融合的关系,这一点在中国古代的阴阳观念和五行学说中有着清晰的展现,而且这种融合统一关系又是以客体为基础的,主体依附于客体,因为主体还没有得到充分独立的发展,正因如此,人

① 周来祥:《三论美是和谐》,山东大学出版社 2007 年版,第 2 页。

的自由也是有限的。周先生认为真正的主客二元对立模式是从近代开始的,同时也意味着主体彻底的自觉和独立。与古代主客一元统一的模式本质不同,近代二元对立思维模式代表着主体的逐渐高扬,逐渐走向了主体与客体间的绝对对立,主客体对立不能统一,矛盾不能解决,尤其在二元对立极端化发展的现代和后现代时期走向彻底分裂。

周来祥先生认为马克思主义理论提出了主客二元对立的解决方法,那就是辩证思维方法。马克思认为主体与客体的分化与独立是人类发展的必然,因为人需要劳动实践,这才创造了人,创造了主体,只有成为独立的人,人才能够获得自由的本质。同时,劳动实践也创造了主体的客体世界,创造了属人的自然,所以才说主体与客体的裂变、对立是劳动实践创造的,而统一也是劳动实践创造的,因为这劳动实践本身就是二重化的活动。换句话说,主体与客体在分化对立的同时,就存在着统一的内在规定性。"就这样,通过劳动实践,客体成为主体的客体,主体成为客体的主体,主体和客体方能真正地相互沟通,相互交往,相互融合,相互转化,才能从本体论上、从发生学上科学地辩证地解决二者的二元对立问题,达到和谐的统一。"① 进一步,周先生指出,主客二元对立问题绝不仅仅是个理论问题,更是现实的问题、历史的问题。在论述崇高、丑和荒诞范畴时,周先生查阅了大量现代、后现代艺术,以及社会政治经济文化背景资料,提出和分析其中所反映的人与社会关系的裂变和异化问题。在思考如何超越二元对立思维模式时,周先生再次强调了解决二元对立问题所具有的现实和历史意义。

① 周来祥:《三论美是和谐》,山东大学出版社2007年版,第17页。

要超越二元对立就要充分认识二元对立思维模式的本质，充分认识人类思维方式的特点与发展，在这个问题上，周来祥先生着重区别了矛盾思维与和谐思维的问题。他认为矛盾思维与和谐思维都是辩证思维的一种形态，因为辩证思维是指对立面的和谐统一，矛盾思维与和谐思维也都体现了这一根本性质，都肯定矛盾差异的普遍性，不同的是矛盾思维只承认对立面之间的差异性，且认为是根本性的差异，和谐思维在承认对立面差异性的同时也承认相同性和相通性。以往我们认为矛盾思维发现了事物存在与发展的本质，认为万事万物发展的根本动力是矛盾，矛盾的对立斗争是绝对的、无条件的，和谐是暂时的、有条件的。周先生认为恰恰相反，矛盾的对立斗争是绝对的，同时也是相对的，是可以依据条件转移变化的。而和谐也不仅仅是相对的，和谐也是绝对的。在《现代辩证和谐与和谐的普遍性》一文中，周先生通过考察古今中外哲学思想对事物的矛盾与和谐性质的阐述，不但论证了和谐的绝对普遍存在，同时指出：“正因为和谐是普遍存在的，正因为和谐存在于一切事物自始至终运动的全过程，和谐才是万事万物发生、发展的根本动力，才是事物存在的内在根据。”①

在《和·中和·中——再论中国传统文化的和谐精神及其审美特质》中，周来祥先生讲到“和谐”这一概念虽然源于希腊文，但是相对应的“和”“中”“中和”概念却在中国有着悠久的历史。“中和”概念在中国传统文化中不但贯彻始终，而且是一个无所不包、无所不在的大概念，甚至在传统文化的每一个细胞里都有它的踪影，它已经是深入中国人骨髓中的文化精

① 周来祥：《三论美是和谐》，山东大学出版社 2007 年版，第 51 页。

神，决定着中国人的思维方式、情感方式和思想观念。因此我们才说和谐文化是独特的东方文化，是中华文化对人类的贡献，和谐思维也是具有中国特色的理论思想。在今天，它可以作为一种文化精神成为民族凝聚力，“作为一种方法和途径，‘和而不同’的中和主义文化提出的是和谐的处理原则。文化的多元与共存有着历史发展基础和文化自身的要求，是各民族作为世界的共同生存者和建造者的基础，正所谓‘万物并育而不相害，道并行而不相悖’”①。

2020年，新冠肺炎疫情在全世界爆发，直到今天，疫情的危机依然没有解除。病毒给生命带来了危险，给生活带来了困难，整个世界出现了恐慌、焦虑和混乱局面，当然，造成世界混乱的原因绝不仅仅是病毒。人们发现好像忽然国家与国家之间、种族与种族之间、人与人之间出现了越来越强烈的敌对情绪，国家之间谈判破裂，种族之间流血冲突，人与人之间或冷漠或伤害，相互之间不能沟通、不能理解，这不禁让人质疑，这就是我们人类追求的自由吗？这就是我们人类创造的文明吗？新冠肺炎疫情带来的困境和混乱，也引发了全世界学者们的思考与讨论，《马克思主义美学研究》就刊发了专辑“新冠疫情特稿”，其中法国语言学家、哲学家茱莉亚·克里斯蒂娃（Julia kristeva）指出“孤独”是全球化的人类的一个特点，我们都是一个个“情感孤儿”，“我们是单一的个体，没有和自己的内心联系起来。我们是屏幕的奴隶，只是把孤独关起来了”。② 再比

① 周纪文：《和谐论美学思想研究》，齐鲁书社2007年版，第380页。

② 参见［法］茱莉亚·克里斯蒂娃：《人类重新发现了存在孤独、限制的意义和死亡》，张丽萍译，《马克思主义美学研究》2020年第1期。

如德国哲学家沃尔夫冈·韦尔施(Wolfgang Welsch)就从亲身经历出发,观察德国防疫所带来的生活变化,提出他对世界经济体制、生态环境、价值观念等问题的思考。他说:“依我之见,从新冠病毒危机中得出的教训只能是:我们必须意识到当今生活状况的全球性,完全适应这种情境,而非与其作对。”“全球性、一切威胁和一切成果的全球维度是我们必须适应的事实。”“天空是穹顶,笼盖所有地区和国家特性,用共有的天穹把它们联合起来。”①

疫情给这个一路狂奔的世界按下了暂缓键,让经济发展的狂热冷下来,同时也让很多矛盾冲突激化凸显,生态环境、社会关系、种族主义等问题令人迷茫,病毒让我们看见了很多问题,也给我们带来了思考。上文两位国外哲学家的观察和反思在笔者看来触及了一些根本性的问题。今日世界是通信和交通都极为发达的时期,但是今天的世人却是最“孤独”的,被物质和机器困在一个个情感的孤岛上,把个体活成了缺少人情关联的“单体”。我们人类在追求自由的道路上拼命让自我独立,却又在独立的自由追求中迷失自我,最终走向的不是内心完美丰盈的个体,而是感性和理性更加撕裂的极端化的个体;不是和谐的人,而是充满矛盾性的人。也因此,再思考周来祥先生的“美是和谐”思想,笔者愈发感觉到关系属性的自我认知与和谐思维的思想方式是重要的、必要的和迫切的。大到国家、民族,小到家庭、个人,独立是自我存在的前提,但独立不是孤立,万事万物都是互联互依的,杂多才是这个世界真实的状态,

① [德]沃尔夫冈·韦尔施:《新冠疫情时期的生活——来自德国的中期报告(2020年4月中旬)》,《马克思主义美学研究》2020年第1期。

杂多的不仅仅是物质性的个体，还有意识性的，比如观念、特征、路径和状态。“和实生物”，没有和谐的杂多统一就没有世界的有序发展，矛盾对立的思维方式、非友即敌的相处方式带给人类的只能是灾难。

最后，让我再引用一下周先生的话：“做学问就要始终向着自己认为最合理的、最满意的真理靠拢，坚定地追求，做就做透。再就是做人。我常说，做人做到什么程度，做学问就做到什么程度。”①周先生真的是说到做到了，他的生命和他的思想理论就是这样相伴着的，回想他的一生，学习他的理论，我总是感到震撼。他在《三论美是和谐》的后记中还说：“《三论》不是终结，只要我的生命还健在，只要我的大脑还在思考，《四论》《五论》也可能接踵而至。”②虽然我们看不到先生写的《四论》和《五论》了，但是先生的思想可以常思常新，一直给我们带来新的启示。

① 周来祥：《三论美是和谐》，山东大学出版社2007年版，第541页。

② 周来祥：《三论美是和谐》，山东大学出版社2007年版，第547页。

和谐论美学中的美育思想*

周来祥先生在一篇文章中讲："和谐美学归根结底是人的美学，是和谐的人创造的美学，又是促进人和谐发展的美学。"①在阐释"美是和谐"的定义时，他写道："这种和谐自由的关系集中体现为完美的、全面发展的人（在艺术中则体现为理想的典型和意境）。所以和谐为美，归根结底是以全面发展的人为理想。"②也就是说，和谐论美学思想的终极关怀体现在人的全面发展和对理想人格的追求上。虽然周先生的和谐论美学在审美教育研究方面着力并不太多，但其观点却有独到之处。其独特的理论观点，笔者认为主要集中在两个方面：一是从本质特征上来认识审美教育；二是提出了"审丑教育"的概念，在形态与方式上丰富审美教育。

审美教育的根本目的是要人获得全面的发展和审美的提升，因而认识审美教育的本质特征还要从人的最基本的生命活动入手。马克思在《〈政治经济学批判〉导言》中，把人类的生命活动划分为四大类，即理论的、实践一精神的、宗教的和艺术

---

* 本文原载于《汕头大学学报》（人文社会科学版）2005 年第 6 期。

① 周来祥：《辩证和谐美与审丑教育》，《文艺研究》2003 年第 4 期。

② 周来祥：《周来祥美学文选》，广西师范大学出版社 1998 年版，第 312—313 页。

的,或者称其为人类掌握世界的特有的四种方式。根据这些方式之间本质上的某些共同性特征,马克思又将其概括为思维和感觉两种方式,即"理论掌握的"和"艺术的、宗教的、实践—精神的"。马克思对于人类生命活动的划分,首先肯定了艺术审美是生命活动的一部分,同时也阐明了艺术属于社会意识形态,艺术不仅是一种认识,而且是一种特殊的意识和精神;其次,在人类的生命活动中,各种活动方式的特质和对人的作用是不同的,其中艺术的方式具有超前的品格,可以帮助人类在日常生命活动中寻找审美提升的途径。按照马克思的论述,这两种方式都是建立在实践基础之上的,生产劳动和社会实践既是人类掌握世界的主要方式之一,同时更是一切生命活动的基础。与具体的、实践的方式相对的另一端是抽象的、思维的方式,而两者之间,即实践与认识之间,也就是说,"实践—精神"方式既不是单纯的物质实践活动,也不是单纯的精神思维活动,而是两者的融合,既有物质的实践性,也有思维的精神性。所以,周来祥先生认为:"艺术掌握的独特本质,或者说艺术掌握之所以为艺术掌握,只有放在物质实践和科学认识、感性活动和理性活动之间才能科学地予以界定。艺术掌握既与感性实践活动的感性、具体、物质性相联系,又与科学认识活动的理性、抽象、精神性相联系,同时在根本上又不同于感性实践和理性认识。它是感性和理性、心理与认识、情感与理智、具体和抽象、物质实践性和精神意识性的和谐统一。"①

艺术掌握世界的方式不同于实践的方式,因为实践活动是

---

① 周来祥:《周来祥美学文选》,广西师范大学出版社 1998 年版,第 685 页。

一种单纯的物质的感性活动,依靠人类的劳动器官或者工具来进行,以改变自然对象、占有自然物质和满足主体需要为目的,这种物质实践活动一方面具有明确的功利目的,一方面具有直接的现实意义。但是艺术方式不同,它属于精神意识范畴,不以改变自然、占有物质和满足人类需求为直接目的,或者说艺术活动没有明确的功利目的,似乎也不能直接满足主体的现实需求。但是,艺术方式又同实践方式有着密切的联系。因为,实践活动是一切活动的基础,艺术方式也受到生产活动普遍规律性的支配,从一定程度上讲,也是有目的的活动,只不过这种目的不是形式上的合乎目的,而是转化为了理性目的、内在目的,从表面上看是具体的感性活动,而本质上又是思维的理性活动,是一种无目的和有目的对立统一的活动。一方面,艺术活动也是一种物质实践活动;另一方面,它又是特殊的实践活动,具有实践性,但本质上是一种意识形态,是一种物化的审美意识。

艺术方式也不同于理论掌握,因为理论掌握以概念和范畴的辩证运动为特征,虽然以感性具体为开始,却又必须粉碎感性的个别,以精神的形式掌握抽象的内容,但是艺术的方式恰恰不以概念的运动为基本形式。不过,艺术虽然在形式上不同于科学的理论掌握,但又可以达到真理的认识深度,也就是说,艺术方式的认识内容不是以概念的形式来呈现的,而是以感性的、具体的、个别的形象方式来呈现的。所以说,艺术有概念的内容,但没有概念的形式,不以概念为中介。

因而我们可以说,艺术活动的方式处于物质和理性认识两大领域之间,既具有认识性、真理性和精神性,又具有伦理性、物质性和实践性,艺术活动追求的是认识的真和伦理的善的和谐统一,也就是追求美。艺术活动方式,也可以说是审美活动方式，正是因为具有这种“之间”的二重性格，所以才是人类掌握世界的独特的活动方式。如果说人类的生命活动本身就是按照美的规律来进行的话，那么审美和艺术活动方式在人类的各种生命活动方式之中，就具有追求美的规律的超前性，是人类在日常生命活动中获得审美提升的有效途径。从这个意义上讲，审美教育就是人类能够得到审美提升的一个重要前提，是人获得全面发展的一种保证。

人类审美活动的独特本质决定了审美教育和艺术教育的本质特征，在审美活动的二重性质上，周来祥先生归纳了审美教育的四个本质特点。其一是“以感知为前提，以情感为中心、为特质”。和理性教育不同，审美教育是一种情感的教育，不以概念知识为交流对象，不以逻辑力量去征服受教育者，而是首先给人以审美的感知，依靠审美感受和情感的感染力量，依靠心灵的潜移默化来引导受教育者。因而，周来祥先生在谈到青少年的审美教育问题时，曾说过艺术的审美特性很像青少年的性格特征，长于形象感知，不易接受抽象概念，更加排斥理论说教。“作为形象、情感、思想的融合，艺术在本质上是非概念的，具有较强的形象感染力，好的艺术作品能够在潜移默化中对青少年的健康成长产生影响。”①其二，审美教育“不是单一的，而是丰富的，不是局部的，而是整体的”。马克思在《1844年经济学哲学手稿》中就曾说过：“人以一种全面的方式，也就是说作为一个完整的人，占有自己的全面的本质。”②

---

① 周来祥：《花与花的对话——青少年艺术审美教育漫谈》，《人民日报》2004年12月24日。

② 《马克思恩格斯全集》第42卷，人民出版社1979年版，第123页。

而当人类意识到自己的本质特征得到体现时,便会产生自由的美感。而审美活动既具有物质实践性,又具有精神意识性,与人类其他掌握世界的方式都有着密切的联系,因而审美的教育也必然地具有多向的联系性和整体的把握性。具体而言,审美教育以情感为中介,将感知力、理解力、想象力和情感力融合在一起,形成一种互补互动的张力结构,在结构系统的运动中,使人的各种能力得到丰富、充分、协调的发展。其三,以情感为中介所形成的这种心理张力结构是"动态的",即在不断的运动和调节之中获取平衡与统一。矛盾是事物存在的普遍规律,因而说矛盾对立是普遍的、绝对的,而和谐则是相对的、暂时的,因此在审美教育中,要强调和谐的理想目的,更要强调矛盾对立的普遍存在性和发展价值,因为在矛盾斗争和对立裂变中,事物才能发展,人们的各种能力才能得到提升,认识才能不断深入,才能不断在真、善、美的各种真假形态转变中,更加坚定对美的追求。因而审美教育不能回避矛盾对立,既不能无视现实的问题,也要允许受教育者有心理变化,既要看到美的事物的发展存在的历史过程,又要发现人类的心理结构也存在动态的变化过程。其四,"审美意识及其物化形态的艺术,既与科学理性有深刻的内在联系,又与目的理想意志实践相联系。前者必然带来真的认识作用,促进智育的深化;后者必然产生善的教育作用和鼓舞人们走向实践斗争,从而引导德育的升华。这种作用不是外加的,是其审美本质中所内在具体的"①。美是理性与感性的桥梁,审美教育可以启迪人类的心灵,引导人们追求真知。艺术虽然不以概念来传输科学知识,但是却蕴含

① 周来祥:《文艺美学》,人民文学出版社 2003 年版,第 422 页。

着深刻的科学真理。两千年前的亚里士多德就曾说过，艺术可以满足人们的求知本能，“我们一面在看，一面在求知”。而且他还说：“诗人的职责不在于描述已发生的事，而在于描述可能发生的事，即按照可然律或必然律可能发生的事……写诗这种活动比写历史更富于哲学意味，更被严肃地对待；因为诗所描述的事带有普遍性，历史则叙述个别的事。”①恩格斯也曾说过巴尔扎克的《人间喜剧》反映了1816年到1848年法国社会的全部历史。在获得理性认识的同时，在审美愉悦的享受中，也培养了人们思维的能力和创造的能力。美是指向真、善、美相统一的理想的，优秀的艺术作品都是真与善的结合、合规律性与合目的性的统一，内在地具有一种思想、道德、精神的力量。中国古代第一部音乐美学的著作《乐记》中就把礼与乐并称，提出礼乐治国的思想，极大地突出了音乐的社会作用。《乐象篇》中说：“是故情见而义立，乐终而德尊。君子以好善，小人以听过。”《乐论篇》中则说：“乐者，天地之和也；礼者，天地之序也。和，故万物皆化；序，故群物皆别。”审美教育可以帮助人们陶冶性情，修养品格，使人作为社会的人，在人与社会的对立矛盾之中达到和谐统一。当然，审美活动最主要的还是美的熏陶，美作为真与善的结合、主体与客体的统一，在客观对象上表现为美，在主体感受上表现为审美，带给人审美的快感，在美感的感知下，逐渐培养出审美的趣味。按照法国社会学家布尔迪厄（Pierre Bourdieu）的说法，趣味就是由教育等外部因素所形成的人们的内在“习性”，在各种各样的复杂的教育过

---

①　［古希腊］亚里士多德：《诗学》，罗念生译，人民文学出版社1962年版，第28—29页。

程中，通过潜移默化的作用，使一切原本明显的教化因素变得自然而然。从社会学的角度说，审美趣味就是艺术的接受能力和价值观的形成，因而一个社会的审美趣味，一个时代的审美理想，都可以显示出文明的发展程度和社会的发展状况。从心理学角度讲，审美教育可以促进人们情感力、感知力、想象力、意志力和理解力的协调，帮助人们获得全面的发展。

在审美教育的具体问题上，周来祥先生也提出了独到的见解。他认为美和艺术的形态都存在发展变化的现象。按照艾布拉姆斯的艺术四要素理论，以作品为中心，现实、艺术家和欣赏者之间形成密切的相互关联性，从艺术创作来看，艺术的四要素之间存在一个流程关系，即现实世界影响艺术家，艺术家影响艺术作品，艺术作品影响欣赏者，欣赏者的意向性又反馈到现实世界；如果从欣赏者的角度来看，这个艺术要素的流程又可以颠倒过来，也就是说相反的过程依然成立。由此可以说，在艺术和美以及欣赏者和接收者之间存在动态的相互作用的互动关系。因而美和艺术的形态变化也必然影响到欣赏者的接受心理和审美趣味的形成，所以，针对美和艺术的形态变化与发展，审美教育也应该是一种动态的、发展的教育模式。周先生说："美和艺术不是抽象的，在其存在的现象形态中是具体的、丰富的，在其历史的动态中，是变异的、多姿多彩的。这些现象形态反映了人的复杂的社会联系的特定方面，这种历史的动态展示了人的本质的特定的社会内涵和时代的人文精神。这些美和艺术的形态在审美教育和艺术教育中，具有不同的特点和各自独特的功能。"①

和谐论美学思想的这一观点主要来自对美的本质的认识，

① 周来祥：《文艺美学》，人民文学出版社 2003 年版，第 422—423 页。

和谐论美学认为美是一种关系属性，所以，并不是要一劳永逸地在客体或者主体的身上寻找美的性质，而是将美的本质认识放在主体与客体的关系上。按照和谐论思想，审美主体与审美客体都是在审美活动之中生成的，审美对象的多层性、丰富性和复杂性决定了审美主体的多层性、丰富性和复杂性，反之亦然。在这种对象性的自由关系中，对象与主体是相互依存、互为条件的，所以，从主体与客体的辩证关系来看，美既不在纯然的主体方面，也不在纯然的客体方面，而是在主客体相互作用的审美关系之中，或者说美是一种关系属性。和谐论美学将美的“和谐”性质规定为一种关系性质，可以说在本体论意义上，已经将主体的审美活动和审美感受作为确定美的性质的一个重要前提，从这层意义上讲，和谐论美学注重审美教育，并且提出发展的、动态的审美教育观，就很容易理解了。

和谐论美学在对美的认识上是有区别、分层次的，从量和质两个标准来划分，美又有了具体的差异性。从量的角度讲，社会美与自然美之间存在形式与内容的差别，社会美偏重于人与社会的关系，善的目的性更明显；自然美偏重于人与自然的关系，真的内容更突出。社会美与自然美相对应的艺术形式是再现艺术和表现艺术，它们之间同样存在形式和内容的不同特征，再现艺术偏于描绘社会关系和社会现状，而表现艺术则注重探究人们的内心世界。因而社会美与再现艺术、自然美与表现艺术，在审美教育中所发挥的功能就有了区别，前者帮助人们协调社会关系，促进人与社会的协调发展，后者则可以平衡内心世界，促进人与自然的和谐共处。

从质的角度讲，美又可以分为古典美、近代美和现代美等不同的历史形态。对于不同历史形态的美在审美教育中的价值和功能,周来祥先生有两个观点值得重视:一个是对待传统美学和艺术的问题,另一个就是“审丑教育”概念的提出。

在对待传统美学和艺术的问题上,周先生提出了“活的审美精神”观念。什么是“活的审美精神”?简单说就是在美学的发展中,既要注重对西方美学精神的包容,又要强调对中国传统审美精神的发扬。周来祥先生是国内对传统美学研究非常有创见的美学家之一,同时也是最早涉足中西方比较美学研究的学者之一。在对中西方美学进行了充分的研究和比较之后,周先生以发展的眼光提出了“活的审美精神”。从历史发展来看,中西方美学各有优点,西方美学长于思辨,美学范畴、美学体系和美学理论都发展得非常成熟;中国古代美学强调感悟,因而理论建构并不充分,但是其思想认识却有着同样的深度。因而既不能以西方美学为标准,否定中国古代美学的存在价值,也不能盲目夸大传统美学的成就。应该认识到各自的特征,各取其长,让历史成为今天的发展基础。从现在来看,当代中国美学大量接受西方美学思想,这种介入本身也是一种挑战;而西方美学和艺术在寻找突破的同时也更多地将目光转向中国,尤其是中国传统思想和艺术。所以,周先生认为我们既应该继续以开放的态度对待西方美学,更应该以开放的态度对待传统中国美学,也就是大胆地显示出我们传统美学及其精神的独特性,对文化传统进行熔铸性和重组性的再造。这种“活的审美精神”要求我们在审美教育中辩证地对待传统美学和艺术。我们看到西方在经过近代社会向现代和后现代社会转变时,产生了种种的社会问题,尤其是人类的精神问题。很多西方的学者在痛苦的思考中,看到了东方的传统文化,比如德里达和叔本华。的确,中国传统文化有着理想的和谐美和艺术的范本，而且审美和艺术的中心与网结点是情感，情感力是推动感知力、理解力和想象力的原动力，作为审美和艺术偏于表现和抒情的国度，作为注重心理和谐的思想发源地，作为把人人之和视为和谐美的最高理想的国度，中国传统的美学和艺术的确在处理人与人、人与社会、人与自然的关系时，对主体有着更多心理慰藉和感性认识的帮助。但是我们也要清楚地意识到，古典和谐美是素朴的、单纯的、不完满的，是在一个封闭的圆圈中循环发展的理想塑造。西方社会和人所面临的痛苦是社会和人类发展的一种必然结果，是矛盾对立极尽裂变以及本质、中心、意义、统一性等彻底解构带来的。所以，传统和谐美所塑造的单纯的心理结构在发展的面前是没有太大意义的，因为发展的痛苦我们也在经历着，而且古典和谐美所塑造的中国人超稳固的心理结构在一定程度上还阻碍了我们的思想，比如说我们的思维模式和文化心理结构造成了近代对立文化在中国发展得不充分，以至于当代文化结构形成了在历时形态和共时形态上的复杂组合。再比如中国人习惯用古典素朴的和谐思维模式来理解马克思主义以对立为基础的辩证思维，影响了思维方式的创建。所以，我们要看到古典和谐美和艺术的一定的局限性，单纯的和谐的心理结构也面临着分裂与重构，这是在审美教育中应予以清醒认识的问题。

和谐论美学提出了审丑教育，甚至是审荒诞教育的问题，这是一个大胆的提议和观点。因为一直以来，我们对于现代艺术，对于崇高、丑和荒诞的审美形态的审视是有些偏颇的，尤其是在审美教育中，我们过于强调这些审美和艺术因素的负面影响，而缺乏深入的研究和正确的对待，更缺乏有效的利用，因而它们长期被排斥在审美教育的范围之外。故此，提出审丑教育是有合理性和必要性的。

其一,丑和荒诞的审美元素和艺术作品都是客观存在的,而且自 20 世纪以来,现代和后现代艺术的发展势不可挡,已经成为西方世界艺术发展的主流,这是任何人都无法回避的事实。美学和艺术研究都越来越重视这种新的审美因素和艺术现象,审美教育自然也不应该回避,也回避不了,因为审美的因素和艺术的现象在生活中已经有了广泛的影响,而且正在影响着人们的审美趣味和价值判断,所以审美教育更应该重视这一问题。

其二,人类主体的审美意识从产生伊始,就同审美对象的发展之间存在互动关系,审美对象的不断丰富和审美元素的不断裂变,都使得审美客体在范围上、层次上、深度上不断丰富发展,相应地,主体的审美心理结构也随之不断嬗变和重构,审美趣味不断变化和调整,审美意识不断丰富和发展。比如对待丑的审美元素的态度,古代是排斥丑、回避丑,在艺术表现中,或者化丑为美,或者以丑衬美,丑不但没有独立的价值和地位,而且在对立程度上也受到和谐统一理想的限制。但是到了近代,丑却成了突破古典和谐美的关键因素。人们不但承认丑,而且正面地表现丑,甚至欣赏丑,丑不但有了独立的地位,而且在审美意识的发展中,在美学和艺术形态的变化中,都起到了关键的作用。随着对立因素的发展,美学的范畴和形态极大丰富,在突破古典范本式的和谐美之后,崇高、美、丑、荒诞、悲剧、喜剧、滑稽等纷纷独立。随着审美和艺术的发展,主体的审美意识和审美心理也不断丰富,从单纯的、宁静的愉悦感到夹杂痛感的快感,再到悲剧感、滑稽感、荒诞感等,人们已经能够接受、理解和欣赏更多的美和艺术的形态,而且在接受和欣赏中,心理和心灵得到了锻炼。

其三，从人们的心理结构上讲，健康的、全面的、有张力的心理结构，应该是感知力、理解力、想象力和情感力的互相渗透、互相融合所构成的紧密的张力结构，应该具有敏锐的感知力、深刻的理解力、丰富的想象力和充盈的情感力。而古代的审美心理结构本身就是单纯的、宁静的、愉悦的，只有到了近代才出现复杂的、激荡的以及夹杂着痛苦、孤独、无奈等矛盾情绪的审美感受。古代单纯的审美心理是脆弱的，欣赏不了丑，也经受不了复杂的情感变化，近代以后的审美心理却是坚强的，追求多种情感的体验和复杂心理的理解。“这种对立的激荡的多元的近代审美心理结构，对于冲破传统的根深蒂固的封闭的和谐心理，对于重建现代包含着对立和冲突的辩证和谐的审美心理结构，具有重要的价值和迫切的现实意义。”①

其四，从现实意义上讲，审丑教育对于现代人的心理结构的协调发展是有帮助的。我们看到现代和后现代艺术中反映了种种的情感危机和心理疾病等问题。事实上，这不过是现实生活中所出现的问题的艺术表现。无论是卡夫卡（Franz kafka）的《变形记》中借动物写人的异化，反映亲情的淡漠和情感的缺失，还是贝克特（Samuel Beckett）的《等待戈多》所展示的“西西弗神话”对所谓的人生价值和意义的瓦解，抑或海勒（Joseph Heller）的《第二十二条军规》中对生活悖论的痛苦感受，以及《窥视者》《秃头歌女》等作品，都是艺术家在深刻地感受痛苦和矛盾，在严肃地思考存在的理由和生命的出路。这种痛苦平常人也有，因而有人说在20世纪，精神疾病是一种世纪病，后工业社会带来的社会矛盾的尖锐对立和现实社会的动荡

① 周来祥：《文艺美学》，人民文学出版社2003年版，第426页。

不安、混乱无序，以及精神信仰的缺失和人的异化、分裂的极度发展，都导致了人们的心理失衡，在这样的社会现实和心理状况下，仅靠复古古典主义美学和艺术，是无法帮助人们的审美心理健康发展的。这样的发展情景，自我们改革开放以来也逐渐上演，各种社会问题和精神疾病逐年增多，尤其是青少年的问题更加引起人们的关注。

从实际的美学形态和艺术作品来看，丑和荒诞都是要在根本上否定真、摒弃善，否定艺术的功利目的，仅从这一点来理解，似乎丑和荒诞的艺术的确不适宜用来进行审美教育，这也是人们一直在审美教育领域回避这一类艺术的一个主要原因，但是这只是一种表面现象，事实上，丑和荒诞的艺术同样可以起到审美教育的作用。因为丑和荒诞作为美学追求和审美特征在本质上是有历史原因的，丑和荒诞都强调分裂和对立，尤其是荒诞艺术从否定认识论中的统一性走到否定本体论中的统一性，彻底粉碎整体、中心、秩序、和谐、本质等概念，从本体上把一切推向混乱无序，高高举起悖论的旗帜。其实这也是对历史发展的一种极端反叛，对理性、主体、本质、中心、整体、和谐等意义追求的叛逆。但是我们在这里应该看到两点：第一，美学形态的发展和审美心理的形成，有现实影响的作用，或者说，丑和荒诞的审美追求也是社会现实和主体心理的矛盾现状的一种真实反映，是求和谐而不能、求意义而不得的一种痛苦反思，是与现实的复杂矛盾心态相一致的。所以，丑和荒诞的否定真，在现实一层的意义上，又成了最真的。由此，对应于社会性的目的而言，也就是善的。第二，无论是美学形态的发展，还是社会现实的发展，都是一种动态的过程，是发展的一个环节。荒诞在彻底粉碎了统一性之后，在体会了混乱无序的精神痛苦之后，也必然会有一种新的发展。正像后现代主义理论家哈桑指出的，后现代主义艺术既区别于先锋派的“放荡和暴躁”，也区别于现代主义的“高傲和超然”，“后现代主义为艺术和社会提供了一种新的调和方式”①。从这一点上看，它又可以帮助人们在极度复杂和矛盾的心理反思后，走向平衡和协调。因而我们从丑和荒诞审美特征的本质与发展的双重意义上，可以看到审丑教育能够帮助人们提高承受压力和痛苦的心理能力，提高人们包容复杂和化解矛盾的能力，从而减小心理疾患发生的可能性，促进主体心理健康和张力结构的完善。

当然，审丑教育并不是要取代审美教育，它仅仅是审美教育的一种细化，一种丰富发展。审丑教育的最终目的还是要完善审美教育，构建现代人辩证和谐的审美心理结构。正像周来祥先生指出的：“我们的目标是创构人们辩证和谐的审美心理结构，因此在这里各种审美心理元素的分裂、发展是有限度的，不能一味地‘极端’下去，不能拒绝统一性，不能拒绝本质、主流和中心……因此我们必须在统一的前提下谈对立，谈和谐，既有复杂的对立，又有辩证的和谐，也就是说在心理建构上要有一个‘度’，巧妙而艺术地掌握这个‘度’。只求和谐，那就是退回到古代；只求对立，那就跟在20世纪西方人的后面亦步亦趋。只有既追求对立又追求和谐才是真正现代人的审美心理建构。这种审美心理的建构，并不只是审美的，它的意义远远超出了审美的范围。”②

---

①　［美］伊哈布·哈桑：《后现代主义问题》，袁可嘉等编译：《现代主义文学研究》（上），中国社会科学出版社1989年版，第329页。

②　周来祥：《文艺美学》，人民文学出版社2003年版，第426—427页。

逻辑形态中的美学思想发展史*

——读《古代的美·近代的美·现代的美》

由东北师范大学出版社出版的周来祥教授新著《古代的美·近代的美·现代的美》(以下简称《三大美》)体现了周先生美学理论的特色,归结起来,我觉得主要有四点。

第一,它是我国第一个以范畴的辩证运动系统体现出来的美学理论体系。周先生的论著中渗透着唯物辩证法的精神,壮美、优美、崇高、丑、荒诞、辩证和谐等美学范畴既相对独立,又相互联系,相互转化,互为中介,形成一条严密的逻辑链条,构成辩证发展的范畴系列。这种严格的理论形态在我国美学界尚属首例。特别要指出的是,周先生还借鉴了现代自然科学的方法,把辩证思维由单向线型的圆圈构架,发展为双向逆反、纵横交错的网络式圆圈构架。对每个范畴的分析,纵中有横,横中有纵,力图全方位透视。如对壮美和优美的分析,既横向指出其共同特征,即都在矛盾对立中强调其均衡、协调、互补的方面,是古典和谐美的两种形态,不同于近代对立的崇高,同时又在描绘由汉唐的壮美向宋元的优美发展的过程中,分析它们不同的美学特征。两者相较,在大的和谐圆中,壮美更偏于对立,

---

* 本文原载于《中国教育报》1997年7月18日。

有更多严肃的、斗争的因素，优美则偏于和谐，更强调均衡与协调；壮美偏于刚，优美偏于柔；壮美趋向于主体、观念、无限，优美则常常守在客体、感性和有限里面；壮美追求高大、方正，优美讲究娇小、圆润；壮美给人的感受是在审美的自由中还充满一种昂扬奋发的豪情，而优美给人的则多是一种单纯的愉悦和静观的享受。总之，在该书中，任何一个美学范畴既静止地、相互并列地存在着，又前后相继地、井然有序地发展着，从而构成一个动态的、立体的范畴大系统。这与当前一些美学著作理论拼盘式的专题集合是大不相同的。

第二，《三大美》是我国第一部涵盖中西美学思想的逻辑发展史。该书在理论形态上采取严整的范畴运动序列，而且这个范畴系统不是空洞的躯壳。这个体系以“美是和谐”这一最一般的规定作为逻辑起点，然后依据人类历史的发展而展开为由古代素朴的和谐美，经近代对立的崇高，向辩证和谐美发展的历史嬗变。而每个时代的美也各有自己辩证发展的历程。真理是一个过程，美的本质也是一个过程，而不仅仅是一些简单的、静止的、片面的、永恒的形而上学的抽象规定。

更为值得注意的是，《三大美》弘扬了我国传统中重“和”的哲学观念和美学精神，并首次对近代崇高的审美特征及其相互更替的历史规律，作了理论的概括和本质的界定。该书又根据我国历史与现状的要求，以及审美规律发展的必然，对未来的美和艺术风格的理想风貌作了预测。

第三，该书是我国第一部将美学史和艺术史的逻辑发展紧密结合的专著，这在国际上似也不多见。在当前不少美学著作中，美的分析与艺术的分析是脱节的，而在《三大美》中，美的本质与艺术的本质是一致的。美的本质是和谐，艺术的本质也是和谐;美的逻辑发展与艺术的发展是相对应的。美和艺术水乳交融,美的分析就是艺术的分析,艺术的辩证也是美的升华,二者在美学精神上达到高度的内在统一。所不同的是层次,一个有时是现实的物质领域,一个则完全是精神现象的王国。

第四,《三大美》还有一个更深刻、更珍贵的内涵,这就是它植根于深厚的人文精神,充满坚定的革命信念和伟大的共产主义理想。和谐产生、发展的社会基础和历史根源,就是人的生活现状,是人类的文化创造及其生生不息的永恒发展。人的发展推动了美的理想的发展,美的理想的高昂又反映着人的辉煌和伟大。社会主义、共产主义作为历史发展的必然,将使人从资本的异化、分裂中复归到和谐、全面。社会主义、共产主义将培育出主体与客体、人与自然、个性与社会、感性与理性、精神与肉体全面和谐发展的新人。这种深厚的人文精神和坚定的共产主义信念,在拜金主义盛行、物欲横流的经济大潮中,显得格外珍贵,放出耀眼的光彩。

发展辩证逻辑和建构文艺美学*

——读周来祥的《文艺美学》

周来祥先生刚刚出版的《文艺美学》一书,是和谐论美学思想体系中的又一重要成果,既是最新力作也是多年研究的结晶,其内容既是周先生美学思想的一个组成部分,也在国内文艺美学界树立了独具风格的理论体系。周来祥先生的《文艺美学》是一部极富理论价值的美学专著,对于学术界一直争论不休的一些重大理论问题,比如文艺美学的对象、范围、内容以及学科定位等问题,都给予了清晰而合理的解释;对于文艺美学的一些具体问题,比如艺术形态的发展、艺术创作的特征、艺术作品的构成、艺术接受的规律以及艺术教育的特殊性等,也都进行了详细而独特的论述。因此一些学者认为周先生的《文艺美学》不但对一系列的美学问题和理论发展作了系统而深入的研究和总结,而且将理论观念与现实问题结合在一起,使理论思考具有现实意义和实用价值。陆贵山先生说这是一部“有特色、有水平、有个性、有理论深度和广度的著作”①。而这一自成体系、独具风貌的理论成果很大程度上得益于周来祥

---

* 本文原载于《中国文化研究》2004 年第 3 期。

① 周来祥:《文艺美学》,人民文学出版社 2004 年版,第 432 页。

先生的方法论。我们知道，周先生的和谐美学思想一直强调的是马克思主义的辩证思维方法，但是，对于马克思主义的辩证思维，周先生并不是保守地继承，机械地运用，而是在现实的实践中不断补充新的成分，在创造性的思考中不断将其发展。

20 世纪 50 年代，周来祥先生开始从事美学理论研究，明确了以马克思主义辩证思维为其方法论。1957 年出版的《马克思主义美学原则》就是一次运用，以后的《论美是和谐》《再论美是和谐》《古代的美 · 近代的美 · 现代的美》等一系列论著都无不坚持辩证思维的研究方法。可以说，周来祥先生的和谐论美学思想之所以在国内美学界独树一帜，自成一家，在一定程度上要归因于他的方法论思想。也就是说，在方法论层面上，他的美学思想就已经表现出了独特的风格，这种独特的方法论其实也就是独到的研究路径、研究视角，因此才成就了理论观点和思想体系的独特性。

在辩证思维的方法论中，周来祥先生一直强调的是抽象上升到具体、逻辑与历史相统一的两大方法，这一点在他的各种论著中都得到了验证，从确立和谐理论的《论美是和谐》，到最新出版的《文艺美学》，都着重讲到辩证思维与两大方法的关系，以及两大方法在理论研究与体系构成上的作用。“辩证思维主要有分析与综合、归纳与演绎、抽象与具体、逻辑与历史等辩证统一的方法，而对于构造体系来说，最主要是抽象上升到具体、逻辑与历史相统一的方法。”①但是同时他又讲到科学的发展使得人们的认识不断深化。“新的观念、新的方法在不少

① 周来祥：《周来祥美学文选》，广西师范大学出版社 1999 年版，第 260 页。

方面深化和发展了马克思主义的辩证思维方法。马克思主义辩证法本质上是批判的、革命的,也就是说它是发展的、开放的,而不是僵死的、封闭的。它应该总括和吸取、改造、融合现代自然科学方法的一切有益的成果,从而创造性地发展自己,使之进一步现代化,更体现出新的时代的特点,达到时代的新水平。"[①]应该说,这是周来祥先生方法论的一个指导思想,也是他的方法论不断融合创新,美学理论不断深入超越的原因所在。

我们说和谐论美学思想自成一家,周来祥的文艺美学独具特色,这在方法论层面上就已经有所表现,并确立了基础。以往我们更多地讲周先生的抽象上升到具体、逻辑与历史相统一的两大方法,这是他对马克思主义辩证思维坚持的一面,今天我们更多地看看他对辩证思维方法发展的一面,看看他对于辩证思维方法的发展与坚持,以及在文艺美学理论研究中的结合与运用。

一

现代自然科学方法在哪些方面发展和深化了辩证思维方法?辩证思维方法吸收和融合了哪些自然科学的方法呢?周来祥先生作过系统的总结,他认为一共有八个主要方面:(1)由对象自身属性到系统整体属性。(2)由"分析—综合"的思维模式,到"综合—分析"的思维模式。(3)由定性分析到定量分

① 周来祥:《文艺美学》,人民文学出版社2004年版,第38页。

析。(4)由精确到模糊。(5)从有序到无序和从无序到有序。(6)由必然规律到随机现象的认识。(7)由单向到双向逆反和多向。(8)由线性圆圈构架,到双向逆反、纵横交错的网络式圆圈构架。这些方面的变化主要是由自然科学中的系统论、信息论、控制论,以及模糊数学、统计数学、分子生物学、量子化学、遗传工程等学科和理论中的研究方法带来的。

这些自然科学方法的借鉴或者在某一方面,或者在整体观念上,会带来突破性的认识或者本质性的改变,比如系统论所带来的系统属性的观念。系统论认为事物有两种属性,一是自身属性,一是系统属性,其中又以系统属性为根本。也就是说,事物的质是由系统属性所决定的,事物都是处在系统之中的,一个事物进入一个特定的系统,便会改变原质,服从于特定的系统,形成系统质。因此,要准确地认识一个事物,应该将事物放在一定的系统内加以考察,首先把握其系统整体属性,进而把握事物的属性。系统论的这种认识观念,使得传统的对象性思维获得进展,从对象性思维转向系统性思维,从元素决定论转向系统决定论,这一点在美学理论研究中的意义是重大的。我们知道传统美学理论都试图回答"美是什么"的问题,美学家们穷尽一生希望寻找到答案,一劳永逸地给事物一个美的定性,但是面对艺术史的发展变化和艺术现象的纷繁复杂,这种回答往往显得力不从心,难以令人满意。其中的原因就在于对象性的思维将事物的属性决定于事物的某一元素,并将元素的性质看作独立的、不变的,这样的思维方式显然还是形而上学的静止的思维,因此在事物的发展中就难以应变。将辩证思维与系统论相结合,把辩证思维的概念运动观念加入系统决定论,就使得"美是和谐"的结论更为深刻。美不再是事物的对象性属性，而是被看作主客体之间的一种和谐自由的关系属性，“和谐”也就超越了字面上的、形式论上的意义，成为深刻的哲学和美学范畴。具体到文艺美学的研究，“不是就艺术本身来研究艺术，而是把艺术放在理性的科学认识和感性伦理实践所组成的人类活动的大系统中来研究，把审美艺术活动和理性科学认识活动、感性伦理实践活动作为三个子系统，在其相互联系、相互作用、相互渗透中，把握艺术作为第三王国、作为物化的自由的审美意识的独特本质”①。有人说周来祥是历史主义者，其实他的历史主义的观念和视角首先来自辩证思维的发展观念，其次是系统决定论变化观念。从这一点上讲，系统论方法的运用使得和谐论的文艺美学思想与国内其他对象性思维的文艺美学观点区分开来，独具风格。

对于文艺美学的研究，周来祥先生一直强调要符合艺术的独特性质，艺术作为认识（广义的认识）是从感性个体开始的，不以概念为中介，这一点与科学认识有着本质的区别。艺术以情感为中介，是感知、理智、想象等艺术元素的有机统一的艺术结构，在此强调的是艺术的情感特质，这也是文艺美学研究的关键，而要更好地把握艺术的这种特质，分析艺术创作、艺术欣赏的规律，除了辩证思维的方法之外，模糊数学方法的借用可谓对症下药。艺术表现往往是感性化的、个体化的、具象化的，因而常常有艺术原型，这是艺术“似”的一面。但是，艺术所要表达的却是普遍的意义、无限的意境，是一种个别与一般、有限与无限、感性与理性的统一，要表达普遍的、理性的意义往往是要依靠概念的，但是艺术却是以个别的、形象化的东西表达概

① 周来祥：《文艺美学》，人民文学出版社 2004 年版，第 39 页。

念的、一般的、普遍的意义，要表达“象外之象”“境外之境”，正所谓“言有尽而意无穷”，这是艺术“不似”的一面。艺术就是这种处于“似与不似”之间的认识，所以说艺术是一个模糊的对象，而对于模糊的对象，自然就需要一种模糊的思维方法。事实上，相对于形而上学的思维方法，辩证思维就已经开始强调把事物放在互为中介的运动之中，模糊数学更突出了作为中介环节的模糊性，或者说是中介性。模糊并不是不清楚，而是要用模糊的方法使得对象的性质和原貌更为清楚。

我们再回来说情感，人的情感是复杂的，带有很强的个体性、很多的随意性，有很多情绪化的倾向，然而尽管它是复杂的、多变的，也应该有一定的范围。具体到某一个艺术形象、某一个艺术场景，都应该有一定的情感适用范围，属于一定的情感类型。比如周先生举的“蒙娜丽莎的微笑”的例子，具体到模特和艺术形象的个体，这个微笑就是一个永恒的谜，世世代代任人猜想下去。但是联系时代的大背景、画家的思想意愿，这又是一个可以说得出、讲得清的艺术情感表达。面对艺术这样的特殊对象，如果只强调其认识的一面，仅用理性的思维去把握，就难以掌握其特殊性，理论的现实意义也就无从谈起；如果只强调其模糊的一面，否定理性思维的作用，以体验代替认识，以行为代替阐释，那么理论也就失去了自身的意义。

周来祥先生总结的八个方面对他的理论体系建构的影响是全方位的，但是他始终强调的还是辩证思维的核心作用，自然科学的方法只是起到深化、扩展、强化的作用。比如辩证思维本身就强调整体系统性、环节中介性、逻辑与历史的统一性等，因而系统论的整体观念、结构观念，耗散结构理论的发展观念，计量学的定量分析法，模糊数学的模糊认识法，统计数学运用概率发现随机现象的方法等，才能够被借用到辩证思维中。因此才可以说对辩证思维的发展是创造性的发展，是发展的创新。

二

周来祥先生在引进现代自然科学方法的同时也说，虽然这种引进和借鉴带来了理论研究的突破与创新，但是我们应该清醒地认识到自然科学方法本身存在着局限性，不能认为其是万能的、无懈可击的，甚至是救世主。自然科学的方法是具体学科领域内的方法，一般都有具体的适用范围，超出了范围也就无效了，因而它们在解决文艺美学的一些具体问题时往往很有效，但是无限制地使用这些方法，不但不能解决问题，还有可能否定自己，所以首先要注意方法适用的范围。其次，自然科学方法大多缺乏深刻的历史感。因为自然科学的研究对象是自然事物，最多是一般自然史的过程，因而不需要深刻的历史意识，这也就是为什么学习自然科学一定要学最新最前沿的知识，而人文社会学则要学习积淀的知识。所以说尽管自然科学方法能够为寻找规律性的东西提供逻辑印证，但却无法得出逻辑与历史相统一的结论。正是因为现代自然科学方法论缺乏广阔的普遍性和深刻的历史感，所以辩证思维中的抽象上升到具体、逻辑与历史相统一这两种最基本的方法的科学性在总体上仍然是自然科学方法论所无法企及的。尽管自然科学方法论在观点、原则、规律等方面与辩证逻辑多有一致，但却不可能在辩证逻辑方法之外生效，因而“我们认为，这里问题在于自然科学方法是在具体学科领域内形成的研究方法，比揭示自然、社会和思维最一般规律的哲学方法终究要低一个层次，它提出的范畴、原则、观点、命题都必须经过哲学的概括和提升才能普遍生效”①。

不同的研究对象决定着不同的研究方法，换言之，不同的研究方法适用于不同的研究对象。但是我们承认，现代自然科学的研究方法对于美学和文艺学的研究是有价值的，这就意味着我们不能无视这种价值，事实上我们也已经在借鉴和运用自然科学的方法，但是这种借鉴是有前提的，这种运用是有条件的，也就是我们说过的应该是经过哲学的概括和提升的。我们知道自然科学方法是具体科学领域中的研究方法，其中带有很多的专业性的技术、手段、工具或者程序，如果是机械地套用，或很难直接运用，或专业性太强，令人费解。比如用高度专业化的数学工具对文艺美学进行定量分析，如果读者没有很高的数学水平，面对一片数学概念、符号、公式就会一头雾水，不知所云。因此，对于自然科学的借鉴和运用一定要经过改造，这种改造也是有一定原则的，一是主体性和社会性原则，二是哲理性和可读性原则。

所谓主体性就是强化主体性意识，要研究实践主体、认识主体、审美主体这三大主体历史生成、长期发展的过程，在相互关系中界定文艺美学的本质。所谓社会性就是与社会科学方法相结合，揭示文艺美学的社会内容和历史发展，提升自然科学研究方法的历史意识。研究方法的改造是由研究对象的特

① 周来祥：《周来祥美学文选》，广西师范大学出版社 1999 年版，第 175 页。

殊性决定的，美学与文艺学本身的社会和历史内涵决定了对自然科学方法改造的原则，也可以说是学科的性质决定的。文艺美学是社会科学，因而要运用社会科学的语言工具，通过概念范畴及其运动来推演出整个的理论体系，而不是把理论变成一堆数据、公式和符号，方法论本身就是富有哲理性的，符合社会科学研究特征的。比如耗散结构理论指出，一个远离平衡的开放系统，通过与外界环境信息的相互交换和相互渗透，可以形成一个自组织、自调节的力量，不断克服无序性，从无序走向有序。这一理论经过改造被用来论证美和艺术的三大历史形态的发展，可以看到作为社会现象的美和艺术形态的历史发展与自然形象的这种形态转换是同形的，具有相似的运动规律，这对逻辑与历史相统一的辩证思维的论述是一次充实和深化。

"美学文艺学的历史内涵和价值内在地规定着它的研究方法应具有不同于其他研究方法的特殊性质，这就要求我们在引进自然科学方法时，必须在马克思主义辩证逻辑方法的统摄之下，融会伦理学、心理学、社会学、经济学、人类学、民俗学、宗教学、考古学等一系列社会科学的研究方法，在内容和形式两方面赋予它适用于美学文艺学的新质。"①其实自然科学研究方法对社会科学的各个研究领域都带来了观念和方法的冲击，也就是说，社会科学领域内的许多学科对自然科学方法的借鉴和运用，就是对自然科学方法论的社会科学改造。因此，周来祥先生对于现代社会科学领域内的方法论变革更为关注，对现代哲学和美学研究中的新方法也进行借鉴。比如他十分重视

---

①　周来祥：《周来祥美学文选》，广西师范大学出版社1999年版，第180页。

结构主义的方法，将结构主义与系统论结合起来，提出结构与功能、系统与要素的关系问题。我们知道系统论认为系统的内部结构按照要素的耦合方式可以有不同的分类，比如性质相同的要素以不同的耦合方式会形成不同的结构，功能也会随之改变，称为同素异构。具体到艺术中，以情感为中心，感知、想象、情感、理解等心理要素始终处于复杂的矛盾的运动之中，它们的构成或是异质异构，或是同素异构，或是同量异构。总之，不同的耦合方式会演化出艺术的各种形态变化。同样，结构主义也强调在结构整体中，各要素之间存在着有机联系，各要素进入一定的整体之后性质会发生变化，在结构的内部依据转换功能和自我调节功能的规律与原则，形成结构的变化与发展。比如各种心理要素——知觉、想象、情感、理解等，在艺术和科学中都存在，但是处于不同的系统之中，它们的功能和性质是不同的，结构和作用也是不同的，从而带来整体性质的变化。而这些要素在艺术整体之中，同样也存在量和质的变化，这种变化也会引起整体性质的变化，但是变化是依据一定规则的，这就为寻找逻辑规律带来可能。所以说，结构与功能、系统与要素的关系问题发展了辩证思维的整体观念，深化了发展观念。这一观念集中体现在周来祥先生对美和艺术的形态发展变化的论述上。对于美和艺术的形态变化，周先生概括为三大美的理论，即古典和谐美、近代崇高美、现代辩证和谐美，对每一种形态的观照都是从要素的结构入手的，古典和谐美和艺术是主体与客体、主观与客观、人与自然、个人与社会、感性与理性、再现与表现、内容与形式等构成美和艺术的一切要素，既区别又联系，既对立又渗透，辩证地、有机地组合成一个均衡、稳定、有序的统一体。同样，这些对立存在的要素在近代发展为冲突斗争，越来越分裂、对峙、两极化，从而使得系统、整体的属性发生变化，倾向于对立的崇高，组成不均衡、不稳定、无序的有机体。这是要素间的结构变化引起功能变化，最终导致系统整体性质改变。但是，在近代崇高美和崇高型艺术的整体之中，崇高、丑和荒诞三个范畴之间也存在要素之间量的不同所引发的功能变化，然而结构并没有发生质的改变，所以系统就没有变化，它们仍然属于一个大的整体系统。

对于现代哲学和美学方法论的借鉴，也是周来祥先生 90 年代以后非常重视的，比如对于现代和后现代艺术的研究，他就十分重视存在主义理论，尤其是对荒诞范畴的论证；对于艺术创作的研究，他借鉴心理学的方法；对于艺术欣赏和接受的研究，他接受和阐释美学的方法；对于艺术教育的研究，他借鉴精神分析的观念等，这里就不一一介绍了。

三

将现代自然科学、现代哲学和美学的观念与方法论引入辩证思维，创造性地发展辩证思维，提出科学的、实用的、先进的、独特的方法论，这是周来祥美学思想体系的一个重要特征。如果简短地概括周来祥美学思想的方法论，就是双向逆反、纵横交错的网络式圆圈构架。

传统的思维是一种线形因果思维，人们的认识是单向的。现代自然科学的一些方法论打破了这种思维定式，比如控制论运用控制和反馈两个环节，提出了事物发展的双向模式。过去人们受进化论的影响，过分强调对客观规律的服从，控制论的反馈调节理论强化了主体价值，拓宽了思维。再比如统计数学中的随机现象观念，使人们意识到事物发展存在多线多向的可能性，使得思维突破单向、单线的定势，向多向、多角度、全方位发展。

双向逆反、纵横交错的网络式圆圈构架的思维模式是在现代辩证思维的基础上提出的。传统的形而上学思维是片面化的、直线化的，现代辩证思维扬弃这种直线型思维，提出“肯定—否定—肯定”的圆圈式思维构架。这种思维构架是具有历史意识的，但是对于事物与事物之间的共时态的横向联系，却没有给予充分注意。而现代自然科学和哲学研究则大多是一种共时态的、横断的、静态的研究方法。比如系统论，虽然也讲动态，但不是指一个系统的过去、现在和未来，也不是指系统与系统之间的转化与发展，因而缺乏历史视野。耗散结构理论也是如此，虽然也讲在封闭系统内由有序到无序、在开放系统内由无序到有序的运动，但是同样缺乏历史感。作为研究方法，虽然它描述的运动过程与美和艺术的三大历史形态发展有相似性，但只是形式上的，对于美和艺术的历史性、社会性等内容就无法表述。结构主义也是一样，它讲要素间的转换和自我调节都是在结构内部完成的，不需要求助于结构之外的东西，结构是相对封闭和独立的。现代自然科学和哲学研究的方法忽略了事物之间的转化和发展的历史总体，因此从总体上看是静态的、并列的、横向的研究。但它强调了特定事物自身的动态研究，在这方面可以深化辩证思维。它一方面研究自身的纵向发展，同时着重研究与其他事物的横向联系，勾勒出一个纵横交错的网络结构。这一点对于辩证思维是有益的启示，但是在历史意识上，逻辑与历史相统一的辩证思维又显示出优势。

在文艺美学的研究中,周来祥先生就运用了这种双向逆反、纵横交错的网络式圆圈构架的研究方法。一方面是纵向的探究与总结,从艺术的审美本质的最抽象、最一般的规定出发,运用辩证思维中的抽象上升到具体、逻辑与历史相统一的方法,概述三大美和艺术形态的发展轨迹,描述螺旋上升的历史过程。同时作为复线,还阐述了从再现艺术经表现艺术向再现与表现高度综合发展的艺术走向。另一方面是横向的考察和比较,在美和艺术的发展之中是中西方的比较、艺术形态之间的比较,在整个理论体系中,重点是艺术系统内的横向、静态研究,艺术创造的独特规律,艺术作品的结构构成,艺术欣赏与艺术接受的能动作用,艺术功能与审美教育的根本特质。纵向与横向的交叉,动态与静态的结合,历时与共时的互动,就构成了多角度、多方位、多层面的思维模式和网络式的、圆圈式的体系构架。

"方法论并不是单一的,而是一个多层次的结构系统,它的最高的最普遍的层次是哲学方法论(也是世界观),是辩证唯物主义,是马克思主义的辩证方法。它的最低层次是特定科学的独特方法。从最高到最低,中间有一系列的中介环节。"①正是因为辩证思维处于最高层,所以具有包容性,正是因为方法论是丰富多彩的,人类的思维水平是不断发展的,所以应该吸收各种有益于发展的方法,丰富和深化辩证思维,使之更加精密化、现代化,适应于美和艺术的发展,推进理论的研究。

---

① 周来祥:《文艺美学》,人民文学出版社 2004 年版,第 45 页。

和谐文化与中国美学的未来发展问题*

当前，中国美学的发展问题在和谐文化建设的境遇之下，突出表现为三个方向性的问题：一是中国美学的民族化问题；二是当代美学的转型问题；三是中国美学走向世界的问题。也就是说，和谐文化建设为中国美学的发展提供了一个机遇和思路，和谐文化既呼唤中国美学的这种发展，也更加需要这种发展。

一、中国美学的民族化发展

民族化这个问题由来已久，一直困扰着中国美学界。对于美学思想，有一点是大家都认同的，就是尽管美学作为一门学科产生于西方，但是世界上其他文化并非不具备美学思想，更不缺乏丰富多彩的美学资源。然而，美学作为一门业已成熟的学科体系，由于根植于西方文化，自然形成了符合西方思维方式和言说方式的特点。所以当我们用这些概念、范畴、方法、体

* 本文原载于《江西社会科学》2007 年第 7 期。

系来分析和阐释中国的美学思想和艺术实践时，得出的理论成果依然是西方美学，或者说是西方化的中国美学。

为什么说和谐文化建设为中国美学的民族化发展提供了机遇和思路呢？和谐文化继承了传统中和文化的精神实质，而中和文化则内在地构造了中国人的心理结构和情感模式，表达了中国人的价值取向和理想追求。所以说，和谐文化实质上是对文化民族气质的重新确立和标举，民族文化建设的加强自然有利于美学的民族化发展。

所谓民族性，其实是同其他文化系统相比较而显现出来的。比如中国文化与西方文化比较而言，中国人的思维方式强调整体把握，而西方人则强调思辨分解。这种思维方式上的区别，其根源是中西方宇宙观念的不同。中国人认为“道”是宇宙的核心和根本，但“道”不是具体的事物，所以“道”的形而上特征是“无”，“道”通过“气”而生成具体的事物乃至整个世界。所谓“太虚无形，气之本体，其聚其散，变化之客形尔”[①]。也就是说，中国人的宇宙观是一元的，一元化二气（阴阳），“气”将“无”（本体）和“有”（事物）分开，又将二者相连，有无相生是中国人构建的宇宙模式。中国人对于世界的整体认识决定于“气”的特征，“气”是虚体，本身没有独立性，其性质决定于世界的本体和整体性质，所以对于“气”所构成的具体事物的认识，就必须依赖于对于整体的认识。而且面对“无”的本体和“气”的虚体，以及时刻处于变化之中的功能性的“气”的特性，就只能靠经验和感悟，靠整体性思维来把握。与中国

① （宋）张载撰，（清）王夫之注：《张子正蒙·太和》，上海古籍出版社2000年版，第86页。

人不同,西方人认为世界的本体在“Being”(有),具体的事物只是“to be”(是、存在)。认识世界从认识存在开始,西方人的宇宙世界是一个实体的世界,是外在于人的明晰可分的客观世界。所以在认识的过程中,表现为对概念的分析和分析的系统构建,包括数、比例、秩序、系统等。“一个实体的宇宙,一个气的宇宙;一个实体与虚空的对立,一个则虚实相生。这就是浸渗于各方面的中西文化宇宙模式的根本差异,也是两套完全不同的看待世界的方式。”①

传统文化不但有思维的基础,还有固定的本质和独特的言说方式,而这一切都根植于“和”的范畴,“和”是中国传统美学中最重要的思想概念之一。早在春秋之际就出现过和、同之辨。史伯说:“夫和实生物,同则不继。以它平它谓之和,故能丰长而物生之;若以同裨同,尽乃弃矣。故先王以土与金木水火杂,以成百物。是以和五味以调口,刚四支以卫体,和六律以聪耳,正七体以役心,平八索以成人,建九纪以立纯德,合十数以训百体,出千品,具万方,计亿事,材兆物,收经入,行姟极。故王者居九畡之田,收经入以食兆民,周训而能用之,和乐如一。夫如是,和之至也。于是乎先王聘后于异姓,求财于有方,择臣取谏工而讲以多物,务和同也。声一无听,物一无文,味一无果,物一不讲。”②这段话明确讲道:“和”是“以它平它”,是各种不同事物的协调组成,是杂多或对立统一;“同”则是“以同裨同”,是同样事物的相加,是单一的抽象统一。因而,“和”

① 张法:《中西美学与文化精神》,北京大学出版社 1994 年版,第 21 页。

② 冯契主编:《中国历代哲学文选》(上),上海古籍出版社 1991 年版,第 23 页。

才是事物的本源与生长的动力。由“和”的思想又发展出“中和”的概念,“喜怒哀乐之未发,谓之中;发而皆中节,谓之和。中也者,天下之大本也;和也者,天下之达道也。致中和,天地位焉,万物育焉”①。“中和”概念贯穿了传统文化的发展。董仲舒就曾说:“起之,不至于和之所不能生;养长之,不至于和之所不能成。成于和,生必和也;始于中,止必中也。中者,天地之所终始也;而和者,天地之所生成也。”②可见,“和”成了宇宙世界的发展方式和最终指向。

“和”成了传统美学的元范畴,而和谐文化也在提示我们当代美学的民族化发展要有自己的思维方式和言说方式,所以自然要从美学的元范畴开始打基础。从哲学基础来看,过去认为只有矛盾才是普遍存在的,是事物发展的动力,事实上,通过论证我们可以发现和谐同样具有普遍性,和谐才是事物发展的最终原动力。以和谐的普遍存在和发展原动力为前提,来超越传统的对立斗争理论,是中国美学从西方文化走向民族化的基础和开始。和谐不是否定矛盾存在,不是不斗争,而是在矛盾对立中强调化解,在斗争中强调互补,这是中国传统文化的思想精髓和基本思维模式,是中和文化的核心和宗旨。现在,“和谐”作为美学的元范畴是建立民族化中国美学的基础。当然,有了美学元范畴不等于就有了美学系统,一个民族化的美学范畴也还远远没有解决民族化问题。如何在元范畴的基础上整合中国传统美学范畴,构建一系列中国美学概念,建立既

---

① (宋)朱熹撰:《四书章句集注》,齐鲁书社1992年版,第1—2页。

② (汉)董仲舒撰,张世亮等译注:《春秋繁露》,上海古籍出版社1989年版,第606页。

符合中国人的思维方式和言说方式，又可以和西方文化沟通并让西方人理解和接受的思想体系，这是民族化美学建设庞大而艰巨的工程。

二、美学发展的转型问题

发展转型问题是20世纪90年代讨论最热烈的话题之一。美学界已经意识到美学必须走出象牙塔，不能仅仅再陶醉于对形而上问题的论争、思想体系的构建以及精英阶层的文化批评。美学的发展到了必须重新思考定位以及研究对象、范围、范式、方法等基本问题的时候。研究者应将社会生活方式、日常审美经验、现代传播模式，以及在当代生活中表现得最为活跃、变化最为剧烈的方方面面的审美情感和审美体验纳入美学研究的视野。于是，出现了后实践美学对实践美学的质疑与批判，包括超越美学、生命美学、存在论美学、修辞美学等。后来又出现了像接受美学、形式美学、体验美学、分析美学、审美文化学等思想流派，中国美学的发展呈现出多元化景象。有的引入新的研究方法，比如现象学、接受美学、符号学、文化研究等领域的研究方法；有的引入新的学科视角，比如文化哲学、人类学、社会学等。其中审美文化研究成为探索转型发展方向的一种努力，并已取得了一定成果。

审美文化研究从表面上看似乎就是在研究范围和姿态上对美学作了调整，从更广阔的文化视野上来思考，以更贴近现实和人性的方式来研究。其实不然，审美文化研究的出现，证明了美学发展在转型上的几种尝试。其一，由理论演绎转向现实阐释,由理性思辨向感性体验转移。审美文化研究放弃了对美学本体论的追问和终极理想的推演,转而关注现实生活的各种表征现象,不再依赖于缜密的逻辑思辨和系统的思想体系,而是将感性作为人类生存和生活的表现性存在直接加以观照。正如王德胜所说:"在'审美文化'里,'美'却不再是一种抽象理性的专有权利象征,也不再是具有终极本能属性的价值实现形式;'艺术'不再是'美/审美'的同义物的唯一通道,也不再是纯粹理性的现象与观照活动。由经典形式的美学话语所规定的感性向理性的投入,'直接性的取消',在'审美文化'概念中失去了它那种有严密的思辨逻辑所限制的必然性,感性作为现实生活的表现性存在而向理性价值理想炫耀自身的力量。……在当代形态的审美文化研究中,'审美文化'概念超越了经典的'美'或'艺术'概念,显现出某种'非美'或'非艺术'的特征。它较之经典美学话语的逻辑性规定形式,更加突出了对各种当代性现象的描述性把握。"①其二,从研究方法上大量引入了社会学、人类学、文化学等其他学科的成果,建立起交叉的思维方式,从根本上扩展了美学研究对象的范围和视野。其三,全球化的经济发展和文化交流,迅速而深刻地改变着人们的生活方式和思想观念。随着大众文化潮流席卷全球,尤其是媒介的作用力颠覆文化霸权,让思想直接面对大众,让学术研究发挥更多的现实价值,这是所有的人文学科都必须更新思想和范式方法才能面对的问题。

审美文化研究在努力寻找当代转型的出路,但它的意义更

---

① 王德胜:《文化的嬉戏与承诺》,河南人民出版社 1998 年版,第 261 页。

多的是对传统美学体系的破坏和多种发展可能的尝试,对于中国当代美学的整体发展而言,还缺乏宏观的把握和历史的视野。这就需要审美文化研究从最基本、最核心的层面解决发展转型的问题。

在这个文化转型时期,我们最应关注的首先是价值的确立,比如美的价值、精神价值和经济价值等。作为文化发展的一部分,社会价值体系是深层的发展因素,社会主义核心价值体系是建设和谐文化的根本。当代社会经济迅速发展,出现了强大的经济场影响力,传统的价值体系受到冲击和破坏,人们的社会生活和文化精神出现了诸多问题。而审美作为超越物质需求的精神活动,希望从理想世界和意义层面的正面角度重建人的精神世界,消除社会负面价值观念的影响。和谐文化所要建立的正是社会主义核心价值体系。党的十六届六中全会通过的《中共中央关于构建社会主义和谐社会若干重大问题的决定》明确提出:"马克思主义指导思想,中国特色社会主义共同理想,以爱国主义为核心的民族精神和以改革创新为核心的时代精神,社会主义荣辱观,构成社会主义核心价值体系的基本内容。"社会主义核心价值体系将成为时代性的审美理想和美学精神的基础。其实社会主义核心价值观念恰恰是连接传统精神与未来理想的纽带。秋风在《中国需要道德重建与社会建设运动》中讲:"道德就是道德,文化就是文化,信仰就是信仰,本无所谓新旧之分。道德、信仰、文化的具体内容确实是可以演进的,但其中的核心价值却是永恒的,它们就蕴涵于传统中。离开了传统,道德、信仰、文化也就不复存在,而没有了这些价值的纽带,社会也就趋向瓦解。”①

如果说核心价值观念是当代美学发展的一个基础,那么另一个所要面对的基础性问题就是超越二元对立。当代美学界对发展转型问题的探讨虽然是多元的,意向所指不同、使用方法不同、核心观点不同,但有一个共同的研究问题,就是如何解决二元对立。20世纪的西方哲学思想也一直在努力解决这一问题,无论是解构主义还是存在主义,无论是现象学还是阐释学,事实上都没有真正摆脱二元对立。美学的发展从工业社会到后工业社会、从理性思潮到非理性思潮,从现代到后现代,从人本主义到物本主义,始终处于主体与客体、主观与客观、精神与物质的极度对立斗争之中。究其根源,强调矛盾对立的思维本身就是二元对立式的,这也许是文化基因所致,而只有强调和谐统一的思维模式,才有可能真正超越二元对立。所以,美学要从本质上走向下一个发展阶段,就要从思维基础上扬弃和超越二元对立,现代辩证思维模式从哲学基础上、从本质上肯定和谐的普遍存在,解决世界二元对立划分的问题,扬弃近代形而上学思想,完成对古代朴素辩证思维的否定之否定,实现思维方式的本质超越。

在当代文化的发展语境中,美学理论对二元对立的超越还表现在一些具体问题的解决上,比如精英意识与大众意识互补融合。西方研究大众审美文化的问题,是基于二元对立的思维方式,从文化精英主义的批判和贬损,到文化民粹主义的肯定和妥协,都是将精英意识与大众意识对立起来。而事实上,大

---

① 秋风:《中国需要道德重建与社会建设运动》,《南方周末》2007年2月8日。

众文化作为一种社会文化存在,其民主性和参与性的优势已经得到现实发展的印证,并不是精英人士可以遮蔽和否定的。但是,大众文化本身也存在着很多问题,比如庸俗化倾向、工具理性的问题等。所以,在审美文化研究刚刚兴起的时候,就应该明确相对客观正确的理念,那就是精英意识和大众意识互相渗透与融合,达到互补和平衡,既保留精英意识的批判性和引导性,也肯定大众意识的民主性和参与性,实现中国当代美学的新思路发展。

三、中国美学要走向世界

中国美学的发展受西方影响很大,这是一种历史的必然。但在21世纪的今天,整个世界文化是一个大合唱,各个国家和地域的美学理论都希望用自己独特的声音加入进来。如果我们的美学还是西方化的美学,那么我们就没有真正意义上的中国美学,而走向世界的中国美学恰恰必须是独特的、具有中国文化精神和审美意蕴的、真正意义上的中国美学。否则,在世界美学大合唱中,中国美学的存在就没有意义,也无法真正走向世界。

中国美学拥有自己的历史、流派和观念,但是直到今天,西方美学在我们的美学思想中仍然占据着主导地位。不可否认,西方文化有我们不具备的长处,西方美学有着成熟的思想观念和理论体系,所以,我们一直处于学习的位置。然而,在全球化的今天,文化之间的冲突依然存在。"从文化冲突的发展规律来说,挑战和应战的格局必须在某一天得出这样的结果:即应战方必须在吸收挑战方的优势的情况下,对自身的文化传统进行熔铸性的和重组性的再造,从而使自身的文化恢复活力。"①

对于真正意义上的中国美学,我们的理解应该集中在两点上:一是要彰显中国传统美学及其文化精神的独特性;二是要反映中国当代的现实生活,紧跟自己的文化。这两点也就是我们在上面阐述过的民族性和当代性问题。从历史上看,西方理论家很贬低中国美学,甚至认为中国没有美学,比如黑格尔、鲍桑葵(Bernard Basanqnet)。这是因为在当时的条件下,他们还不了解中国文化,更主要的是因为他们使用的衡量标准是西方的、单一的。中国的美学家们也一直在努力研究和建立中国美学,对本民族美学资源的发掘、美学观念的整理、审美意蕴的阐释、艺术实践的分析,可谓是丰富而又详尽。但是中国美学在走向世界的道路上却一直举步维艰。这其中有我们推介力度不够的原因,但更为主要的是我们的认识和表述还存在问题。比如说,中国美学是一种经验形态的美学,而事实上,很多民族的美学都是区别于西方理论形态的经验美学。再比如中国传统美学的一个突出特征是"重意象、尚感悟",而这同样也是日本传统美学的一个突出现象。所以,这样的表达就无法清楚地揭示中国美学的独特性。我们以韩国的美学研究为参照,在第15届世界美学大会上,有两篇来自韩国的文章,分别为《Meut,韩国最一般、最重要的美学概念》和《关于白色的争论》。第一篇从Meut这一概念分解出一系列概念,"特殊、畸形、混乱、浪漫,甚至可以说古怪,虽风格特异,但都有其和谐的方式"。这

① 周来祥:《周来祥美学文选》(下),广西师范大学出版社1998年版,第1928页。

句话指出 Meut 的独一无二和新鲜别致，证明韩国人对于美的独特感受力，为韩国美学定位并论证其独特的美学价值。第二篇从白色来探讨韩国美学和艺术的另一个特征。“最终还导引出韩国艺术的形而上界定：‘非双重性（一元论），虚无，空无。’”①可见，我们对于民族性的论述，一是要更加细致和准确，不仅要区别于异质性的西方文化，还要区别于同质性的东方文化；二是要用属于自己的范畴体系和核心观念，建立自己的言说方式，比如“和谐”范畴。

如果说探究中国美学的民族性，是从根源上解决文化和美学的独特性问题，那么，中国美学的当代性研究则是要在现实生活的体验中表达我们的感受和意识。如果我们的美学要成为真正的中国美学，就必须紧跟我们自己的文化，反映我们的实际生活，这是今天美学界所面临的一个紧迫问题。比如说现代性问题，事实上对于西方世界之外的很多国家而言，现代化就意味着西方化，这同样出现在我们的美学思想和艺术表达上。而实际上我们对于西方的吸收和学习，并没有使我们的文化成为真正的现代文化。从现代性的内涵来说，在深层次上，传统文化是反现代性的，对抗于以“工具理性”为代表的启蒙现代性，也就说，中国传统的文化精神和艺术实践可以为世界文化贡献更多的审美现代性的启示。从现实的角度来说，中国的现代化只能是带有中国特色的现代化，是中国社会、经济、文化发展的必然选择。除了传统美学之外，当代中国美学的研究也还同样能够为世界美学的发展提供异质的思想成果和审美

① 周来祥：《21 世纪的美学：第 15 届世界美学大会的感受与思考》，《东方丛刊》2003 年第 4 期。

经验。

综上所述,中国美学现在处于发展的关键时期,和谐文化建设不但提供了发展的文化环境,而且明确了发展的方向和思路。概括而言有两点:一是要拥有概括民族特性的核心观念。二是在文化和思想多元共存的今天,更加强调“和而不同”。一方面,在和谐文化的建设中,增强多元思想的亲和力;另一方面,在全球化中,以独特的价值贡献于文化交流。

和谐文化与中国美学民族化发展的契机*

相对于西方美学而言，中国美学发展的历史并不长，只有短短100多年①，在这100年间，西方文化与中国传统文化一直在此消彼长地碰撞和融合。因此，如何阐释传统美学思想和艺术经验，如何确立和发展中国美学的民族性问题，也一直存在于美学界的争论和探讨中。在21世纪的今天，中国美学迎来了一个发展民族化的契机，这就是对和谐文化的倡导和建设。和谐文化继承了中华民族的文化传统，表现出民族文化的特色，为民族化中国美学的发展明确了一个思路。

---

* 本文系山东省社会科学规划研究项目系列成果之一，原载于《贵州社会科学》2007年第8期。

① 本文使用的"中国美学"概念是基于将美学作为一门学科来讨论的。作为学科知识的美学产生于西方哲学，学界一般认为最先把美学理论和范畴引入中国的是王国维先生，因此我们说中国美学有百年发展史。同时，我们也要清楚地认识到中国历史上有着深刻的美学思想和丰富的审美资源，只是因为言说方式和研究模式的不同，我们的知识体系中没有产生美学学科。

一、中国美学发展的历史与困境

美学作为一门成熟的独立的学科体系，根植和生成于西方文化，对于中国文化而言，美学是输入的外来文化思想，所以，中国美学100多年的历史，看起来更像是一部美学思想接受史。因此也有人说中国美学应该被称为“西方化的中国美学”或者“西方美学在中国”。

第一个将美学引入中国的是王国维，但是王国维引入的只是一些基本词汇和个别观念，比如“崇高”。所以，将完整的美学体系介绍给国人，并使美学作为一门学科在中国文化中出现的，应该是朱光潜。在美学进入中国的第一阶段，无论是对于王国维的概念和观点，还是朱光潜的体系和学科，西方本土文化的影响都十分明显。第二阶段是新中国建立之后，美学思想来源由西方本土转向了苏联，美学家们都致力于解决美的本质问题和构建思想体系，显出德国古典美学影响的痕迹。20世纪80年代以后，西方美学各种新思潮强烈冲击着中国美学，以往建立起来的中国美学各学派的思想体系遭到质疑，美的本质问题不再被提及，中国美学的体系重建也遭到破坏。

从简单的描述就可以看出，中国美学一直都在延续着对西方美学的接受、吸收、阐释和运用这样的发展思路。尽管美学思想来源于西方，但是中国的美学家无一例外又都在努力尝试对中国美学，尤其是古典美学经验资料进行分析和阐释。应该说，这种研究方式还是给中国古典文学和艺术的探讨带来了很多启示，从王国维最早用康德和叔本华的思想观念解释《红楼梦》,到近些年的中西比较美学研究,美学无论是作为一种新的知识形态,还是作为新的研究方式,都为中国文化的研究带来不少惊喜。但是,这种成果只能说明人类文化是有共性的,从西方文化的审美经验和艺术实践中抽象出来的美学观念带有普遍性的特征,所以对中国文化也能够在一定程度上加以说明。然而,人类文化又是共性与个性共存的,各民族在审美经验、艺术风格、思维模式、情感表达上可谓趣味迥异,有些甚至难以沟通。这也说明虽然文化的发展带有普遍性的规律,但是更有着复杂的过程,受各种因素(地理气候的、物质生产的、战争灾难的、人种体质的、必然的、偶然的等)影响,越是历史久远的民族,在文化风格的形成因素上就越复杂、越独特。如果说,每个民族在差不多的时间产生了最早的审美意识,每个民族也都具有丰富的审美经验和艺术实践,那么美学应该在不同民族文化中共同生成才是。然而事实上,尽管许多民族都拥有深刻的美学思想和丰富的审美资源,美学理论却只产生于西方的文化土壤。这与西方文化基础的思维方式和言说方式(比如偏爱对本质问题的追问和对明晰概念的界定)有着直接关系,所以,只有西方人用美学的方式研究了美学。产生于西方的美学自然是一种适合西方人的思维模式和言说方式,它在阐释和辨析中国古典美学时就显得有些水土不服,且不说王国维的言说方式还完全是中国式的,就是后来的美学家们进行完全理论形态的论证也大多用的是“西学为体,中学为用”的思路。

以西学为体来发展中国美学所存在的困境是根本性的,这集中于两点,一是思维方式,二是范畴使用。从思维方式上讲,古希腊哲学家对事物本质的哲学追问奠定了美学的思维基础,因此,寻找美的本质、以美的本质来解释美的现象成了美学研究的基本思路。而中国古人尽管也思考着事物本质的问题，也认为万事万物的背后有着一个固定的本质存在，但是同时却又认为本质是无法言说的，所谓“道可道，非常道”。因此，以追问美的本质的思路在中国古代美学资料中寻找美的本质的定义，往往皓首穷经而不可得。从言说方式上看，西方人追问美的本质还有一个支撑点，就是他们认为事物的本质是可以用明晰的语言来表达的，而且要用明确、稳定的“概念”推演出来。这显然与中国古人的表达方式也不同。中国古人认为语言是无法准确表达本质的，所谓“言不尽意”，对本质的思考只能是靠体验和感悟的方式，而体验和感悟的方式又带有强烈的个体色彩，因此，中国古典美学概念几乎都是模糊的、多变的，呈现出不确定性，这就对本质的辨析和思想体系的架构造成了极大的困难。所以也就造成了美学家们在研究中国古典美学时，在中国古典美学范畴和西方美学范畴之间寻找对应的现象，这无疑是造成中国美学西方化的一个关键。用西方美学的范畴来阐释中国古典美学思想，虽然有一定的可应用性，但终究不能准确、全面地表达中国人的情趣和理想。当然，中国古典文化中并不缺乏具有鲜明民族特征的范畴，而且这些范畴经过千百年的思想传递，成了中国文化的精炼表达，比如“意象”“意境”“风骨”“形神”等，但是这些范畴之间缺乏逻辑层次，存在交叉、转换及外延不清等问题，因而往往造成理论研究在表达、阐释和传播上的障碍。

因此说，我们要把民族化的文化推向世界，需要世界性的“语言”，美学正是已经确立并得到认同的一种文化阐释和传播“语言”，所以中国美学的发展还必须依靠成熟的美学学科体系。而民族文化在融入世界文化的同时，又要保持文化个性。因此,中国美学必须发展民族性,建立起自己的思维模式和言说方式。这就是中国美学在发展中一直不得不面对的问题,也是中国美学发展到今天最为关键和迫切的问题之一。

二、和谐观念在继承传统中注重民族审美特性

如果说中国美学发展的经验和困境告诉我们,发展民族化的中国美学必须将中国美学进行改造,使其适合中国人的思维方式和言说方式,那么寻找一个元范畴就至关重要。这个元范畴应该既体现中国人的思维方式,又尽可能地生成和包容其他中国古典美学范畴。

倡导和谐理念和和谐精神,追求和谐原则和和谐理想的和谐文化建设,提出了既继承传统文化,又体现中国当代文化的"和谐"观念,也为中国美学的民族化发展明确了一个思路,使得"和谐"概念成为这样一个元范畴的选择。

从概念的生成来看,"和谐"概念在中国出现得很早,更早的是"和谐"的观念。在"和谐"作为一个概念出现之前,有"中""和""中和"等概念来表达这一观念。"中""和"在甲骨文中就已经出现,"中"本义为旗杆,转借表义为方位。《说文解字》(以下简称《说文》)中讲:"中,内也。从口,上下通也。""和",《说文》讲:"和,相应也。"《说文》又讲:"龢,调也。从龠禾声,读与和同。"《集韵》说:"龢……一曰小笙,十三管也。""和"的概念首先发展为一个重要的思想范畴,西周至春秋时期出现和同之辩。史伯说:"夫和实生物,同则不继。以它平

它谓之和,故能丰张而物生之。若以同裨同,尽乃弃矣。故先王以土与金木水火杂,以成百物。是以和五味以调口,刚四支以卫体,和六律以聪耳,正七体以役心,平八索以成人,建九纪以立纯德,合十数以训百体……声一无听,物一无文,味一无果,物一不讲。”(《国语·郑语》)晏子也曾说:“和如羹焉,水、火、醯、醢、盐、梅,以烹鱼肉,燀之以薪,宰夫和之,齐之以味,济其不及,以泄其过。君子食之,以平其心……声亦如味,一气,二体,三类,四物,五声,六律,七音,八风,九歌,以相成也;清浊、小大、短长、疾徐、哀乐、刚柔、迟速、高下、出入、周疏,以相济也。君子听之,以平其心,心平,德和……若以水济水,谁能食之?若琴瑟之专壹,谁能听之?同之不可也如是。”(《左传·昭公二十年》)“和”与“同”作为理论概念被加以区分,“和”是“以它平它”,是由不同事物协调组成,是杂多或对立统一;“同”则是“以同裨同”,是同样事物的相加,是单一的抽象统一。

“中和”作为一个概念出现在《中庸》中,“喜怒哀乐之未发,谓之中;发而皆中节,谓之和。中也者,天下之大本也;和也者,天下之达道也。致中和,天地位焉,万物育焉”。朱熹注《中庸》讲:“中者,不偏不倚,无过不及之名。”这就和“允执厥中”(《书·大禹谟》)、“允执其中”(《论语·尧曰》)的“中”含义相一致了。未发状态是“中”,是和谐的,已发状态则未必然,已发之性情受制于外物,发展开来可能是和谐的,也可能是不和谐的,不和谐则不符合本性,所以要有所规范,使之始终符合本性要求,于是《中庸》讲“发而皆中节,谓之和”,“中节”就是对已发状态的规范。《说文》讲:“节,竹约也。”段玉裁注:“约,缠束也。竹节如缠束之状。”可见,“发而皆中节”的“中节”大约应该取“规则、限制”之意，正像儒家所讲“非礼勿行”“以礼节情”，以“礼”的内容来约束和限制人，就可以使人达到和保持一种“和”的状态和境界，这是理想的伦理政治高度。推而广之，这也应该是人类世界和自然世界的发展方式，所以《中庸》又讲：“和也者，天下之达道也。”

中国文化的基本面貌也正是“中和”思想的基本特征的外现，中和思想构成了中国人强调差异、统一、整体和谐的宇宙观，强调发展、循环、永久的自然观，以及强调量变、坚持对立而不对抗的和谐发展观。中和文化体现了传统文化的精神实质，内在地构成了中国人的心理结构和思维方式，成为中国人的文化精神，也熔铸了中国古典美学思想和艺术表达，所以说“和谐”概念继承了传统文化的精髓，表现了中国人的价值观念、审美理想和艺术情趣，因此它作为中国美学的元范畴可以在本质上表达和保持文化的民族性。

美学作为一种具有思想观念体系的文化实体，处于文化系统的核心位置，因此在核心观念和价值体系的建设上，对于文化系统的性质会产生更大的影响。因而和谐文化建设和中国美学发展在民族性问题上的相互影响，在两个基础方面表现得尤为突出，一个是思维方式，一个是价值理想。所谓民族性，其实是同其他文化系统相比较而显现出来的。比较而言，中国人的思维方式强调整体把握，而西方人则强调思辨分解。强调二元对立和思辨分解的西方思维方式，追求在对立斗争中革命性前进，而强调一元二分和整体把握的中国传统思维方式，则追求在对立互补中平衡发展。中国美学受西方美学影响，思维方法大多表现为西方式的，同样强调思辨分解。现在强调民族化发展，首先在思维模式上就要发生转变，将思维从强调矛盾斗争转向强调和谐发展。价值理想的表现同样受思维基础的影响。在强调实体和追求永恒本体的西方美学中,美等于真,所以,主客二元对立的西方文化决定了人面对客观世界是积极探索和改造掘取的态度。而中国美学“天人合一”的模式,就把人本身看作是存在于世界有机整体之中的,美就是和谐,美等于善,善的价值取向使得人面对世界是亲近和融合的态度。秋风在《中国需要道德重建与社会建设运动》一文中讲:“道德就是道德,文化就是文化,信仰就是信仰,本无所谓新旧之分。道德、信仰、文化的具体内容确实是可以演进的,但其中的核心价值却是永恒的,它们就蕴涵于传统中。离开了传统,道德、信仰、文化也就不复存在,而没有了这些价值的纽带,社会也就趋向瓦解。”①如果说思维模式是思想发展的基础,价值追求就是思想发展的指向,所以,传统美学在基础和理想的两极都表现出了明显的民族特性,中国美学民族化的发展应该着重对这两个方面加以强调和推进。

但是仅仅有元范畴的设定,远远不能完成中国美学民族化的改造工程。事实上,周来祥先生的和谐美学早就把“和谐”概念作为了美学体系的元范畴,然而,由于和谐美学体系在思想来源上深受德国古典美学的影响,使得从“和谐”范畴逻辑生成的美学体系,带有明显的黑格尔式的辩证法色彩,对于美的本质的追问和思想体系的建构,也同样遭遇到在解释中国古典美学时的困境。

根据中国传统美学自身的特性来调整和改造中国美学,

---

① 秋风:《中国需要道德重建与社会建设运动》,《南方周末》2007年2月8日。

是我们应该思考的一条途径。比如说,中国美学重体验、尚感悟,偏于经验美学,理论体系不健全,但艺术实践异常丰富,因此,中国美学的理论辨析不妨围绕审美经验和艺术现象展开,发掘感性美学的特质。当然,美学研究总是需要一系列基本范畴的演绎和归纳,因为理论思辨毕竟需要从鲜活的材料中寻找有普世价值的规律和原则。而中国美学的范畴则包括“意象”“形神”“风骨”“意境”等等,这些范畴在阐释和论证审美经验的同时,所遵循的依然是和谐的审美原则和审美理想,“和谐”概念作为元范畴便应该具有对这些范畴进行生成和整合的可能性。

发展民族化的中国美学,具体而言就是要发展出一些具有民族文化特性的基本范畴和带有普遍意义的核心观念,通过审美的辨析和文化的阐释,来发现民族文化的原动力,展现民族特有的审美意识和文化精神,在树立自身的民族特质的同时,为美学理论的发展提供异于西方的差异性文化存在。

三、和谐理念对二元对立的超越

在当今社会提出和谐文化建设的问题,其意义还远远超出了民族文化特质的方面。应该说当今世界文化正在从西方中心主义向文化多元化发展,西方世界内部也在不断反思自身,主要集中在对二元对立的批判与颠覆上,从这个意义上讲,和谐理念为超越二元对立提供了一种创造性的思路。

我们知道,二元对立在近代以来的西方思想界占据着主导地位，即便是号称颠覆二元对立的一些后现代思潮，也很难真正摆脱二元对立思维模式的痕迹。但是，中国传统文化则不同，虽然也讲二分、讲对立，但更讲转换互补。而且从根本上看，中国古人所讲的二分，也并不是分为二“元”。正像东吴大学的蔡锦昌先生认为的，中国古代常用的是一种“二气”的分类思维方法，“元”表明的是存在，而“气”表现出的则是态势，所以，从本源上看，事物存在就没有形成对立的二元实体，进而也就谈不上二元对立。周来祥先生也认为主客二分不等于二元对立，就像“和而不同”表现的只是一种“杂多”的存在形式，而不是本质上的“异”，不是绝对的对立。

继承了传统思维方式的和谐美学观念，首先是包含了差异、矛盾和对立斗争的，在这一点上扬弃了传统的中和观念。其次，和谐美学观念的意义在于强调和论证了“和谐”作为哲学基础存在的可能性。这主要表现在两点上，一是和谐在事物存在中的普遍性，二是和谐是事物发展的原动力。至于普遍性问题，也主要集中于两点，一是在来源和本质上的无条件普遍存在，二是在发展过程中贯彻始终的永恒性。对于普遍性和发展动力问题，过去我们认为矛盾是普遍存在的，是绝对的、永恒的，这是二元对立思维模式存在的哲学基础。而现在我们要讲和谐也是绝对的普遍存在，比如老子说：“道生一，一生二，二生三，三生万物。”《周易》讲宇宙来自太极：“有太极，是生两仪，两仪生四象，四象生八卦。”而太极又来自无极，无极则是一个混沌未分的“一”世界。古代中国人不但讲“和”是事物的起源，而且认为“和”才是事物发展的动力和最终指向。董仲舒讲：“起之不至于和之所不能生，养长之不至于和之所不能成。成于和，生必和也；始于中，止必中也。中者，天地之所终始也；而和者，天地之所生成也。”①按照中国传统的思维模式，首先讲“和而不同”，“和”的前提是不同质的元素的存在，即差别与矛盾的存在。所以，中国古代的哲学范畴和美学范畴、伦理范畴都是相对成双的，比如文与道、礼与乐、形与神、言与意等。一种元素的存在不仅仅因为自身，还因为对立面的存在而获得意义，也就是“相反相成”，正所谓“一阴一阳谓之道”，“相反相成”的思维模式和宇宙观念在阴阳观和五行观中体现得最为明显。阴阳是一对矛盾，这种矛盾组合是事物运动变化的最终动因。《周易本义·系辞传》中讲道：“刚柔相摩，八卦相荡”“刚柔相推，而生变化”。“易”的基本含义就是运动，“生生之谓易”，如果说“易”是事物存在的基本形式，那么“复”就是运动变化的具体形态，事物的变化都是“各复归其根”的。这个“根”就是“静”，“归根曰静”。对于“静”的理解可以借助道家和禅宗的“无”的概念，“无”不是通常意义的空无、没有，而是本体论意义上的，作为道、无、理、气一体化的中国传统宇宙观这一整体提出来的，可以看作是包容一切、深入一切的思维动力。从这个意义上来讲，“静”也就不是通常意义上的静止，而是指运动变化中的动态平衡。传统的自然观认为，事物的运动变化只有保持“静”，也就是动态平衡，才能使生命生生不息。由此我们再来看中国传统“和”的思维模式，它显示的是对立双方相异相生，并保持动态平衡。这种动态平衡是指在一个整体系统内，各种因素、各个部分以及各种活动之间，保持相互联系、相互协调的关系，也就是先有“和而不同”，再有“和

① （清）苏舆撰，钟哲点校：《春秋繁露义证》，中华书局 1992 年版，第 444 页。

实生物”，这就是“中和”的理想，在中国文化的各个方面，又表现为“天人合一”的理想追求。所以“和谐”才是事物存在的普遍绝对性和发展原动力。

西方近代美学是建立在近代二元对立思维方式上的，其本质特征就是对矛盾对立的强调，因此，美学的发展从工业社会到后工业社会、从理性思潮到非理性思潮，从现代到后现代，从人本主义到物本主义，始终处于主体与客体、主观与客观、精神与物质的极度对立斗争之中，即便是号称颠覆二元对立的后现代思潮，其实也没有真正从本质上走出二元对立。所以，美学要从本质上走向下一个发展阶段，就要从思维基础上扬弃和超越二元对立。现代辩证思维模式正是从哲学基础上、从本质上肯定和谐的普遍存在，解决世界二元对立划分的问题，因而扬弃了近代形而上学思想，完成了对古代朴素辩证思维的否定之否定，实现了思维方式的本质超越。思维模式是思想发展的基础，强调和谐的发展观，可以解决当前美学研究中的一些焦点问题，比如审美文化研究中的精英意识和大众意识的对立、思辨理性和日常经验的矛盾等等。

以“和谐”范畴作为中国美学的元范畴，以和谐观念为核心理念和审美原则，中国美学在和谐文化建设之中的发展，不但表现出民族化的发展趋势，而且可以达到一个新的阶段，从而超越传统文化和西方美学，确立现代辩证和谐理想和现代美学精神。

中国现代美学在新文化运动期间的初步展开*

在思想意识的发展过程中，中国近代美学呈现出明显的反叛色彩，而围绕的一个核心就是主体意识的建立和强化。围绕着主体意识的加强和主体内涵的完善，可以找到近代崇高美的发展脉络。从陆王心学到李贽的“童心说”；从明末清初以王夫之、顾炎武、黄宗羲、傅山、颜元、方以智等人掀起的启蒙思潮，到清中叶龚自珍的“自我”观念和魏源的社会改良思想；从康梁领导的维新运动、严复带来的进化论和英国经验主义思想，再到孙中山的民主主义革命，社会矛盾加剧，思潮腾涌，美学发展深受影响，审美意识的各个组成因素获得独自的极端发展，主客体审美关系愈加对立分裂，崇高范畴最终得到确立，美的范畴和美学学科都得以独立发展。

王国维是近代中国美学史上的第一人，他总结了中国古典美，以崇高概念确立了近代美学，并给中国现代美学提供了一个理论起点。与王国维共同完成这一使命的是梁启超，他提出了对美本质的认识和界定。不过，中国现代美学理论起点的逻辑展开和发展的第一步是蔡元培和鲁迅早期的美学思想。他

---

* 本文原载于《济南大学学报》(社会科学版)1999 年第 3 期。

们将崇高范畴的基本组成因素进一步对立发展，如感性与理性、个性与社会，比如蔡元培对主体人格的塑造、鲁迅的孤独形象，都符合近现代美学主体从高扬到自我膨胀，一直到衰落的逻辑发展，他们对崇高范畴的展开和丰富，完成了中国现代美学的起步。

一、关于中国现代美学理论起点的交代

王国维的美学思想无论在内容上还是在性质上都超出了中国古典美学的范围，他的思想是中国古代与近现代美学思想处于对立状态的一个分界点，他为中国美学找到了一个新的开端，为现代美学奠定了基础，这个基础就是对西方美学的引入，包括对美本质的论述和崇高范畴的定义。

王国维在《古雅之在美学上之位置》中讲："美之性质，一言以蔽之曰：可爱玩而不可利用者是已……其性质如是，故其价值亦存在于美之自身，而不在乎其外。"①所以说，王国维在他的美学理论中明确提出了美是超利害功利目的的，他还认为艺术是游戏的事业，这种游戏的性质正说明了美的无利害功利的特质。王国维对美本质的界定也就是对美的独立性的确立，这与美学在古代往往被认为是政治和道德的手段不同。将艺术从政治和道德的附属品地位上解放出来，是近代美学的第一大任务。事实上，无利害功利目的也就是对美的无目的性的认

① 王国维：《古雅之在美学上之位置》，佛雏编：《王国维学术文化随笔》，中国青年出版社1966年版，第171页。

识,但是,王国维同时也认识到美是有一定目的性的,“美之知识,实念之知识也”。在《文学小言》中,他也说“文学者,不外知识与感情交代之结果而已”①。艺术有认识的功能,才可以揭示人生的真相,告诉人们生活的真理,所以说,美的本质是一种无目的的合目的性,合目的的无目的表现。

关于对美本质的认识,梁启超提出了“趣味说”。“为游戏而游戏”“为趣味而趣味”,这种无目的的、超功利的趣味,事实上就是美。在《美与生活》中,梁启超就说审美本能是人人都有的,但这种能力长期不用就会麻木,美术的功能就是使人恢复这种功能。他认为趣味是生活不可缺少的,而美也是生活的第一要素。可见,梁启超是把美与趣味等同而言的,他的“趣味”理论,就是美的理论,而且,无目的、超功利的趣味正是抓住了美的特征。“无所为而为”的美正是梁启超对美的本质的一种认识。

崇高美作为王国维美学思想的一部分,是中国近代美学确立的标志。他说:“美学上之区别美也,大率分为两种:曰优美,曰宏壮……要而言之,则前者由一对象之形式不关于吾人之利害,遂使吾人忘利害之念,而以精神之全力沉浸于此对象之形式中。自然及艺术中普通之美,皆此类也。后者则由一对象之形式,越乎吾人之力所能驭之范围,或其形式不大利于吾人,而又觉得其非人力所能抗,于是吾人保存自己之本能,遂超越乎利害之观念外,而达观其对象之形式……”②王国维对壮

① 王国维:《文学小言》,佛雏编:《王国维学术文化随笔》,中国青年出版社1966年版,第215页。

② 王国维:《古雅之在美学上之位置》,佛雏编:《王国维学术文化随笔》,中国青年出版社1966年版,第171页。

美的论述很容易使我们联想到康德的理论,康德就认为从审美判断上看,崇高和美都具有令人愉快的本质。但是,崇高与美又有着明显的差异,美建立在对象的形式之上,崇高则可以在对象无形式中发现;美是有限的,而崇高则是无限的;美所唤起的是想象力与理解力的协调运动,直接产生快感和愉悦感,崇高则因对象表象过于大或具有威胁力,而使得想象力与理解力之间产生了矛盾,无法自由地协调运动,主体因而产生痛感,崇高感是不愉悦感。所以说,王国维所定义的壮美,并不是古典意义上的壮美,而是与古典和谐美本质不同的近代美学意义的崇高。王国维还通过悲剧理论来丰富崇高概念和加强其性质。他分析了中国古典戏曲,指出了中国古典的悲剧并非近代矛盾对立、分裂的悲剧,不是在崇高范畴下的近代性质的悲剧。王国维认为中国的文学唯有《红楼梦》是一部真正的悲剧,因为《红楼梦》是哲学的、宇宙的、文学的,既含有感性认识又有理性观念,是与一切喜剧相反、彻头彻尾之悲剧。这种悲剧揭示了人生的真相,同时还指出悲剧命运解决的不可能性。王国维对悲剧的论述触及了崇高中所含有的深刻的矛盾性,以及因这种矛盾激化而引起的情感震动,所以说,王国维的悲剧理论既是悲剧概念作为美的范畴的独立,又是对崇高范畴的丰富。

二、蔡元培的美育思想

蔡元培在中国美学史上占有重要地位的是其美育思想。他对美本质的论述和美育思想的阐发无疑也是继王国维之后,对中国现代美学理论的发展。

1. 对美的认识与美的独立性

蔡元培的美学思想的哲学来源之一是康德哲学，康德以及鲍姆加通(Alexander Gottlieb Baumgarten)的美学思想构成了他美学思想的基础，其中最明显的表现就是他对“知”“情”“意”的区分，他认为人的心理功能可分为知见、意志和感情三大方面，其中科学产生于知见，道德产生于意志，美则产生于感情。然后，通过对心理活动的分析，他说：“美学观念者，基于快与不快之感。与科学之属于知见，道德之发于意志者，相为对待。科学在乎探究，故论理学之判断，所以别真伪；道德在乎执行，故伦理学之判断，所以别善恶；美感在乎赏鉴，故美学之判断，所以别美丑，是吾人意识发展之各方面也。”①在这里，我们可以看出康德三大批判的理论，审美判断处于科学判断与伦理判断之间，因而审美是具有独立性的。另外，科学判断是以概念为中介，以推理为手段的，而审美则是通过个别形象，以直观的方式来把握世界。美一方面与客观世界相接触，一方面又与主观方面相联系，是主观与客观的结合。蔡元培说：“美学的主观与客观，是不能偏废的。在客观方面，必须具有可以引起美感的条件；在主观方面，又必须具有感受美的对象的能力。”②因为审美判断离不开个别形象的直观判断，所以，审美感是具体的，美感是情感的表现，是具体直观的，包括它所传达的科学认识和伦理道德内容。

---

① 高平叔编：《蔡元培哲学论著》，河北人民出版社 1985 年版，第 155 页。

② 高平叔编：《蔡元培哲学论著》，河北人民出版社 1985 年版，第 240 页。

美还具有普遍性和超功利性两方面的特征。从审美主体上讲,审美作为一种心理活动,与纯粹的生理活动不同,像吃饭穿衣都只能是个人的,不具有普遍性;从审美客体上讲,审美作为一种精神活动,与客体之间不存在物质利益关系,所以说,美具有普遍性。因为美具有普遍性,所以美才具有超功利性。蔡元培说:“植物之花,所以成实也,而吾人赏花,决非作果实可食之想。善歌之鸟,恒非食品。灿烂之蛇,多含毒液。而以审美之观念对之,其价值自若。美色,人之所好也;对希腊之裸像,决不敢作龙阳之想;对拉飞尔若鲁滨司之裸体画,决不敢有周昉秘戏图之想。”①可见,美具有普遍性和超功利性,且二者互为因果。

基于对美的本质特性的认识,蔡元培还分别论述了崇闳(即崇高)、悲剧、都丽(即优美)和滑稽四种美的类型,也是美的基本范畴,其中对崇高美和悲剧范畴的论述也是对近代崇高理论的发展。他说:“崇闳之美,有至大至刚两种。至大者如吾人在大海中,惟见天水相连,茫无涯涘。又如夜中仰数恒星,知一星为一世界,而不能得其止境,顿觉吾身之小,虽微尘不足以喻,而不知何者为所有。其至刚者,如疾风雷霆,覆舟倾屋,洪水横流,火山喷薄,虽拔山盖世之气力,亦无所施,而不知何者为好胜。”②面对这种崇高之美,“自以为无大之可言,无刚之可恃,而且忽然超出乎对待之境,而与前所谓至大至刚者肸合而为一体,其愉快遂无限量。当斯时也,又岂尚有利害得丧之

① 高平叔编:《蔡元培哲学论著》,河北人民出版社1985年版,第177—178页。

② 高平叔编:《蔡元培哲学论著》,河北人民出版社1985年版,第178页。

见能参入其间耶!”[①]蔡元培通过对客体使主体所产生的压倒感以及悲剧使幸福层面破裂的分析,使人看出崇高美也符合美的非功利性的本质,同时,又总是令主客体处于对立冲突状态,从而使人产生崇高感。

2. 美育与主体人格的塑造

蔡元培受康德哲学的影响,把世界看成是“现象世界”和“实体世界”,他认为美处于二者之间,也就是现实与理想之间。“现象世界”是一种物质存在,到处充满了不平等,如强弱、贫富;“实体世界”则是一个精神世界,“超轶”于政治,是为了实现人类的“最后鹄的”,也就是美的理想与高尚的道德相统一的境界。“美感者,合美丽与尊严而言之,介乎现实世界与实体世界之间,而为之津梁。”[②]从现实世界到实体世界要通过美育来转化。他提出“教育救国”“美育救国”,把美育作为国家教育的方针之一。他认为世界观的教育包含在德育和美育之中,德育是教育的主要手段,可以实现一般的目的,比如个体的幸福和社会的秩序等,而通过美育则要实现最高的目的,即人道主义理想。

蔡元培说:“人人都有感情,而并非都有伟大而高尚的行为,这由于感情推动力的薄弱。要转弱而为强,转薄而为厚,有

---

① 高平叔编:《蔡元培哲学论著》,河北人民出版社 1985 年版,第 178 页。

② 蔡元培:《蔡元培美学文选》,北京大学出版社 1983 年版,第 3—4 页。

待于陶养。陶养的工具,为美的对象;陶养的作用,叫做美育。"①可见美育正是为了培养人的高尚品质,以改变国民的素质。这似乎与古代的人格修养有相似之处。蔡元培自己也认为美育的目的应该是达到人的社会行为与人的社会关系的和谐一致,但他的思想与古典思想的不同在于,古代美学思想是重伦理道德观念的,是融个人于群体之中,而蔡元培所要求的人格是一种个体的人格,这种人格通过"知""情""意"三者相区分而实现。我们知道,梁启超的美学思想也提到了"趣味教育"的问题,只不过梁启超提倡美育最终是为了改造社会,而不像蔡元培最终是为了人格本身,"美育之目的,在陶冶活泼敏锐之性灵,养成高尚纯洁之人格"②。所以说,梁启超的人格论是重实践的,而蔡元培的人格论是重审美的。个体人格使得蔡元培的美育思想区别于古典美学思想,而且这种主体人格也显然是近代个性主体化的一种表现。

有了对美本质的认识,蔡元培以终极关怀的态度将美育提到了极高的位置,提出以美育代替宗教。他认为,美育与宗教相比,更具有普遍性和超功利性的特征,因而审美比宗教更容易产生普遍的影响,可以让人们在愉悦之中获得熏陶,并使人在审美的熏陶中变得高尚,从而获得健全的人格,这种健全的人格也就是觉醒后的个体所拥有的主体人格。

---

① 高平叔编:《蔡元培哲学论著》,河北人民出版社 1985 年版,第 407 页。

② 高平叔编:《蔡元培教育论集》,湖北教育出版社 1987 年版,第 434 页。

三、鲁迅早期的美学思想

鲁迅的美学思想在新文化运动时期已经大体成型。他早期的美学思想就已经表现出对封建礼教和社会现实毫不留情的揭露和批判,对国人的精神状态和心理素质也进行了深刻的反思和痛彻的剖析。如果说这些在其他的文学家和思想家那里同样也有体现的话,那么,鲁迅所表现出的孤独与悲凉,则是他在中国近现代最早获得现代意识的表现。他这时的美学思想充分展现了崇高美的理想,是对王国维崇高理论的感性外现和进一步发展。

1. 孤独者与超人意识

五四时期的鲁迅正用他犀利的笔猛烈地抨击着封建礼教和旧文学,这时的他还不是一个左派战士的形象,而是一个孤独的思考者和猛烈的叛逆者。他作为一个清醒的个体,一个摆脱了旧的束缚的个性主体,在中国近现代之交所面对的是充满了矛盾和荒谬的世界,面对着的是生命的觉醒与礼教的压制,个性的张扬与社会的束缚,个体的独立与群体的包围,以及被扭曲的人性。一个清醒的思考者面对人生的荒谬、生命的绝望和世界的怪诞,所体会出的只能是无限的孤独,而一个勇于面对生存真实的孤独者,他所表现出的就只能是无边的悲凉。鲁迅在 1926 年的《野草》中写道:

> 我不过一个影,要别你而沉没在黑暗里了。然而黑暗

> 又会吞并我，然而光明又会使我消失。
>
> 然而我不愿彷徨于明暗之间，我不如在黑暗里沉没。……
>
> 我独自远行，不但没有你，并且再没有别的影在黑暗里。只有我被黑暗沉没，那世界全属于我自己。①

正是这种孤独者的形象使得鲁迅对人生和现实的思考都富有强烈的冲击力和深度的生命力。鲁迅这种孤独者的形象感是悲凉的，但却不是悲观的。受尼采的强力意志和中国传统思想影响的鲁迅有着积极入世和勇猛斗争的精神。他认为中国传统文化是对个性的扼杀，不论是儒家思想用社会去压制个性，还是老庄思想用自然去融化个性，总之，在中国的历史上，“个人一语，入中国未三四年，号称识时之士，多引以为大诟，苟被其谥，与民贼同”②。试想李贽在16世纪末因表现个性被斥为“狂人”“妖人”，而一直到20世纪，传统文化这种给个性强加的桎梏还依然十分坚固，个性与社会、个体与群体之间的矛盾对立因个性意识的觉醒、个性解放的推进变得更为尖锐了。鲁迅在《摩罗诗力说》中就提出“独战多数”的思想，正像他推崇英国诗人拜伦借唐璜的口所说的那样，以一人的力量对抗全体，这无疑是一种超人意识，是精神的个体与社会的斗争，也正是崇高的基本范畴所包含的矛盾结构的展开。无论是蔡元培还是鲁迅，都表现出对个性主体的极大热情，对人以及人

---

① 鲁迅：《影的告别》，《鲁迅散文·诗全集》，河南人民出版社1994年版，第6—7页。

② 鲁迅：《坟》，人民文学出版社1973年版，第36页。

的个性问题给予了高度的关注和深刻的思考。只有真实的心灵和求真的眼睛才敢于这样面对矛盾,鲁迅说中国人向来喜欢"瞒"与"骗",就是因为不敢正视人生。他呼吁作家取下假面具,去大胆地看看人生的真面目,去写血与肉,人们称鲁迅的小说和杂文是社会的显微镜、人性的解剖刀。他认为这场革命的关键在于精神的解放,而要改变国人的精神状态,就要"掊物质而张灵明,任个人而排众数"①,要在国人的灵魂深处闹一场革命。在《文化偏至论》中,他一再强调个性的反叛,呼唤天才,呼唤英雄,呼唤出几个"凶猛的闯将"。不过,在这种"独战多数"的斗争中,精神斗士所面对的只能是无边无际的冷漠和孤独,这种斗争注定是悲凉的,也正是因为这种悲凉,才使得鲁迅的思想与文学都闪耀着崇高美的光彩。

2. 崇高美的展现

崇高的本质特征就是矛盾对立,崇高美与"真"在本质上是一致的。所以,鲁迅早期的思想和作品对社会矛盾和人的心灵痛苦的不加粉饰的表现,明显带有崇高美的特征。

作为觉醒了的个体,鲁迅常常思考生与死的问题,如他在《野草》中对影子的描述。光彩的死与悲惨的生,清醒的死与混沌的生,生死问题充满了形而上的哲理意味。

在《生命的路》中,鲁迅写道:

> 想到人类的灭亡是一件大寂寞大悲哀的事;然而若干人们的死亡,却并非寂寞悲哀的事。

---

① 鲁迅:《坟》,人民文学出版社1973年版,第31—32页。

> 生命的路是进步的，总是沿着无限的精神三角形的斜面向上走，什么都阻止他不得。
>
> …………
>
> 生命不怕死，在死的面前笑着跳着，跨过了灭亡的人们向前进。①

在孤独与悲凉的表面下，鲁迅更透出一种崇高而壮烈的中国式情怀，在生与死的矛盾中，对生的悲观与对死的乐观使得鲁迅的思想深刻而警醒。这种崇高感还表现在他对"摩罗诗力"的赞美，他认为摩罗诗力派表现出的文化精神是反抗、破坏、斗争和挑战。而这种反抗性的前提是敢于正视社会，正视人生，社会到处可见的只是不幸、丑恶、悲哀与毁灭，充满着偶然与荒谬，所以要反抗，哪怕这反抗走向偏激，带来的只是破坏。而现在的社会就是要破坏掉，鲁迅所赞美的也就是这种"破"的精神。这种文化精神的载体就是叛逆的个性和独立的个体，是刚健而有思想的主体。鲁迅呼唤这样的天才和英雄来振臂一挥，传播文化，扫荡社会，我们的文学也正需要这样的洗礼。鲁迅说我们以往的文学是"说谎的文学"，"十景病"是伪饰的理想，当这种伪饰的古典理想已经失去了生命力的时候，取而代之的正是这样一种表现反抗、破坏、斗争和力量的崇高美，我们的文学要"抱诚守真"，要发出"雄声"。作为崇高美理想的外现，崇高的艺术风格在鲁迅的《摩罗诗力说》中表现出的就是破坏与重建、压制与反抗、权威与个性的斗争，是力量的

① 鲁迅：《随感录六十六：生命的路》，朱德发、韩之友选注：《鲁迅选集·杂文卷》，山东文艺出版社1990年版，第34页。

较量，在这种风格的文学中往往可以听得到铁器的铮鸣，看得见刺目的鲜血。

鲁迅早期思想中的崇高美正是从个性与社会、个体与群体的矛盾双方展开的，以对立为核心，以真实为特色，以力量为表现，所以说，鲁迅这一时期的美学思想是中国现代美学思想确立后迈出的第一步，也是对崇高基本范畴的展开和发展。鲁迅对社会的剖析和对人性的认识、对矛盾的揭示都是深刻而尖锐的，表现出鲜明的批判现实主义精神，而身处蓬勃的新文化运动中的青年鲁迅，又在精神上呼唤一种浪漫主义的情感，不过，随着社会矛盾的尖锐化和他批判思想力度的加深，批判现实在他后来的小说和杂文创作中成为一种主色调。

中国美学发展转型的当代性视域*

中国美学的发展转型问题曾经是20世纪90年代以来讨论最多、最热烈的话题之一。近期虽然很少再提,但并不意味着问题已经得到了解决。相反,对于转型问题,美学界并没有在解决方案上达成什么共识。今天重提中国美学转型这一话题的主要原因是和谐文化建设为之提供了发展的机遇。和谐文化建设作为一个有着明确思想核心、观念和目标的文化建设工程同时也为美学的发展提供了明确的思路,尤其对于其转型问题,明确了当代性的发展重点。对于美学当代性的解读,主要有两个层面:一个是当代文化特性的层面;另一个是历史发展层面。从而确立了当代美学的和谐理想和价值体系。

一、中国美学转型问题的历史梳理

从美学的发展可以看出,每一阶段的突破都伴随着文化的转型。从宏观方面讲,文化的转型是从古代向近代再向现代的转型。从微观方面讲,有"五四"时期的以民主和科学为标志

---

* 本文原载于《上海大学学报》(社会科学版)2007年第6期。

的新文化运动的转型，新中国成立后的社会主义文化的转型，以及 20 世纪 90 年代以后在市场经济和全球化影响下的文化转型等。事实上，每一次文化的转型都是一次综合的社会意识和审美情趣的转变，从阶级结构到政治体制、从社会生活到经济生产、从生存设计到价值观念等是一次次全社会的整体性的转向，是群体的自然的选择。文化的转型不但会在人们的经济生产活动、社会生活活动以及生存生活方式上有所表现，而且还会集中地表现在审美活动和艺术活动中。20 世纪 90 年代以来，尤其是跨世纪之际，有的学者从中国美学发展的角度加以梳理，有的从对体系建构的角度加以反思，有的从研究范式上进行突破，有的从与其他学科的交叉借鉴等角度对中国美学的发展转型问题进行了分析和讨论。但美学界共同意识到，中国美学的发展走入了困境，必须重新思考一些最基本的问题，包括研究对象、范围、方法以及对美学学科和理论体系的重新认识。

从历史发展的梳理上我们的确可以更加清晰地看到中国美学在发展过程中所出现的阶段性转变。尽管在历史视线的伸展上有所不同，有的学者把描述时间上溯到 20 世纪初，有的则集中阐述新时期美学，但是他们对于历史阶段性的划分基本上没有分歧。总括这一问题的研究，大概有以下几种观点：一种观点是四分法，即第一阶段是 20 世纪初以王国维、梁启超为代表；第二阶段为三四十年代的朱光潜、宗白华为代表；第三阶段为新中国成立后，以五六十年代美学大讨论为代表；第四阶段指 80 年代以后。另一观点为二分法，以新中国成立为界限，分为前后两个时期。我们在此不妨把考察视域缩短一些，即从 70 年代末到 80 年代初，文化思想大解放，一批美学著作得以出版，形成于 50 年代美学大讨论期间的思想观点和理论体系得到发表和重建。从 80 年代开始，随着改革开放的不断深入，思想启蒙和方法论变革成为讨论的热点，西方现代新思潮被大量译介和引用，美学研究空前活跃。其中最有影响力的美学流派是实践论美学，围绕实践论美学的讨论主要又表现在对“积淀说”和“突破说”的争论上，实践论美学所显示出的一些问题成为发展转型的最大突破口。因此后来的超越美学、生命美学、存在论美学、修辞美学等又被统称为后实践美学。除此之外，90 年代还出现了接受美学、形式美学、体验美学、分析美学、审美文化学等思想流派，中国美学的发展呈现出多元化景象。在转型问题上，有的研究者是从具体的问题和视角来加以探讨；有的则引入新的研究方法，比如现象学、接受美学、符号学、文化研究等；有的引入新的学科视角，比如文化哲学、人类学、社会学等等。还有的学者从现代美学产生之初的特质来探讨中国美学发展路径的变化，主要表现在是维持西方形而上的学科传统还是形而下地参与现实生活的两条路径选择上，以及审美功利主义与审美自由主义的对峙之中。[①] 然而，中国美学的多元化发展同时也说明了我们对于美学发展的方向并不明确，我们的探索只是个别现象和某些层面上的，而不是从根本上明确，也不是实质上的建构。

总体来看，对于中国美学的当代发展转型问题的讨论主要是从两种角度展开的，一种是反思与批判，一种是探索与尝试。前一种主要是反思原有的美学思想观点和理论体系，提出美学

① 参见戴阿宝、李世涛：《问题与立场——20 世纪中国美学论争辩》，首都师范大学出版社 2006 年版，第 2—16 页。

理论自身发展存在的问题,试图完成理论研究的超越。比如受分析哲学的影响,许多研究者对于美本质和体系建构都提出了批判性意见,认为以往的美学从思维方式上主要用本体论结构美学,显现出明显的西方化色彩,不利于中国美学的发展;有的则提出美本质和体系建构本身就是目的论和逻辑先行,从根本上提出理论质疑。后一种努力主要是放弃原有美学构建,将关注点集中在当下的社会文化现象上,试图从新的路径探索出美学发展之路。比如审美文化学对日常生活审美化和媒介作用的关注,美育理论对当代审美教育和误区的讨论等等。①

应该说经过十几年的反思与探索,对于美学转型问题的研究取得了很大成果,也促进了美学自身的发展。但同时也显露出一些问题和误区:一是对待以往美学理论体系持反叛态度;二是美学的发展听从于现实文化现象的变化;三是依赖于西方思潮,尤其是后现代思想来解决中国的问题。实际上,中国美学的发展有着民族性和特殊性,当下的中国社会形态和文化现象也有独特性和现实性,中国美学的转型问题首先要考虑的恰恰是其自身的特殊性和当代性。一方面,和谐文化建设的提出就是标举这种文化特殊性和社会当代性。和谐文化是对中国传统文化的继承,体现了传统中和文化的精神实质。另一方面,在当代文化环境中提出和谐文化概念,本身就是针对经济文化全球化现象,反思文化民族性和文化独特性的缺失问题,意在确立文化的民族气质和精神品格。因此,其对于美学发展的启示也是根本性的,从根本上探讨美学转型的基础和方向,

① 参见余开亮:《中国当代美学发展研讨会综述》,《哲学动态》2004年第7期。

集中来看就是当代性问题。美学当代性问题又可以从两个层面来进行理解：第一个层面是把美学当作对审美活动和审美现象的观察，审美活动表现出社会参与性和体验性的变化，审美现象成为表征社会文化变化的符号，美学的当代性成为关注社会和人的生存的直接反映；第二个层面是把美学当作一种人与世界所构成的特殊关系，随着历史的发展，表现出不同时代的审美情趣和审美理想，美学的当代性就成了一个时代美学精神和理想追求的价值体系结构。

二、审美文化研究的探索

关注当代性问题第一个层面的原因主要来自两方面：一是对以往的美学理论的反思，认为以往的美学理论过于学院化，是一种精英意识的表达，理论本身过于注重体系建构和思辨性，使得美学离现实问题和个体感性经验越来越远。许多研究者面对当今社会生活的丰富多变，指出美学必须走出象牙塔，走下云端，不能再陶醉于仅仅对形而上问题的论争、思想体系的构建以及精英阶层的文化批评，而应该将当代生活中表现最为活跃、变化最为剧烈的方方面面的审美情感和审美体验纳入美学研究的视野。二是社会文化发展的要求，在中国经济高速发展和文化全球化的浪潮中，人们的生活方式和思想观念都在产生着迅速而深刻的变化，使得所有的人文学科都必须更新思想观念和研究方法来应对挑战。同时，随着人类文明的发展，民主化进程更为广泛深入，无论是艺术创作还是理论批评，精英式的思维已经不再适应文化的发展，人们无一例外地都卷入了大众文化的潮流之中,颠覆文化霸权,让思想直接面对大众,使学术理论发挥出更多的现实价值。这两个方面的作用力,使得美学在当代的发展越来越多地强调审美的文化功能和社会参与性,于是审美文化研究应运而生。

关于审美文化研究,尽管现在美学界对于其中的一些基本问题仍然存在很多的争议,但是对于审美文化的研究取向却是一致认同的。人们认为审美文化研究的出现,对于美学的经典研究模式和话语方式是一种消解,同时可以使美学在研究对象、范围以及范式、方法上得到扩展,尤其是对于美学转型具有重要的意义。有人认为审美文化研究就是美学转型的一种表征,甚至是美学超越以往理论,作为艺术哲学之后的第三种存在方式,是美学成为第一哲学的支撑。①

审美文化研究从表面上看似乎就是在研究范围和姿态上对美学作了调整,但事实并非如此简单,审美文化研究的出现,至少征兆了美学发展在转型上的尝试:其一,由理性思辨向感性体验转移,由"自上而下"的抽象演绎转向"自下而上"的经验归纳。审美文化研究不再依赖于缜密的逻辑思辨和系统的思想体系,不再强调感性是理性的显现,而是将感性作为人类生存和生活的表现性存在直接加以观照。在一定意义上,这是向鲍姆加通所定义的感性美学的回归。其二,由抽象到具体,由体系建构转向现实阐释。审美文化放弃对于美学本体论的追问和终极理想的推演,转而关注现实生活的各种表征现象,直接面对和关注人们的生活状态与精神需求。其三,从研究方

① 参见王德胜:《审美文化的当代性问题》,《文艺研究》1998 年第 3 期;傅谨:《中国美学面临的三大问题》,《学术月刊》2000 年第 4 期。

法上讲，审美文化研究大量引入了社会学、人类学、文化学等其他学科的成果，建立起立体交叉的思维方式，所以才能从根本上拓宽美学研究对象的范围和视野。其四，通过比较中西审美文化的特质，提升传统民族文化的价值。全球化的文化环境，更加要求每个民族文化确定自己的鲜明身份，文化特质成为应对全球化、提升民族性的唯一选择。审美文化研究因注重感性经验而更加靠近中国传统美学，更易于显示民族美学的气质。

审美文化研究对于中国美学的发展有两方面的意义，一是尝试寻找一条发展的道路，二是促使我们重新认识美学。面对汹涌而至的大众文化，以及大众所表现出的审美情趣，我们的美学研究显得太贵族化了，我们的意识太精英了。大众文化中所表现出的许多文化现象，比如快乐原则和交换逻辑、日常生活中的泛艺术现象等，对于传统美学思想中关于美感与快感、生活与艺术的界限划分，都已经提出了疑问，理论的辨析和诠释受到了挑战。当然事物往往都存在两面性，从消极的层面看，审美文化研究更多的是对传统美学体系的破坏和多种发展可能的尝试，对于中国当代美学的整体发展而言，还缺乏宏观的把握和历史的视野。转型怎样转，向何处转，这应该是一个宏观的、整体性的问题，审美文化研究的努力只是一个方向，还不能解决根本性的问题，应该说审美文化研究没有从最基本、最核心的方面解决发展转型的问题。

三、历史意识中的当代性问题

转型和发展涉及到历史规律问题，这是从第二个层面来理解当代性问题。

美学史的发展大致经历了古代、近代和现代三个阶段，每个阶段都有不同的思想发展基础，形成了不同的时代审美理想。在历史发展的过程中，当然有很多偶然的复杂因素影响，但同时也存在稳定的普遍规律。所以尽管各个民族、各个地区的审美经验和审美理想在发展上存在时间和空间上的不同步，比如一些少数民族在审美情趣和审美理想上，长期停留在古代的范畴中，但是整个人类审美文化的发展还是存在历史规律的。同时，人类的审美活动作为人与世界之间建立起来的一种特殊关系，随着社会和文化系统的演变，也一定会表现出结构关系和性质的变化，但是这种变化是与文化系统和时代特性分不开的。因此，历史的发展意识要求在寻找发展方向时，必须是符合规律性的、带有先进性的、具有前瞻性的。

对于美学发展规律的把握和未来预测，有人认为是目的论，是理想预设，是不符合现实发展的。不错，就现实而言，中国在20世纪90年代以后的确出现了和西方相类似的大众文化浪潮，但是中国的社会发展并没有进入后工业时期，文化现实也不是典型的后现代文化。那么，中国的美学是不是会在西方之后亦步亦趋呢？这种观点似乎忽视了中国文化的特性。如果说文化状态基于一定的社会经济基础，那么美学思想则基于一定的思维模式。就西方文化本身而言，也在反思传统，提出了颠覆二元对立的问题。以“和谐”思维模式为基础的中国美学似乎更易于完成这种超越。

和谐文化建设对当代美学发展转型的一个重大意义就是明确时代性的问题，这就再次将发展的方向放在了逻辑与历史相统一的轨道上，当代和谐文化建设从本质到现实都明确提出了现代审美的和谐理想,强调树立时代性的美学精神。如何转型,如何发展,其关键还在于对发展基础和发展方向的明确。中国美学的当代转型发展结合和谐文化建设,在思想基础和理想指向上具体表现为四个方面:

第一是价值体系的确立与重建。作为文化发展的一部分,社会价值体系是深层的发展因素。当代社会文化场的价值体系受到冲击和破坏,随着物质的富足和科技的发展,人们的幸福感和安全感却在降低,精神需求的饥渴越来越明显。美学关注精神世界的需求,希望重建人的精神世界。与西方文化的社会价值体系不同,西方美学强调实体和追求永恒本体,美等于真,所以,主客二元对立的西方文化决定了人面对客观世界是积极探索和改造掘取的态度。而中国美学"天人合一"的模式本身就把人看作是世界有机整体之中的,美就是和谐,美等于善,善的价值取向使得人面对世界是亲近和融合的态度。所以秋风在《中国需要道德重建与社会建设运动》一文中讲:"道德就是道德,文化就是文化,信仰就是信仰,本无所谓新旧之分。道德、信仰、文化的具体内容确实是可以演进的,但其中的核心价值却是永恒的,它们就蕴涵于传统中。离开了传统,道德、信仰、文化也就不复存在,而没有了这些价值的纽带,社会也就趋向瓦解。"①

第二是超越二元对立思维方式,建立现代辩证和谐的思维基础。思维模式是思想发展的基础,西方近代美学就是建立在近代二元对立思维方式上的,其本质特征就是对矛盾对立的强

---

① 秋风:《中国需要道德重建与社会建设运动》,《南方周末》2007年2月8日。

调。因此，美学的发展从工业社会到后工业社会，从理性思潮到非理性思潮，从现代到后现代，从人本主义到物本主义，始终处于主体与客体、主观与客观、精神与物质的极度对立斗争之中，即便是号称颠覆二元对立的后现代思潮，其实也没有真正从本质上走出二元对立。所以美学要从本质上走向下一个发展阶段，就要从思维基础上扬弃和超越二元对立，现代辩证思维模式从哲学基础上、从本质上肯定和谐的普遍存在，解决世界二元对立划分的问题，扬弃近代形而上学思想，完成对古代朴素辩证思维的否定之否定，实现思维方式的本质超越。

第三是在当代审美文化的研究之中，要具体地解决二元对立问题。其中最突出的有两个问题，一是精英意识和大众意识的对立，二是思辨理性与日常经验的对立。基于二元对立的思维方式，西方在研究大众审美文化的问题时，便将精英意识和大众意识对立起来，从文化精英主义的一味批判和贬损，到文化民粹主义的全面肯定和妥协。而事实上，大众文化作为一种社会文化存在，其民主性和参与性的优势已经得到现实发展的印证，并不是精英人士可以遮蔽和否定的。但是，大众文化本身也存在着很多问题，比如庸俗化倾向、工具理性的问题等。所以，在审美文化研究还刚刚兴起的时候，就明确了相对客观正确的理念，那就是精英意识和大众意识的互相渗透与融合，达到互补和平衡，既保留精英意识的批判性和引导性，也肯定大众意识的民主性和参与性，实现中国当代美学发展的新思路。

同时，思辨理性与日常审美经验也要有效地结合起来。中国当代美学的发展受西方新思潮的影响很大，尤其是后现代思潮。受怀疑美学和非理性思想的影响，中国美学已有的思想体系遭到了质疑，美本质和体系建构成为反叛的众矢之的。同时，大众文化的蓬勃兴起带来了很多新的社会文化问题，尤其是日常生活审美化、文化艺术大众化等。因此，在西方思想和中国文化现实的双重影响下，当代美学的发展呈现出强调感性体验、现实参与和个案问题的研究范式，抛弃了以往重思辨、重体系的研究模式。然而事实上，在思辨理性和感性经验之间并不应该是非此即彼的关系，理论研究总是需要从感性经验中抽象、归纳出带有普世意义的观念和规则，而鲜活的文化现象也是理性思辨的最可靠依据，将二者对立起来，仍然是二元对立思维方式在起作用。把感性和理性、精神和物质对立起来，其实是不利于美学发展的，实际上审美文化研究在发展过程中已经显现出一些问题，比如破坏多、建设少，常常在一些枝节问题上纠缠等。另外，对于非理性和感性快感的过分强调，也造成了人们面对复杂的社会生活缺乏理性判断，缺乏道德价值体系和人格理想的树立，精神和心灵得不到正面价值的引导和丰富，这也是社会出现精神危机、信仰危机和意识危机的根本原因。

第四是重建西方文化、传统文化和当代文化的关系。美学作为理论学科，根源在西方文化，因此，中国美学的百年发展也一直伴随着对于西方美学的接受与阐释，以及西方文化与传统文化的碰撞与融合，有人干脆把中国美学称为“西方化的中国美学”或者“西方美学在中国”。要解决西方美学理论的本土化问题，有两个必不可少的条件，一个是民族化，一个是当代化。民族化需要依赖传统文化的精神实质和文化特性，当代化则要紧紧围绕中国社会发展的现实问题和阶段特征。事实上，任何文化都具有共同性和差异性，共同性表现为人类文化的通性,而差异性则表现为民族文化的个性,而文化的发展总是在共同性的吸纳和差异性的激荡中进行的。如果说,中国美学百年的发展史更多地接受了西方文化,中断了传统文化,那么,和谐文化的提出则确立了传统文化的精神价值和核心位置。同时,和谐文化在强调和谐原则的前提下,积极面对矛盾、化解对立,是对中国当代社会文化和全球文化的充分认识和正确判断。

如果说,中国美学在新世纪的发展是从反思与自省、批判与重建的大讨论中开始的,那么,和谐文化的提出使得理论的论争和思想的发展都有了更加明晰的思路,为中国美学当代性问题的解决和未来的发展提供了坚实的基础。

论丑在美学发展中的意义*

一、丑的逻辑演进与历史发展

我们经常说不美即是丑。这样解释固然有些简单，但是，从本质上说，丑的确是作为美的对立面而存在的。我们知道，美是在实践中对象对人的自由本质的肯定，或者说人的理智和意志的和谐统一的本质力量的对象化。而当人的本质力量受到压抑和排斥，反而被非人的本质力量所控制时，那么对象呈现出的便是丑，美的主体追求的是和谐感、愉悦感，最典型的便是古典美的追求，无论是讲求形式上的比例适中、色彩搭配协调，还是追求人与社会、人与自然的和谐相融，都是追求一种和谐美，即使崇高的追求，也是由痛感转化为快感，最终投入美的怀抱。而丑的主体追求的是不和谐、反和谐，追求的是痛感。如果说美的最终特征是整一的、秩序的、均衡的、合理的，那么丑的最终特征便是混乱的、奇异的、怪诞的、荒谬的。

美作为真与善的矛盾统一，同时也就是内容与形式的矛盾统一。美的内容是感性对象对善的肯定，美的形式是肯定善的感性对象，这是合二为一的事情。到了崇高便在事物内部展开

---

* 本文原载于《文史哲》1995 年第 4 期。

了美与丑、真与善的斗争，但是，崇高的事物最终是美战胜了丑。崇高中丑的扩大和美的因素被挤出审美王国，最终便导致了丑的独立。崇高强调内容压倒形式，也要求形式丑来表现崇高。到了丑则追求的是内容与形式的不和谐，形式不再像古代那样服从于内容。比如罗森克兰兹认为，丑是“有缺点的形式和自然真实或历史真实的缺乏（‘无形式’和‘不正确’）”[1]。黑格尔更是直接断言“丑总是包含着歪曲”，“不正确的特征刻画就是丑的本质”[2]。

应该说丑的发展始终伴随着美学史的发展，在古代，无论是西方还是东方都是排斥丑的。当人与自然、与社会秩序的关系刚刚确立时，一切都似乎混沌初开，人们的审美理想是单纯的、宁静的，同时又是丰富的、变化的，但是古代人不仅要求统一中的多样性，而且更要求多样中的统一性，强调矛盾双方互相渗透、妥协。在这种审美理想之下，自然没有丑的立足之地。然而，丑却是客观地存在着的。古代的美学家也看到了这一点。亚里士多德认为美的事物的各部分应有一定安排，体积有一定的大小。“一个非常小的活东西不能美，因为我们的观察处于不可感知的时间内，以致模糊不清；一个非常大的活东西，例如一个一千里长的活东西，也不能美，因为不能一览而尽，看不出它的整一性。”[3]可见，即使美学家在观察丑时，也是斜睨

---

① 转引自[英]鲍桑葵：《美学史》，张今译，商务印书馆 1985 年版，第 513 页。

② 转引自[英]鲍桑葵：《美学史》，张今译，商务印书馆 1985 年版，第 456—457 页。

③ [古希腊]亚里士多德：《诗学》，罗念生译，人民文学出版社 1962 年版，第 26 页。

着它的存在。丑作为一个被审视的对象,等待它的命运是如何被改变,化丑为美,这就是最初状态的丑,而这仅存的丑的形态也不过是一些形式丑。古代艺术中曾有过对丑的描写,例如希腊人的百手怪、独眼巨人,长有马尾、马耳的森林之神,鸟身人面的女妖,“描写了最可怕的罪行(如在《俄狄浦斯》和《俄瑞斯特》中),疯狂(如在《阿雅斯》中),令人作呕的疾病(在《斐洛克特蒂斯》中),还在他们的喜剧中描写了各种罪恶和不名誉的事情”①。但是,对于这些形式丑的描写是遵循和谐的处理方式的,即丑经过模仿转化为艺术美。然而即便如此,再现性艺术中丑的魅力毕竟引起了人们的关注。

在美学史上第一个明确提出丑的处理原则的是17世纪的莱辛,鲍桑葵称赞他“预告了一个新时代的黎明”,而新时代之门正是被丑撞开的。莱辛(Gotthold Ephraim Lessing)在《拉奥孔》中讲古代艺术主要是造型艺术,最高法则是美的法则,而近代艺术主要是诗歌艺术,丑可以入诗,也就是说,诗歌不但可以描写丑的对象,而且可以对艺术的多种元素做不和谐的处理。这种丑的处理原则体现的正是形式丑向内容丑发展的轨迹。丑在近代引起了人们的广泛关注并取得了一定地位,它对于艺术的巨大影响,迫使人们不得不对它刮目相看。哈特曼(Heinz Hartmann)说过,愈是否定古典美,愈是接近崇高,丑的因素也就愈大。丑对于审美的不断渗入,不仅表现在艺术表现中不和谐的处理原则,而且表现在促使崇高的诞生上。崇高的产生正是因为丑的介入。美丑对立的复杂关系首先导致了崇

① [英]鲍桑葵:《美学史》,张今译,商务印书馆1985年版,第516页。

高的出现。康德在谈到崇高感的对象时，使用的是“丑陋”(grässlich)一词。崇高感的对象总是一种抵抗我们的判断力，不但不同它相和谐，而且同它格格不入的东西。所以说，丑处于美丑斗争中势均力敌的状态，而当它最终败下阵时，表现出来的便是崇高美，这时丑仍然是从属的，是为衬托美、表现美而存在的，丑服从于美的原则，它这时的地位就像丹内依旁边丑陋的老太婆一样，不可缺少，但又不能独立成画。然而，当崇高中所包含的对立双方终于发生裂变时，矛盾对方便被推向了极端，于是孕育并塑造了本已站在临界点上的丑，丑的形象自然清晰了、独立了，成为了独立的审美范畴。丑把它的钟声敲得越来越响，吸引了越来越多的注意力，它的声波越来越强烈地掺进美的混响中，显示了终有一天将取而代之的欲望。

不知在哈特曼说出“今天引起我们注意的问题不但在于丑怎样参与美，而且在于美怎样参与丑”①时，是否预见了在19世纪末，丑终于占据了历史舞台的那一天。不知是在艾略特的“荒原”上，还是在波德莱尔的“恶之花”开放之时，丑一跃成为艺术舞台上的主角，丑代替了美，丑驱逐了美，丑笼罩了一切。丑在取得主导地位的同时向对立的极端进一步发展，描绘出一个荒诞不经的世界，推出了另一个审美范畴——荒诞。丑仿佛是一支多变的画笔，先是在美的图画上胆怯地勾勾点点，继而画出了美女身边丑陋的老太婆，可它的画兴一起便无法抑制，终于操起荒诞之笔肆意地在画布上涂抹起来。这便是丑从古典经近代一直走到现代的历程，这是一个历史发展过程的勾

---

① 转引自[英]鲍桑葵：《美学史》，张今译，商务印书馆1985年版，第553页。

画，同时也是一个逻辑发展的过程。丑自身从简单的形式不断丰富发展，到更为复杂的内容丑、本质丑，并参与崇高美，促成荒诞。在这个自身发展的过程中，同时反映出美的历史发展和逻辑发展，美的形态和艺术形态因丑的介入，才打破了单纯的色彩，寂静的画面呈现出多姿多彩的局面。

二、丑与其他美学范畴的关系

古典美追求的是一种理想的美，这种古老的理想便是和谐之美。人们把和谐看得神圣，具有无与伦比的权力，和谐之尺规则着万事万物，包括人自身。在西方，学者们的整一、适度的和谐标尺规定着审美对象的声音、形体、颜色等物理属性，在这种理想美的追求下，才会产生集众美于一身的美女海伦形象，这是一个典范、一个模本，头戴神圣的光环，令众人仰视。

在中国，虽然没有对审美对象做过量的测试和数的计算，但同样追求一种和谐美。孔子讲“和”乃是情与理的统一，追求的是“乐而不淫，哀而不伤”的审美理想。正如孔子评价《诗经》，虽主张“兴观群怨”，但也认为诗应具有“洋洋乎盈耳”的艺术感染力。“郑声”“利口”之所以被判为淫乐，便是因为它放纵了人的原始情感，威胁到了正常的道德秩序，有悖于“温柔敦厚”之传统。庄子追求的是心与物的统一。“静而圣，动而王，无为也而尊，朴素而天下莫能与之争美。”“夫明白于天地之德者，此之谓大本大宗，与天和者也；所以均调天下，与人和者也。与人和者,谓之人乐;与天和者,谓之天乐。"①道家追求一种无为的状态,与自然成为一体,达到物我两忘的精神境界。

无论人与自然统一的道家,还是个体与社会和谐发展的儒家,也无论是古希腊雕像那感性躯体上闪耀着的理性之光,还是中世纪的神学研究,都呈现出一种和谐之美。这种审美理想体现出一种自由感、愉悦感,同时也反映出一种中和原则,正如孔子说的"过犹不及"。但是这种刻意的追求、理想化的塑造,走到极致便是超稳定、超饱和状态。在西方,人的精神创新和艺术创造同时陷入了黑暗的中世纪;在中国,宋明理学在禁锢了人们的理想之后,同时也制约了文化的发展。人的精神和艺术的精神都戴上了范本美的镣铐。理想美的追求在淘尽了一切异质之后,便成了绢做的装饰花,净化了美的同时也让生命的美失去了活力,走向了死亡。而打破这种凝固的格局、激活艺术之花的正是理想美一再排斥的它的对立面——丑。

以素朴的辩证思维思考审美问题的古代人,只能为自己营造这样一个理想而狭窄的美的国度,在这片土地上,丑、崇高、悲剧、喜剧混杂在一起生长,并未分化,只有美的原则是至高无上的。当那最美的花朵失去了生命力之后,人们忽然发现了妖艳的罂粟花,尽管它有毒,可是,它那异质的美丽却给这片土地带来了生机。艺术上,西方有文艺复兴的繁荣局面,中国的文人也把从来不登大雅之堂的小说、戏曲推到了先锋地位。当丑在最初以一种异质的美、一种缺憾美出现在范本美的身边时,

---

① 陈鼓应注译:《庄子今注今译》(中),中华书局 1983 年版,第 337、340 页。

人们熟悉了普遍性、必然性的头脑,看惯了有序、均衡、适度美的眼睛,忽然发现了另一番天地。于是审美追求开始倾向于偶然性、个别性、特殊性,打破范本式的格局,使审美从一元向多元发展。尽管丑这时候还是处于服从美、衬托美的地位,但是,人们一旦意识到了它的存在,便一路追寻下来。于是,丑、崇高、悲剧、喜剧,甚至于荒诞便在这种关注下不断分化、独立。

从根本上说,近代美学是由于丑的介入,形成了美丑的对立,才导致了对古典美的否定和崇高的出现。近代社会是一个动荡不安的时代,超稳定的社会结构在东西方都瓦解了,超和谐的审美理想也被美丑对立的理想取代。同时,近代的理想是与强调对立、冲突、矛盾双方不可协调的形而上学的思维方式相并行的。在这种对立原则下,丑与崇高是统一的,丑不但打破了美的单纯性,引入了崇高,而且它最初的表现也多与崇高相配合。

西方美学史上第一个真正区别开美与崇高的是近代的博克(Edmund Burke),他把美与崇高根植于两种人类的基本情欲——“社会交往”和“自我保存”。他认为前者产生的快感是积极的,不含痛感,后者是消极的,由痛感转化而来,而且崇高是在对象与主体冲突对立而又不带来危害的情况下产生的。换言之,美丑对立斗争的直接后果便是崇高的产生。

崇高追求的是一种“无形式”,按康德的理论是以其数量的无穷和力量的无限使得主体对其形式无从把握。黑格尔认为一般崇高都企图表现无限,但又找不到表现对象,作为不充分的表现这一点与丑相似。而崇高感的享受也正是由于这种对象对人的想象力和知解力的压迫,首先产生了痛感,并借助于伦理意志力而转化为快感的。同样,丑追求的是一种不和谐的形式,有不自由的属性,依靠制造可怖或畸形的形象给人们带来痛感。在近代意识中,丑带来的痛感更多地转化成了快感,所以,这时候的丑的内容也有许多表现为崇高感,比如《水浒传》中第六十一回《放冷箭燕青救主,劫法场石秀跳楼》中,金圣叹批道:"奇峰怪壑,层见出迭,真欲惊死天下人","吓杀人,乐杀人,奇杀人,妙杀人"。① 这种由痛感转化而来的快感,正是因可怕的情景引起的。

博克承认"丑—美"的对立面同崇高有部分的一致,但是,崇高与丑是有根本性区别的。崇高追求的是无形式、痛感,表现出力量和巨大,然而崇高最终是要将痛感转化为快感,将不和谐因素调整为和谐,使矛盾冲突在情感的转化中趋于缓和;丑则不然,它最终追求的是彻底的痛感,除了危险与可怖,它还表现了可笑和滑稽,它是反和谐的。

崇高和丑的情感在古代也是存在的,但那时它们都统一在美的原则下,崇高的情感外现为壮美,丑则常常只起到陪衬的作用。是近代丑在加强了自身的同时,突出了崇高。但是在众多方面依靠丑的因素来表现自身的崇高距离美并不遥远,它只是看了看外面精彩的世界,最终又向美回归了。崇高完全承继了美的快感、和谐等品质,仿佛回头浪子,在激烈的动荡、痛苦的徘徊之后,将美表现得异常鲜明。而丑则是美的彻底叛逆者,它打出了不和谐的旗帜。也可以说丑是对立的崇高极尽裂变之势,把对立推向极端的产物。

古典悲剧没有走出和谐的范围,而近代悲剧却是崇高的深

---

① 曹方人、周锡山标点:《金圣叹全集:贯华堂第五才子书水浒传》,江苏古籍出版社 1985 年版,第 416、418 页。

刻表现。它表现出一种不可调解的矛盾冲突。在西方，近代悲剧发端于莎士比亚的四大悲剧，繁盛于席勒的《阴谋与爱情》、雨果的《巴黎圣母院》。中国的悲剧，是孔尚任的《桃花扇》第一次打破了大团圆的结局，在《红楼梦》的宝黛悲剧中表现出深刻的近代色彩，直到鲁迅的《祝福》、曹禺的《雷雨》才得到充分的发展。无论是在哈姆雷特身上、加西莫多身上，还是在贾宝玉、祥林嫂身上，我们都看到一种与古典悲剧截然不同的个性色彩，被描写对象不再是神或理想美的人，而是真实的人，有血有肉，有矛盾的思维，有痛苦的心灵，他们鲜明的个性与社会相冲突，反映着人与自然、进步与愚昧之间的殊死搏斗。正因如此，莱辛才把性格看作近代悲剧"神圣不可侵犯的"法则。近代悲剧的这种个性化、特殊化色彩，应该说是一种崇高感的表现，同样也是因为不避讳丑的反映，敢于正视不完满、不美好的社会现实的结果。

喜剧一直同丑相联系，但是古代的喜剧或是表现形式丑，或是表现部分丑，并没有真正本质上的丑的表现，近代本质上的丑出现后，才产生了近代的喜剧。喜剧也是一种美丑斗争的艺术表现形式，但同悲剧不同，悲剧中的丑是强大的、有害的，压倒了美；喜剧中的丑则行将进入坟墓，成为被美自由戏弄的对象。鲁迅也说，喜剧"是把无价值的东西撕碎给人看"。如果说悲剧总与崇高相联系，那么喜剧则始终与滑稽为伍。关于这一点，我们可以在塞万提斯的《堂吉诃德》和徐渭的《歌代啸》这两部中西近代喜剧的发轫之作中看出。同崇高一样，滑稽之中也具有丑的因素和对立的成分，当这种对立的成分极尽裂变之势，走向极端化时，便产生了独立的审美范畴——丑，而当丑再次走向自身的极端时，又产生了另一个审美范畴——荒诞。崇高、滑稽、荒诞都是以对立为原则的。崇高和滑稽是不和谐的，荒诞是反和谐的，丑则贯穿于它们的发展之间，三者对立的程度不同，对丑的表现也不同。在这个过程中，丑一天天壮大势力，终于在荒诞的世界中纵横无忌了。荒诞作为一个美学范畴，与丑有着直接的亲缘关系。荒诞是极端的丑。丑的对立否定了事物矛盾的联系性和统一性，在本质上是不合理的、不正常的，而荒诞则进一步发展了这种不合理性、不正常性，推至极端，造成是非倒置，时空错位，使一切显得混乱无序，不可理喻。荒诞是对美的“完整性”“和谐性”的彻底否定，是丑对于美的内容扭曲变形的极端体现，变形是其主要表现。

作为艺术形式，荒诞又有其自身的发展过程。当艺术家们最初发现这个世界充满了偶然性的因素，许多事情并非是必然发生的时候，便逐渐认识到现实世界的非理性和偶然性。但是，在最初的作品中，艺术家们的创作依然是严肃的，手法也是理性的，以理性的、尚未完全摆脱传统的技巧来描绘这个非理性的、混乱荒诞的世界，比如艾略特的《荒原》、波德莱尔的《恶之花》。诗人描绘的是一个丑陋、痛苦、混乱的世界，读者同样看到了诗人痛苦和严肃的心灵。到了荒诞派戏剧，到了卡夫卡的小说，艺术家们彻底抛弃了理性，抛弃了推理思维，他们要用非理性的、荒诞不经的手法表现这个毫无意义的世界，以及不可知的人生和异化的人类。于是人变成了甲壳虫（《变形记》），生活是一个怪圈（《二十二条军规》），人在做着无望的等待（《等待戈多》），干着荒诞的事情（《秃头歌女》），艺术的舞台上充斥着道具，角色在反反复复重复一个没有意义的动作，说着颠三倒四、啰里啰唆的语言。

正像当初丑站在美向崇高转化的临界点上一样，如今当丑走向末路时，对美的呼声又隐隐而来了。西方现代派无休止地抽象化，走到“新小说”，已显出危机的端倪，虽然后来有“黑色幽默”和“魔幻现实主义”的小小振兴，但终将不能挽回现代派岌岌可危的命运。人们厌倦了丑，厌倦了荒诞，重新又开始向往美，向往秩序，或许另一个崭新的美的范畴已在眼前了。

三、审丑是人的审美理想的发展

恩格斯说：“在黑格尔那里，恶是历史发展的动力借以表现出来的形式。这里有双重的意思，一方面，每一种新的进步都必须表现为对某一神圣事物的亵渎，表现为对陈旧的、日渐衰亡的、但为习惯所崇奉的秩序的叛逆，另一方面，自从阶级对立产生以来，正是人的恶劣的情欲——贪欲和权势欲成了历史发展的杠杆。”①丑的这种积极意义在审美理想的发展中有着同样的作用。

审美理想不是对某一类的对象的反映，而是对客观现实中美的能动的集中和概括，作为理想美，它比现实美更具普遍性。在古代，理想的美也就是和谐美，追求比例适中，色彩匀称，与追求“天人合一”是一致的。在“高贵的单纯、静穆的伟大”的古希腊雕塑前，我们惊叹美的纯洁；在吟诵唐诗宋词时，我们净化自我的情感；在窦娥的三桩誓愿终于实现时，我们蒙上了观看现实的眼睛。守着中和之美的标尺，人们丈量着外部事物，发放进入理想美殿堂的入场券，同时也在丈量着人自身的思想

① 《马克思恩格斯选集》第4卷，人民出版社1972年版，第233页。

和情感,使之牢牢固守在美的樊笼里。当丑闯入时,人们惊恐、激愤、谴责,但是中世纪教会的烈火未能烧掉真实的丑的存在,中国士大夫的酸腐之言更不为丑所恐惧。丑堂而皇之地登上了艺术的殿堂,首先在市民身上体现出近代的色彩,在丑的刺激下,人们压抑不住好奇的心理,抛开早已厌倦的传统,热烈地投入其中。理想美在艺术上走向了公式化,在人类精神上体现出禁欲色彩,因而丑的投枪首先指向了这两者。文艺复兴打出科学的旗帜,反对神学对人类的愚弄,绘画开始寻找真人,并做真实的反映。在中国,平话传奇悄然兴起。评论家袁宏道在评价其弟的诗作时说:"佳处自不必言,即疵处亦多本色独造语。然予则极喜其疵处。"①对于丑(无害的丑)的出现,人们欣然和热情地给予欢迎。而在打碎精神桎梏时,东西方都出现了纵欲。文学作品《十日谈》《巨人传》《金瓶梅》以纵欲对抗禁欲,呼唤感性的人。丑仿佛是引诱亚当和夏娃的毒蛇,而审丑的刺激便是那被偷吃的禁果。

丑一直是作为美的对立面存在的,当审美被理想化时,丑便是清醒的旁观者。丑从不掩饰它的缺憾,反而以此为特征,告诉人们真是什么。丑作为真实的存在一直提醒着人类要面对现实。于是,人的审美理想在美的召唤下一次次走进圣洁而光明的天堂,又一次次被丑扯下云端,落在地上。西方艺术在文艺复兴中发现了科学性和人性,经过17世纪的理性思潮,终于发展到张扬个性的浪漫主义和面对黑暗的现实主义,然而想象的翅膀和批判的笔又最终推出了理想化和典型化、具有崇高

① (明)袁宏道撰,立人编校:《袁中郎随笔》,作家出版社1995年版,第165页。

感的形象。这时，丑又一次勃然而起，将审美理想打得粉碎，自画出了一个荒诞的世界。审美理想正是这样在丑的刺激下一步步走过历史，走出丰富多彩之路。可以想象，如果没有审丑，审美也许永远停止在它的童年般天真而美丽的梦幻之中，然而，这个假设是决不会存在的，因为历史规律接纳了丑，丑给了历史发展的反作用力。

人自身的解放也是在丑的刺激下不断自省并不断独立的。人类发展之初是不独立的，或像西方那样将自己交给上帝，或像东方这样把自己幻化为家族或自然的一部分。为了美的理想，人类牺牲了个性。一直到了近代，人文主义思潮开启了感性人生，人才喊出了个性的声音。然而，理性的色彩迅速遮盖了感性的画面。于是，人们把理想的光环从上帝身上转到人自身上，以为理想的人便是救世主，可以拯救有污点的人，拯救这个黑暗的社会。你可以说冉·阿让是人，也可以说他是神，他是一个典型化的人，集众美于一身的人。在这种情况下，是丑让人再一次否定了他们自己塑造的偶像，并将投向社会的眼光更多地收进人的内心。于是，叔本华发现了“意志冲动”，弗洛伊德发现了“潜意识”，荣格又推出了“集体无意识”。被剥去了华丽的外衣，已是赤身裸体的人们，再次被现代思想家的X光照得没有一点隐私，或许人的这种自我认识、自我独立的过程是痛苦而难堪的，然而如果没有对人自身的清醒认识，人又该怎样认识他所创造出来的包括美在内的一切事物呢？

审美文化研究及其他

泥土中萌发的审美意识*

——原始陶器的审美特征

H. 里德(Herbert Read)说:“陶器是一门最简单而又最复杂的艺术。说它最简单,是因为它最基本;说它最复杂,是因为它最抽象。”①如果用里德的艺术理论来看待新石器时代的陶器艺术,就会发现为什么他讲陶器是最基本的艺术——是因为陶器最早操练了最基本的形式因素和造型原则,即线条和色彩、整一性和和谐性,并把这种实用的工艺推向了纯粹的艺术审美。

新石器时代标志性的特征就是农业的产生和陶器的制作,其实二者之间是有着必然联系的。格拉德舍夫斯基在《原始社会史》中讲:“使用陶器的盛行其必要前提是定居,因为陶器很笨重,并且极易破碎,不适于在游荡生活中广泛使用。另一方面,陶器的生产巩固了定居,并促使人们从到处驻屯的生活过渡到村庄的生活。向定居过渡开始后,才能够更好地从事农

---

* 本文原载于周来祥、周纪文著《中华审美文化通史》秦汉卷,安徽教育出版社2006年版,第11—22页。

① [英]H. 里德:《艺术的真谛》,王柯平译,辽宁人民出版社1987年版,第21页。

业。”①这两种产生于泥土的文明形式都表明了人类生产力的大步跨进。生产力进步的一个标志是工具。从旧石器时代到新石器时代,人们使用的工具从打制石器进步到磨制石器,也称为从粗石器到细石器。懂得磨光技术之后,人手对于物体性质的辨识和造型的把握更为精准。当然,对泥土特性的认识和掌握较之岩石更为复杂,其中的关键是加入了对水和火的利用。泥土经过水的掺和,呈现出柔软的特性,与手的配合更为亲密顺应,具有了被捏塑的可能性;而经过火的烘焙,又可以变得坚固,使造型固定。这种现在看来很简单的道理,在当时肯定经过了复杂的发现过程和记忆积累。当然,泥土的这种特性也反过来塑造了人类更为灵巧的双手,同时还唤醒了人们创造艺术和审美的更多的想象。

可见,陶器的发明在人类文明的发展史上有着多么重要的地位,它不但是人类生产力发展史上的一次革命,而且是艺术发展史的一个里程碑。

一、实用与审美——造型与彩饰

目前,考古学所确认的属于新石器时代的陶器,主要有碗、钵、罐、盆、壶、豆、瓶、鼎和鬶等十几种形式。这些陶器从造型上而言,不但有很强的实用性,而且表现出高超的制作技巧,尤其是表现了有意识的审美追求和有意义的艺术创造。新石器时代经历了二三千年到五六千年的漫长时间,因而陶器艺术的

① 转引自蒋勋:《美的沉思》,文汇出版社2005年版,第20页。

发展也经历了不同的阶段,从粗糙到精致,从实用到审美。应该说,陶器是一个实用价值和审美价值兼具的艺术形式,但是在这种艺术形式产生之初,也确实可以发现它从实用向审美的悄然转变。

我们先来简单地浏览一下中国新石器时代的陶器艺术。从类型上分,目前出土的陶器大致被分为八种类型:半坡类型、庙底沟类型、秦王寨类型、马家窑类型、齐家文化类型、辛店文化类型、大汶口文化类型、龙山文化类型。在这些陶器类型中,有的还可以再划分,比如有的专家就认为,马家窑类型应该分为半山类型和马厂类型两种。事实上,考古界对于陶器的艺术类型,对于文化在时间和地域上的分期,从认识上讲也有变化的过程。比如,20世纪五六十年代,人们普遍认为半坡类型和庙底沟类型属于仰韶文化的前后两个发展期,甚至认为周边的甘肃马家窑、山东大汶口、辽西红山和湖北大溪等彩陶文化都是仰韶文化衍生而来的变体。随着考古发掘和研究的开展,学者们比较统一的观点认为,半坡和庙底沟两种类型并不是先后发展的两个阶段,而应该是仰韶文化各自发展又密切联系的两种变体。应该说在一定程度上,这些陶器类型其实就代表了文化的分期,主要是时间上的划分,比如马家窑类型、齐家文化类型和新店文化类型都代表了甘肃和青海地域的文化风格,其中,齐家文化类型与马家窑类型之间有承继关系,而辛店文化又晚于齐家文化。也有的是地域上的划分,比如龙山文化与齐家文化就属于同一时期,分别代表了黄河上、下游文化的不同特色。

从形式因素上看,不同的文化类型之间有着各自鲜明的特征,主要表现在造型和纹样上的不同。从造型上来看,一种文化类型中的陶器制品，有着相对统一的模式，这既是一种实用方式和审美趣味的选择，也是区别于其他文化类型的艺术特征。比如，仰韶文化期陶器造型中有一种“小口尖底瓶”，是陶器艺术类型中的典型造型，表现了仰韶文化的主要特征，而其中壶罐口的尖底瓶属于半坡类型，双唇口的尖底瓶属于庙底沟类型。再比如，马家窑类型中，因为陶器的制作大多使用泥条盘筑法，少数器形特殊的是用手捏制而成，因而器形主要有细长颈双耳瓶、小平底钵和卷唇盆等。而龙山文化时期，因为开始广泛使用陶轮制作法，所以形成了器形端正、胎壁薄而均匀、内外都有同心轮纹的艺术特征，造型上以鬲和鬶为代表。

造型对于陶器来讲至关重要，换句话说，陶器的产生除了人们对于泥土特性的认识前提外，还有对于形状功能的认识和记忆。从造型的成因上讲，陶器的器形存在大量的模仿痕迹。比如说盆、钵、碗之类的器皿，可能就是模仿头盖骨的造型。因为考古发现有一些“猎头”习俗的遗存，把头盖骨剥皮，改造成杯子或碗。我们也可以想象一下，或许先民在饮水时无意中发现双手合拢、掬水而用的方法很好，也或许在下雨时，他们发现了坑洼存水的道理，这种共同的形状记忆引发了他们的想象力和创造力，也就有了第一个碗、第一个杯子。当然，模仿的对象更多的还是来自生产生活实践，比如动物、植物和器物等等。半坡遗址和马家窑遗址都出土有模仿葫芦外形制造的陶瓶和陶壶，陕西临潼姜寨出土的葫芦形彩陶瓶，整个器形酷似葫芦。其他模仿葫芦造型的还有陶罐、陶勺等。除了葫芦，像瓜、叶、花等也都是陶器造型的模仿对象。马家窑陶器中有一个带盖陶罐，外形似瓜，尤其是盖上纽把的造型，酷似瓜蒂和瓜藤。除了整体形状，还有细节模仿的，像一些陶瓶、陶杯或陶豆，在对底边或口沿的细节处理上，显然是模仿了圆形荷叶或圆形花瓣的形状。对动物形状的模仿也是非常明显的，有的是整体模仿，有的是局部模仿，比如大汶口文化时期的猪形陶罐、河姆渡时期的陶狗、仰韶文化庙底沟类型中的鸮鸟陶鼎都是整体模仿的；而半坡遗址出土的鸟头形或兽形盖纽，湖北大溪文化遗址出土的鸟形盖纽，江苏大墩子出土的螺蛳形带流陶壶则都是局部模仿的。其实无论是葫芦、瓜等植物造型，还是猪、狗、鸡、鸭、鸟等动物造型，都和新石器时代的农业生产和牲畜家养有着密切的关系。而对器物的模仿最典型的是半坡类型晚期出土的一个船形陶壶，陶壶腹部是船体的形状，并绘有网状纹饰。

通过陶器艺术，我们可以发现总结当时社会的生产与生活情景。而通过艺术地反映以及艺术形式的不断变化，我们同样也可以发现和总结史前陶器从实用不断走向审美的过程。

陶器的出现首先是实用的需要。正像前面提到过的，是农业生产和定居的生活方式为陶器的盛行提供了条件，而农业生产和定居生活也同样要求着更加方便和固定的使用工具。所以陶器制品中首先出现的是炊器和各种便于盛装的器皿，比如河姆渡文化时期就产生了各种形式的陶釜。而模仿葫芦形状制造的陶壶、陶杯，也是为了使用的方便，葫芦之所以成为大量陶器的模仿对象，首先是由于它的适用性。也许人们最初就是用葫芦做器皿，继而才产生了模仿葫芦的创造，而葫芦形的细颈陶瓶本身就被称为“携水器”。比较典型的还有三足器，这种造型并不是来源于模仿，而是直接来源于实用，但是这种三点成面的造型，又恰恰符合稳定、简洁、有力的形式美感，不能不说先民对于形式的把握和感受是非常准确的，而且具有了一定的审美能力。但是随着制陶工艺的不断精进，尤其是“泥”

在手的捏塑下所呈现出的无限可能性，不断刺激着人们的想象力和创造力。就模仿而言，最初也许是实用功能的启发，但是模仿本身也带给制作者巨大的喜悦感。亚里士多德就讲过，模仿是人的本能，而且会给人带来快感。所以，后来人们对植物、动物、器物的模仿就不再仅仅是出于实用的目的了，更多的则是出于审美的快感。比如对动物的模仿，动物的造型并不像葫芦造型那样，直接来自实用的启发，但是大量动物形状陶器制品的出现，说明了人们在创造陶器制品时的审美追求。那些模仿猪、狗、鸡、鸭、鸟的陶器，在造型上都是栩栩如生、生动活泼、憨态可掬，一方面说明了当时的陶器制作者对于造型有了精确的把握能力，另一方面更可以说明，逼真的模仿可以带给人审美的愉悦，并成为当时的一种趣味选择。

从造型上看，新石器时代的陶器比旧石器时代的石器更为丰富，也更为规范化、艺术化。弗朗兹·博厄斯（Franz Boas）就认为陶制品的造型规范是装饰艺术的基础。这种艺术化的审美追求体现在整体的原则，比如对称、整一、均衡，且富有变化，动静结合，比如陶瓶、陶杯或陶鬶的造型处理。除了匀称、端正等共同特征之外，在瓶底、沿口或足部的处理上也显出不同的情趣和追求，比如从尖底到平底、从卷唇到荷叶边。艺术化的追求还体现在各种艺术元素上，比如线条的流畅、婉转，表面的光滑和色彩，以及形式因素之间的搭配协调等等。应该说这些处理手法已经是艺术的原则，因而才表现出艺术形式的美感。

农耕生产和定居生活给先民们带来一种安定的生活状态，先民们告别了动荡的游牧生活，选一块地肥水美的土地耕种百谷、饲养牲畜。这种红红火火的生活气息通过陶器穿越时空，向我们扑面而来。史前陶器的造型和纹饰充分展现了农耕生活的状态，区别于渔猎生活的残酷竞争，人们走入了控制自然、掌控生活的农业文明时代，比较而言，缓和的农业社会带来的是悠然舒缓的心情，人们开始享受生活的喜悦。因而，陶器艺术呈现的就是优美和谐的艺术表现。从造型原则上看，平稳、端正、饱满，视觉上给人一种稳定、满足的喜悦感。从造型的形态上看，那些模仿动物、植物、器物的陶器制品，不但因为逼真的模仿带给人们一种审美的快感，而且通过生动的神情、可爱的造型，表现出人与自然之间的和谐关系，以及人们面对自然的从容心态。从艺术模仿的对象上看，无论是写实的，还是抽象的，无论是花是叶，是鱼是鸟，也无论是舒展的云，还是流动的水，都展现出农业社会的优美心情。尤其是初期的陶器制品，偏爱曲线的器样和纹饰，以饱满的性质、婉转的气韵，表达着脱离血腥残酷的自然竞争和动荡蛮荒的生存状况之后的喜悦和满足。这种喜悦和满足还体现在陶器的用途上。陶器的出现一方面是因为农业产品需要加工储存、烹食饮用，另一方面是生活内容的丰富，尤其是饮食文化兴起的表现。瓮、釜、钵、碗、盆、罐、杯、盘、豆、鬶、鼎……盛水的、盛饭的、盛汤的、盛酒的、煮肉的、炖菜的，看到这一长串各种用途的陶制食器，我们似乎已经闻到了一种有滋有味的生活气息，同时我们也不能不感叹中国饮食文化的久远，因为在新石器早期，食具的形制就基本上一应俱全了。

我们说陶器首先是一种实用制品，但是成为艺术的陶器制品后就逐渐表现出更多的审美性，这在造型方面有一个量变的渐进过程。而陶器的另一个主要表现形式和艺术特征——纹饰，一开始所担当的就是审美的功能。事实上，在旧石器时期，人们已经开始绘画了，但是在制作陶器的初期并没有在器壁上绘画。这是因为一开始制作的陶器都只经过了捏塑、拍打、晾晒等过程,这样制成的陶器质地粗糙,颜色发暗,绘上图案也不会好看。直到陶窑出现,陶器制作尤其是纹饰方面有了丰富的表现。通过控制烧陶的火候,陶器呈现出一种浅红的底色,而且烧制的陶器质地细腻、表面光滑,都有利于绘制图案。当然,陶器的色彩与土质有很大的关系,黄土因为略带碱性而被烧制成红底彩陶,酸性红土适于烧制浅色陶器,黄河下游和长江中下游的土质则便于烧出黑陶和夹沙陶。在陶器上绘制纹样与陶器的使用并没有什么关系,所以,这种审美的需求也是随着陶器制品的发展和艺术处理手段的丰富而不断增强的。最早出现的彩陶制品,还只是在口沿部分绘制出一些宽带纹或锯齿纹。到了仰韶文化时期,陶器通体着色,纹饰面积也逐步加大,色彩更为丰富。从口沿部分到上腹部,再到通体绘制纹样,有的敞口器物还在内壁绘画;色彩也是从早期的红底黑彩,到后期发展为彩绘部分裹上白衣,再施以黑、黄、紫等色,出现双色或多色图案。从色彩上看,无论是单色的还是多色的,也无论是红色的还是黑色、白色的,原始陶器在色泽上都给人一种质朴、浑厚的视觉感受,应该说陶器的整体艺术风格形成,很大程度上与色彩有关。

　　陶器的纹样主要有两大类:一类是具象的,或者说是写实的,如鱼、鸟、鹿或人面等图样;另一类是抽象的,比如几何图形。我们且不论纹样产生的原因何在,是模仿的还是象征的,不存在争议的一点就是,史前陶器上的这些纹样一直以来都被视为是人类最好的装饰艺术。所以说,仅从纹饰上来看,史前陶器艺术已经具有了很高的审美价值。同时,这些纹样不但为后世研究先民的原始宗教观念提供了依据,而且为中国传统艺术提供了许多民族文化符号的原型。

纹饰出现的部位主要取决于观赏视线的角度。因为当时还没有出现桌、几等家具,陶器都是摆在地上的,所以观赏的视线一般只能达到口沿和上腹部部分。尽管有视线的问题,但是随着陶器制作工艺的发展和人们审美需求的增加,陶器纹饰的面积越来越大,纹样也越来越丰富,最终成为陶器艺术的一个主要艺术特征和表现方式,这也是史前陶器艺术审美性不断增强的一种表现。

陶器的纹样具有很强的装饰审美效果,这种效果主要来自于两个方面,一是线条和色彩本身造成的绘画美,另一个是纹样的位置和排列造成的图案美。

线条只是简单的艺术形式,但它的变化却可以带来无限的审美可能性。一般而言,直线会给人一种整齐、规则、稳定的感觉,而曲线则可以带来流动、变化和优美的感觉,三角形让人感觉尖锐,圆形让人感觉饱满。而色彩方面,黑色的线条描画,红色的底面铺衬,白色的留白图画,通过搭配和渲染,使整个绘画更加气韵流动、动静相宜,有变化、有节奏、有层次,更加具有感染力。纹样被绘制在原始陶器上也不是随意的,可以看出是经过精心安排的。一般的规则是大型的图案会出现在陶器的腹部,而小型的则出现在口沿部或底沿部。图案与图案之间互有搭配,比如大圆与小圆的搭配、正三角形与倒三角形的搭配、主要图形与线条之间的搭配等。另外,主要图案通过留白、线条、小型图案的隔离,可以造成不断的重复,给人一种既规则又变化、既连绵不断又富有节奏的美感。例如,半坡遗址出土的一个卷唇圆腹圆底盆的内壁上,等距离地画了四只相向奔跑的小鹿,手法简洁,形态可爱,像剪纸的走马灯一样,有一种质朴和动态的美感。口沿部分还以色彩和线条的变化,勾画了简单的图案。而河姆渡遗址出土的一个口沿部呈十八角形的陶釜和一件刻花的陶盘上,都在口沿的外缘部分绘制了连环禾叶纹,工整对称,从造型到装饰都很像现代工艺制品,具有很高的装饰审美价值。

弗朗兹·博厄斯在《原始艺术》中分析造型艺术时讲到,从装饰艺术的特点上看,应该有三点值得注意:一是对称,二是有规律的重复,三是图案形成区域划分。这些特点我们在史前陶器上也已经清楚地看到了,所以,他总结说:"人们对于形式美的兴趣是最基本的,也是最主要的。因此,简单的艺术并不一定表达某种目的,而在人们精通了某种制造技术以后,自然产生了对某种形式的追求,这就是艺术的基础……人类对形式的兴趣来自形状本身给予人的印象,它并不是为了表达某种具体的思想或对美的追求,而是具有表达感情的作用。"①

从史前陶器的整体发展来看,还有一个现象说明了从实用到审美的转化,那就是黑陶的出现。当彩陶衰落之后,大量出现的是灰陶和黑陶。陶器的色彩由多色变为单色,由彩色变为纯色,似乎是审美效果的退化。其实不然,色彩在审美元素中是比较基本的。人们对色彩的感知能力很大程度上有本能的成分,也就是说,人们对于色彩因素更容易直观、感性地把握。同时,色彩比较有利于写实,尤其是与线条比较,线条的表达更为抽象,而对线条的把握就需要更多的积累和训练。黑陶比较彩陶,是从色彩因素过渡到线条因素,形成更为纯粹的形式表

---

① [美]弗朗兹·博厄斯:《原始艺术》,金辉译,上海文艺出版社1989年版,第56页。

达。当然,黑陶还有在造型上模拟动物的,比如猪形陶鬶、黑陶鹗尊,虽然有动物的形态,但是,造型的准确和色彩的纯粹,仍然可以让我们把注意力集中在陶器的品质上。对于黑陶的审美更凸显品质,这是从色彩追求转向陶质和形貌追求的一种直接结果。黑陶大多制作精良,质地均匀,表面光洁,有的胎壁薄如蛋壳,线条流畅匀称,给人一种精致、古雅的美感,比如黑陶镂孔高柄杯。许多黑陶胎薄形奇,具有很高的观赏价值,但是显然不具有使用价值,成为纯粹的装饰品或奢侈品,这应该是史前艺术中实用与审美的一次分化。

对于实用和审美的问题,普列汉诺夫曾经说过一段话:"那些为原始民族用来作装饰品的东西,最初被认为是有用的,或者是一种表明这些装饰品的所有者拥有一些对于部落有益的品质的标记,而只是后来才开始显得是美丽的。使用价值是先于审美价值的。"①但是人们一旦发现了审美的价值,就把它变成一种自觉的追求,使用的价值来自于物质性,而审美的价值来自于精神性,感官的愉悦和精神的超越都吸引着人们在审美的道路上不断追求。

二、写实与抽象——纹样

陶器制作在使用了烧制技术之后,达到了对色彩和表面光洁度的控制,为纹饰的出现提供了基础。彩陶是在浅色胎底上

① [俄]普列汉诺夫:《论艺术:没有地址的信》,曹葆华译,生活·读书·新知三联书店 1964 年版,第 125 页。

绘以深色图案,如红底黑彩;而黑陶则是在黑色胎面上刻画出图案。就纹样组成而言,则是从简单的刻痕,一直发展到有内容情节的图案,逐步丰富复杂。概括而言,主要有动物纹、植物纹、人物纹、几何纹、编织纹等。最早出现的就是编织纹,又分为绳纹、网纹和篮纹等。从艺术发生学角度讲,这应该和纹样产生方式,以及生产生活方式有关。最早陶器是依附在编织物上的,人们在竹篮或绳筐等器皿上涂上泥巴,经过日晒火烤而成型后,就成了早期的陶器,在它上面自然也就留有一些编织纹样,这是关于陶器纹样产生的一种说法。比如半山类型的彩陶中,网纹就是一种主要装饰纹样,这就和生活在那里的人们以捕鱼为生的生活方式有关。

动物纹样和植物纹样都比较丰富,也同样都来自于人们对自然界的观察和生产生活的实践。常见的动物纹包括鱼纹、鹿纹、鸟纹、蛙纹、壁虎纹、猪纹等。很多陶器都以动物纹作装饰,像仰韶文化中的半坡类型就以此为显著特点。半坡遗址出土的彩陶中,鱼形花纹是很有代表性的,有单体鱼纹、复体鱼纹,还有与人面组合的“人面鱼纹”,数量多,变化也多,生动传神。再比如,在河姆渡遗址、大汶口遗址和小河沿文化遗址中都有猪形纹饰的出现。

植物纹装饰同样非常丰富。据考古研究显示,当时的作物栽培种类已经很多,像稻、葫芦、麻、松、油杉、芦苇、酸枣、桃,还有瓜类等。陶器制品上植物纹的大量出现,说明原始农业的发展程度和先民对植物形象的熟悉。有的还把植物、动物等组合成有情节的画面,比如有一件稻穗纹陶盆,就同时刻画出稻穗花纹和猪纹。而另一件鱼禾纹的陶盆上,一面刻有兽目和鸟纹,另一面刻有禾苗,两旁还有游动的鱼。这些都反映了当时人们的生产和生活情状，反映了农业、饲养、动物与植物之间的密切关联。

人物图纹数量不多，但意义都很大。比如，青海孙家寨发掘的马家窑类型中的彩陶盆上的跳舞纹，是非常罕见的、完整的人物纹，不但具有图画意义，而且是原始舞蹈的再现。而著名半坡彩陶盆上的人面鱼纹，则引发了许许多多的问题和争议。

几何纹是装饰艺术的主要表现形式。所谓几何花纹就是由直线、曲线、波折线、三角形、圆点等主要因素，有规律地排列组合而成的图案。常见的几何纹样有方格纹、波纹、三角纹和圆圈纹等。几何纹样在原始陶器上已经有大量的使用，而且不同文化类型的陶器制品仅从几何纹样上也可以有所区分，形成地域文化特征。比如半坡出土的陶器主要有八种独立的花纹纹样，分别是宽带纹、竖条纹、大三角纹、竖线纹、斜线纹、圆点纹、折波纹和月牙形纹，这八种基本纹样还组合演变出 49 种几何纹样图案。事实上，几何纹在陶器装饰上很少是单独使用的，一般会以基本纹样为基础组成二方或四方连续图案。也就是以点、线、三角、圆圈等基本形式元素为单位形成基本纹样，然后再以对称、连绵、重复等一定的结构方式组成连续图案。其中二方连续图案使用更多一些，一般会分布在口沿和肩腹部以上，更加适用于圆形造型，有一种规则变化、对称均衡、连绵不绝的装饰美感。

与造型不同，纹样引发了许多的问题和争议。问题主要集中在两个方面：一个是纹样所表达的含义主要是什么，是单纯的装饰观念还是象征部落意志的虔诚；另一个问题是，作为人类绘画艺术的早期表现，人类通过绘画表达的能力是由具象到抽象，还是由抽象到具象。

我们在说到原始陶器艺术存在一个由实用到审美的艺术化过程时，其实已经表明了一种观点，那就是装饰观念是史前陶器不断艺术化、不断审美化的一种表现，而这一点主要就表现在纹饰方面。纹样自身的演变也可以证明这种发展趋势。比如说，在半坡遗址出土的陶器上，具象的图案要更多一些，而随着文化发展的序列展开，几何纹样的出现次数就越来越多。几何图案是不是就比具象图案更具有装饰性功能呢？我们知道"装饰"就是修饰和装扮的意思。苏珊·朗格(Susanne K. langer)在《情感与形式》中也讲到，装饰的同义词应该是"添饰"(ornamentation)、"美饰"(embellishment)，但是也不完全相同，她认为装饰与"得体"(decorum)属于同源词，因而提到装饰的两个特征，一个是适宜，一个是形式化。[①] 形式化肯定是装饰艺术的一大特征，而且几何图形比具象图像更加走向形式化，这是没有问题的。所谓适宜，应该是围绕一个主体，适合一个主体，苏珊·朗格也讲到不是增添一个独立的饰物。如果我们去查"装饰艺术"，《辞海》中这样定义："指以装饰性为特征的艺术样式，带有一定的功能性。"[②]因而，具象的图案与几何图案相比较，因为多了一些内容的要素，在装饰功能上就弱于后者。所以我们说，史前陶器的纹样具有装饰性功能，表达了一种装饰观念，是没有问题的。但是，如果说纹样的出现就是表达一种装饰的观念，或者说仅仅是为了审美的功能，这就未

---

① 参见[美]苏珊·朗格：《情感与形式》，刘大基、傅志强、周发祥译，中国社会科学出版社1986年版，第73页。

② 辞海编辑委员会：《辞海》，上海辞书出版社2000年版，第2308页。

免是在用现代的装饰艺术概念推测先民的创作动机了。

因此，后来的原始文化、原始艺术发现和研究指出，纹样的出现不应该仅仅是在表达一种审美的欲望，或者是在纯粹地模拟自然，而应该具有非常强烈的图腾性质和宗教巫术仪式。这种观点主要是19世纪以后，随着人类学、社会学和民族学的发展提出的。普列汉诺夫说："从历史上说，以有意识的功利观点来看待事物，往往是先于以审美的观点来看待事物。"①比如文身，最初也许是在往身体上涂抹泥巴，以抵挡蚊蝇或阻挡阳光，但是后来就开始表达一种宗教的情感，最后人们又发现了审美的效果。也就是说，当山顶洞人把赤铁矿粉撒到尸体周围、用红色来涂抹随葬品时，并不是为了美，或者说他们的首要目的不是表现美，尽管他们已经有了色彩的感觉经验记忆，他们是在进行一种带有社会性质的巫术仪式，红色是作为一种观念性的巫术礼仪符号，来表达人们的一种巨大的宗教情感。李泽厚就认为后来的巫术仪式和宗教意识表达都是山顶洞人巫术活动的一种延续、发展和进一步符号图像化。所以说，"在原始社会时期，陶器纹饰不单是装饰艺术，而且也是族的共同体在物质文化上的一种表现……彩陶纹饰是一定的人们共同体的标志，它在绝大多数场合下是作为氏族图腾或其他崇拜的标志而存在的"②。

另一个问题是人类的绘画表达能力是从写实开始的还是从符号开始的，或者说是具象在先还是抽象在先。从这种争议

① ［俄］普列汉诺夫：《论艺术：没有地址的信》，曹葆华译，生活·读书·新知三联书店1964年版，第108页。

② 李泽厚：《美的历程》，安徽文艺出版社1994年版，第28页。

就可以看出这本身就是两种观点。一种观点认为，人类一开始进行的是简单的符号创作，以刻画和涂抹来记录，只是以突出的特点来代表事物。后来随着人们模仿能力的增强，绘画的写实图案才逐渐增多和逼真，因而是由抽象到写实的。比如苏珊·朗格就说："一般人都设想，最初人们描摹真实花卉的外表，而后为了某些不明显的原因，人们从真实的画面中'抽象'出所有这些古怪的图形。在我看来，对装饰性艺术和最早的再现性艺术所进行的对比性研究，实际上已强有力地说明：形式是最早的，再现功能产生于形式。"①另一种观点认为，人天生是具有模仿能力的，不管是出于功利的目的还是艺术的表达，最终的艺术表现都是这种能力的实践，因而应该是由写实到抽象的。我们也认为，艺术作为一种符号系统，符号的演变应该是从再现到表现的，作为一种艺术风格，也是从写实到抽象的。

所谓写实，应该是和创作主体的视觉概念相一致的。而所谓抽象，就应该是将事物在视觉概念中的边缘属性舍弃掉，只突出中心属性的一种图像"简化"的过程。李泽厚先生在《美的历程》中也指出，把几何纹样说成是事物模拟图像的简单化，这种观点是把问题简单化了。因为在原始社会时期，审美性的装饰并没有成为一种独立的艺术追求，所以人们不会是仅仅为了美观而创造模拟"树叶""水波"的几何纹。李泽厚先生说："它们是由动物形象的写实而逐渐变为抽象化、符号化的。"②为什么是动物形象呢？正像普列汉诺夫说的："狩猎生

---

① ［美］苏珊·朗格：《情感与形式》，刘大基、傅志强、周发祥译，中国社会科学出版社1986年版，第83页。

② 李泽厚：《美的历程》，安徽文艺出版社1994年版，第23页。

活产生了狩猎神话，而狩猎神话又成为一种原始装饰艺术的基础。”①先民们最初在观察自然和理解自然的时候，将某种神秘的力量赋予了一些生命体，比如猛兽、鸟、鱼和蛙等，它们寄托了人类获得超越自身能量或者永世不灭的希望，以及与超自然神灵沟通的欲望。因为原始先民更多需要表达的是这种宗教情感，所以，看似艺术审美的陶器纹样装饰，实际上是先民的一种宗教情感表达、一种图腾符号载体。

在仰韶文化时期，半坡遗址的陶器纹样中，动物形象很多，最突出的是鱼。李泽厚援引闻一多的话讲，鱼有着生殖繁盛的祝福含义。事实上，除了鱼之外，动物纹样中较多出现的鸟、蛙、蛇等都是多子的动物，因而属于生殖意象，具有期盼子孙“瓜瓞绵绵”的含义。除了生殖意象，动物纹样也表达了一种生命意识，这些被模拟的动物或者具有多产多子的特点，或者具有特殊的生存本领，像鸟在空中飞翔，鱼在水中畅游，这都是人对于生命力的一种理解和希望，因而人们会敬仰、祭拜它们，有时还绘制人鱼同体、人蛙同构的图案。

动物纹样还有一个比较突出的表现，就是作为图腾符号。“彩陶纹饰是一定的人们共同体的标志，它在绝大多数场合下是作为氏族图腾或其他崇拜的标志而存在的。”②比如仰韶文化时期，半坡氏族以鱼为图腾，庙底沟类型的氏族以鸟为图腾，而生活在黄河中上游的马家窑文化时期的氏族是以鸟和蛙为图腾，与仰韶文化时期的氏族有着承继关系。人类形成一定的

---

① [俄]普列汉诺夫:《论艺术:没有地址的信》，曹葆华译，生活·读书·新知三联书店1964年版，第114页。

② 石兴邦:《有关马家窑文化的一些问题》，《考古》1962年第6期。

社会共同体,也就会形成一定的宗教信仰和文化风俗,而这些也必然会影响共同体中的人的观念和创作,所以,通过文化符号,这里主要是指图腾符号,就可以发现人类文化发展的序列和关系。也可以通过图腾符号,在不同的文化传承载体中,取得相互印证。比如涂殷康在《蛙神话源流》一文中,就提到黄河中上游以蛙为图腾的氏族可能就是神话中的女娲氏族。

在讲到史前陶器的几何纹样时,李泽厚使用了克莱夫·贝尔(Clive Bell)的“有意味的形式”理论,认为从写实到抽象是一个从内容到形式的积淀过程,“纯形式”更具有“复杂的观念”和“想象的意义”。对于写实与抽象的区别,苏珊·朗格也说:“这种看见的对象仅止诉诸视觉。‘写生’或‘写实’画的主要目的就在于此。呈现事物于视觉而终被作为幻象为人了悟,是从通常环境中抽取可见形式的一种便当(然而决非必要)的方法。”①她认为,艺术形式被抽象出来就是为了摆脱日常功能,比如联想到事物,而获得新的功能,即充当符号,表达情感。“艺术形式具有一种非常特殊的内容,即它的意义。在逻辑上,它是表达性的或具有意味的形式。它是明确表达情感的符号,并传达难以捉摸却又为人熟悉的感觉。”②那么陶器纹样这种“有意味的形式”表达的就是远古民族的符号意义。

“有意味的形式”是从有内容的图案经过抽象,逐渐积淀而成的。我们讲到了抽象本身就是对原型的一种心理加工,也就是舍弃从属属性,保留和突出中心属性。对于这种具象图形

---

① [美]苏珊·朗格:《情感与形式》,刘大基、傅志强、周发祥译,中国社会科学出版社1986年版,第60页。

② [美]苏珊·朗格:《情感与形式》,刘大基、傅志强、周发祥译,中国社会科学出版社1986年版,第62—63页。

到几何图形的抽象过程，考古学家通过探究比对，曾经有过大量的描述，比如从半坡彩陶的鱼形纹样的复合演化推测图来看，就存在类似的规律，“即头部形状越简单，鱼体越趋向图案化。相反方向的鱼纹融合而成的图案花纹，体部变化比较复杂，相同方向压叠融合的鱼纹，则较简单”①。具体来看，其中菱纹中对角斜十字方形图案，是鱼头的演化，而黑白相间菱形十字纹、对向三角燕尾纹，是鱼身的演变。再比如，经过充分的几何化，鸟纹会演变出螺旋纹、拟日纹；蛙纹会演变出波形纹、垂幛纹和拟人纹等，而鸟和蛙的眼睛会被用圆点或圆圈来强调。这些描述都仔细展现了图案由具象到抽象，由写实到符号化的过程。其实这种抽象几何化的表现方式是人类艺术发展的一种规律，比如人类学家在研究原始民族艺术时也发现了这种规律。艾伦莱赫观察巴西辛古河地区的土著人的装饰图案后发现，这些几何图案是一些有着具体模拟对象图案的简略，像两边画有小点的波状线条，就表示一条蛇，附有黑角的长菱形则表示一条鱼。

李泽厚在用“积淀”的观点总结这种“有意味的形式”时，认为“也正由于对它的感受有特定的观念、想象的积淀（溶化），才不同于一般的感情、感性、感受，而成为特定的‘审美情感’”②。这种形式是表达性的，表达的情感是模糊的，而表达的结果是准确而感人的。由写实到抽象，由内容到形式，也是一个逐渐规律化、规范化、形式化的过程，就像李泽厚说的，

---

① 李凇、顾林等：《中国绘画断代史：远古至先秦绘画》，人民美术出版社 2004 年版，第 98 页。

② 李泽厚：《美的历程》，中国社会科学出版社 1986 年版，第 33 页。

“特定的审美情感也逐渐变而为一般的形式感”，因而这种形式也就逐渐地被人们所承认、所认同、所坚持，承载着特定的符号意义、观念和情感，在文化传承的过程中不断演练，一面将文化的信息薪火相传，一面培养着民族的审美能力和审美情趣。

史前陶器对于中国文化的形成有着重要的意义，一方面从形式上，它作为传统艺术留下了许多文化符号；另一方面，它就像一次最早的文化操练一样，规制和明确了中国传统的艺术精神。正像宗白华先生讲的：“我们对最现实的器具，赋予崇高的意义，优美的形式，使它们不仅仅是我们役使的工具，而是可以同我们对话、同我们情思往还的艺术境界。”①

① 宗白华：《宗白华全集》第2卷，安徽教育出版社1994年版，第405页。

原始饰玉和礼玉的审美文化特征与意义*

玉，对于中国人来讲有着特殊的情感和意义。最初，玉被用来装扮人们的身体，同时，由于玉石的稀有和神秘感，它也被作为财富和通灵的象征。随着社会的发展，玉又逐渐被人格化、道德化、艺术化，人们用玉来比喻君子，用玉来象征高尚的品格，用玉来比拟坚贞纯洁的精神。《左传》中记载晋国公子重耳以玉璧投河盟誓。当生命面对民族大义、道德考验时，人们也常说："宁为玉碎，不为瓦全。"不夸张地讲，玉就象征了中华民族的一种文化精神。所以，宗白华先生曾经说，西方人把中国称为瓷国，而瓷器承继的就是一种玉的精神，它使我们的日常生活也充满了玉的美。《易传·系辞》讲："形而上者谓之道，形而下者谓之器。"玉器，这个本来属于形下之器的日常器皿，因为它本身质地的温润、细腻、坚韧、晶莹，也因为人们对它的美好情感，而被赋予了更多的形上之道。玉，成了中华民族传统精神生活的文化符号。

中国是世界上主要的产玉国，中华民族也是世界上最为崇

---

* 本文原载于周来祥、周纪文著《中华审美文化通史》秦汉卷，安徽教育出版社 2006 年版，第 22—29 页。

尚玉器的古老民族。玉器的生产和使用在中国都有着悠久的历史。“玉”素称“山岳精英”。《说文》释:“玉,石之美者。”所以又说“美石如玉”。我们还记得山顶洞人那颗微绿色的鸡心小砾石,当它被佩戴在人们胸前的时候,不难看出人们已经产生了“爱石如玉”的美好情感。在漫漫的石器时代,这种人与石的亲昵过程不断地培养着人们爱玉的情感,发现着玉石的魅力。到了玉器滥觞时期,透过玉质闪烁出的美丽,仿佛还能唤起久远的石器时代的记忆,唤起源源涌动的爱意。

史前玉器是从石器中分离独立出来的,这是艺术发展的必然过程。按照考古学家苏秉琦的说法,史前玉器的滥觞,应该是距今8000年前的事情。史前玉器也有着自身的产生、发展、繁荣的演化过程。据考古研究,最早的玉器应该出现在阜新查海,属于内蒙古、辽宁、河北交界的兴隆洼文化,距今8000年左右,是新石器时代中期的一种地方文化。这个时候的人们不再满足于用石质或牙骨质的装饰品,开始寻找和使用更为稀有和更有光泽的玉质料,加工打造成玉器作为装饰品。处于史前玉器起始阶段的还有黄河中下游的老官台、裴李岗文化,处于长江下游的河姆渡文化,也都发现了玉器。这一时期由于很难找到比玉硬度更高的加工工具,所以,只是使用比较简单的技术,如切割、研磨和钻孔。这一时期的玉器也显出形制简单、加工粗糙、素面无纹饰的特点,以装饰类居多。在史前玉器的发展阶段,以中原地区的仰韶文化、山东的大汶口文化、长江上游的大溪文化、长江下游的“马家浜—崧泽”文化,以及辽河流域出土的玉器为代表。可以看出玉器的制作和使用都有了很大的发展,最显著的特点是出现了各自独立的制玉地区,制作技术有了很大的提高。公元前3000年左右,以内蒙古、辽宁交界的红山文化，山东大汶口文化，岭南地区的石峡文化，尤其是长江下游的良渚文化为代表，史前玉器进入了成熟繁荣期，这一时期的玉器不但数量多、种类多、技术精进，而且带有使用性质的玉器减少，信仰性的礼玉大增，也表现出史前玉器从实用价值到审美价值、从装饰用品到文化符号的一种过渡。

一、美饰——饰玉的审美功能

人类使用装饰品来修饰自身和美化生活，从旧石器时代晚期就已经开始了。我们还记得山顶洞人用石珠、石坠、兽牙、贝壳、骨管和鱼眼等做成头饰和胸饰，或者单独悬挂，或者成串佩戴，对于所选物体的大小、光滑度、鲜艳度也都明显有了要求，并且使用了打磨、钻孔等技术。可以看出旧石器时代的人类已经通过人体的装饰，表达了审美的要求。所以说，装饰品的出现应该是原始先民美化自身的意识及要求的萌动和强化的标志。

普列汉诺夫在《论艺术：没有地址的信》一书中反复强调了一个观点：在原始艺术中，功利目的是先于审美目的的。也就是说，许多表现出审美价值的东西和行为，在最初并不是为了获得美感，而是因为有用。比如说绘身，原始人最初往身体上涂抹东西、绘画标记，也许是为了驱赶蚊虫、防晒或者记录，但是后来他们发现这样可以使自己更好看，于是出现以美饰身体和获取美感为目的的绘身。还有一个例子，男人把羽毛插在鼻子或耳朵上，是一种技巧的证明，体验在狩猎过程中获取的快感，但是不打猎的女人如果佩戴羽毛，男人就会感到不愉快。

同样是用作装饰品，男人会把每一个铜丝都打成项圈给女人戴，因为金属装饰品和女人都是男人财富的证明。所以，普列汉诺夫说："那些为原始民族用来作装饰品的东西，最初被认为是有用的，或者是一种表明这些装饰品的所有者拥有一些对于部落有益的品质的标记，而只是后来才开始显得是美丽的。使用价值是先于审美价值的。"①

所以可以说，装饰是产生在一定社会生产力基础上的，是社会关系和活动的产物。也就是说，人不是天生就有装饰的欲望的，最初的装饰是出于生存的需要，但是装饰的体验带给人们审美的快感，于是人们就萌生了装扮修饰自己的欲望和要求。而装饰用品一旦出现，逐渐就与工具、武器并行发展，成为相对独立的原始造型艺术种类。随着装饰体验的丰富和生产力的提高，人们对于装饰品的要求自然也会提升，于是玉器就代替了石质、陶质、骨质等装饰品而受到人们的青睐。

在史前玉器的繁盛期，玉器的数量巨大。比如 1986 年，在良渚文化的反山墓地就出土了 1200 余件(组)玉器，第二年在瑶山墓地又出土了 700 余件(组)。就单体墓来讲，反山墓地 12 号墓就有 200 余件(组)随葬玉器，20 号墓则有 170 余件(组)，以单件计算，多达 511 件。从考古的发现和搜集来看，史前玉器中饰玉的数量是最大的。仅从数量上看，就可以想见当时玉器装饰的盛行状况。

史前玉器装饰品不但数量多，而且种类丰富。主要类别有玦、璜、镯、管、珠、坠、片、小环、指环、头饰、佩、牌、串饰、穿缀

① [俄]普列汉诺夫:《论艺术:没有地址的信》，曹葆华译，生活·读书·新知三联书店 1964 年版，第 125 页。

饰,以及其他挂饰。它们分别被用作头饰、耳饰、颈饰、胸饰、腰饰,上肢装饰还分为臂上、腕部和手指的装饰。饰玉种类的繁多和使用范围的扩大是直接关联的。人们大量使用玉器,尤其是玉器饰品,一方面说明当时人们的审美欲求在装饰用料的发掘和制作工艺的精良刺激下更为强烈;另一方面也说明,社会财富的分化急剧加大,比如玉器作为一种稀有的质料和用品,对它的占有就是财富和权力的体现。从墓地出土的情况来看,有的墓地随葬了大批玉器,而有的则没有或寥寥几件玉器,就说明了这一点。

饰玉的大量出现,证明了原始装饰艺术的独立发展程度,以及审美价值在社会上的普遍认同。换句话说,纯粹的审美功能在饰玉上体现得更为突出。饰玉的审美功能体现,或者说装饰审美的纯粹性,主要表现在两个方面,一个是装饰行为本身,一个是装饰品的美饰效果。

我们说,最初装饰行为的出现虽然不是纯粹以审美为目的的,但是,一旦装饰审美成为人们的一种需求的时候,它就成为了一种独立的艺术行为,而且是以美为追求目标的。"美是自由沉思的产物,是人摆脱了自然的奴隶状态的产物,只要人开始偏爱形象,为了外观而不珍惜实在,自由也就开始了。"①这儿讲到一对概念,"外观"和"实在"。"'外观'(Schein)是席勒美学中的一个关键性概念,他认为事物的实在是事物的作品,事物的外观是人的作品;一个以外观为快乐的人,就不再以他所接受的为快乐,而以他所产生的为快乐。审美的外观,我们之所以喜欢它,只是因为它仅仅是外观,而不是因为它是什么

① 朱狄:《艺术的起源》,中国社会科学出版社 1982 年版,第 119 页。

更好的东西。”①这里已经讲得比较清楚了,“实在”是有用的东西,对它的喜欢带有功利色彩;而“外观”是无用的东西,对它的喜欢只是审美的情感。那么就玉器饰品而言,人们对它使用的直接目的是喜欢(炫耀财富是次要的,因为也可以采用其他方式表现财富),而引起喜欢的主要因素就是外观,是玉器通过色彩、造型、纹饰等因素组合而成的外观美、形式美。比如说,从造型上看,有些饰玉是以幻想中的事物来造型的,本身没有模拟的对象,自然也就很难通过事物的联想产生愉悦感。即便是一些有具体模拟对象的,像人物或动物的造型,也只是一些形体的模拟,通过一些小型化、实用化、艺术化的处理,只是表现出造型的生动而已。像钺和锛,本身它们是武器和工具,但是玉制的钺和锛则只保留了外观轮廓,不再具有任何的使用意义,因而从价值上讲,它就是一件艺术品,具有审美性。

装饰品既然是为了满足审美需求的,自然要追求审美的效果。从史前玉器的审美性上看,应该主要表现在造型和纹饰上(玉器的色彩美更多属于自然属性,虽然是审美因素的主要方面,但是我们在此不做分析)。从饰玉的造型方面,又可以分别从两个方面看。一个是人物或动物造型,一个是几何和整体造型。模仿人物和动物造型是饰玉的一个突出特征,当然造型中的动物也有幻想出来的,不过大多数是根据人们熟悉的形象创作的,像玉龟、玉鸟、玉龙、玉蝉、玉鱼、玉鸮、卷体兽、鹰形玉佩和玉人等。这些带有鲜明形象特征的造型,使得玉器饰品显得活泼、精致、传神、富有生气,表现出原始装饰艺术高超的塑

① 朱狄:《艺术的起源》,中国社会科学出版社1982年版,第118页。

造能力。

值得注意的是玉器饰品上“龙”的形象的出现。代表作品出现在辽宁和内蒙古交界的红山文化中。一个是内蒙古三星他拉遗址出土的大型碧玉勾龙。一个是辽宁建平出土的玦状卷体兽。玉勾龙身体蜷曲呈“C”形，背部长鬣高扬，龙尾内卷；吻部前伸上翘，双眼成梭形，鼻端有锐利的棱线。玉勾龙用一块墨绿色软玉雕成，截面呈椭圆形，运用了圆雕手法，细部则用浮雕和浅雕手法，通体光洁圆润，素面无纹，是迄今所见年代最早的龙形原始玉雕。玦状卷体兽，头部像猪，又称猪龙。两耳竖起，两眼圆睁，吻部前突。身体蜷曲呈圆环状，尾端弯向吻部。有学者认为，玦状卷体兽与玉勾龙关系密切，都是中国龙崇拜的最初形式。龙的形象是人们幻想的结果，这种根据蛇虫和其他动物的体形特征幻想出来的造型，不但奇特生动，而且瑰丽神秘。作为饰玉，它既体现了原始先民奇幻的艺术想象力，又带有史前艺术的神秘色彩。

除了有具体形象的造型，还有大量的几何形状造型，圆的、方的、椭圆的、菱形的，尤其是串饰品和串缀饰品，更是多使用几何造型。几何造型比较注重形状的美观，以更为抽象的形式感带来审美效果。事实上，人类对于节奏、对称、比例等抽象的形式具有天然的感受能力，而形式的美感也是随着技术活动的发展而不断发展的，比如玦状卷尾兽，在背部钻孔，挂起时首尾都向下，这是在制作中对于平衡感的把握和运用。而史前玉器经过了石器和陶器时代的工艺积累，对于形式美的把握和表现更为突出。当相同或相似的玉件被串联在一起时，或因为统一协调性，或因为对称均衡性，以及节奏感和曲线美，重新构造出整体造型的美感。同时佩戴在人体上，又通过与人体的搭配显现出和谐互衬的审美效果。

从形制上看，饰玉中的冠（头）饰是体形比较大的。冠（头）饰可能用于冠帽的饰品或头饰，也可能是神像的玉冠。在造型上一般有三叉形、半圆形、新月形（以良渚文化为代表）。这种造型看似是幻想性的，实际上也有人认为有一定的模仿意义，比如三叉形，可能就是山岳的形象，含有与天神沟通的意义，似乎应该属于某种始祖神话的意象。冠（头）饰上一般有或简或繁的雕刻纹，像良渚文化中的“神徽”图案，龙山文化中的也出现了兽面图案。饰玉中的纹样无论从数量还是功能上讲，在史前玉器中都不算突出，所以，对于玉器纹饰的问题，我们会在礼玉部分涉及。另外，冠形器（还有玉琮、玉璧、玉钺等）这一类大型玉器的出现，本身就说明了当时制玉工艺的发达，同时考古还发现当时已经出现了专门的制玉作坊，肯定也有了专门的玉工，社会分工的精细化从一个侧面说明，史前玉器已经作为一种装饰品或者奢侈品存在，而不是实用品。

二、象征——礼玉和葬玉的象征意义

弗朗兹·博厄斯讲：“在原始人的艺术中存在着两种因素：一种是单纯的形式因素，只靠形式给人以艺术的享受；另一种是形式本身具有某种含义，在这种情况下，含义就赋予艺术品以更高的美学价值……既然这些形式是有含义的，它们就必然具有代表性，虽然并不一定表现某些具体的对象，但有时是代表较为抽象的思维。"①如果说，饰玉更多呈现出的是形式美，那么，礼玉和葬玉则是突出表现了它们所象征的含义。

象征是"用具体事物表示某种抽象概念或思想情感"②。而黑格尔更是认为："象征一般是直接呈现于感性观照的一种现成的外在事物，对这种外在事物并不直接就它本身来看，而是就它所暗示的一种较广泛较普遍的意义来看。因此，我们在象征里应该分出两个因素，第一是意义，其次是这意义的表现。意义就是一种观念或对象，不管它的内容是什么，表现是一种感性存在或一种形象。"③同时，黑格尔认为象征产生于原始人的巫术思维。也就是说，象征所要表现的意义和观念，就是原始巫术的意义和原始宗教的观念。

我们在提到山顶洞人墓葬中的赤铁矿粉时讲，当时的原始人已经具有了原始宗教的观念，这种观念主要就是万物有灵观和灵魂不灭观，这也是原始人抽象思维的开始。史前玉器中的葬玉就是对灵魂不灭观念的反映。在死者口中放置玉器，称为"口含"。除了口中含玉，人们还会在眼睛、鼻子、耳朵里面塞玉。其实在死者身上放置玉石，无非是想借助玉石的不易腐烂，从而期望尸体不朽、灵魂有所归依。另外，玉常常被看作具有通灵功效的神物，据说还可以引导人的灵魂。这种象征含义后来在金缕玉衣、银缕玉衣，甚至是炼丹术中都可以看到，

---

① [美]弗朗兹·博厄斯：《原始艺术》，金辉译，上海文艺出版社1989年版，第80页。

② 辞海编辑委员会编：《辞海》，上海辞书出版社2000年版，第569页。

③ [德]黑格尔：《美学》第2卷，朱光潜译，商务印书馆1979年版，第10页。

黑格尔明确讲到，象征是一种符号，其实是指象征物，也就是象征物与象征意义之间、表现与观念之间是一种象征关系。同样是象征，史前玉器和史前陶器还有所不同，原始陶器更多的是以带有族群标志的纹样图案的方式，象征祖先崇拜和神灵崇拜的观念。而史前玉器，尤其是礼玉，在象征性表现上有两个比较突出的方面，一个是创造了特殊的礼器，另一个是非常集中而突出地推出了“神徽”标志。随着原始宗教的发展，其思想的表达和观念的统一都更加体系化，其中有一个表现就是祭祀礼仪行为的规范化和隆重化，这一点从礼玉的数量和特殊礼器的出现就可见一斑。比如良渚文化中反山墓地遗址的23号墓中，玉璧成堆堆放，多达54件；而江苏寺墩3号墓中出土的玉琮也有32件之多。这种现象一方面说明财富和权力的分化与集中，另一方面更说明了巫术活动和祭祀礼仪行为的盛行。

史前玉器中的礼器也有很多种，主要的礼玉包括玉琮、玉璧、玉钺、玉璜，以及玉冠形器等。以玉琮为例，它是良渚文化中体积最大的礼玉，同时也是最大的玉器。琮，从形状上看，没有任何模拟和实用的痕迹，属先民幻想创造出来的。它的形状很是奇特，大多外方内圆，从外面看是一个方形柱体，中心有一个圆孔；琮体一般上大下小，大多分层分节。最短的玉琮只有一节，高度仅有3—4厘米，最长的则多达10节以上，高度接近50厘米。琮体一般是等距离分节，每节又以四角为中轴线，对称在两个凸面上雕刻兽面纹。浙江反山12号墓出土的一件13节的玉琮，被称为“玉琮王”。

对于玉琮的造型和功能，学术界还多有猜测。有的学者认为，可能是由与图腾崇拜有关的某种物体演变转化而来。更多的学者从它外方内圆的造型上，主张是中国古代“天圆地方”宇宙观念的体现。相近的观点认为玉琮和玉璧都是先民祭祀天地的礼器，根据是《周礼·大宗伯》中记载的“以苍璧礼天，以黄琮礼地”。还有的人认为玉琮是法师作法的法器，验尸用的明器，观测天象的玉视管，甚至有外国学者认为是女性生殖器的象征，不一而足的猜测使其显得更加神秘。根据玉琮出现的年代、随葬的情况，以及玉琮本身在造型和纹饰上的特征，应该说，玉琮是作为一种巫术文化和宗教文化符号出现的，它的造型符合“天圆地方”的原始宇宙观念，是先民期望沟通天地，企盼神灵护佑的思想表现；它的纹饰，也就是“兽面纹”威猛肃穆，已经露出狰狞之色，应该是具有威慑、辟邪的作用。所以，玉琮应该是集祭祀、礼仪、崇拜、护佑、辟邪等功能于一身的礼器和法器。

玉琮上的纹饰“兽面纹”，也被称为“神人兽面纹”，或“神徽”。比如“玉琮王”上的兽面纹纹饰，由直槽内的 8 组神人兽面图像和 8 组以转角为中轴线、上下并列的人、兽、鸟的简化图形组成的图像构成。四面直槽内的神人兽面图像，主体是一神人，面部呈倒梯形，圆眼重圈，宽鼻扁嘴，两排 16 颗牙齿。耸肩、平臂、弯肘、五指张开叉向腰部，蹲踞，脚为三爪鸟足。头上戴着卷云纹的帽，外层是高耸宽大的冠。在神人的胸腹部雕刻有兽面纹，眼为重圈，鼻翼外张，宽嘴獠牙。四角对称雕刻的人、兽、鸟简化组合图像，1、3 节为神人兽面像简化图像，2、4 节为兽面纹，两侧增加了鸟纹图案。神人兽面纹在良渚文化的礼玉上普遍存在，或繁或简，最简化的只保留兽面的基本轮廓，以横线表示冠和嘴，以圆圈表示眼睛。除了玉琮上，像反山 12 号墓出土的玉钺上的神人兽面图，反山 15 号墓、16 号墓和 2 号墓出土的倒梯形冠状器上的神人、兽面、神鸟图案组合,以及龙山文化中出土的玉锛上的兽面纹,都呈现出一致或相似的特征。对于礼玉上的这种神徽纹饰,学术界同样也存在不同的理解。比如李学勤认为,对于图案可以有三种观察方法,也是三个层次的理解,但是不管是看作神人的全身、人兽两个面孔还是看作戴有人面形冠饰的兽面,都应该是古代人们神秘信仰的体现,他还指出图案中的兽,可能就是龙,本来就是神话性的动物。而邓树平认为,神徽图案应该是神祇、祖先、神灵动物三位一体的产物,可以起到祭祀祖先、天人沟通的作用。可见,学者们的理解虽然不完全一致,但是基本上都认为应该是一种象征符号,一种原始宗教观念的产物。

从礼玉的数量、制作工艺,以及造型和纹饰上看,父权社会代替母权社会的一种表现就是杀伐之气代替了田园气息。从兽面纹到青铜时代的饕餮纹,是这种发展的一个表现。在这个父权社会的时代,一方面,当时的祭祀活动非常盛行,原始信仰领域中突出强化了祖先崇拜意识;另一方面,社会财富、权力开始集中,社会分层现象加剧,巫觋集团地位得到巩固,出现巫政合一的政治现象。拥有礼玉的数量和质量,很大程度上反映了对权力和财富的占有。比如钺,这种脱胎于武器的斧形器,在良渚时代非常流行。然而,出土玉钺的都是级别较高的大墓,一般每座一件,其余墓穴只能随葬石钺。所以,拥有玉琮王和玉钺王的墓主人,肯定是集王权、军权和神权于一身的显赫之人,因为他们手中握着权杖标志的象征符号。

论《礼记》“哀乐相生”思想的内涵与意义*

儒家礼乐思想作为一种文化形态，至今对社会生活的方方面面具有相当的影响力，礼乐文化观在《礼记》中有着集中的阐释，其中“哀乐相生”思想表达了礼乐文化的核心观念，但是其美育价值在当代还有待重新发现。

一

关于“哀乐相生”观点，在《礼记》中有一段这样的表述：“志之所至，诗亦至焉；诗之所至，礼亦至焉；礼之所至，乐亦至焉；乐之所至，哀亦至焉；哀乐相生。”①孔颖达在解释“哀乐相生”时从先生后死和乐极生哀的生命经验来说明，是比较容易使人理解和接受的，但是却不够全面和深入。就《孔子闲居》中对“哀乐相生”的这段表述文字来看，在志、诗、礼、乐、哀之

---

* 本文系山东省社会科学规划研究项目系列成果之一，原载于戚良德主编《中国文论》第八辑，山东人民出版社2020年版，第65—74页。

① 胡平生、张萌译注：《礼记》，中华书局2017年版，第978页。

间似乎存在一个发展递进的关系,在礼乐思想的体系之中这一表述也不难理解,但是从结论上就可以看出,"哀乐相生"绝不是在单纯地描述情感经验现象。

"哀"和"乐"首先是两种自然情感,而且生于人的本心。《礼记》中讲:"何谓人情?喜、怒、哀、惧、爱、恶、欲七者,弗学而能。"①"喜"和"哀"都是不学而能的感性表现,人们感受到快乐愉悦的时候会笑,痛苦哀伤的时候会哭,比如"欣喜欢爱,乐之官也"②,比如《礼记》中有大量关于丧祭礼仪中哭的规定,同时还会一再强调"悲哀在中,故形变于外也"③。无论是喜是悲,是笑是哭,都是"人情之实",都是发自内心的真实情感表现,是人的本能。对于本心和真实情感的强调,从"哀乐相生"观点的理解上讲,是一个基础,即共同的人性和共通的情感机制。

"哀"和"乐"是自然情感,但又不仅仅是自然情感。《性自命出》中对于"乐"的情感这样分析:"笑,礼之浅泽也。乐,礼之深泽也。凡声其出于情也信,然后其入拨人之心也厚。闻笑声,则鲜如也斯喜。闻歌谣,则陶如也斯奋。听琴瑟之声,则悸如也斯叹。"④其将音乐所引发的笑和乐又做区分,区分的标准就是音乐对"礼"的表现。"故曰:'乐者,乐也。'君子乐得其道,小人乐得其欲。以道制欲,则乐而不乱;以欲忘道,则惑而

① 胡平生、张萌译注:《礼记》,中华书局 2017 年版,第 432 页。
② 胡平生、张萌译注:《礼记》,中华书局 2017 年版,第 724 页。
③ 胡平生、张萌译注:《礼记》,中华书局 2017 年版,第 432 页。
④ 荆门市博物馆编:《郭店楚墓竹简》,文物出版社 2002 年版,第 69 页。

不乐。”[①]可见，得道之乐和知礼之乐，在儒家看来显然是一种高于感性快乐的精神愉悦。同理，“哀”所表达的情感也不仅仅是悲和哭，“哀”也是感性与理性杂糅的情感，如果说“乐”有得道之乐，那么“哀”也有得道之哀，也就是要符合“礼”。由此可知，“哀”和“乐”既是自然情绪的表现，同时也是自觉情感的表达，因此我们可以说，在儒家“哀乐相生”的观念中，根据不同语境，“哀”“乐”概念可以单纯地描述情绪状态，但其更重要的作用是作为理论范畴，作为礼乐文化的专有概念，其概念内涵和相互关系才形成了“哀乐相生”思想。

生于本心的哀乐自然情感发展成了感性与理性相混杂的复合情感，这个发展也就是哀乐相生的过程。虽然我们习惯按照喜怒哀乐把情感进行划分，但是实际上人的情感在生发的那一刻开始就是复杂的，因为情感活动会引发各个心理因素的作为和心理机制的系统联动，先天生物性的差异和后天经验性的不同都会在心理活动中共同作用，因此喜极而泣可能就是一瞬间的情绪转化。当然我们首先要承认哀乐是一对完全相反的心理感受和情感状态，所以《礼记》中大量丧祭礼仪的规定都是针对“乐”的限制，其中对于失去亲人的人会从容貌、哭声、语言、饮食、丧服、居住等方面给予不同的规定，这些规定基本上都是针对那些可以满足人的快乐欲望的限制，“夫悲哀在中，故形变于外也；痛疾在心，故口不甘味，身不安美也”[②]。儒家认为悲伤之中的人自然不会愿意享受那些快乐的事情，因此对这些事情的限制程度也就能体现出悲伤的程度，比如父母之

① 胡平生、张萌译注：《礼记》，中华书局2017年版，第735页。

② 胡平生、张萌译注：《礼记》，中华书局2017年版，第1104页。

丧，哭祭时"蔬食水饮，不食菜果"，一年之后才能吃蔬果，再一年可以加调味品，之后再一个月可以喝甜酒、吃干肉，这样才能表现出发自内心的悲哀。[①] 从这些礼仪规定看，"哀"与"乐"被设置成了此消彼长的关系，似乎人的内心就是一个战场，作战双方泾渭分明，但事实上人的内心比战场要复杂得多，哀乐之间并没有横亘着一条楚河汉界。哀乐虽然是一对对立相反的情感状态，但同时也有着相近相似的心理体验。《性自命出》中就说："凡至乐必悲，哭亦悲，皆至其情也。哀、乐，其性相近也，是故其心不远。哭之动心也，浸杀，其央恋恋如也，戚然以终。乐之动心也，濬深郁陶，其央则流如也以悲，悠然以思。"[②]"哀"与"乐"的自然属性是非常相似的，都是其心不远，动心而已，思想转念之间就会走向对方，所以哀乐之间才会成为既对立又相依、既相反又相成的关系，因而乐极生悲、悲喜交加的情况常常存在，也就是孔颖达解释的情感经验。但是我们说"哀乐相生"虽然是情感的复合现象，却不是悲喜交加的无目的性的情感混杂，也不是乐极生悲的被动式心理发展，儒家所阐发的"哀乐相生"思想是一种合目的性的、主动的精神追求，因为哀乐在转念之际，其关键所在是"思"，是一种理性的自觉的精神活动。

① 参见胡平生、张萌译注：《礼记》，中华书局2017年版，第1122页。

② 荆门市博物馆编：《郭店楚墓竹简》，文物出版社2002年版，第69页。

二

在"哀乐相生"的思想中,哀乐自然是相提并论的两个概念,而且它们的关系是相反相成的紧密关系,但是我们知道哀乐相生是一个动态的发展过程,在其发展转化、互渗融合的过程中,势必会出现情感因素比重的差异变化,一定程度上,我们也可以把它们的发展看作是两种情感力量的相互作用。如果说"哀乐相生"是追求"和"的情感,那么根据《乐记》的阐释,"乐者,乐也","乐"源于"天地大和""近于仁",是否就说明"乐"比"哀"在发展过程中的作用更大,"乐"比"哀"的情感更重要呢?应该说儒家确实更重视"乐"的情感体验,一是因为这是人的天性,二是因为"乐"是人生追求的目标。龚建平就认为孔子并没有明确提出"哀"的问题,一直是间接谈论"哀"。不管是修身励志所要忍受的磨炼,还是生离死别所要经历的痛苦,还有衰老死亡带来的无奈等,孔子讲到了种种悲伤哀痛,却不直接提出和辨析"哀"的概念。在这个问题上,孔子"并没有展示他的宗教家情怀,所立之教仍是世俗的'伦理教'",而"'哀'毕竟是个我人生领悟的一个极点(独念),不是也不宜把它作为有入世情怀的儒者的入门",尤其是在"礼崩乐坏"的时代,孔子要用"乐"来提升世道人心,所以"哀"的概念直到子思和孟子的时代才逐渐清晰,其价值得以提升。① 儒家对"乐"的

① 参见龚建平:《意义的生成与实现——〈礼记〉哲学思想》,商务印书馆2005年版,第402—403页。

偏好深刻地影响了国人的情感心理结构的形成,李泽厚先生提出的“乐感文化”正是抓住了民族性格中的这一点,“自孔子开始的儒家精神的基本特征便正是以心理的情感原则作为伦理学、世界观、宇宙论的基石”,“这种精神不只是儒家的教义,更重要的是它已经成为中国人的普遍意识或潜意识,成为一种文化—心理结构或民族性格。‘中国人很少真正彻底的悲观主义,他们总愿意乐观地眺望未来……’”①。李泽厚先生认为“乐”在中国哲学中实际上已经具有本体的意义,有着天地之情的理据。按照“天人合一”的逻辑,“乐”确实具有不证自明的正确性和方向性。但是,从“哀乐相生”的思想中,我们发现事实上“哀”的生成性价值应该更大,没有对于“哀”的倾情体验,就不可能真正获得“乐”的丰富感受;没有对于“哀”的反思理解,就不可能真正领会“乐”的深刻内涵。同样是对民族文化性格的精辟总结,除了李泽厚先生的“乐感文化”说,还有徐复观先生的“忧患意识”说,他认为在殷周之际,中国的人文精神表现为一种忧患意识,而忧患意识的形成是周人在困境中精神自觉的反映,此后成为中国人重视责任感和经验智慧的性格组成。忧患意识还有一个独特之处,它不是像乐感文化那样,在“乐”中感受“乐”,而是在“乐”中感受“忧”。作为一种反思能力和警醒意识,应该说忧患意识更多地产生于“哀”的情感,对失败和伤痛所引发的哀伤的恐惧感受,激发出向上的精神动力,“忧患正是由这种责任感来的要以己力突破困难而尚未突破时的心理状态。所以忧患意识,乃人类精神开始直接对事物

---

① 李泽厚:《中国古代思想史论》,人民出版社1986年版,第173页。

发生责任感的表现，也即是精神上开始有了人的自觉的表现”①。

哀乐相生是在心理机制中发生并表现在情绪感受之中的，对于情感变化的根本原因，儒家找到了合情合理的基础，或者称之为本体——“仁”。所以在对礼乐的本质认识上，孔子讲“仁近于乐，义近于礼”②。“仁”是孔子思想最核心的概念，《中庸》讲“仁者，人也，亲亲为大”，孟子也说“仁，人心也”，在儒家这里，“仁心”是人之为人的根本，是标志着人脱离动物性，并具有道德理性的开始。据统计，《论语》中“仁”出现了109次，其中最主要的含义就是“爱人”，其中“人”是从亲人推己及人，《礼记》中有讲“立爱自亲始”，《论语》中也讲“泛爱众，而亲仁”；“爱”则是从亲亲之爱到憯怛之爱。龚建平认为：“仁心有两面：一面是‘戚戚亲爱’之情，一面是‘憯怛’、‘恻隐’之情。如果说前者为‘和’、‘乐’，后者则为‘悲’、‘哀’。‘和’、‘乐’而安，‘悲’、‘哀’而痛。二者相互关联。”③应该说仁心的这两面就是仁爱的特性，或者我们根本就不用分出这两面，基于亲亲之情又能超越狭隘亲亲之爱的“仁爱”，就是一种大爱、至爱，所以仁爱之心的情感感受也自然不是简单的快乐，而应该是对“哀乐相生”的深刻体验，这是乐中有哀、哀中有乐、超越哀乐、无哀无乐的心灵安静，是对天地之情的深刻理解。

---

① 徐复观：《中国人性论史·先秦篇》，九州出版社2014年版，第20页。

② 胡平生、张萌译注：《乐记》，中华书局2017年版，第725页。

③ 龚建平：《意义的生成与实现——〈礼记〉哲学思想》，商务印书馆2005年版，第399页。

儒家用“亲亲”之爱为“中心之仁”找到了现实社会的实践起点，但是这种仁爱却不仅限于血亲，“凡生天地之间者，有血气之属必有知，有知之属莫不知爱其类”①。因此，《表记》中讲：“君天下，生无私，死不厚其子，子民如父母，有憯怛之爱，有忠利之教。”“中心憯怛，爱人之仁。”②所以憯怛之爱就是比亲亲之爱更扩展了的仁爱。憯怛之爱是一种怎样的心理感受呢？《说文解字》曰：“怛，憯也。憯，痛也。”如何理解这种心痛的仁爱？我们可以借助孟子的“恻隐之心”。孟子曰：“乃若其情，则可以为善矣，乃所谓善也。若夫为不善，非才之罪也。恻隐之心，人皆有之……恻隐之心，仁也。”③孟子将恻隐之心作为仁爱的开端，正是因为同类之间天然存在憯怛情感。这是一种共情，这有些像亚里士多德所说的怜悯之心，“一种由于落在不应当受害的人身上的毁灭性的或引起痛苦的、想来很快就会落到自己身上或亲友身上的祸害所引起的痛苦的情绪”④，他认为一切毁灭性的、致命的、不幸的事情都会引起怜悯之情，根据不同的情况还会引发不同的心理感受，比如怜悯、同情和恐惧。憯怛之爱比怜悯之心的含义似乎更为宽泛，亚里士多德用人类的怜悯、同情情感来论述悲剧审美感受的合理性，更加强调无过错或者无心之过所必然承受的巨大的悲惨事件，而憯怛之爱所面对的心理感受对象却不一定是多么悲惨的事件，也许是人生无常，也许是生命必然，也许是生活困顿、暂时阻滞

---

① 胡平生、张萌译注：《礼记》，中华书局2017年版，第1130页。

② 胡平生、张萌译注：《礼记》，中华书局2017年版，第1059、1048页。

③ （宋）朱熹撰：《孟子集注》，齐鲁书社1992年版，第159页。

④ [古希腊]亚里士多德：《亚里士多德〈诗学〉〈修辞学〉》，罗念生译，上海人民出版社2016年版，第225页。

等,因而感受主体的心理不仅仅是“悲”“苦”“痛”感受,而是更为复杂的不“乐”的情感表现,是哀,更是哀而不伤。

我们看到不管是忧患意识还是憯怛之爱,或者恻隐之心、怜悯之情,这些夹杂着痛感的心理感受都是人生之哀,如果说哀乐是硬币的两面,人生的这枚硬币似乎“哀”的一面出现得更为频繁,但是人总是会追求“乐”的,这也是人性的必然。所以,我们正是从这个角度讲,“哀乐相生”是一种自觉的精神追求,经历过哀痛的心灵,并不惧怕伤害,反而更加明白人生的真谛,更愿意激发出自我向上的动力,去完善自我、超越自我,去追求君子之乐,正像颜回“一箪食,一瓢饮,在陋巷,人不堪其忧,回也不改其乐”①,这才是哀乐相生的思想内涵,也是礼乐文化的核心观念。

三

情感生于本心,本心是怎样的状态呢?“人生而静,天之性也”②,“静”是心的自然状态,这一点在道家的认知中也是一样的。“致虚极,守静笃。万物并作,吾以观复。夫物芸芸,各复归其根。归根曰静,静曰复命。”③人心本静,因此所有的情感才是动心而成。人为什么会动心呢?“感于物而动,性之欲

① 陈晓芬、徐儒宗译注:《论语 大学 中庸》,中华书局 2011 年版,第 66 页。

② 胡平生、张萌译注:《礼记》,中华书局 2017 年版,第 718 页。

③ 陈鼓应注译:《老子注释及评价》,中华书局 1984 年版,第 124 页。

也”①,看上去是“物”触动了“心”,但实质上是“欲”难以控制。人有七情六欲,情欲是人的本能,“饮食男女,人之大欲存焉;死亡贫苦,人之大恶存焉”②,“情”与“欲”紧密联系在一起,“情”是“欲”的“形”,“欲”是“情”的“势”,“情”受“欲”的推动指挥,表现出无常难控的性质,这样的情就是偏向于“欲”的“情”,可以称之为情欲。但是这个层面的“情”只是人本能自然的感性之情,作为情感共通的一个基础条件存在,更多地表现为个体行为,事实上儒家所讲的“情”具有更广义的外延和更深刻的内涵。

“乐也者,情之不可变者也;礼也者,理之不可易者也。乐统同,礼辨异,礼、乐之说,管乎人情矣……礼、乐偩天地之情,达神明之德,降兴上下之神,而凝是精粗之体,领父子、君臣之节。”③天地秩序分明是天地之情,这是情的理据和本源,可以称之为情理,“静”的本然状态也是因为自然有序的天地之情。在情欲与情理之间,是“情”的礼乐化过程,也就是人文教化的过程。儒家之所以认为情欲需要教化,是因为看到了无常之情一旦失于控制,无论是对人还是对社会国家都会是有害的。因此,《礼记》中讲“视不明,听不聪,行不正,不知哀,君子病之”④,君子不为是因为君子深知其有害性。故而君子的情感一定是合乎礼的要求。孔子一再强调礼乐的重要性,因为只有加强礼乐教化才能实现儒家培养君子人格的目的,“兴于诗,

① 胡平生、张萌译注:《礼记》,中华书局 2017 年版,第 718 页。
② 胡平生、张萌译注:《礼记》,中华书局 2017 年版,第 432 页。
③ 胡平生、张萌译注:《礼记》,中华书局 2017 年版,第 739 页。
④ 胡平生、张萌译注:《礼记》,中华书局 2017 年版,第 813 页。

立于礼，成于乐”[①]，因而只有君子才可以“乐得其道”。礼制是为了建立尊卑贵贱、长幼有序、男女有别的等级秩序，是一种严格的标准的规则，并带有一定的强制性。情感的礼乐教化正是礼乐文化思想的核心和目的所在，“是故先王之制礼乐，人为之节。衰麻哭泣，所以节丧纪也；钟鼓干戚，所以和安乐也；昏姻冠笄，所以别男女也；射乡食飨，所以正交接也。礼节民心，乐和民声，政以行之，刑以防之。礼、乐、刑、政，四达而不悖，则王道备矣”[②]。这里对于礼乐的作用与分工讲得非常明确，礼负责节制，分而治之，乐负责同化，和而乐之。“和”也是儒家思想最核心最重要的范畴与观念，是礼乐文化的根本原则与理想追求。“喜怒哀乐之未发，谓之中；发而皆中节，谓之和。中也者，天下之大本也；和也者，天下之达道也。致中和，天地位焉。万物育焉。”[③]有了“中和”之道，礼乐才能具有一刚一柔、一动一静的教化功能，有了“中”的原则，才可以判断出“其声哀而不庄，乐而不安，慢易以犯节，流湎以忘本”[④]，有了“和”的本源，也才可能从实现五音不乱到乐行伦清，从血气和平到天下皆宁，同样，也才能够谈论和理解“哀乐相生”。如果说“和”作为儒家思想最核心的观念和最高的审美理想，在不同的层面和领域有着不同的表现的话，那么在心理和情感的层面，“和”更为具体的表现为“安”。《说文解字》曰：“安，静也。”“静”作为事物的本质属性，“安”则是“静”的一种状态，儒家讲“安身

① 陈晓芬、徐儒宗译注：《论语 大学 中庸》，中华书局 2011 年版，第 92 页。

② 胡平生、张萌译注：《礼记》，中华书局 2017 年版，第 719 页。

③ 胡平生、张萌译注：《礼记》，中华书局 2017 年版，第 1007 页。

④ 胡平生、张萌译注：《礼记》，中华书局 2017 年版，第 733 页。

立命”,就是看到了个我的身安心安与天下安的必然联系,礼乐文化正是让个我“安”的保障和途径。“乐也者,动于内者;礼也者,动于外者也。故礼主其减,乐主其盈。礼减而进,以进为文;乐盈而反,以反为文。礼减而不进则销,乐盈而不反则放,故礼有报而乐有反。礼得其报则乐,乐得其反则安。礼之报,乐之反,其义一也。”①因此,儒家礼乐思想在一开始就发现礼治必须依靠乐教作用于人心,“乐由中出,礼自外作”,也就是说是音乐的性质决定其可以直接作用于人心,同时,乐教可以使教化人心春风化雨,更是因为“乐者,天地之和也;礼者,天地之序也”②。“和”是“乐”的本质,也是“乐”的功能,是“乐”能够教化人心的根本原因。

哀乐实际上也都是审美感受,乐是一种快感,哀自然是一种不快感,“快感可以假定为灵魂的一种运动——使灵魂迅速地、可以感觉到地恢复到它的自然状态的运动:快感的反面是苦恼……恢复自然状态,必然是使人愉快的”③。哀乐就像情感的波浪线,波峰与谷底都是精神的紧张状态,只有恢复松弛才代表平静状态的心理愉悦。所以我们更可以从美育的角度来肯定“哀乐相生”的理论价值,如果说孔子是从审美理想的目的出发更加偏好于“乐”,事实上这是在通过道德完善来获得精神自由的审美境界。但是,正像席勒指出的,“如果目的本身就是道德的,那么,艺术就丧失了那种它借以产生力量的唯一东西——它的自由,并且也丧失了那种它借以产生那么普

① 胡平生、张萌译注:《礼记》,中华书局2017年版,第755页。

② 胡平生、张萌译注:《礼记》,中华书局2017年版,第723页。

③ [古希腊]亚里士多德:《亚里士多德〈诗学〉〈修辞学〉》,罗念生译,上海人民出版社2016年版,第177页。

遍影响的东西——快感的魅力”①。儒家思想作为心性哲学，在礼乐文化的设计上，一开始就强调了刚性原则的礼制规则必须经过人心的接受和反应，所以乐教就是作用于心理、专注于情感的美育思想，“然后发以声音，而文以琴瑟，动以干戚，饰以羽旄，从以箫管。奋至德之光，动四气之和，以著万物之理。是故清明象天，广大象地，终始象四时，周还象风雨。五色成文而不乱，八风从律而不奸，百度得数而有常。小大相成，终始相生。倡和清浊，迭相为经。故乐行而伦清，耳目聪明，血气平和，移风易俗，天下皆宁”②。

从审美感受的角度讲，为什么人们可以从“哀”中获得快感？这一点我们可以借助西方美学家对悲剧审美感受的阐释。亚里士多德讲到悲剧的功用，认为悲剧是“借引起怜悯与恐惧来使这种情感得到陶冶”③。康德讲崇高时也分析说它仅能间接产生愉快，可以被称为消极的快乐，“它经历着一个瞬间的生命力的阻滞，而立刻继之以生命力的因而更加强烈的喷射，崇高的感觉产生了”④。杜卫在谈到悲剧的美育特点和价值时，认为“悲剧的教育是最高级最深刻的美育形态”，并引用了卡西尔(Ernst Cassirer)在评论亚里士多德的悲剧宣泄理论时的一段话：“它的意义是指我们情感本身变为我们积极人生的

---

① [德]席勒：《席勒美学文集》，张玉能编译，人民出版社2011年版，第50页。

② 胡平生、张萌译注：《礼记》，中华书局2017年版，第735页。

③ [古希腊]亚里士多德：《亚里士多德〈诗学〉〈修辞学〉》，罗念生译，上海人民出版社2016年版，第36页。

④ [德]康德：《判断力批判》(上)，宗白华译，商务印书馆1995年版，第84页。

一个组成部分,而不是消极人生的组成部分。它们被提升到一种新的状态。"[1]同时,席勒也从美育的角度讲,"我把那种快感称为自由的,指的是精神力量","它们通过不快产生快感,因此它们使我们感到一种合目的性(因为快乐产生于合目的性,而痛苦却产生于相反方面),这种合目的性以一种反目的性为前提","没有什么合目的性比道德合目的性更加使我们关注,也绝没有什么东西超过我们从这种道德合目的性感受到的快乐"。[2] 从这个意义上讲,"哀"作为"乐"的反面,更像是"哀"辅助了"乐","哀"成就了"乐",与其说人生之哀可以走向人生之乐,不如说人生之乐中就包含了人生之哀,经过了心理转化的"哀"不再会给人带来伤害,反而使得"乐"更加丰富和深刻。

从审美教育的角度,我们认为在"哀乐相生"的思想中,"哀"的美育价值还没有被充分发掘,没有得到足够的重视,尤其是对于一直尊奉乐感文化的我们。无论是我们的艺术表达还是新闻传播,对于悲剧的表现都远远不够。对于"丑"的事物、"哀"的情感,我们习惯于将其转化,用以丑衬美、化哀为乐的方式逃避悲伤的氛围和哀痛的冲击,喜欢用大团圆和伪崇高制造幻觉,在消解真实的残酷性的同时,也消解了真实的力量,有时甚至是有意回避,这使得我们民族的心理长期缺乏"哀"的审美感受力锻炼,并进而使我们缺乏反思的能力和反省的勇气。我们有时候厌恶丑的、不美的,害怕恶的、不善的,于是就

---

① 参见杜卫:《美育论》,教育科学出版社 2000 年版,第 288、290 页。

② [德]席勒:《席勒美学文集》,张玉能编译,人民出版社 2011 年版,第 50—52 页。

会去追求不真的、伪善的，这恰恰是因为我们不能真正理解“哀乐相生”的内涵，没有读懂儒家思想对于“哀”的价值和意义的重视。从这一点上讲，我们需要在美育的实践活动中增加对于“哀”的内容和形式的审美鉴赏，从美学思想上，充分阐释“哀”的思想内涵和审美价值，用“哀乐相生”的思想来诠释社会和人生。

丑怪因素对崇高思想的加强*

——清朝中前期书法审美思想

明中叶的启蒙主义思想并没有产生真正的近代崇高美学，它所宣扬的主体光芒，渐渐淹没于沉重的封建历史中，但美学中的崇高思想并没有消亡，当崇尚主体、情感、个性的美学思潮渐渐消退时，代之而起的是注重艺术本体，理智地进行形式改造的美学思潮。

不同于明中叶具有崇高色彩的书法美学偏重于主体、情感、内容、个性，清代的一些书法美学所表现出来的崇高特色更多体现在对客体形式的改造，对形式丑的有意识的追求上，它们以此来表现主体、个性，表现不满于中和之美的崇高理想。像傅山的“丑”美学，郑燮、金农的“怪”美学。不仅如此，他们的书法创作中还渗入了社会的因素，如傅山反满的民族情绪，郑燮、金农对现实的不满，这使崇高由明中叶的个性内涵转入更丰富的社会内涵，并成为社会性的崇高。

---

* 本文原载于周纪文著《中华审美文化通史》明清卷，安徽教育出版社 2006 年版，第 228—232 页。

一、以丑为美的傅山书法美学思想

如果不是经历明亡清立的历史事实,也许傅山只是一个普通的文人,也就不会产生他“挽既倒之狂澜”的美学思想,政治成了傅山异端思想产生的主要动因。政治理想的不同,使一些文人在对待文艺的态度上,表现为强烈地反对统治者所倡导的文艺形式,傅山就是这样的典型。他们的美学思想及其所推崇的艺术具有明显反传统的特点,值得重视的是,这些新鲜的美学思想和艺术形式所包含的对立、冲突成分已经近乎于崇高的内容。当然,艺术中的崇高思想并非政治因素的必然结果,但至少政治上的动因刺激了他们在文艺上的选择,这种选择恰恰符合了像傅山这样具有近代思想萌芽之士的审美理想,成了他们必然而又自然的选择。

清初的书坛,主要笼罩在馆阁体和董其昌的书风之下,可以说这两种书体都是帖学发展中被政治异化的历史结果,写馆阁为仕途,学董书则是因为康熙皇帝对董书极力推崇,后者仍然保持着“二王”书法的古典主义传统,遵循着中和之美的古典艺术原则,而前者尽管也遵循古典的中和原则,但完全成为一种政治实用工具,丧失了艺术中最基本的个性原则,几乎导致了审美功能的丧失。这种艺术领域中的现象反映着深层次的思想内涵:古典主义艺术受到理学大厦的庇护,在“存天理,灭人欲”的淫威下,“天理”成了压制个性的工具,认为人生就应该屈从于既定的秩序、原则,和谐的艺术也走向了保守、僵化的极端。葛承雍先生说,在清初的文化领域出现三种书法家:

“既有在死神面前铮铮骨气的独立人格，也有在屠刀底下委曲求全的依附人格，还有在朝廷笼络之下堕落为奴的自毁人格。”①傅山就属于第一种。

1. 对古典主义的帖学进行批判

在《霜红龛书论》中，傅山写道：“贫道二十岁左右，于先世所传晋、唐楷书法无所不临，而不能略肖。偶得赵子昂、香光诗墨迹，爱其圆转流丽，遂临之，不数过，而遂欲乱真。此无他，即如人学正人君子，只觉觚棱难近，降而与匪人游，神情不觉其日亲日密，而无尔我者然也。行大薄其为人，痛恶其书浅俗，如徐偃王之无骨。始复宗先人四五世所学之鲁公，而苦为之。然腕杂矣。不能劲瘦挺拗如先人矣。比之匪人不亦伤乎？不知董太史保所见，而遂称赵孟頫为‘五百年中所无’。贫道乃今大解，乃今大不解。”②赵、董书法妍媚圆熟，体现着古典和谐美中的优美原则，二人又是帖学传统中的两个重要人物。这里，傅山所“大解”的，是明白董其昌正是赵孟頫以来古典主义帖学的衣钵传人，才称赵为“五百年中所无”，而这种古典主义的书法一派根本不符合他的审美理想，所以傅山又大为不解。如果说对赵的批判夹杂着其对赵的气节问题的成见，对董的不满也包含着清帝对董推崇的原因，那么对王献之、米芾的非议是单就书法而言的。他说：“子敬尚不足学，何况其他。开米颠一流，子敬之罪；开今日一流，米家之罪。是非作者之罪，是学者

① 葛承雍：《中国书法与传统文化》，中国广播电视出版社1992年版，第342页。

② 傅山：《霜红龛书论》，崔尔平选编、点校：《明清书法论文选》，上海书店出版社1994年版，第452页。

之过也,有志者断不堕此恶道。”① 在傅山眼里,王献之、米芾、赵孟頫等人的书法“熟媚绰约,自是贱态”,不足以学。这就和时尚的古典主义的书法一脉划清了界限。客观地从艺术角度评判,傅山的看法无疑是偏激的,然而这恰恰反映了他的审美趣味、审美理想的转变,一个崇尚对立、重视“丑”、有崇高思想的人,自然不会推崇和谐优美的艺术形式。

2. 把“丑”引入书法美学

书法是一种形式艺术,古典和谐美要求按形式美的规律组合,要求艺术外在形态的大小、比例及组合符合均衡、和谐的原则,体现在用笔、结体、布局等方面,就是要遵循稳定有序、平衡对称、多样统一等和谐美的规律。它所排斥的是不均衡、不稳定、不和谐的对立、冲突的崇高的因素以及反和谐的丑的因素。丑作为一种美学范畴,至少应该包括两层含义。一种是形式丑,亦即“对立的形式”“美的倒错”,形式丑作为美的对立物,在古典艺术中,是作为美的衬托而存在的,与美的对立也仅仅是“消极的”,比如书法中讲的拙气,即一种形式上的丑,它可以导向优美。而另一种是本质意义上的丑,它不仅在形式上要求不和谐,而且在与美的对立中,已经具备了相当的力量,开始“化积极方式同美相对立”,美正是由于这种对立而上升为崇高。形式丑完全可以转化成本质意义上的丑,比如传统书法把八种不合常规的笔画视为“八病”:“牛头”“鼠尾”“蜂腰”“竹节”“棱角”“折木”“鹤膝”“柴担”。所以古典主义书法艺术对

---

① 傅山:《霜红龛书论》,崔尔平选编、点校:《明清书法论文选》,上海书店出版社1994年版,第456页。

形式丑也是极力限制的。崇高在本质意义上要求对立、冲突、斗争、分裂，丑的介入，恰恰使崇高的要求成为可能。徐渭已经注意到"丑"的重要，并实践于其书法创作之中，但他的书法美学思想中还没有明白地提倡"丑"，而到了傅山，则开始大力地倡导"丑"了。这标志着他在反对古典主义帖学书法的同时，已经有意识、自觉地向着崇高靠近了。他讲到："宁拙毋巧，宁丑毋媚，宁支离毋轻滑，宁直率毋安排。足以回临池既倒之狂澜矣。"①这里，丑已作为一个独立的美学范畴被提出来。如何才能做到丑呢？傅山认为应舍近求远，追根求源，法秦汉之古。只有汉隶一法，"妙在不知此法之丑拙古朴也"。他在《哭子诗》中谈及其子傅眉学书曰："小篆初茂美，嫌其太熟圆，《石鼓》及《峄山》，领略丑中妍。"在他看来，只有具备古朴丑拙之气的秦汉书坛，才是值得效法的，而且这种丑拙之书正可以医治现世崇尚柔媚妍美的流弊。

傅山还在其书法作品中淋漓尽致地表现丑。其晚年写过一些行书长幅，行笔的怪诞让人瞠目。每行字都如同一条缠绕不断的长绳，带笔和实笔一样粗细，取消了点画的顿挫，正是宋曹《书法约言》中所说的，"若行行春蚓，字字秋蛇，属数字不断，索结为游丝，乃不善学之大弊也"，犯了《笔势论》中所谓的"死蛇挂树"的大忌。难道傅山真的不知这些禁忌，属于"不善学者"吗？显然不是，他曾画过一些清新秀润的山水画，题字也精美明净，本来他也偏好绮丽秀美的书法，对赵孟頫的书法也"爱其圆转流丽"，但是，作为明朝遗民，家国之恨、沧桑之

① 傅山：《霜红龛书论》，崔尔平选编、点校：《明清书法论文选》，上海书店出版社 1994 年版，第 452 页。

变、与现实的抵牾、心理的压抑，使他的思想与创作发生了变化，在书法上提倡表现丑拙、直率，以表达沉郁的个性，反抗理性的压抑和现实的统治，这也正是他崇高美学中所蕴含的社会内容。

3. 强调情与法的对立

傅山认为作书要大胆突破“法”的桎梏，自由地表达个性。古典主义书法不仅对艺术本体——书体本身的各种形式因素（用笔、印、墨、结构、章法）作了相当细致的规定，使之严格地控制在法度的范围之内，而且还将这种法度观念延伸到创作主体身上，要求书家“克己复礼”，创作时心平气和，温柔敦厚。这样，作为表现艺术的书法在古典和谐美原则的要求下，无疑具备了这样的特点：既要用书法表现主体的情感，又要通过严格的法度节制情感，即“以理节情”，避免任情恣肆，随情而发。如此才能达到情中有理、理中有情、情理交融的和谐状态，才能实现主体与客体、主观与客观、情感与理智、内容与形式的和谐统一的审美理想。而傅山认为丑拙是人的自然本性，显示着人的真实性一面，不必隐藏。人之性情的丑拙，是客观存在的，自然要在艺术中真实地体现出现。荀子曾主张“性本恶”，但是却可以“化性而起伪”，以礼节性，这就不同于傅山的主张。傅山说“宁直率毋安排”，“直率”就是要书家直抒胸臆，不要拘束，也不避丑拙。徐渭、傅山等人正是看到了礼法对人情的束缚，以至于造成了书法艺术个性的消失和书法艺术的堕落，所以他们认为，只有从主体上实现解放，才能冲破法的规范，才能创造出新型的书法艺术。对于法，傅山说“法本法无法”“不野胡为哉”，这里可以看出傅山对法度的反对，他所言的“野”与袁枚所言“字如野马，不可如疲驴”说法相似，都是指性情放纵、不拘格套的意思。这种崇尚个性自由的观点，显示了崇变反法的美学倾向。在张扬个性上，傅山明显地受到了启蒙思想的影响。徐渭仍是在帖学基础上强调自我表现，远没有深入对碑学中不和谐因素的开掘，而傅山则挖掘了碑的丑拙因素，并把它提升到人的个性的高度，高举“丑”的大旗，在这一点上高出徐渭等人一筹。

傅山书法美学开“丑”之先河，其承认“丑”的存在，并抬高丑的地位，强调美丑的对立，继而要求突破法的规范，反对形式上的和谐原则，要求率真、自然地表现个性，表现自我，这已经有了崇高美学的特征。但值得注意的是，尽管傅山提倡丑，注重美与丑的冲突、对立，但他所追求的最高理想，不是对立，更不是愈丑愈美，而是主张貌似丑陋中寓于真美，是“丑中之妍”，在对立之中，美依然主导着丑，支配着丑，对立、冲突并没有得到最终的贯彻。例如，他在《霜红龛书论》中写道：“吾极知书法佳境，第始欲如此而不得如此者，心手纸笔主客互有乖左之故也。期于如此而能如此，工也；不期如此而能如此者，天也。一行有一行之天，一字有一字之天，神至而笔至，笔不至而神至，天也。至与不至，莫非天也。吾复何言，盖难言之。”①这里，傅山提到了主客对立的问题，他承认崇高的现象，但他所谓的“书法佳境”是“天”，而这个“天”，是心手相应、主客交融的和谐境界，正是古典艺术所追求的“意境”，仍然没有超出古典和谐美的理想。从他晚年的一首诗《秉烛》中也可知他对古典

① 傅山：《霜红龛书论》，崔尔平选编、点校：《明清书法论文选》，上海书店出版社 1994 年版，第 454 页。

主义书法藕断丝连的态度，诗中写道："秉烛起长叹，奇人想断肠，赵厮真足异，管婢亦非常。醉起酒犹酒，老来狂更狂，斫轮余一笔，何处发文章。"这首70岁以后所作的诗，表达了他对赵孟頫的服膺。与之原来对赵的痛斥迥然相异。这其实也不足为怪，傅山是一个深受儒家思想影响的人，他的本意旨在以艺术映射政治，并非完全出于改造艺术的目的，尽管他在艺术上倡导了丑，但这种丑更多的是形式上的丑，而无法上升到本质意义上的丑，也根本形不成彻底的崇高观，所以作为一个正统的儒生，他那些进步的美学观也无法推倒他身上以儒家思想为基础的古典的美学观。

傅山在书史上的地位是无人可替代的，不管他的书法美学在由古典和谐美向近代崇高的转型时期带有多少不彻底性，但他的"丑"美学毕竟成为后来尚丑崇怪美学观的先声，他也成为中国近代崇高美学的先导人物，这种超人的见识终于在清代中叶以后得到有力的响应。

二、尚奇求怪的金农、郑燮书法美学思想

金农和郑燮生活于同一时代，两人交往密切，彼此视为知己，他们俩又都曾生活在扬州，扬州在清代是城市经济非常发达的江南城市，市民阶层伴随着经济地位的改变，开始追求新奇、有个性的艺术，平淡、光洁的中庸书风已吊不起市民的胃口，而天真烂漫、富有情趣的书法成了商贾青睐的对象。金农、郑燮书法风格的形成，跟这样一种社会审美需求的转变不无关系。

1. 推崇个性

明中叶以来的美学启蒙思想,尽管在清中叶以后没有再形成气候,但毕竟给文艺界带来了新鲜的空气,崇尚个性解放的思想也渐渐蔓延到金农、郑燮的身上。郑燮关于自然美的思想,体现了他的个性自由观。他认为养鱼养鸟、采兰掇芝都是“屈物之性以适吾性”,违背情理,天地万物皆为生灵,应“各适其天,各全其性”,这样才有最高的欣赏价值,人们才能从中获得最大的精神愉快,因此他声称“愿居深山巨壑之间,有芝不采,有兰不掇”①,养鸟养鱼“欲以天地为囿,江汉为池,各适其天,斯为大快”②。这里所表述的自然美观念还带有泛灵论和普遍人性论的味道,但其深刻处在于他对天地万物自然天性的重视恰恰曲折地表达了对人的个性自由、个性解放的向往。自然美在人与自然的审美关系中生成,也随着人与自然的审美关系的发展而发展,自然美作为人类本质力量发展水平的历史尺度,折射出一定历史发展阶段上的人类审美意识,因此郑燮“各适其天,各全其性”的自然美观念也是与他对自由伸展自身个性的强烈要求密切联系在一起的。这种自然美的观念影响着他的书法美学思想,使之带有明显的个性解放色彩。他说:“英雄何必读书史,直摅血性为文章。不仙不佛不贤圣,笔墨之外有主张。”③“敢云我画竟无师,亦有开蒙上学时。画到天机流露处,无今无古寸心知。”④对于那些端正匀

① 卞孝萱编:《郑板桥全集》,齐鲁书社 1985 年版,第 375 页。
② 卞孝萱编:《郑板桥全集》,齐鲁书社 1985 年版,第 191 页。
③ 卞孝萱编:《郑板桥全集》,齐鲁书社 1985 年版,第 35 页。
④ 卞孝萱编:《郑板桥全集》,齐鲁书社 1985 年版,第 374 页。

称的馆阁式书法，他则认为“蝇头小楷太匀停，长恐工书损性灵”①。显然，他主张作书作画应摆脱一切外来的干扰和束缚，任由个性，直抒胸臆，而大圣大贤、古今法则不过是禁锢个性的牢笼。强调作书应“直摅血性”“无古无今”，分明是近代个性意识上升的表现。同郑燮一样，金农的书法美学思想也显示出鲜明的推崇个性的特征，他说：“同能不如独指，众毁不如独赏。”在这里，我们看到了启蒙运动所倡导的个性解放思想在郑燮、金农的书法美学中得到了进一步的发扬。

值得注意的是，明中叶以后，徐渭、李日华、孙鑛，直至金农、郑燮所倡导的书法中的这种个性自由、主体精神与明之前的书法尚“意”，有着本质的区别。在我国古代的美学思想史上，主张个性自由的思想，并非明代中后期所提出的新命题，它有长远的传统，可以上溯到庄子。针对当时的礼乐制约文化的发展，庄子提出了“天放的”、人的自然本性美的观点。魏晋时期，玄学大盛，士大夫之中也曾出现过一种放浪形骸、逍遥物外的个性自由的思潮。到了宋朝，禅宗思想又倡导无心之意、空静平淡。这些思想对中国古代的书法美学影响很大，很多大书法家都曾谈到书法写意的问题。如王羲之说：“须得书意转深，点画之间，皆有雅意，自有言所不尽。得其妙者，事事皆然。”不管是魏晋建立在玄学基础上的“意”，还是北宋建立在禅宗基础上的“意”，仍是一种古典主义“个性自由”的观念。他们所强调的是通过主体情感的自由抒发，使书法本体上升为一种情理合一、主客相融的境界，这是一种美的境界，是自然物与人的心灵的冥合，是天人合

① 卞孝萱编：《郑板桥全集》，齐鲁书社1985年版，第103页。

一、情理交融、物我两忘的境界，也就是古典美学所说的“意境”，体现着古典和谐美的最高理想。在这种境界中，主观、个性和情感不是最重要的，最重要的是主观与客观、情感与理智、个性与共性、意与法的和谐。与之不同，明中叶以后一些书法家所强调的“意”，旨在通过书法本体自觉地表达主体的个性、真实的情感。“意”在于表现主体意识、个体情感，而不在于达到什么“韵外之韵”的超越意境，只要是出于个性的需要，就可以自由地创作，无须顾虑形式的规定，甚至可以破坏旧的形式，自行创造适于自我表现的新的形式，由此看出，他们所追求的目标是不同的。

2. 反对传统的和谐原则

王羲之书法的地位在传统书法中是至高无上的，尚法者称其“法度森严”，尚意者称其“气象超然，不为法缚”，尚壮美者称其“龙跃天门，虎卧凤阙”，尚优美者称其“神韵潇洒”“姿媚横生”，以人品论书者称其“右军策法如孟子道性善，庄周说自然，纵说横说，无不用意”（黄庭坚语）。总之，在书法美的理想上，王羲之书法和我国古代理想中的美人“东家之子”一样，“增之一分则太长，减之一分则太短，著粉则太白，施朱则太赤”，已经美到无以复加、尽善尽美的地步了。对这样一个古典书法的经典，历代习书者多是顶礼膜拜，不敢妄议，即使是徐渭、傅山这些宁为狂狷，不为中和，已经具有崇高思想萌芽之士，对王羲之也没有微词。像傅山，尽管对传统的帖学深恶痛绝，甚至对王献之、米芾都不以为然，但对王羲之仍是敬慕的，其言曰：“真行无过《兰亭序》。”其晚年深研王氏书法，推崇备至，所书条幅“晋公千古一快”，可见其对王羲之的尊崇。侯外庐先生在谈及这些启蒙主义者的时候曾说:“在他们真挚的理想背后,也包含着叛变的不彻底性。新生的东西既然在旧社会的母胎内是微弱的,所以在他们的理论中常保留着旧的内容,而且常显出矛盾的体系。”①这一特点也同样反映到书法思想中,由和谐向崇高的变化,绝非简单化地一蹴而就,而是包含着复杂的矛盾的渐变过程,对立思想在这个渐变过程中往往在某个方面表现得突出一些,而在某些方面却仍然没有跳出古典美学观的圈子。与这些前期的启蒙主义者相比,郑燮和金农在这一点上比他们的同道前辈要彻底多了。郑燮说:“黄山谷云:世人只学兰亭面,欲换凡骨无金丹。可知骨不可凡,面不足学也。况兰亭之面,失之已久乎！板桥道人以中郎之体,运太傅之笔,为右军之书,而实出以己意,并无所谓蔡、钟、王者,岂复有兰亭面貌乎！古人书法入神超妙,而石刻木刻,千翻万变,遗意荡然。若复依样葫芦,才子俱归恶道。故作此破格书以警来学,即以请教当代名公,亦无不可。”②(《跋临兰亭序》)此语是用来劝告学书者的,有两层含义:一是否定了凡学书皆以王羲之书法为范本的做法,这既是对王羲之书法地位的动摇,也是对古典主义审美理想的否定。二是把审美的关注转移到“当代名公”。郑燮说的“当代名公”其实是那些和他志趣相投的人士,在他看来,只有像金农、李鱓、黄慎、罗聘等人,才能真正理解他的书法及追求。相比起郑燮对王羲之批判的含蓄,金农的批判则显得毫不客气,他说:“会稽内史负俗姿,字学荒疏笑

① 侯外庐主编:《中国思想通史》第5卷,人民出版社1956年版,第30页。

② 卞孝萱编:《郑板桥全集》,齐鲁书社1985年版,第280页。

骋驰,耻向书家作奴婢,华山片石是吾师。”(《鲁中杂诗》)这里他所批判的“会稽内史”,指的正是王羲之。从郑、金对王羲之书法的态度上,可以看出他们的审美理想已经发生了明显的变化。

郑燮、金农还把他们所推崇的个性、主体意识自觉地融入他们所改造的形式之中,他们对书法形式进行自觉的、理性的改造,有意地创造出不和谐的形式甚至丑的形式,打破古典和谐的形式美。郑燮和金农在反对帖学、攻击王羲之书法的同时,还把审美转移到古石碑刻上。郑燮说:“字学汉魏,崔、蔡、钟繇,古碑断碣,刻意搜求。”①仅从此看,他们可以说是近代碑学的先声,但是如果二人仅仅满足于古碑刻石之美,而不图求变,那么他们无疑又落入了古典主义的另一圈子——壮美。这样,他们和其后的碑学倡导者就没有什么区别了。然而他们并没有这样做,而是有意识地挖掘古代碑石刻字中的丑拙之处,并独自创立了前无故人、后无来者,不同于碑帖的新的书法形式——“六分半书”和“漆书”,这种书法样式完全突破了传统书法的规范。中国书法的线条必须具备的力量感、立体感、节奏感,在金农的“漆书”里得到了“各个击破”。力量感是取决于动作和形态上的沉着和线条运动带来的“势”,“漆书”里的撇划简直如鼠尾;立体感取决于中锋用笔,“漆书”横划如扁平的木片;节奏感取决于力的强弱、运动的快慢以及用笔提顿按挫的交替变化,而漆书里却没有这种意识。写这种字完全依靠于一种不同于传统的毛笔,金农有意把传统毛笔的笔尖剪去,如今天的排刷,写字便如刷漆一样。这种笔本身就违背了传统

① 卞孝萱编:《郑板桥全集》,齐鲁书社1985年版,第121页。

毛笔“尖”“健”“圆”的要求，而且写出的字又破坏了传统书法固有的流动、跳跃、变化统一的和谐美。与金农的“漆书”相辉映，郑燮自创“六分半书”。他在用笔上抛弃了传统的用笔方法，“真隶相参”“杂以行草”“间以画法”，其结构往往是正者更正、斜者更斜、长者更长、扁者更扁、散者更散、聚者更聚，加之亦篆亦隶，亦草亦楷，粗粗细细，轻轻重重，疏疏密密，浓浓淡淡，真可谓竭尽变化之能事。其书法中最常用的长撇长捺，似乎在平衡、稳定中有意造成一种不平衡、不稳定，使人感到气血不通，险象环生，在整体章法上他也打破了字间、行间的变化统一的布局规律，随势布阵，宽窄不拘，疏密不限，时时出人意料，犹如“乱石铺街”。著名画家傅抱石先生评其书为惊人的变化，自成一体。这种书体，有人称之为“童体”，因为它看上去更像儿童写出来的字一样，率真，无拘无束。因此我联想起法国现代艺术中野兽派的代表亨利・马蒂斯，有人曾指责他的画像 5 岁孩子的画，而他却说这正是他要努力去做的。尽管两位艺术家所处时代、地域，所从事的艺术完全不同，但我们由此可以断定他们有一点至少是相同的，这就是他们都在追求着新鲜而本真的东西，这种东西就像儿童的心灵一样，幼稚、纯洁、自然、无拘无束。这种类似儿童涂鸦，但却表现本心的艺术在古典主义的审美观下，是丑拙不堪的，而在郑燮、金农、马蒂斯那里却是他们共同追求的，它的内容是本心的，是真，它的形式上的丑是自然而然的，也是真，这里丑和真在形式和内容上融合在一起。

这里，我们可以概括一下书法史上颇具个性的几位书法家的书法：张旭、米芾、黄庭坚是不乱的放纵，是纵而有度，不失中庸。徐渭与傅山是属于不避丑拙，乱的放纵，是纵而无度，恣肆放情，无视中和。与前者相比，郑、金的书法也是不乱的纵，但却纵而怪，纵而无古法，有己法；与后者相比，郑、金也讲求丑怪，但却是自觉地、有意识地运用丑的形式，反对中和。从审美感受上说，郑、金的书法，看上去有“畸形”“丑相”“多少有点出格”的感觉，尤其是郑燮的书法，单就其诸体混杂，就不符合变化统一的和谐规律，给人以不协调、不稳定、不统一、不和谐的感觉，其混杂中的变化，也不属于柏克所说的“彼此熔成一片”的渐变，而往往是一种突变，出人意料，其笔画、结体、章法的形象，给人以“颇为奇怪”“惊而快之”“意甚骇之”的感觉。这类“美的倒错”的效果，正如谷鲁斯(Karl Groos)所言：“丑这个范畴是在审美的外观上肯定会使高级感官感到不快的东西。”①然而不快之中又杂有快感，因而更精确的说法是“可喜可愕，可畏可服”，这是痛感和快感等多种感受相混合的美感类型，其实就是崇高感。

不论尚优美者，还是尚壮美者，都认为郑、金二人的书法是难以接受的，这不足为怪。有的艺术往往能够超前地感受到时代的脉搏，郑、金二人的美学观及艺术正是在这种还没有完全进入崇高的时代里，却提前在艺术中表达了他们崇尚对立、矛盾的崇高思想，不被时人接受，是非常自然的事情。

---

① ［英］李斯托威尔：《近代美学史述评》，蒋孔阳译，上海译文出版社1980年版，第232页。

古典壮美与近代崇高的变奏*

——康有为书法美学思想的崇高倾向

进入清代，古典主义的书法美学进入了它的总结时期，在清初的实学研究、嘉乾学派的考据之风的影响下，古典文化传统得到了进一步的挖掘整理，同时古典美学思想也得到了系统性的总结。例如《佩文斋书画谱》等书籍的编纂，诸多碑帖、金石文物的挖掘整理，大大开阔了人们的视野。众多的书法理论家和理论著作纷纷出现，如冯班的《钝吟书要》、笪重光的《书筏》、宋曹的《书法约言》、吴德旋的《初月楼论书随笔》、钱泳的《书学》、阮元的《南北书派论》《北碑南帖论》、包世臣的《艺舟双楫》、刘熙载的《艺概》、周星莲的《临池管见》、朱和羹的《临池心解》、康有为的《广艺舟双楫》等，这些论著较为全面地归纳、总结了前人的思想，力求对书法美学思想进行批判性的总结。

进入清末，古典主义的帖学传统已经走到了它的终点，但古典主义的书法并没有彻底地陨落，代之而起的是碑学的出现。在古典主义书法的发展中，帖学始终是一个冠冕堂皇的书

---

* 本文原载于周纪文著《中华审美文化通史》明清卷，安徽教育出版社 2006 年版，第 236—238 页。

统;碑学虽然出现最早,但常因其斑驳陆离、古朴拙直的外表疏远于文人,而被传统书道视为野道。不过从美学上看,碑学和帖学只不过是美学风格上的区别,同处于古典和谐美的圈子里。碑学的大兴可谓是古典主义书法的回光返照,但碑学倡导者的目的并不是相同的,阮元、包世臣是真正碑学的卫道者,而康有为的书法美学观应该是古典壮美与近代崇高的变奏。尽管他也在不遗余力地倡导体现着古典壮美理想的碑学,但他却是在表现近代崇高美的思想,形式上回归着壮美,内容上崇尚着崇高。康有为主要的书法美学思想集中在《广艺舟双楫》里,分析这本书的主要内容,可以使我们更清晰地看到他的美学特点。

《广艺舟双楫》整篇论述的是书法变革和抑帖尊碑的观点。这种观点来自于他的自然进化观和自然人性观。

一、"变"的思想

"变者,天也。"①

"天",指的是一种不依于人的意志的自然规律。而这种规律包括两个内容:变是不由人决定的,变化又是符合人的自然趋向的。他说:"以人之灵而能创为文字,则不独一创已也。其灵不能自已,则必数变焉。故由虫篆而变籀,由籀而变秦分,

① (清)康有为:《广艺舟双楫》,《历代书法论文选》(下),上海书画出版社1979年版,第752页。

由秦分而变汉分，自汉分而变真书，变行草，皆人灵不能自已也。”①这里说的是书体变化的客观性、绝对性。他又说：“夫变之道有二，不独出于人心之容已也，亦出人情之竞趋简易焉。繁难者，人所共畏也；简易者，人所共喜也。”②说明书体变化是符合人的自然趋向的。显然，这种观点反射出一种自然进化论和自然人性观的思想。关于康有为的自然进化思想，李泽厚先生曾说：“康有为、谭嗣同和当时大部分先进思想家都相信事物发展进化的观点。康有为在自然观点上也坚持着进化观点。《自编年谱》中载其信证‘人由猿猴变出’，这显然是受了十九世纪达尔文进化论的影响。肯定自然和社会的进化发展，是整个近代中国的哲学思想的特色。发展进化观点是康有为整个思想体系的一个主要的理论骨髓。”③在康有为的论述里，我们可以看到，在变化的观点上他认为变是天理，变又是人心的自然趋向，这样，通过“变”他就把天理和人心等同起来，天理是符合人心的，人心又是符合天理的，这就打破了将“天理”与“人”对立，认为天理压制人欲的传统理论观念，反映了康有为进步的近代自然人性论的思想。同时，他又认为追求美也是人的本性，把问题转移到美学上。他说：“衣以揜体也，则短褐足蔽，何事采章之观？食以果腹也，则粢藜足饫，何取珍馐之美？垣墙以蔽风雨，何以有雕粉之璀璨？舟车以越山海，何以有几组之陆离？诗以言志，何事律则欲谐？文以载道，胡为辞则欲

① （清）康有为：《广艺舟双辑》，《历代书法论文集》（下），上海书画出版社 1979 年版，第 749 页。

② （清）康有为：《广艺舟双楫》，《历代书法论文选》（下），上海书画出版社 1979 年版，第 752 页。

③ 李泽厚：《中国近代思想史论》，人民出版社 1979 年版，第 102 页。

巧？盖凡立一义，必有精粗；凡营一室，必有深浅。此天理之自然，匪人为之好事。”[①]人的审美追求同“人情之竞趋简易”一样，是性情的自然需要，而不是有意为之，这也是天理。所以书法之变既是客观的要求，又是人的审美要求。“书法与治学，势变略同。周以前为一体势，汉为一体势，魏晋至今为一体势，皆千数百年一变；后之必有变也，可以前事验之也。”[②]书法自古都在变，“后之必有变也，可以前事验之也”[③]，正是来说明由晋而来的帖学主体发展至清朝已经衰落了，也需要变化。这样，为抑帖尊碑找到了古事之鉴和理论根据。

康有为还从具体分析中更进一步地探讨扬碑抑帖、以碑代帖的必要。他认为碑帖的现状也促使了这种变化，他说：“夫纸寿不过千年，流及国朝，则不独六朝遗墨不可复睹，即唐人钩本，已等凤毛矣。故今日所传诸帖，无论何家，无论何帖，大抵宋、明人重钩屡翻之本。名虽羲、献，面目全非，精神尤不待论。”[④]书以神采为上，既然经历了千百年的发展，墨迹已不可复睹，而且重拓屡刻又失去了晋人的真面目，所以康有为认为帖学的现状，没有存在的价值了，而且在他看来，清朝的帖学大师刘墉已经“远逊于明人”，其他人更不值得一提了，按照这种

---

① （清）康有为：《广艺舟双楫》，《历代书法论文选》（下），上海书画出版社1979年版，第754页。

② （清）康有为：《广艺舟双楫》，《历代书法论文选》（下），上海书画出版社1979年版，第753—754页。

③ （清）康有为：《广艺舟双楫》，《历代书法论文选》（下），上海书画出版社1979年版，第754页。

④ （清）康有为：《广艺舟双楫》，《历代书法论文选》（下），上海书画出版社1979年版，第754—755页。

逻辑,“碑学中兴,盖事势推迁,不能自已也”①。

康有为从理论上和事实上似乎都为碑学代替帖学找好了充分的理由,但这种尚碑的主张并不完全基于这种理由。明中叶以来,古典文艺的发展有一种由雅而俗的方向,内容上写真人真事、市井之事、俗人之情,形式上则要“创制体格文字”,可以“使奴、童、妇女皆喻”(徐渭语)。书法尽管也有这个变化,但并不明显,它仍然玩赏于宫廷官宦、文人雅士之间,成为这类自命高雅之人用来附庸风雅的专有物。而古代的碑石、崖刻常常落于“山岩、屋壁、荒野、穷郊”,这是士大夫文人们极少光顾的地方,更主要的是,这些碑刻多出于下层工匠、石匠之手,在创作主体上已发生了变化,康有为推崇碑石,也有这方面的原因,这恰恰反映了他的自然人性论中的人人平等思想。

二、破“旧法”,立“新法”

康有为所选取的法是“古法”,以法古而创新,“古法”就成了他提倡的碑学的衡量原则。这就有了“魏碑”和“唐碑”的区别。所谓古法就是一种天然而成的法。他认为唐碑中的法是人造之法,是不自然的法,于是他批评唐朝书法:“后世称碑之盛者,莫若有唐,名家杰出,诸体并立。然自吾观之,未若魏世也。唐人最讲结构,然向背往来伸缩之法,唐世之碑,孰能比之《杨翚》、《贾思伯》、《张猛龙》也!其笔气浑厚,意态跳宕;长短

① (清)康有为:《广艺舟双楫》,《历代书法论文选》(下),上海书画出版社1979年版,第755页。

大小，各因其体；分行布白，自妙其致；寓变化于整齐之中，藏奇崛于方平之内，皆极精采。作字工夫，斯为第一，可谓人巧极而天工错矣。以视欧、褚、颜、柳，断凫续鹤以为工，真成可笑。”① 我们都知道，唐书以法度森严而称，要求书者恪守法度，这符合古典美学原则，于情理统一之中要求以法节情，以理抑情。而这恰恰违背了康有为的人性论思想，他要求的是合乎自然之理，合乎人情之法，而不是束缚人性之法。在他眼里，魏碑“古质奇趣，新体异态，乘时独出，变化生新，承魏开唐，独标俊异”②。这似乎更能符合他的审美理想。事实上，魏碑由于多出于工匠之手，多是不经意而作，又历经长年的风雨侵蚀，表现出一种古朴苍劲、自然奇趣之态，因此，康有为认为它有自然之趣还是有道理的。

康氏的书论反映了他崇尚自然、变法的近代新潮思想，其倡导变法、倡导自然人性、主张自然之美、反对理法节制的哲学思想和美学思想是进步的。尤其是他的美学思想带有更多的近代崇高美特色。但是我们也看到他在追求近代审美理想时所表现出的不尽如人意之处，即妥协性和不彻底性。按照通常的发展进程，近代美学思想自徐渭开始，发展到康有为，应该出现一种比较彻底的近代书法美学思想和艺术形式，但事实不然。客观地讲，他的思想中包含了近代的美学观和哲学观，但他所借助的形式却是古典的壮美的形态，从美学上分析，魏碑里的确含有偏于对立的成分和因素，但这种美的形态毕竟没有

① （清）康有为：《广艺舟双楫》，《历代书法论文选》（下），上海书画出版社 1979 年版，第 809 页。

② （清）康有为：《广艺舟双楫》，《历代书法论文选》（下），上海书画出版社 1979 年版，第 808—809 页。

冲破古典的范围,这种由碑学代替帖学的转换最终还是古典美范围内的自我调整、自我完善。康有为始终强调着变法,但他对郑燮、金农所创的已具有较为浓厚的崇高色彩的书法形式却并不满意,认为是“欲变而不知变”,而他自己所采用的却是古典主义的壮美书法。造成他这种思想的原因有三种可能:其一,从背景上看,封建文化的深厚积淀和中国新兴资产阶级固有的两面性造成了像他一样的近代人的双重思想,欲变而又不能彻底,只能采取内部的维新或变革,这是他不能自控的。其二,他在艺术上的变革,更多地借鉴了前人的经验,尽管他和郑、金在美学思想上有很多相似之处,但郑、金创立难以被世人接受的书法形式的做法,给他提了醒,这可以使他从容地挖掘出与现世相悖但又不违宗背祖的碑学艺术,使他的变法思想更容易地传达下去。以和谐的外形包装崇高的内容的选择,也许是他的高明之举。其三,康有为的目的根本不在于书法,而在于政治。他曾说:“夫学者之于文艺,末事也;书之工拙,又艺之至微下者也。”①对他来说正事是政治新政。《广艺舟双楫》成书于他上书变法受挫的时候,和中国文人在政治失意时的选择一样,他开始研究金石碑文,著书立传。而他又是一个有强烈的政治欲望的文士,决不会就此泯灭掉自己的政治理想而安心于书斋,所以他的书中,必然要反映出他的政治目的,在这种情况下,艺术上的选择是不必求全的,所以他没有必要在艺术中表现得那么激进,而只需用一个折中的形式来传达他的变法思想就可以了,“托古以改制”是最好的办法。

---

① (清)康有为:《广艺舟双楫》,《历代书法论文选》(下),上海书画出版社 1979 年版,第 758 页。

“康有为的思想体系以及作为这个体系的基础的哲学思想,是一种典型的中国近代早期资产阶级改良主义者的意识形态。它在烦琐陈老的旧形式(如讨论的问题、形式、术语等等)中注入了烦扰和激动着当代人心的新内容(反封建主义、反愚昧落后的近代启蒙思想)。一方面,它是中国古典哲学的继承和终结,另一方面它显示了中国近代哲学将要真正开始。”[①]正是康有为的书法美学完成了古典书法美学的终结和近代书法美学起始的两项任务。

① 李泽厚:《中国近代思想史论》,人民出版社 1979 年版,第 125 页。

明清绘画艺术中的近代美学表现*

明清两代的绘画艺术首先是一种极具中国传统审美特色的艺术形式，一定程度上反映了中国古代社会后期的人们，尤其是知识分子的心路历程。不过，作为艺术创作的最终关怀，绘画艺术一直是指向形而上的道路。其次，在时代大背景下，绘画艺术融入了近代启蒙思想的因素，不同程度地表现出近代审美的倾向，虽然近代审美倾向在明清绘画艺术领域并不占有主导位置，但是表现出近代审美特征的绘画艺术和具有近代启蒙思想的绘画家，毕竟是作为顺应时代和艺术发展规律的代表出现的，作为思想的外现形式，绘画在近代所表现出的活跃而进步的特色，就显得更有价值，也为后代所重视，所以我们更加关注的是这些艺术家和艺术表现的特色。文人画仍然是明清绘画的主流，画家在意境和技法上都对文人画的发展和创新作出了极大的贡献。不过，明清绘画除了文人画倾向外，更具时代特征和历史价值的，还是具有近代审美因素的绘画艺术现象的出现。

崇高作为一个在本质上与古典和谐美相区别的美学范畴是属于近代的，崇高美的出现是由社会矛盾和思想矛盾的激化

---

* 本文原载于《齐鲁艺苑》2000 年第 1 期。

所带来的，因而崇高也是建立在对立矛盾基础之上的。在明清绘画艺术中，各种因素之间，如理想与现实、情感与理智、个体与社会、形式与内容等都出现了分化对立的趋势，打破了古典和谐美理想下的和谐统一的格局，出现对峙、分裂的局面，表现出高扬主体自我、以丑怪因素入画、浪漫与现实的分化等现象，这些近代思想因素和艺术特色对明清绘画的渗透使得明清绘画表现出了一种近代崇高的审美特征。

一、主体自我的高扬

自我意识的崛起是明清时期的一种总体倾向。在哲学思想发展到阳明心学的时候，主体自我的崛起已呈箭在弦上之势，随着王学左派思想在社会上的普遍流行，一种个性解放、自我觉醒的思潮便在思想、文化、社会生活的方方面面开始逐渐形成波澜之势。文人作为一个知识阶层，对此的反应自然是十分强烈。当然文人画的传统是根深蒂固的，因而并没有一下子转到近代崇高美的表现风格上来，但是，对主体自我的表现，仍然随处可见。从明初沈周、文徵明、唐寅和仇英开始，就以狂放的个性表现为特色，到徐渭更是以水墨大写意挥洒性情，他的花鸟画奔放淋漓，讲究“无法中有法”，追求个性，富于创新，反对拘泥于古法。他说“不求形似求生韵，根拨旨吾五指栽”，明显提出自我风格，对此郑燮极为敬佩，曾刻一“青藤门下走狗”的印作为闲章，表示对徐渭的敬慕之情。在明清两代，对“我”的大胆表露并不是一两声的振臂一呼，而是有越来越多的画家意识到“我”在创造中的功能与可贵。“八大山人”曾说：“八大者，四方四隅，皆我为大，而无大于我也。”[①]而对绘画中自我意识有着系统的理论阐述的还应该是石涛。石涛在他著名的《画语录》中提出“一画”论的理论，“一画者，字画先有之根本也。字画者，一画后天之经权也”[②]，“一画”正是“众有之本，万象之根”[③]，是绘画艺术存在的根本，是形象创造的基础。接着他强调指出“所以一画之法，及自我立”，于是创作主体的能动性和主导性在理论中得到确认。在“一画”论中他多次指出，“夫画者，从于心者也”，“我之为我，亦有我在”，可见，“自我”的确立是绘画创作的先决条件，有了“自我”便决定了绘画的创作是从于我心的自由创作，所谓“人不见其画之成，画不违其心之用”。

石涛将“自我”的确立看成是绘画创作的关键，他认为绘画创作自有其内在的必然规律性，这就像天地万物都有其规律存在一样，如果人不能掌握规律，就会受役于法，也就是“有是法不能了者，反为法障之也”，对于绘画创作，“了法”就是明了、掌握“一画”的理论，“一画明，则障不在目而点可从心”。画从心而画，也就使“障自远矣”，可见，石涛认为绘画创作必须是在掌握规律基础之上的一种自由创作，只有掌握了规律才可以从心而画，只有从心而画也才有可能掌握规律，这是相辅相成的。也就是说，在石涛看来，必然与自由是对立统一的关

① 林木：《明清文人画新潮》，上海人民美术出版社 1991 年版，第 38 页。

② （清）原济撰：《苦瓜和尚画语录》，俞剑华编著：《中国古代画论精读》，人民美术出版社 2010 年版，第 66 页。

③ （清）石清：《石涛画语录》，北京大学哲学系美学教研室编：《中国美学史资料选编》（下），中华书局 1981 年版，第 327 页。

系，在这种对立统一的关系之中，“自我”的确立是关键所在。

石涛还认为“有法必有化”，法与理都是事物的根本所在，掌握必然规律是必须的，但在绘画创作时却应该做到“无法而法”，也就是变化了的法，是不着痕迹的法，正是“法无定相，气概成章”。所以，以形似求画在石涛看来不过是小道，得神韵才是至境，而得神韵的创作必要出于我心。具体到创作，石涛说：“画受墨，墨受笔，笔受腕，腕受心。”这种产生于主体心灵的创作才是石涛所推崇的。在必然与自由的关系之间，石涛说：“夫画：天下变通之大法也，山川形势之精英也，古今造物之陶冶也，阴阳气度之流行也，借笔墨以写天地万物而陶泳乎我也。”[①]可见，石涛在认定必然与自我、继承与创新的统一关系的同时，着重强调了自我的作用，创作主体在艺术创作过程中所起的不是受于古法的被动临摹，而是受于自我心灵的主动写意。所以，石涛提出“不似之似”的艺术境界，这种境界超越了单纯的形象逼真，而逼近一种理想的“真”的境界，这种“真”来自于客观真实，又与客观真实有一定的距离，是融入主观情感的真，是将客体纳入主体的情感逻辑之后所表现出的真，这种境界是“真”与“美”相统一的境界，是理想的、自由的境界。所以说，石涛的“一画”论从根本上看是自我确立的理论，不过，石涛在强调主体能动性与主观情感的重要性的同时，也并不敢任“我”放纵，所以还要讲“了法”，还要将“我之道”最终归于“孔子之道”，这也是作为理论家个人无法超越历史的一种必然吧。

---

① （清）石清：《石涛画语录》，北京大学哲学系美学教研室编：《中国美学史资料选编》（下），中华书局1981年版，第329页。

如果说石涛在理论上确立了“自我”，但又无法令个性肆意放纵，那么郑燮在个性的解放程度上或许更为彻底。郑燮在绘画美学思想上深受徐渭、石涛的影响，个性狂狷放纵。“敢云我画竟无师，亦有开蒙上学时。画到天机流露处，无今无古寸心知。”其中正是一个不依权贵、不信礼教、个性鲜明、情感奔放的文人形象，而郑燮所擅长的兰竹也正是他理想人格的写照。郑燮的绘画美学思想表现了极为强劲的个性自由的特征，他的花鸟画与众不同。首先，他认为花鸟兰竹都是各有其性的生命，应“各是其天，各合其性”才会带来美的欣赏，对自然天性的偏爱正是他对自我意识的肯定，对个性解放的追求。所以，郑燮的绘画都不依古法，甚至不执己见，“惟在活而已矣”，“活”是一种生命的展现、个性的展露。他说“意在兰竹，则竹为主，以石辅之。今石反大于竹，多于竹，又出于格外也”，有时兰竹延伸于纸外。他之所以敢出于格外，要出于格外，正是依个性而为，既是附兰竹的性情，也是创作主体的性情写照。郑燮一生不得志，在现实面前，理想的无奈与破灭使得他作画时往往流露出强烈的情感色彩，正像他说的：“我有胸中十万竿，一时飞作淋漓墨。为凤为龙上九天，染遍云霞看新绿。”(《题画》)对于郑燮这种淋漓挥洒的画风，画界有很多评论，说缺乏一种内美，然而这种风格的形成却是现实与理想对立、矛盾深刻的必然表现。在郑燮的水墨兰竹中，树立起的是一种孤傲而不是理想色彩的近代个性主体形象，表现出一种到现实之外寻找理想“新路”的积极浪漫主义色彩。

二、丑怪因素入画来

在古典和谐美的范围内是没有丑的位置的，古典和谐美排斥丑的存在，是因为丑作为美的对立面不符合和谐统一的原则，古典美学中的丑或者是作为美的陪衬出现，或者被化丑为美，而就连这种丑也只是一种形式上的丑而已。而到了近代，一种本质上的丑却要作为美的对立面出现在审美的范围内，外现在艺术的形态上，这也成了明清时期思想和艺术表现的一个共同特征。古典美是以和谐美为理想的典范，追求的是统一、和谐、平衡、有序，要求艺术的形式美，而崇高美则不然，它要打破这种统一的局面，打破平衡有序的格局，追求对立、无序和形式丑，甚至是无形式，从这一本质上讲，明清绘画美学所表现出的丑怪现象和对这一现象的欣赏无疑应该是一种崇高美和崇高意识。

古代社会是以和谐美为理想的，古典和谐美发展到明清时期已经出现僵化、死板、呆滞的现象，人们也开始对这种模式化、无生命的美的表现流露出厌恶的情感，这同样是一种主体意识的崛起，自我的觉醒带来对传统的反叛。在思想界，反对传统就是反对一种“中和”的思想，于是狂狷之士们以各种放浪形骸的举止、惊世骇俗的语言表达着他们对“中和”的反抗、对超越“度”的勇气。在绘画艺术表现上，这种狂放之举来自于同样的思想心理。绘画艺术，尤其是传统文人化艺术是一种形式美的艺术，所以，对传统的反叛也就集中在打破形式美、追求形式丑这一点上，突出的现象便是出现各种狂、乱、丑、怪的绘画艺术。

“狂”在明清时代是一种常见的现象,许多文人墨客以“狂士”自居,无非是以狂言狂行表达一种个性、一种精神和一种追求。明清时代以狂草入画,出现水墨山水,甚至花鸟画的大写意画法,像徐渭的花鸟大写意画,郑燮画竹也有狂草的功底,“见习怀素,笔势奇妙”,情感无疑逾越了“无邪”的界限,也不在乎“止乎礼”的法度,做个狂士,才能达到精神的自由。“乱”是“狂”的表现的一个特征,徐渭的《墨葡萄》就以“乱”出名,而张风看董源的画,则认为其“草草点缀”“粗服乱头”,“粗服乱头”与文人画传统的高雅之态自然是不相符合的。但是,明清画家和理论家却对此情有独钟,盛大士就说:“士大夫画之所以异于画工者,全在气韵间求之而已。历观古名家,每有乱头粗服,不求工肖,而神致隽逸,落落自喜,令人对坐移晷,顿消尘想,此为最上一乘。”①“乱”是为了反对“工”,相对于“工”,“乱”就是自然性情,是气韵生动。明清的绘画作品和画家还以“怪”著名,著名的像扬州八怪、徐渭和傅山都曾以怪笔画人物,徐渭败笔画美人可以说是以画个性而得其神。傅山就认为一味地求刻意和工整,人物就有死人气,“活”是画家的追求,以怪笔入画,正是注入了“活”,打破了死的局面,带给人以新鲜感、刺激感。败笔美人之美并非天生丽质,但标准美人缺乏的正是美中之憾所带来的个性色彩。“怪”正是怪出有因,所以说扬州八怪皆是创新高手、个性鲜明的画家,他们作画毫不避讳,多用枯笔、逆笔、侧锋,不求工丽,但求稚拙、天趣,郑板桥

---

① (清)盛大士:《溪山卧游录》,俞剑华编著:《中国古代画论类编》(上),人民美术出版社1998年版,第257页。

的怪石怪竹不依常理,金农更是以“漆书”写竹,怪诞之极,看他们运笔,往往用笔毛糙,看他们布局,又飞白满纸。然而他们的画却是更淋漓地抒发了情感,更恰当地表现了个性。“乱”“狂”“怪”“奇”都是丑的表现。以丑为画的还有八大山人,在他的笔下,鱼、鸭、鸟都“白眼向天”,显得孤独而倔强,缩颈拱背,触之即飞,不但生动,而且深刻,他的《孔雀图》则把美丽的孔雀画得丑陋不堪,所以他的画充满了寓意和讽刺。八大山人以丑怪的造型表现着自己的痛苦和愤懑的心情,以丑的画笔独步画坛。

当这些“乱”“怪”“狂”“奇”的艺术形式表现在绘画艺术中时,从表现上看,形式美的格局已经发生了变化,从审美体验上看,原来那种愉悦和宁静的审美心理也已不复存在,这也是丑的因素对和谐美理想的冲击。水墨绘画艺术作为一种文人艺术,在中唐之后,充分地表现出文人士大夫在精神与生活两方面精致化、优雅化的追求趋势。而到了明清之际,丑的因素的介入,正是对这种心态的冲破。从这一点上也可以看出崇高意识的进步性和冲击性,分出“四王”与八大山人、扬州八怪的本质不同所在。

三、浪漫与写实风格的分化

近代崇高美和崇高型艺术是以构成因素的矛盾对立为本质特征的,主观与客观、理想与现实、感性与理性、情感与理智、形式与内容、天才与勤奋等,因对立分化又形成了浪漫主义和现实主义两种艺术流派,这是近代崇高型艺术的一种必然发展。中国传统绘画从追求表面的形似到不求形似而追求神似，再到不似之似，可以说在形似与神似的问题上一直纠缠着，到明清之际，浪漫与写实的分化也不是绝对的。像我们说渐江的画中写实的成分较多，但是他在追求神似时也是以统一为最终理想的。我们说石涛的画以自我为中心，突出情感作用，符合浪漫主义的审美特征，但是石涛虽追求不似之似，但也主张生活的基础。董其昌的画论影响极大，虽然他曾提出"行万里路，读万卷书"的创作原则，但是他本人却不大入大自然临摹写生，行万里路的思想毕竟有写实的成分在内，所以说在明清绘画美学中，浪漫与写实的分化虽不明显，但是是存在的。

渐江师从倪云林，似乎是写意派的，但事实上，他在《画偈》中说："敢言天地是吾师，万壑千崖独杖藜。梦想富春居士好，并无一段入藩篱。"可见，他是以自然为师，以写实为宗旨的画风。中国古典山水画以写意为主，并不注重山水的写实，所以，看后有重复之感，也分不出是哪里的山水。渐江的山水画则不然，他的黄山画册让人一望即知是黄山，他笔下的黄山和武夷山更具特色，绝不等同。他笔下的山水来自于对大自然的悉心观察和充分认识，他曾在程弘志作画时题画曰："黄山归来，为圣木居士作武夷峰水，盖未敢唐突天都耳。"事实上，他已多次游过黄山，但还是感到没有充分把握黄山的特点，因而不敢唐突，所以他说："武夷之胜，胜在方舟游泳，而黄山之奇，海市蜃楼，幻于陆地，殆反过之。"①这种结论是从艰辛的实地写实之中得来的，可见，渐江是偏于客观基础的，"黄山是我师"正是他以自然为师的说法。

① 伍蠡甫：《名画家论》，东方出版社1988年版，第189页。

与渐江相比，石涛的绘画则注重于主观、自我和情感，这一点我们在前面已经有所了解，石涛的“一画”论以自我为中心，认为画从于心，心灵对画有着统摄作用，他认为绘画创作应该是“搜尽奇峰打草稿”的过程，因此他笔下的山峰便不一定非要是哪处的山峰，而是他所遍览的山峰的一种代表。这里的山水画法与其说是对山峰的主观写实，不如说是对心灵的主观写意，“从于心”当然可以把山峰拿来为表现主观的情感而用，在这里，主观情感是表现的对象，主观自我是绘画的主导。石涛强调必然与自由的统一，因而也重视状物之神，要得神似，但是，在绘画中更要表现自我之心，主体在绘画上直接展现是石涛绘画倾向于浪漫主义的一大特征。

在主体与客体的关系之间，渐江强调的是客体，而石涛偏重的是主体，在他们的思想中，主体与客体已然分处于对立分化状态，而不是主客体的混沌未分。渐江从摹拟自然入手，着手于感性的再现，强调客体的个性特征。黄山之奇不同于武夷之圣，这正是山的个性，而作为画家的渐江在摹写自然时，其主观的个性情感是通过客体的再现而被曲折地表达出来的。石涛的绘画则正相反，正像他所说的“江花随我开，江水随我起”，主体个性在这里是主导的，对山水景物的摹写是为了表现“我”的情感、“我”的个性，主体的人性和主观的情感是直接表现出来的。

在勤奋与天才的问题上，渐江与石涛的倾向也不相同。渐江并不强调天赋的才能，他说“十日画一水，五日画一石”，可见他对于勤奋更为倾爱，包括以他为代表的画派中的人也多重视后天的努力，读书万卷是他们所信奉的，因而他们强调的是勤奋，是法度。与此相反，石涛则强调天赋，他说“随笔一落，随意一发，自成天蒙”，他认为画意气韵“旨在我笔头灵气”，可见石涛对思想的天才的推崇，由此他才提出“无法而法”，认为要自由灵活地掌握法度，而不能拘泥于古法、死法。

要指出的是，渐江和石涛只是作为写实与浪漫分流的一对代表画家提出的，事实上，明清画家中也有对写实或浪漫风格的表现比较突出的。像郑燮，他身上既有浪漫主义的风格，注重挥洒情感，展露主题，又注重反映现实。“道着民间痛痒”这种风格被他表现在不同的画题之中，又是一种代表。所以说，浪漫与写实的分流在明清绘画美学中已有所表现，这种表现正是绘画艺术突破传统古典美，建立于近代对立崇高之上的一种表现。

四、世俗画的崛起

对于明清绘画，我们一直在讨论文人化现象，事实上，作为与文人画风格迥异的一种绘画，来自民间的世俗画越来越繁荣，并最终对文人画产生影响。

明代的民间世俗画已经比较活跃，无论是城市还是乡村，都有画工和行业的存在，这是与明代末年经济发展的状况分不开的。明代画工有专职和兼职之分，而画肖像、神轴或者年画的画工则一般是专业的。明代世俗画形式很多，如卷轴、壁画、年画、灯彩、船花、瓷绘、建筑彩画等等。这些绘画多以工笔、设色为特点，题材多取自传奇故事或生活场景。像卷轴画中的《皇都积胜图》就描绘了明末北京繁荣商业的景象，详尽地记述了街头的形形色色的人物和行业，塑造各种人物形象，反映世俗人情，呈现出与通俗文学一样的风格。包括像宗教性质的“水陆画”，也多反映当时的社会面貌，具有现实意义。明代的壁画绘制也十分精致，从南到北，全国有许多典型的寺庙壁画保存下来，像陕西新峰县东岳稷益庙的壁画，绘制有人物40余人，而且用笔讲究，结构严谨，写实风格十分明显。年画是民间一种十分流行的品种，在明代已逐渐流行开来，像天津杨柳青年画在这时已经渐渐定型。

清代更是民间世俗画的繁盛时期，以乾隆、嘉庆的七八十年间最为发达，而木版年画一直到咸丰、同治年间都十分兴盛。清代民间绘画在创作上、活动上都与文人画截然分开，自成体系。民间绘画受到群众的极大欢迎，绘画题材、品种也更为广泛，大到寺庙壁画，小到鸡蛋壳上都有世俗画的存在。在行业分工趋向细致之后，出现像画像的“丹青师”、画船的“船花师”、画建筑图案的“彩画师”、画皮影的“皮影画师”、画彩蛋的“蛋花师”等等。另外还有年画、彩灯、扇面、花伞、礼花、瓷器、鞋花、窗花、纸鸢、鼻烟壶、木器家具、纸扎冥屋、卷轴画、端阳图、重阳糕旗等等。可以看出，民间绘画已经涉及了日常生活的方方面面。民间绘画有的规模很大，显出很大的气势，像描绘“老子百年降世八十一回”传奇故事的壁画，人物过千，情节复杂，色彩绚烂，很具可观性。绘画题材更加注重对现实生活的反映，像寺庙中的供养像，人物身着清朝服，手法简朴，十分写实。这时的木版年画更是极为发达，出现了河北杨柳青、山东潍县杨家埠、苏州桃花坞、福建泉州等各具地方特色的民间年画形式。年画题材有戏文故事，也有民间风俗、男耕女织、时事见闻、风景花鸟、人物、神像，寓意吉祥，色彩艳丽。这种来自民间画工之手，以反映民间生活为主的年画，反映出大众的审美情趣和思想情感，在艺术表现手法上也形成色彩明快、对比鲜明，对人物表情刻画简炼、深刻的特点。明清时期的肖像画也逐渐流行，出现一些写真能力很强的画工。清代称肖像画为“写真”或“传神”，给老人画像称“寿相”，画妇女称“福祥”，也有画一家人的“家庄图”或称“合家欢”，也有画全家或友人相聚的称“行乐图”。清代肖像画有了一套完整的表现方法，注重形貌的特征，也注视人物的神情，他们将好的肖像画称为“对面相公”，即指肖像画像真人一样，形神兼备，而最差的画像被称为“过路客人”，意指画得不像也不生动。

世俗画的繁盛对文人画境的格局和风气有一定的冲击，像着色和写实手法，还有对人物画的重视，都在明清后期的文人画中有所反映。扬州八怪就曾通过人物画来反映民间疾苦，表现出批判现实主义的风范。除了批判意识外，文人画也开始走出空灵、萧瑟的意境，出现表现生活情趣的生活场景画。清末的画更是以世俗性入画，不但以农家生活入画，而且新兴的“海上画派”也以着色和盎然的生活情趣为世人瞩目。世俗画的兴起和世俗画对画坛的影响并非偶然，一方面是因为社会经济生活的活跃，另一方面，从中外近代美学史来看，市民性是近代社会的一大特色。明清画坛出现这种世俗性，也是绘画从古典审美向近代审美转型的一种表现。

八大山人艺术的情感张力*

文艺作品表达情感无可否认,但是表谁的情?达谁的意?对这个貌似简单的问题就有多种观点,甚至彼此互不相容。大而概之,主要有两种说法:“个人表现论”认为文艺作品就是作家本真感情的显露,中国传统文论一直走的是这个路数,近代西方浪漫主义更是奉其为圭臬。英国华兹华斯的“诗是情感的强烈流露”和王国维的“一切景语皆情语”都是自我表现论的宣言。也有学者对“个人表现论”提出质疑,甚至提出与之相对的理论,例如艾略特的“非个人化”诗学主张,曾在欧美文艺评论界产生了很大影响,他反对张扬个性、显露自我的浪漫式批评观,认为作家与人类普遍感情的共振才能催生合格的作品。这两种观点孰优孰劣,也不能简单立判高下,虽然这两种理论本身的高下之较不是本文关注的重点,但为本文探讨八大山人创作的审美情感问题或艺术感染力成因提供了方向。

---

* 本文系与梁宏安合写。梁宏安,山东大学儒学高等研究院 2015 级硕士,中国人民大学文学院博士在读。本文原载于《美育学刊》2017 年第 2 期。

一、遗民身份——审美情感的底色

八大山人（以下简称“八大”）是明太祖朱元璋第十七子宁献王朱权的九世孙，本名由桵，字雪个，号八大山人、个山、人屋、道朗等。其祖父朱多炡，字贞吉，号瀑泉，其父朱谋觐，字太冲，号鹿洞，二人均精通书画。明天启六年（1626），八大出生于江西南昌弋阳王府。明崇祯十七年（1644），闯王李自成在西安称帝，随后攻入北京，崇祯帝朱由检在煤山上吊，大明王朝土崩瓦解。此时，八大年满十九，亲历了自家江山从风雨飘摇到大厦倾塌的全过程。明清易代，开启了中国第二次异族统治的时代，清政权建立初期采取残酷高压政策，“扬州十日”“嘉定屠城”，清政权用最原始的方式震慑汉人，尤其是残余明朝势力，同时对散布在全国各地的明朝宗室展开了大规模的搜捕和追剿，八大作为王公贵族被迫走上逃亡之路，昔日王谢堂上的燕子便作飞鸟散了。

八大山人一生颠沛流离，从王子公孙被迫逃入禅林，又落魄街头，“曳长领袍，履穿踵决”，潦倒至被市井小儿嘲弄的地步，这一切自然是由清军入关、代明而立造成的，所以遗民身份是八大一生的标签。因此，后世谈论八大的创作时无不将其家国悲痛联系起来，大加抒写。郑燮的题画诗“横涂竖抹千千幅，墨点不多泪点多”成了八大身世哀恸的写照。把艺术家的心理状态与艺术作品直接挂钩，八大的书画作品成了其身世悲剧的摹写。从艺术心理学和个人表现论角度来说，这种说法不无道理。克莱夫·贝尔（Clive Bell）在《艺术》中直接指出：“在我看来,有这样的可能性(绝非肯定),那个被创造出来的形式的感人之处在于它表现了创造者的感情,大概艺术品的线条和色彩传达给我们的东西正是艺术家的感受吧。”①也就是说,作为物质实体的“文本”是艺术家内心情思的外化物,这和我国传统绘画所倡导的“外师造化,中得心源”十分契合。

相当一部分学者把八大的“心源”和他的遗民身份联系起来,认为八大胸中有块垒,盘踞着“兴悲禾黍”的家国之痛,从这个角度解读他在创作中的审美情感问题。这类观点自然不是捕风捉影。甲申之乱后,八大剃度受戒,隐身佛门,其间在进贤介岗灯社和奉新耕香庵等地习法,在 1666 年作《墨花图》一幅,现藏于北京故宫。画上题诗一首:“洵是灵苗茁有时,玉龙摇曳下天池,当年四皓餐霞未,一带云山展画眉。”②诗人自喻灵苗,在等待苗壮之时,亦把自己比作天龙下凡,沉潜于深渊。诗中很显露地表达了自己当前的处境,并不忘自己王室遗民的身份。“画为心声”,在这里八大的心声不需要靠隐喻式的图像来传递,心声直接以诗为证了。民国《安义县志》宗教志载:“时八大山人、南昌万时华、奉新彭文亮、邑诸生涂风稷、黄之侃常集社于此,至于康熙间罗致狱兴,文令以寰,变而为禅院。”③这段文字中提到的彭文亮、万时华等,都是明朝遗臣。也就是说,八大隐居期间参加过遗民诗社,并与其中一些遗老保持着密切的关系。在一些学者看来,这正好指明了他在《墨花图》题画诗中所谓心声的实际内容。

---

① [英]克莱夫·贝尔:《艺术》,马钟元、周金环译,中国文艺联合出版公司 2008 年版,第 546 页。

② 朱良志:《八大山人研究》,安徽教育出版社 2010 年版,第 148 页。

③ 朱良志:《八大山人研究》,安徽教育出版社 2010 年版,第 149 页。

在临川期间，八大的思想出现了很大波动，癫疾复发之后，他离开佛门，返回世俗世界。在1680年末到1684年这段时期里，八大开始使用带有自辱性质的“驴”号，例如“驴屋”“驴屋驴”，这是一个很特殊的现象。这一时期的作品也表现得满腔愤恨，用语直白。在《个山小像》中，八大破天荒地钤上“西江弋阳王孙”印，这十分罕见，对自己的王孙身份毫不避讳。此像出现也在“驴印”时期，诸多迹象都能印证这位往年的“灵苗”不再压抑自己内心的身份认同，“玉龙”也无法安心潜在深渊了。现藏于北京故宫博物院的《古梅图轴》正创作于此时，这幅古梅图有别于八大的同类作品，八大几乎不画整株梅花，在其他同类作品中，梅花都是一支旁出，而在此画中，梅花根部裸露，紧紧扣住地面，粗壮的躯干硬挺挺地直立起来，整体看上去有饱经风霜之态。古梅上方有先后三段题诗，前两首分别写了失国后吴镇画梅和郑所南不为北音两件事，这两人都是宋遗民，南宋亡后，两人拒不仕元，所以这里八大确实有借古喻今之意，狷介愤恨的遗民情感倾向明显。八大山人研究专家王方宇在《八大山人的生平》中便认定了这幅作品是八大故国情怀的隐射。

八大的创作和思想处在故国情感的挣扎中，这一点是毫无疑问的，由于有这样一层底色存在，后世在评论或研究他的艺术时总脱离不了王孙情结和遗民情感。尤其对其个人标识鲜明的名号、印章、斋号问题的研究都被抹上了浓重的身世色彩，甚至发展成一种解码游戏。例如对“八大山人”白文印，有人解读为这是表示从朱权至明亡，江西南昌王室共繁衍了八支，到八大这里就截止了，因此说是“止八大山”。“止八大山”是在1682年《瓮颂》中出现的，之后才一直使用“八大山人”，所以一些学者就做了这样的推理。八大还有一“八还”印。杨新认为一方“八还”的印章，意思再明白不过了，即第八代子孙回来了，可以延续香火，不致斩断对先人的祭拜了。类似的名号解释很多，大都不脱离对八大个人身世情愫的渲染。

诚然，如果八大没有遭遇家国之变，那他的诗歌创作、绘画风格、题材选择、精神气质绝不同于现实的八大，但过于强调八大对自我情感的表达是不是就能说明凝结于其作品中的审美情感实质？尤其值得考量的是遗民身份背后所传达出的民族对抗意识和失势王孙的落寞情绪到底能不能撑起八大的艺术魅力？

这些问题必须被回答清楚，否则我们无法对八大的艺术造诣作出公允评价，更无法建立八大艺术审美情感的“合法性”。朱良志曾说：“八大山人的遗民情感问题明显有被扩大化的倾向，这影响了对八大艺术研究的深入，甚至在一定程度上搅乱了八大的研究格局。八大在世时，他就被塑造成一个愤怒的艺术家，艺术只是传达其抗清复明观念的方式……八大所画的鸟，有冷眼向人之态，那是对清人的痛恨，八大的梅和菡萏有利剑一样的角，那是投向清人的匕首……这样的研究，其实在降低八大艺术的价值，将其丰富的艺术世界，说成是简单的民族仇恨的传达物。”①这样的说法基本上否定了八大山人的创作只是个人家国悲愤的表现，认为八大艺术的旨归不在于此，应该有更丰富的艺术价值，这也暗示八大作品带有了某种超越性。

① 朱良志：《八大山人研究》，安徽教育出版社 2010 年版，第 146—147 页。

二、生存叩问——八大艺术审美情感的另一种解读

符号美学家苏珊·朗格(Susanne K. Langer)在《哲学新解》中说:“纯粹的自我变现不需要艺术的形式”,“以私刑为乐事的黑手党徒绕着绞架狂吼乱叫;母亲面对重病的孩子不知所措;刚把情人从危难中营救出来的痴情者浑身颤抖,大汗淋漓或哭笑无常,这些人都在发泄着强烈的感情,然而这并非音乐需要的东西,尤其不为创作所需要”,“发泄感情的规律是自身的规律”。[①] 她对艺术所蕴含的审美情感问题的观点和艾略特在《传统与个人才能》中所讲的“非个人化”很契合。他说:“诗歌不是感情的放纵,而是感情的脱离;诗歌不是个性的表现,而是个性的脱离。”[②]他们的说法和华兹华斯、托尔斯泰讲的“个人情感表现说”基本是对立的。那么,这种“非个人化”情感究竟是什么?苏珊·朗格给出了她的答案:“艺术家表现的决不是他自己的真实感情,而是他认识到的人类情感。”[③]依她的观点,现场性很强烈的个人情感并不是艺术表现的对象,而是处理过的情感概念,这种情感概念是属于人类的,“艺术品表现

---

① 转引自童庆炳:《自我情感和人类情感的相互征服——论文学艺术中审美情感的深层特征》,《文艺理论研究》1989 年第 5 期。

② [英]托·斯·艾略特:《艾略特文学论文集》,李赋宁译,百花洲文艺出版社 2010 年版,第 11 页。

③ [美]苏珊·朗格:《艺术问题》,滕宁尧、朱疆源译,中国社会科学出版社 1983 年版,第 25 页。

的是关于生命、情感和内在现实的概念，它既不是一种自我吐露，也不是一种凝固的‘个性’，而是一种较为发达的隐喻或一种非推理性的符号”①。所以艺术能够引起人类审美情感共鸣的原因就在这里，这是一种典型而普遍的情感。正如王国维评价李煜词时就对其“非个人化”的审美情感表达了赞赏，他说：“词至李后主而眼界始大，感慨遂深，遂变伶工之词而为士大夫之词。”②王国维认为李煜提升了词的格调，由伶工表达个人情绪的艳词变为“梦里不知身是客”的感慨寄托之词，上升到了对个体命运的观照的层面。很显然，这比李煜“故国不堪回首月明中”的失落帝王梦更有境界。不可否认的是，作为有同样失国遭遇的皇族八大，其创作确实可以做这种类比解读。

朱良志在一篇文章中谈道：“八大是一位以‘孤’见称的艺术家，并不意味他只是为孤独无依的生存状态而哀思，也不是因为他强调孤，突出自己是王孙……更不是由孤独来证明自己鹤立鸡群，高于凡俗，他是将个体‘孤’的体验上升到对人的存在命运的思考，由个体存在状态的感叹，发而为人类存在的玄思。”③这段话不正是苏珊·朗格所说的“艺术家认识到的人类的感情”吗？也就是说，八大的艺术创作具有了超越性，把失落愤懑的个人遗民情绪转化成了对命运无常的直视与沉思，没有一味地放纵对自己悲剧身世的感慨，而是把这种感情隐匿起

① ［美］苏珊·朗格：《艺术问题》，滕守尧、朱疆源译，中国社会科学出版社 1983 年版，第 25 页。

② （清）王国维撰，彭玉平评注：《人间词话》，中华书局 2014 年版，第 35 页。

③ 朱良志：《八大山人研究》，中国社会科学出版社 1983 年版，第 58—59 页。

来，化为一种对生命存在本真状态的冷峻思考，所以八大的艺术创作有一种理性的克制，很多作品意象简单、构图精炼，在简笔中有大气象。确实如此，“孤”几乎是八大的创作的一个母题，“孤鸟”“孤鱼”“孤石”“孤草”“孤花”等，八大的大量作品都是这样的主题，通常画中只有一两个意象，有的甚至几笔就勾成了，像《河上花歌》那样的大幅作品在八大画史上是极为罕见的。

现藏于云南省博物馆的《孤鸟图轴》，纵102厘米，横38厘米，画中仅有两个意象，一支虬曲别致的树枝从画面底部左侧探出，一只小鸟单脚独立于枝头，眼睛如豆，小而有神，除此之外，别无他物。当然，八大画一只孤鸟不只是为了栩栩如生地临摹一只立在枝头的小鸟，而是为了传达一种情感，只不过他没有采用直接描写的方式，而是通过客观的对应物来表现，是一种符号化过程，需要接受者看到能指背后的所指。正如苏珊·朗格所说：“一种客观的符号将一个主观的事件或活动表现出来。任何一件艺术品都是这样一种形象，不管它是一场舞蹈，还是一种雕塑，或是一幅画、一部乐曲、一首诗，本质上都是内在生活的外部显现，都是主观现实的客观显现。这种形象之所以能够标示内心生活中所发生的事情，乃是因为这一形象与内心生活中所发生的事情含有相同的关系和成分的缘故。”①这种“异质同构”的观点很能说明八大的“孤鸟”意象，它不单是一只独立枝头的孤鸟，还是一个独与天地精神相往来的灵魂写照，有白茫茫大地一片真干净，唯有枝头孤鸟立空境的气象。

---

① ［美］苏珊·朗格：《艺术问题》，滕宁尧、朱疆源译，中国社会科学出版社1983年版，第8—9页。

所以,即使没有题画诗或文字注解的辅助阐释,接受者单凭符号组合而成的特殊意象也能够唤起内心的情感,此时创作者与接受者的想象、意趣、情感被连通,在对孤鸟立别枝的凝视中体悟出人类共通的情感。“孤鸟”“孤鱼”“孤石”等形成的“意象群”足够成为八大具有个人特色的隐喻式表达,这些“孤”的“意象群”所尽的意不就是艺术家对生命存在本真状态的关照吗?

三、八大艺术作品中的情感张力

八大艺术的审美情感到底是“山河残破不堪思”的身世之叹,还是“人生忽如寄”的超越性思考?因为在前文的论述中,这两种审美情感都得到了承认。但是,本文认为单从审美情感的“个人化”或是“非个人化”角度都无法击中八大艺术创作价值的要害,也无法理出审美情感的实质。需要注意的是,同时承认这两种审美情感的存在并不是简单地将它们并置起来,或者认为八大在不同时期被两种情感非此即彼地影响。八大艺术感染力形成的真正原因是这两者之间形成的对峙和撕裂,是它们相互之间既渗透又排斥造成的张力,正是这种“情感张力”再现了八大内心生活的统一性、个别性和复杂性。

“张力”这个词本是物理学的概念,后来被引渡到文学理论中,成为一种诗学概念。在文学领域,最早使用“张力”概念的是美国批评家艾略特,他在《论诗的张力》中说:“我们公认的许多好诗,具有某种共同的特点,我们可以为这种单一性质造一个名字……这种性质，我称之为‘张力’。”①自此以后，张力论成为新批评派的重要诗学主张，是新批评派对康德“二律背反”在文学领域所做的一次移花接木。“张力诗学”是在对立、冲突，相互抵牾、拉伸的二项式基础上形成的，并通过悖论式的逻辑达到某种出人意料的效果，波德莱尔的《恶之花》就是张力的典范，以“恶”来写“美”。金健人在《论文学的艺术张力》中说：“唯有充满张力的文学作品，才能让作者把他们的艺术之箭射向读者的心灵深处，从时间向度，打开世世代代先后衔接继承的人的心扉；从空间向度，穿越地区、民族、国界、人种的疆域。”②的确如此，优秀的艺术创作必须具备这样的品质。八大的作品也是如此，审美情感的悖论式纠缠渗透了他的创作，在这巨大的张力中，我们才能认清八大艺术的本来面目。

虽然张力说在文学领域被普遍运用，但它本身具有的辩证法基因照样可以使它在别的艺术领域生效。例如，阿恩海姆(Rudolt Arnheim)在《艺术与视知觉》一书中引入了张力论，将其定义为“把人类视觉、知觉捕捉到一幅作品中的两种相互对抗的力相互较量之后产生的结果”③。里奇拉克(Joseph F. Rychlak)从美学的角度指出：“最典型的就是，人们发现，艺术经验要求一种‘对立的紧张’，因为，在这种紧张中经验的整体内涵着一些具有审美因素的内在冲突。”④八大的创作就是在

① 赵毅衡编选：《“新批评”文集》，中国社会科学出版社 1988 年版，第 109 页。

② 金健人：《论文学的艺术张力》，《文艺理论研究》2001 年第 3 期。

③ ［美］阿恩海姆：《艺术与视知觉》，滕守尧、朱疆源译，中国社会科学出版社 1985 年版，第 573 页。

④ 金健人：《论文学的艺术张力》，《文艺理论研究》2001 年第 3 期。

两种相互对抗的情感中完成的，这两种情感可以转化成一系列处于紧张对立的二项式，“了悟/不悟、出世/入世、生存叩问/家国哀痛”。因此，把八大看作一个天生的悟道者和把他看成只会借诗画抒发愤懑的遗民艺术家一样不得要领，会造成对八大艺术创作的单向度解读。

这两种对立紧张的情感张力支配了八大的整个创作生涯。甲申之乱后，八大逃往西山（在南昌近郊），在顺治戊子年剃度出家，师从弘敏，其间在南昌东南的进贤介岗灯社和西北的奉新耕香庵礼佛，这样的生活持续到 1672 年弘敏圆寂。在这十几年里，八大研习诗画以抚慰失国后的惶恐不安的情绪。在 1666 年创作的《墨花图》中有“白云自娱”“潇疏淡远”“耕香”等印章，八大借此显示自己在禅林中的逍遥淡泊。如果仅从这个角度解读，就会得出八大的作品一开始就有超凡脱俗的品质，这样的结论既不符合八大的创作事实，也无法解释其在临川期间的病癫和“驴期”的愤怒。其实遗民情感一直潜藏在八大心中，只不过在早年这两种情感的张力不够大，对峙不够紧张而已，那首“洵是灵苗茁有时”和“玉龙摇曳下天池”的自喻诗不就很明显地暗示了八大心中隐藏着一股复国的个人激情吗？

临川癫疾和出佛还俗，这两件事对八大的创作影响很大，强烈的遗民身份认同情感与叩问生存本真的智性思考之间不断搏斗，造成了八大身心的巨大撕裂。在临川期间，八大结交了许多带有强烈故国情思的文人，在与这些文人的往来唱和中，八大对自己遗民身份的认同感不断加强，在《个山小像》中首次公开自己“西江弋阳王孙”的身份，并创作了不少表达个人身世感慨的诗歌。在时任临川县令胡亦堂修的《临川县志》

(康熙十九年刊)中收录了八大的10首咏物诗,主题都是借临川故迹来抒发“身世浮沉雨打萍”的心绪。如在《金柅园》中写道:“白云红叶醉青霞,皂盖朱幡两门华。官酿葡桃川载酒,亭开金柅玉为茶。瑶琴几弄麻山雨,诗卷还携梦水涯。惆怅秋风茂陵客,到来惟见野海棠。”[①]从诗中可以看出,虽然有皂盖朱幡、诗朋酒友,但仍抵不住八大的愁绪,像司马相如一样,他是一个千里酸风茂陵客罢了。

这种愁绪在“驴期”得到了释放,除了前文已经提到的遒劲似利剑的《古梅图轴》外,八大还有很多诗歌和绘画都在集中表达个人激烈的情感,甚至写出“南山之南北山北,老得焚鱼扫虏尘”这样直白显露的诗句。在《个山人屋花卉册》中,有一幅兰花图,画面仅有一丛兰花,如果仅从绘画语言解读,我们根本无法确定作者所要表达的内涵。所幸画上有题诗,解码后的文字便是图式意象的所指。诗云:“写竹写兰吴仲圭,兰何佩短竹叶齐?还家宋远思童子,卫适狂歌听马蹄。”诗写得极其隐晦,朱良志在《八大山人研究》中是这样解读的,他认为:“前两句以探问吴镇为引子,写竹兰同齐。‘还家宋远思童子’,用《诗经·卫风·河广》意:‘谁谓河广?一苇杭之。谁谓宋远?跂予望之。谁谓河广?曾不容刀。谁谓宋远?曾不崇朝。’八大的意思是,我就是那个在外漂泊的宋家童子,归心似箭。”[②]由此可见,八大思念故国之情昭昭,但是这种激烈的个人情感并没有完全主导八大的创作,我们仍然能清晰地看到与

① 朱良志:《八大山人遗民情感的发展过程》,《美苑》2008年第3期。

② 朱良志:《八大山人研究》,中国社会科学出版社1983年版,第161页。

这股愤懑情绪相互撕扯的另一股力量——一种与个人化情绪相对立的思考。例如,同是“驴”期的《瓮颂》,里面共收录6首诗,都是写酒。其一曰《毕瓮》,诗云:“深房有高瓮,把酌无闲时。焉得无闲时,翻令吏部疑。”①此诗化用典故,讲晋元帝时吏部郎毕卓之事。他生性好酒,在《世说新语·任诞》中有记载:“毕茂世云:‘一手持蟹螯,一手持酒杯,拍浮酒池中,便足了一生。’”前人常用“毕卓生前酒一杯,曹公身后坟三尺”来形容其嗜酒洒脱的气度,山人在此引毕卓的典故,怕不是无心为之吧。可以看出,在八大遗民情感最强烈的时期,这种愁恨情绪也没有完全遮蔽和压倒对生存本质的反思,正是由于这两种极端情感的张力状态,才避免了八大的艺术滑入无节制的个人情感宣泄或者空洞的玄思,它提供了一种“综感”(synaesthesis)②的审美经验,一种感情反应的对立调和。

八大的写意花鸟和山水画在晚年的时候达到了化境入微的境界,这是后人公认的事实。八大晚年艺术创作水平的精湛不仅指笔法上的老道,更指作品艺术价值的稳定,保持稳定的原因正是他对艺术张力更加恰当而精妙的把握,能够更好地处理两种充满对抗、冲突、撕裂的情感。现藏于日本京都泉屋博物馆的《安晚册》,是八大晚年的代表作品之一,全册共22幅,其中第13幅,整个图幅上只有一条小鱼,横卧在画面当中,画

---

① 朱良志:《八大山人研究》,中国社会科学出版社1983年版,第219页。

② “综感”是瑞恰慈、奥格顿、伍德三人合著的《美学原理》中提出的美的定义,借鉴了朱熹中庸的思想,认为“一切以美为特征的经验都具有的因素——对抗的冲突所维持的不是两种思想状态,而是一种”。认为真正的美是符合中庸的“综感”。

上题诗一首，诗云："到此偏怜憔悴人，缘何花下两三旬。定昆明在鱼儿放，木芍药开金马春。"[①]定昆池、金马门、木芍药指的是皇家奢华繁盛的派头。这首诗的大意是，在繁华的定昆池边，牡丹竞放，池鱼欢跃，只有一旁观者独自憔悴。

从诗面上解读，我们看到的是一个落寞憔悴的旁观者，在一宣盛一清冷的对比中自伤自悼，但实际上八大化用了袁中道的"君不见金谷园、定昆池，当时豪华无与比，今日红尘空尔为！"一尾优哉逍遥的鱼，一首口是心非的诗，达到了张力十足的"反讽"效果。所谓反讽，则"是对假相与真实之间的矛盾以及对这矛盾无所知：反讽者是装作无知，而口是心非，说的是假相，意思暗指真相"[②]。八大佯装了一次"可怜人"，调侃了自己一回，"幽默感"十分高妙。表面的忧伤自怜，内里的冷峻幽默，这两种完全对立的审美情感达到了圆润的结合，这无不得益于八大恰到好处的张力把握，把反讽技巧用得出神入化。类似的作品在八大晚年作品俯拾皆是，例如《安晚册》之二十、《鹌鹑图》、《鸟石鱼图轴》等。从历时性角度看，八大晚年的艺术创作比早年禅林时期和临川期间都要成熟，这和他作品内含的审美情感、张力成熟程度相吻合，所以单从家国之痛或者生存叩问来解读，八大的艺术都是单向度的、扁平化的。

---

① 朱良志：《八大山人遗民情感的发展过程》，《美苑》2008 年第 3 期。

② 赵毅衡：《重访新批评》，四川文艺出版社 2013 年版，第 148 页。

四、结语

构图的反常规、意象的怪诞以及诗文语言的晦涩难解都是八大艺术的特征,但又不是其艺术审美价值的根本。八大并不是为怪而怪,更不是以晦涩为能事。作为组成艺术文本的材料和语言,它们以一系列能指符号来充当作品审美情感的表征。八大作品表象的"怪"在本质上是内层审美情感的"张力",所以从家国哀思的个人愤恨或超越性的生命叩问角度都不能完整地把握八大艺术的审美情感实质,执其一端必然使得八大艺术面貌平面化,审美情感狭窄化。

谈传统山水画中表现出的悟道方式*

——兼论佛教中国化对传统艺术审美的影响

禅宗中有一著名公案，宋代普济所著《五灯会元》卷载，青原惟信禅师在谈论悟道体会时说："老僧三十年前未参禅时，见山是山，见水是水。及至后来，亲见知识，有个入处，见山不是山，见水不是水。而今得个休歇处，依然见山只是山，见水只是水。"①这是禅家证悟的三种境界，在这三种境界中，我们可以看到主体与客体之间的三种关系。因此，我们这里暂且不谈禅家悟道的境界问题，先看一下主客体之间所形成的三种关系。"见山是山，见水是水"，主体与客体之间是分离的，突出的是客体山水，主体只是作为一个观者，消失在自然山水之中；"见山不是山，见水不是水"，主体与客体依然是分离的，但这时突出的是主体，客体山水成了主体表达思想的手段；"依然见山只是山，见水只是水"，虽然这里有"依然"二字，但事实上这时的山水已然有了变化，客体与主体融为了一体，"山水"中

---

* 本文系与苏敏合写。苏敏，山东大学儒学高等研究院2008级硕士，《山东文学》编辑部主任。本文原载于《贵州大学学报》(社会科学版)2012年第5期。

① (宋)释普济辑，张恩富、钱发平、吴德新编译：《五灯会元》卷十七，重庆出版集团、重庆出版社2008年版，第485页。

有了“我”,而“我”也借“山水”达到了对有限时空的超越,达到天人合一的境界。

主客体之间的这三种关系在审美活动中有着具体形象的展现,比如传统山水画的创作。在山水画的创作中,主体画家与客体山水之间形成了审美关系,这种审美关系在历史的发展中顺次出现了上述三种关系。而这三种审美关系的形成,一定程度上是受到了佛教思想的影响,而佛教思想在中国化的过程中,也恰恰表现为三个历史阶段,即“借玄谈佛、融儒兴佛、禅理盛行”。如果以证悟的三种境界来对应佛教中国化的三个阶段,在魏晋时期,所谓“见山是山,见水是水”,是“借玄谈佛”阶段,意思是指以自然山水来体玄悟道,讲究“道任自然”,山水是一种主体所欣赏的客观现实;到隋唐时期,所谓“见山不是山,见水不是水”,是“融儒兴佛”阶段,主体借自然山水这一客体,寻找和表达“忘忧、禅悦”的状态,在意境上入禅;而宋代所谓“见山只是山,见水只是水”,表达了“山水即道”的思想,将理趣融入山水之中,“我”观“山水”,“山水”与“我”相融合,“山水”就是道。

从中可见,佛教中国化就是佛教与中国传统文化相互融合的过程,当其融入并成为中国传统文化中的一部分时,便对中国古代的艺术创作产生思想内容、艺术形式、审美方式等各方面的影响,艺术作为文化的载体自然也反映着文化融合变化的讯息。我们选择文人山水画的创作方式和意图作为考察的对象,便是认为山水画作为中国传统艺术的代表形式可以体现出这种文化融合变化的过程。同时还有两个原因,一是山水画的产生、发展和兴盛过程大致与佛教中国化的过程相吻合,二是山水画作为传统文人艺术的代表,是文人表情达意的重要方式，其中所表达的人生理想、审美情趣，又无不深受佛教思想以及佛教中国化过程的影响。

一、“见山是山，见水是水”——体玄悟道，返归自然

魏晋南北朝时期，中国的绘画艺术较之汉代取得了极大的进步，人物画由汉代的注重外在动作发展为注重人的内在精神和风神特征。而随着自然山水作为审美对象进入人们的视野，山水画又成为一个新的绘画题材。魏晋时期没有留下山水画作品，对当时山水画的审美分析只能从宗炳和王微等所作的山水画论中汲取。南北朝刘宋时期，画家宗炳深研佛理，在佛学思想上也与佛教慧远一脉相承。他隐逸林泉，高卧松石，在其《画山水序》中提出了“圣人含道映物，贤者澄怀味象”“夫以应目会心为理者”“夫圣人以神法道而贤者通”“万趣融其神思”“神之所畅”等观点，表达了当时山水画的创作规律及审美理想。宗炳将山水画创作过程归纳于“神思”的想象活动，在自然山水中畅神悟游，以此来感悟佛理、情抒意畅、怡然自得。“观道”是一种方式和过程，宗炳的目的是“畅神”，为达到涅槃解脱境界，得以成佛。所以《画山水序》最后指出“圣贤映于绝代，万趣融其神思”。山水画表现出的万千景象，闪烁着圣贤之道，也是佛性之光。这个时候的心境是“余复何为哉？畅神而已”。所以，宗炳的“畅神”，不是通常的精神愉快，而是指悟道，即“澄怀观道”的成果。借助于山水感悟可以获得圣贤之道，亦即佛理智慧，同时使自已的“神”进入寂寥虚旷的精神境

界，忘却现实的烦恼，获得身心愉悦，在“道”中追求人生的更高境界，这就是最初山水画创作的最高艺术追求。在创作方面，宗炳在《画山水序》中谈到山水画可以小中见大，以有限传写无限。“今张绡素以远映，则昆阆之形，可围于方寸之内，竖划三寸，当千仞之高，横墨数尺，体百里之迴。是以观画图者，徒患类之不巧，不以制小而累其似，此自然之势。如是，则嵩华之秀，玄牝之灵，皆可得之于一图矣。”①尺幅虽小，却可以使大自然的崇山大川、朝晖夕阴展现在人们面前。这段话从描绘真实景物的“置陈布势”，透视空间关系、景物应有的比例等方面，阐明了透视学最基本的法则和近大远小的规律。这种散点透视的构图和观照方式，在画面形式上突破了时空限制，构成了组合的意象，从而尽得画外旷逸空灵之境。这种有限与无限观念承继了佛教中的有无观，在有限的空间中展现无限。宗炳还提出了“写形”“貌色”的基本技巧，在创作中使画面构图“横变纵化”、色调和谐，追求“自然之势”的风格，做到巧妙真实反映事物的类型。这种审美意识，充分体现了自然之道的意蕴，可谓得“自然之神丽”。在山水画形成初期，“以形写形，以色貌色”真实具象地再现山水，体现了“道任自然”的观念。

宗炳的这种佛道合流美学主张，是那个时代“名士”们对自然山水审美意识的理论概括。汉末六朝以来，社会发生急剧动荡，政治倾轧。儒学名教理论流弊丛生，统治地位发生了动摇，融合儒道两家思想的玄学理论借机兴起。玄学首先肯定人的自然本性，提倡道家自然理论，调和名教规范与自然本性之

---

① 潘天寿：《中国绘画史》，上海人民美术出版社 1983 年版，第 50—51 页。

间的矛盾,推动儒道两家思想的融合与发展。佛教思想在这种历史背景下,借道家理论以“格义”,与玄学相互融合,扩大自身的影响力。名士们为摆脱日益加重的社会烦恼,崇尚清谈,寄情山水,以求得心灵的自由和文化的自觉。竹林七贤、陶渊明的田园诗,陆机的《文赋》都是那个时代的典型作品。绘画艺术中出现的山水画正是这种思想和艺术发展需求的产物,把谈玄悟道结合到自然山水的审美之中,达到人与自然的统一和融合。宗炳的山水画和山水文论便是那个佛道思想交融时期的审美趣味和艺术追求的产物。

由此可见,魏晋时期,佛教进入中国不久就已经开始影响中国艺术的表现方式和审美的观照方式。这时山水绘画艺术被视为一种通向“自然真理”的媒介,这种体悟“道”的方式即艺术存在的目的。这里的“道”主要是道家的“道”,在老子那里,“道”就是“无”,但这个“无”不是一无所有,而是孕育无限的最丰富的原初状态,这个“道”也已经开始融入佛教的“空”的思想,但还不是主要的表达意向。佛教在传入之初更多地借用道玄思想中的概念来阐释自身,道家的“无”与佛教主张的“空”是有所区别的,虽然“无”和“空”都是与“有”相对,但是道家的“无”既是“有”产生的根源,又是一切“有”发展和回归的最终归宿。佛教的“空”也是“本体”,强调世界的本源性,但却认为“有”是人的幻想,是短暂的、虚幻的,与“空”相对立的。玄学思想以“无”为本,以“有”为末,以自然天性为本,以名教规范为末,强调的是道家“任自然、因物性”的观念。因此,这一时期画家笔下的山水是源自大自然的“真山真水”,采取“随类赋彩”的创作手法,被称为“青绿山水”,表达一种自然山水的真实感受。画家在以画为媒介的山水体验中去皈依自然,感受老庄的“天人合一”,借由山水中审美对象的生命特征来表现深渊微妙的宇宙情怀。尽管佛家的思想影响还没有占据主要位置,但是佛教对于事物本体的抽象思辨,对于超脱境界的追求却已经深入到了“名士”的审美追求之中。像宗炳的思想就在山水画创作中表现出对尺幅之外的追求、对超脱俗世的向往。

二、“见山不是山,见水不是水”——云峰墨色,见心见佛

佛教中国化是一个渐变的过程,其彻底中国化的标志是禅宗的出现。赖水海在《中国佛教文化论》中指出,佛教所谓的中国化在相当程度上是指儒学化。而所谓儒学化,又在相当程度上表现为心性化。由此可以看出,佛教在与儒家思想的相互融合中产生了禅宗。禅宗思想的“即心即佛、明心见性”以及在修行方式上追求主观内省的方法皆与儒家学说相类似,如用孟子性善论的观点去解释佛经,提出“本性是佛”“自性真空”等主张,在行为上倡导自身修行、“顿悟成佛”。

禅是禅那(巴利文 Jhāna,梵文 Dhyāna)的简称,汉译为静虑,是静中思虑的意思,一般叫作禅定。此法是将心专注在一法境上一心参究,以期证悟本自心性,这叫参禅,所以名为禅宗。禅宗强调心灵的觉醒和领悟的直觉,在肃穆的修悟中,使人的内心获得宁静自在。由此,禅宗影响下的艺术审美方式主要在“悟”,通过对“意境”的追求,体验一种写意的审美主张。“‘悟’不是严密的逻辑思维,具有偶然性和随意性,是一种富

于想象和幻想的心理活动。在这种偶然的情况下,画家只有面对林泉高致,契机触发,方可突然妙悟。一悟则‘万法皆空’‘万象冥会’,即可进入自由自在的禅境。真可谓‘书画之妙,当以神会’(沈括:《梦溪笔谈》),‘一点尘动,是心所现’(《画麈·笔墨》),只有‘妙悟’才能认识‘道’。所以说‘玄道在于妙悟,妙悟在于即真’,即真是佛家的‘真知’,才能有所卓然。”①所以佛家的参禅悟道的方式方法,也常见于山水画的创作和鉴赏之中,影响着山水画创作的审美理念。

这一时期在禅宗“顿悟见佛”“明心见性”的影响下,山水画的创作追求“神似”,山水不再代表自然山水,而是经过画者内心再创造过的,是与佛性交融之后的内心感悟。禅宗的经典偈语“拈花微笑”,就是指一种只可意会不可言传的精神境界。在禅宗影响下,中国艺术的审美体验由魏晋之际的“悟道”进入中唐之后“悟味”的艺术境界,在诗画交融中展现境界上的“禅趣”。比如司空图在《二十四诗品》中就多方面地谈论了“妙悟”理论,甚至指出:诗道不关知识,必由妙悟。第二则“冲淡”中讲:“素处以默,妙机其微。”“超诣”中则说:“匪神之灵,匪几之微。如将白云,清风与归。远引若至,临之已非。少有道契,终与俗违。”这种审美理想与趣味明显是受道禅思想影响,而与清风同归的境界更是与禅宗精神无异。严羽在《沧浪诗话》中更是说:“大抵禅道惟在妙悟,诗道亦在妙悟……惟悟乃为当行,乃为本色。”体现这种旨趣的创作实质上是内容的抽离,就是一个从写实到符号的抽象,从内容到形式的积淀的

① 郭忠信:《佛禅思想与中国古代文人画》,《艺术设计史论》2007年第2期。

过程。“趣”在这里是指一种审美体验和享受。由于禅宗的修行方式与书画审美的观照方式相似,即均须“悟”而得妙境,使得文人画在创作方法上特别重视构思和领悟。而山水画中展现的味的对象,也就是所谓的禅意。这种禅意是多义而变化的,每个人都有自身不同的理解和体悟,所以称之为“趣”。创作主体通过抽象艺术符号的表情作用将“趣”表达在画面形式上,形成一种禅境。而画家在创作中所运用的结构方式和表现符号,则是将自身对禅宗境界的体悟进行抽象概括后形成的画面元素。佛学内容便以抽象的绘画形式展现出来,这种山水画的意境代表了创作主体的心境与佛学的融合程度。由此,中国传统艺术中审美的意会性在佛教影响下得到突出的体现。

禅宗对这一时段山水画的影响主要是水墨的表现方式和淡泊冷寂的意境创造。王维说:“夫画道之中,水墨最为上。肇自然之性,成造化之功。”(王维《画山水诀》)对文人画家来说,摒弃青绿山水而崇尚无色的水墨绘画正是由“色界”向“无色界”寻求解脱的一种形式。在哲学思想上的依据也是有着佛学“色即是空”的辩证意味。从唐代王维变李思训的青绿山水为水墨画起,墨的地位上升了。意象的自然趣味开始表现在水墨的单纯简淡和线条的韵律与生气上。青绿山水向水墨山水的转变是一个缓慢发展的过程,这种变化反映了当时人们审美观念的变化。而当时盛行的禅宗思想应该是这种审美观念变化的重要原因。“王维的水墨山水画改变了以前的单线平涂的画法,为墨色有深浅层次的画法,当时统称为‘破墨山水’。墨色从总体上来看是一种黑色,从视觉上来说……黑色给予人的是一种稳重、安静的感觉,这更符合禅家追求空寂的心理……禅宗追求的是一种超越人世的有无、是非、得失,达到一种精神上绝对自由的境界。禅宗追求的境界是孤独的,空寂的,虚幻的,悲凉的。但它在文艺上开辟了一种萧条淡泊、空灵虚幻、荒凉幽僻美的境界。而水墨的自然色泽更能有助于营造这种美的意境,更有助于禅家在山水画中表现自己的禅境。水墨的颜色是一种自然朴素的颜色,它给人一种'淡'的感觉,以水化墨为不同层次的浅灰色,更能给人一种冲淡玄远的感觉。水墨的自然色泽之中凝聚了一种淡泊寡欲的思想意蕴。而禅家是讲求淡泊的。因为只有淡泊,只有远离世间功名利禄的纷争,才可进入禅境。'淡'体现了'远','远'之又'远',趋于无限,趋于'无',趋于'空',因而水墨的自然色泽也与禅家的色空观相吻合。"①

王维的山水画有《雪溪图》和《江山雪雾图》等。《雪溪图》描绘了江边雪景,小桥、竹篱、房屋、渔夫、牧童。画家用柔和、随意自然的线条勾勒山石的大体轮廓,再用水墨渲染,以不同层次的水墨表现近石远坡的阴阳、向背、高下。整幅作品构图平远,画风平淡天真,虚静淡泊,在一片宁静的山村景色之中,让人得到内心的沉静和安宁,极富禅意之趣。《江山雪雾图》描写了江边一带的雪景,山石用近似"披麻皴"的长线条勾出,景色空旷辽阔,气象萧索荒凉,有一种孤寂凄清之美。这些画作都在不同程度上体现了"意境入佛"的审美体悟,展现了"空"的禅意和淡泊的人生境界。苏轼曾言"味摩诘之诗,诗中有画;观摩诘之画,画中有诗",王维以诗入画,创造出简淡抒情的意境,被公推为文人画之祖。如果我们不能直接体验其画

① 孟宪伟:《禅宗和王维的水墨山水画》,《彭城职业大学学报》2004年第2期。

作的禅境，还可借助他的诗作，理解禅宗“即心即佛”的境界。如王维在《辛夷坞》中展现的“木末芙蓉花，山中发红萼。涧户寂无人，纷纷开且落”，景中无我却又处处有我，展现一种无所不在的佛性，在“安禅”的境界中，自然、自我、佛性合而为一。《终南别业》的“行到水穷处，坐看云起时”，作者用安闲的笔调道出淡泊的心境，传达出诗人内心追求禅寂的生活状态。《心经》里的“空不异色，色不异空”告诉我们，眼前的一切不过是心灵幻想的一种外化，心中有佛，佛便处处展现于一切所见之境中。王维诗画中所展现的意境，便是心中对佛禅的体悟。禅家讲“大道不可以有心求之，不着意追求，而能自见其道，这便是偶偕”①，禅的本质是一种生活体验，无忧无虑、纵性山野就是“道”之所在。这种思想对中国山水画产生了巨大的影响，中国传统思维和文艺思想本来就重神轻形，强调“得意忘象”，而禅宗对于有限空间的无限体悟，又把山水画推向了更加空灵的意境。

水墨山水的出现是佛教中国化影响的重要表现，文人画要求主体对山水画的审美以佛家的“法眼观之”，法眼观之后的山水便使得画者“见山不是山，见水不是水”，在这些云峰山色中见心见佛，达到山水与人心主客体的完全融合。文人画中的“写意”风尚由此蔓延开来，成为中国古代美学体验中重要的观照方式，也影响着中国古代文论的批评方式，“有我无我之境”“滋味”“意蕴”“妙悟”等成为艺术批评的重要尺度。

在这里需要指出的是，中国传统审美文化以中唐为界发生了观念和风格上的变化，由前期的崇尚壮美（阳刚之美）逐步

---

①　南北编著：《禅的诗书画》，重庆大学出版社 2008 年版，第 127 页。

转变为后期的偏爱优美(阴柔之美),相应地,艺术审美也由前期的重再现、写实、客观转变为重表现、写意、主观。中国传统审美文化为什么形成了以中唐为界的前后期变化,为什么在晚唐之后,直至宋元明清形成了主导性的优美风格,恐怕还要从文化基因的变化来看。周来祥先生在论及中国古典美学和古典艺术的多篇文章指出,中唐以前,壮美在总体上占据主导地位,其美学价值远远高于优美。比如孟子讲“充实之为美,充实而有光辉之为大”(《孟子·尽心下》),庄子也讲“美则美矣,而未大也”(《庄子·天道》)。孟子和庄子所言的大美虽有不同,但都可谓是壮美。而中唐以前的艺术,也均受到儒家和道家这两种大美理想的影响,这种影响在唐代的代表就是受道家大美理想影响的李白和受儒家大美理想影响的杜甫。我们在唐代山水画的艺术审美中主要分析的是王维,但王维的影响主要是晚唐以降,可见,唐代的主导审美理想还是儒道两家的审美价值观念。可是我们也看到,到司空图的《诗品》中,虽仍然以“雄浑”居首品,但其理想和趣味明显已转向“冲淡”“秀媚”“婉约”“含蓄”之美,在审美价值观念上抬高了优美的地位。由壮美到优美的审美嬗变之路,实际上从魏晋六朝的重主观、性情、阴柔的审美倾向就已经开始了。中晚唐以后,一个重要的变化推动了这一彻底性的转变,那就是审美意识重心由外部对象向内心世界的转移,由主体外向性的伦理事功之“志”向个体的心理怡乐之“情”的转移,表现在艺术审美上就是写意思潮的盛行,并最终使得这种重内心、重写意、重表现的优美理想在宋元时期占据审美思潮的主导地位。而这种嬗变的过程也恰恰与佛教的中国化过程相一致,尤其是与禅宗对于中国古典审美观念和艺术创作的影响紧密相关。由此我们也可以说，禅宗的影响是决定中国传统美学思潮演变的一个主要因素，是决定中国传统审美文化，尤其是艺术审美趣味与价值观念，在宋元时期形成以优美为理想追求的决定因素。①

三、“见山只是山，见水只是水”——山水即道，志存高远

两宋之际，佛教中国化最突出的特色便是佛学伦理化和世俗化倾向。其中伦理化指的是佛学吸收儒学中的伦理纲常，如契嵩作《辅教篇》，即以佛教的五戒比附儒家的五常，又说佛儒两者都教人为善，有相资善世之用。而由于禅宗的修持趋向简易，理论典籍又集中在有限的几部经论，如《华严》《楞严》《圆觉》《起信》等，一些中心概念如理事、心性等，有时也牵合到儒家的经典《中庸》来作解释，这些都使儒者在思想上、修养上更多地受到佛家思想的影响，融合儒释道思想并最终形成了理学。在相互碰撞抗衡之下，为取得理论教义上的优越性便互相吸收对方理论中的长处，佛教伦理化便是这种形式的体现。所谓世俗化主要就是“日常即道”的理论主张。宋代政权建立之后，一反前朝的政策，给佛教以适当保护来加强国内统治的力量，宋代各地对佛教的支持，各种寺院的建立，木板刻经、口语化的译经等措施的实行，使得佛教在民间广为流传。佛教教义也开始适应这种传播，提出“日常即道”等世俗化的理论。早

① 参见周来祥：《壮美与优美——论中国古典艺术美的两种形态》，《再论美是和谐》，广西师范大学出版社1996年版，第299—300页。

在慧能时期,佛家就强调“佛法在世间,不离世间觉”,及至宋代佛教,世俗化的倾向更加明显。在这种佛学思想的影响下,这一阶段的艺术审美方式呈现出鲜明的特点:一是将形而上的理学观念展现于艺术创作中,使得艺术中蕴含独特的“理趣”;二是在日常的世俗生活中展现独特的人生追求。这两个方面融合在一起,又共同展现于以山水画为代表的艺术创作中。

首先,宋人喜欢在艺术中展现自身的生活主张和审美趣味,表达一种对人生的体验态度,这被称为“理趣”。这种“理趣”又称道学,但是“理”不同于道家的“道”,它比“道”的指称更为广泛,它是佛与儒、道融合后的产物,既指道家的自然规律,也指儒家的伦理道德机制,还指佛家的世界本体和日常生活体验之理。不同的人有不同的理趣追求,有的追求入世的理趣,有的则欣赏平淡自然的真实生活,对“日常之理趣”的推崇便将形而上的观念带入世俗化的境界。其次,在艺术世俗化表现中体现佛禅的理论追求。把自然山水看作佛性的显现,“青青翠竹,尽显法身。郁郁黄花,无非般若”(《五灯会元》)即指“山水即道”的佛学主张。在此影响之下,一方面,艺术的审美创作由意境感悟进入真实体验阶段。禅近自然,自然就是禅本身,因此不必再从自然中去体悟和感触,触及观照真实的自然山水便是得道。另一方面,参禅不必执着于深山,“小隐隐于山水,大隐隐于闹市”,修行不再是逃避日常喧嚣而是承担,禅道即生活中的道理,是日常事务,它的玄奥正通过日常生活中平易的形式展现出来。在此影响下,山水画在自然山水中多了日常生活化的描绘,在抽象的笔墨形式中蕴含了特定世俗佛理的审美精神,这些佛理之义引领山水画进入一个“造乎自得之妙”的领域。从此,文人山水画家喻笔墨画道如参禅,审美的内部规律和佛禅有了一定的内在联系，难分彼此。

宋代山水画受佛教、道教和儒家思想影响，题材和内容贴近生活，关注社会生活的各个方面。宋以前，山水画的题材多是自然风光，而两宋山水画不再是单纯地探索自然奥秘，描摹山川景物，许多作品开始逐步结合社会，画面也更贴近生活。画面上不再仅仅是自然景物、亭台楼阁，车马行人、草舍渔船也成为画面的一部分，使作品更能体现人文精神，这与当时禅宗的世俗化倾向是分不开的。邓乔彬在总结南宋山水之变的特点时指出："南宋山水画中山水与人的关系加强了，一方面是画家的感情移注于山水，使之成为介于'无我之境'和'有我之境'之间的山水境界。另一方面是山水中出现的人物活动多了，使得人物不再是只起点景作用，有的山水几至于成为了人物活动的环境。"[①]如刘松年的《四景山水图》，虽名为山水却展现了四季的人物活动，表现了人与山水自然的关系。宋代院体山水画重理法、重质趣、重写实。苏东坡在《净因院画记》中说："余尝论画，以为人禽宫室器用皆有常形。至于山石竹木，水波烟云，虽无常形，而有常理。常形之失，人皆知之。常理之不当，虽晓画者有不知。"[②]可见他是十分重视常理的，所谓常理，不仅指宇宙自然万物之本源真谛，也是指人内心的精神和习性。而认识事物，不仅在其形，更重要的是在其理。他说："是故圣人之学也，以其所见者，推至其所不见者。"[③]可见的是

① 邓乔斌：《宋代绘画研究》，河南大学出版社 2006 年版，第 361—362 页。

② 孔凡礼点校：《苏轼文集》，中华书局 1986 年版，第 367 页。

③ (宋)苏轼撰：《东坡易传》，上海古籍出版社 1989 年版，第 123 页。

“形”,不可见的是“理”,缘“形”而入“理”。绘画就是“形”与“理”的统一。在这一思想认知下,文人笔下的山水画便成为形与理的统一体。所以这一时期的山水画既有自然山水之真形,即“见山只是山,见水只是水”,又有禅意和理趣,即一种在自然中展现宁静以致远的审美体验。如燕肃的《寒岩积雪图》,占图大面积的是积雪的山峰,流水从山间萦回而来,远处一桥,两行人;近处一茅草亭,山峰树木皆用浓墨画成,而简单的笔墨描绘寒山冷水,造就出幽远的意境,寄托了士大夫的情趣与理趣。这种理趣更多地倾向于自然与日常生活融合在一起的真实之境,体现了佛学世俗化对艺术追求的影响。荆浩的山水画《匡庐图》及著作《笔法记》,标志着中国山水画的成熟。他强调“物象之原”,即绘画写实主张的理论。他认为“子既好写云林山水,须明物象之原。夫木之为生,为受其性”。“物之原”要求画家在创作时要展现笔下的真实原貌,“物之性”是指万物本身蕴含自身的理,忠实于云林山水的原貌就是对物本性的最好展现,也同时借物观照“道”之本源,展现自身所主张的“理趣”。画家笔下的层峦叠嶂、烟柳渔浦、寒林远水表达的是创作主体对世界与人生的体验,以有形之象呈现内在之理,画家在“理趣”的玩味中得到性情的陶染和灵魂的提升。这种“理趣”是一种“涵泳于天理之中”的境界,在这一境界中,人已完全消融在永恒而无限的“天人之际”中,代表了一种志存高远的人格理想追求。

佛教自两千年前传入中国后,与中国的儒道思想相互冲突、相互碰撞、相互融合,成为了真正属于中国传统思想的一个重要组成部分,其深入融合的结果,既深深地影响了中国传统文化的构成,也极大地改变了自己的形态,最终使得中国传统思想以儒释道三教合一得以绵延至今。佛教一旦融入中华传统文化的发展之中,就时时影响着古代的艺术创作和审美方式。魏晋士人观赏和创作绘画,借助于老子“道”的力量倾注于山水,山水也成为中国文人关注的主要对象,他们不但要得山水之形,而且要得山水之神,他们要把全部的人生理想和性情寄托在山水上,在“任自然”中借助于艺术来悟“道”。唐代王维以禅宗的“空”入画,以画来表现自己的佛观禅意,开创了中国绘画史上禅画的先河,将传统艺术中的“意象”“意境”与禅理相融合,以艺术的写意方式来呈现禅宗的“悟味”。宋代山水画取得的辉煌成就,不能无视宋代理学的积极影响,这种融合了儒道佛的“理趣”主张将艺术审美带入了又一个境界。从山水画兴起之时,其作为一种悟道的手段到两宋的“山水即道”,无不体现了佛教中国化对山水画创作的影响。山水画在创作方式、审美趣味上始终追求佛理、道义、禅思、理趣等传统文化所推崇的理想观念,代表了中国传统文化对艺术审美的内在构成和深层影响。

同题异趣：从牡丹题材传统美术作品看审美趣味的文化分层*

以牡丹为题材的传统美术作品，在艺术形象和审美趣味上，表现出了宫廷、文人和民间三个阶层的分野，深入探究又可见群体差异性以及造成此种分殊的内在精神文化动因。需要说明的是，本文对于艺术作品的阶层划分是依据却又超出创作者的社会阶层的。以“文人牡丹”为例，这一提法在本文的语境下是指“文人画中的牡丹母题”而非“文人笔下的牡丹母题”，正如“文人之画”并不等同于“文人画”，文人笔下的牡丹也并非都是具有文人意识的，它们可能仅仅出自文人笔下却服务于皇室乃至民间。因此，本文对于艺术作品的阶层划分是以“该作品能否体现所属阶层的审美趣味”为衡量标准的，只有在这一前提下去考察不同阶层之间的审美差异才具有理论意义。

---

* 本文系与周雨沅合写。周雨沅，山东大学儒学高等研究院 2018 级硕士。本文系山东省社会科学规划研究项目系列成果之一，原载于《美育学刊》2021 年第 1 期。

一、图文互译视域下的牡丹母题源流

在中国花文化中，牡丹的艺术价值是与其观赏价值相伴而生的，由于魏晋隋唐以来统治阶层盛行牡丹栽培和观赏之风，故而以牡丹为题材，包括绘画、工艺美术在内的多种文学艺术样式得以逐步发展起来。从纵向来看，牡丹母题在中国传统美术作品中大致经历了魏晋的孕育、隋唐的滥觞、宋元的成熟、明清的定型这样一个脉络较为明晰的演变路径。

就现有资料分析，艺术作品中牡丹形象出现的时间下限应当为魏晋六朝，这一时期的工艺领域里已零星可见刻在碑石上的牡丹纹饰，绘画领域里也出现了关于北齐杨子华善画牡丹的文字记载。由于没有相关画作流传下来，绘画作品中的牡丹形象无从得知，但就北魏云冈石刻中的缠枝牡丹纹而言，这一时期的牡丹纹样具有明显的写实风格，其花头硕大，花瓣与枝叶纹路深刻，整体构图呈带状的二方连续式样，并且由于佛教文化的渗入，牡丹图案的表现手法与早先出现的莲花、忍冬具有极大的相似性，其寓意也打上了鲜明的宗教色彩，预示着“循环往复，生生不息”。隋唐时期，赏花之风的兴起与花鸟画的独立成科进一步推动了牡丹母题的发展。《宣和画谱》中共记载了唐五代 6 位画家的 19 幅牡丹图，从滕昌祐等人的传世作品来看，这一时期的牡丹绘画延续了魏晋六朝的写实风格，画家们致力于以细腻精巧的工笔画法突显盛世牡丹富贵雍容的气度。同期出现在装饰领域的牡丹图案则主要表现为缠枝纹、宝相花、折枝纹三种：缠枝牡丹纹以牡丹为主花，花叶层叠缠绕形成单独纹、二方连续或四方连续式的图案组织;宝相花由牡丹、石榴等多种花型变化而成,此中的牡丹造型丰满肥短,与其他纹饰共同组成一个由中心向四周发散的团花;折枝牡丹纹则受花鸟画中的折枝花卉影响而兴起,线条明快,作风写实。三种主要图案组织中的牡丹皆取其庄严华贵、吉祥美好之意,传递出人们在世俗生活中追求美好事物的愿景。

与花鸟画走向成熟、植物纹占据主流的趋势相一致,牡丹母题在宋元时期的应用达到了顶峰,仅《宣和画谱》中选录的符合皇家审美趣尚的牡丹图就达百幅之多,瓷器、织绣中的牡丹图案更是不计其数。值得注意的是,宋元时期的牡丹母题被注入了更多的人文内蕴,逐渐摆脱了固化的宗教意涵,出现了显著的阶层分野。宋元花鸟画在五代"徐黄异体"的基础上进一步形成了工笔和写意两个方向,前者广泛盛行于宫廷画院,讲究"格物象真,形似意生";后者则备受文人士大夫推崇,注重"以形写神,形神兼备"。牡丹绘画也不例外,院体牡丹较多地延续了"黄家富贵"之相,仍以彰显身份、歌颂盛世为旨趣;文人牡丹则一改工致绮丽之态,以水墨粗笔写尽胸中丘壑。受花鸟画画风影响,工艺美术中的牡丹图案也应时而变,既保留了富于装饰意味的写实风格,也不乏线条爽利的大笔绘制,技巧高超的工艺匠师将那些或立体,或平面,或单独,或连续的牡丹形象刻画得生动活泼、绰约多姿。此外,宫廷和民间的器物装饰上的牡丹花纹也在这一时期表现出了迥异的艺术风貌,以瓷器为例,定窑出产的皇室器皿上描画的牡丹纹样华贵富丽,而磁州窑出产的民间用瓷花纹则质朴粗率,二者泾渭分明,反映出两个阶层特有的思想观念和审美意趣。牡丹母题在宋元时期发展成熟后,到明清两朝出现了模式化和定型化的倾向。

工艺作品中的牡丹图案虽然在技巧和配色层面有所丰富和发展,但整体的图案设计却因循旧法,缺乏新意。同时,由于吉祥图案在装饰领域备受追捧,包括牡丹在内的传统花卉几乎都被用作添福纳吉,“图必有意,意必吉祥”①的程式化追求使得牡丹图案在意蕴层面上难以出新。

关于牡丹形象的寓意,我们还可以从历代诗文中予以佐证。现存于《全唐诗》中的唐代咏牡丹诗对于牡丹题材的运用集中表现为以下几个方面:一是以直笔或对比来称颂牡丹的倾城之姿,如白居易的“牡丹芳,牡丹芳,黄金蕊绽红玉房。千片赤英霞烂烂,百枝绛点灯煌煌”②。又如刘禹锡的“庭前芍药妖无格,池上芙蕖净少情。唯有牡丹真国色,花开时节动京城”③。二是将牡丹与美人互喻,如李白的“云想衣裳花想容,春风拂槛露华浓”④,王贞白的“晓贮露华湿,宵倾月魄寒。家人淡妆罢,无语倚朱栏”⑤。三是极力渲染全民赏花之盛况,间接涵泳太平盛世,这层意思在白居易和刘禹锡的诗作中皆有流露。四是着眼于牡丹花开于谷雨前后、花期短暂的生物学特质,彰显牡丹无意争春的孤高气节,如孙鲂的“无限风光言不

---

① 吴山编著:《中国纹样全集:宋·元·明·清卷》,山东美术出版社 2009 年版,第 52 页。

② (清)彭定求等编:《全唐诗》,中州古籍出版社 2008 年版,第 2150 页。

③ (清)彭定求等编:《全唐诗》,中州古籍出版社 2008 年版,第 1865 页。

④ (清)彭定求等编:《全唐诗》,中州古籍出版社 2008 年版,第 177 页。

⑤ (清)彭定求等编:《全唐诗》,中州古籍出版社 2008 年版,第 3617 页。

得,一心留在暮春初”①。归结起来,《全唐诗》所着意塑造的牡丹形象具有两个明确的象征意义:首先是雍容庄重、富丽堂皇的象征,这一点在唐代的美术作品中也有相同的表现;其次是高洁清白、不与群芳争艳、不惧群芳嫉妒的风骨,这层意义虽然在唐代的传世画作中未能得到直接呈现,但后世文人画中却不乏此种意义的抒发。就精神实质而言,唐代做托物言志之用的牡丹诗实在可以视作宋元文人牡丹的先声。

宋代诗文中的牡丹寓意比之唐代而言,在歌功颂德和抒发个人感怀方面都更进了一步。一方面出现了一批旨在歌功颂德、吟咏盛世的牡丹诗。另一方面,文人群体占据了整个社会文化领域的主导地位,其所崇尚的儒家比德思想以及佛道的达观精神共同赋予了牡丹形象富贵之外的其他意涵,所谓不取其姿而取其意,不取其意而取其德,这一时期的牡丹既有敢让百花先的君子气度,又不失逍遥自在、高洁孤傲的文人风范。北宋理学家邵雍就提出了“花妙在精神”的重要论断;韩琦则对牡丹的格调极为推崇,认为其“格高须许擅春权”;欧阳修更是指出牡丹“曾是洛阳花下客,野芳虽晚不须嗟”。由此,宋代以牡丹为题材的诗文作品中所呈现出的宫廷、民间与文人阶层的审美分野恰恰呼应了传统美术作品中的相关内容,美术作品与诗文作品以图文互证的方式共同见证了牡丹母题在宋代所达到的艺术高峰,这种世人共赏牡丹的审美风尚随着宋代后期梅花等其他花卉的异军突起以及时代的更迭变迁再难现盛况,后世对于牡丹的赏玩和咏叹不过是扬其流而逐其波罢了。

---

① (清)彭定求等编:《全唐诗》,中州古籍出版社 2008 年版,第 4470 页。

二、牡丹造型的视觉展现与审美趣味

由于中国传统文化中的牡丹审美现象具有自上而下的演化特点，故而皇家的审美趣味在牡丹母题的形象演变和意义建构过程中起到了重要的推动作用。皇家用具上的牡丹图案不胜枚举，其中尤以绘画、瓷器和织绣中的牡丹样貌最为经典，宫廷牡丹堪称“细笔写富贵”的典范。

具体而言，院体牡丹自唐五代兴起以来就占据了花鸟画中的一席之地，中唐的边鸾首创折枝牡丹，五代的黄筌及其季子黄居寀则凭借“黄家富贵”的雍容气度独领北宋图画院近百年，同一时期的徐熙及其孙徐崇嗣，乃至北宋后期的崔白、吴元瑜等人富于革新气息的牡丹画法虽使日渐僵化的院体画风为之一变，却仍不失御苑花卉的华贵风度。宋之后又有元代的鲍敬、钱选，明代的林良、吕纪，清代的邹一桂、郎世宁等精于牡丹的宫廷画师，他们所作的牡丹图虽有构图、笔法、设色上的种种差别，却无一不饱满富丽、工致典雅，可谓生动地诠释了“故花之于牡丹芍药，禽之于鸾凤孔翠，必使之富贵”①这句皇家箴言。五代徐熙的“铺殿花”——《玉堂富贵图》就是这样一幅赋色浓丽、装饰性强，专供皇室贵胄欣赏的工笔花鸟画作。从选材立意的角度出发，该图以牡丹、玉兰、海棠、杜鹃四种花卉入画，花下绘一野雉，花间有小鸟穿行，这些基本母题组成了画轴

---

① 俞剑华标点注译：《宣和画谱》，人民美术出版社 2017 年版，第 239 页。

“自然题材”的层面,并且进一步构筑了图像“故事和寓意的世界”①。花叶满纸点染,线条精细老练,用色浓郁鲜妍,画轴中段的牡丹状貌硕大艳丽,虽不及上段杂生的其他花卉拥簇繁茂,却尽显堂皇雍容之姿,加上玉兰、海棠和杜鹃所包蕴的纳彩吉祥的含义,以及花下野雉所突显的“锦上添花”的意味,整幅画面由此获得了一个相当完整而又明确的象征意义,即彰显皇家身份的“玉堂富贵”,由此颇可以看出画家笔力的高妙精深及其画作所传达出的南唐王室尚珍奇、好富丽的审美趣味。与院体牡丹相呼应,宫廷器物上的牡丹图案同样以精工细巧、华丽繁复为主调。以宫廷用瓷为例,随着六朝时期瓷器时代的到来,封建统治者开始设官督造部分瓷窑,举全国能工巧匠之力,制造供皇室赏玩和使用的陶瓷器物。牡丹图案作为纹饰出现在瓷器上,最晚不过唐代中晚期,在用料考究、精工细作的理念引导下,牡丹纹样呈现出鲜明的装饰性特征。例如雍正时期的蓝地珐琅彩缠枝牡丹碗和粉彩雉鸡牡丹纹盘当属其中的经典之作,两件作品釉色饱满,笔法流畅,前者明艳堂皇,后者清丽淡雅,盛开的双犄牡丹造型生动活泼,与玉兰、湖石、野雉一道构成了主题层面的“富贵吉祥”意涵。

与皇室上层对于工笔牡丹的大肆推崇不同,文人画中的牡丹形象带有鲜明的文人气质。牡丹题材从皇家御苑的画师笔下走入文人画家的视野之中,经历了一个相当曲折的发展过程。其能够出现并且被诸多画家大力提倡主要得益于水墨花卉的勃兴,以苏轼对墨牡丹的推崇为先声,经由元代画家王渊、

---

① [美]欧文·潘诺夫斯基:《图像学研究:文艺复兴时期艺术的人文主题》,戚印平、范景中译,上海三联书店 2011 年版,第 13 页。

明代画家沈周等人以白描、泼染、没骨画法摹写花鸟虫鱼，水墨淡彩的运用使得牡丹绘画一改院体风格的端庄细腻，走向了沉着洗练的泼墨写意。正是花鸟画中牡丹形象的嬗变，使得其主题的象征意义进一步拓展，继而引发了众多文人画家对于牡丹题材的绘画热情。相比于院体画一律的浓烈、外放，文人画消解了对于牡丹主题的程式化运用，并且在对水墨情趣、携诗入画、意境建构的一致追求之外，着重突显了画家内心的深情流露及其富于个性化的审美表达，以此促成了牡丹绘画旨趣的丰富多元。

牡丹是徐渭最喜作画的花卉之一，其大写意花鸟画《牡丹图》由墨笔挥毫点染而成，从花头到花叶皆是水汽氤氲、墨色淋漓，仅对叶脉与枝茎部分施以细笔，在似与不似之间将画家胸中之牡丹和盘托出，可谓极形尽兴、入木三分。画轴右侧有徐渭的题画诗一首："四十九岁贫贱身，何尝妄忆洛阳春。不然岂少胭脂在，富贵花将墨写神。"透过字里行间，既可看出画家穷困潦倒、郁郁不得志的身世遭遇，也可真切地感受到其藐视权贵，不甘与之同流，坚守内心清白的高洁品质。在这幅墨笔牡丹图中，徐渭摒弃的不单单是宫廷画院追求形似的工笔画法，他以狂草般的用笔行走纸上，在赋予牡丹以浓淡相宜的墨色外形之外，还借助诗画互文的方式，引诗入画，使画意延展出画外，最大限度地宣泄了内心的悲苦之感与耿介之姿。徐渭的牡丹着意表现的并非一株富贵花的娇艳动人，其所追求的也不是平和绚烂的装饰性效果，而是借泼墨花卉抒发自己胸中郁结之块垒，除笔墨意趣之外不作他想，在这种意义上，徐渭笔下的牡丹突破了传统牡丹固有的形上特质，它与王冕的墨兰、郑燮的墨竹在主题层面没有实质性差别。李鳝是"扬州八怪"之中最工于牡丹的一位花鸟画大家,其晚期的《牡丹湖石图》细致内敛,笔墨虽不见奔放恣意之势,却实乃以骨力顿挫见长。此图左上方亦有题识:“烂写名花浩荡春,繁华端底斗时新。年来万事嫌寒俭,我爱胭脂不为人。”与徐渭的墨牡丹异曲同工,李鱓的淡彩牡丹同样不见丝毫富贵娇艳之相。文人用极为清减的墨色,却蕴含了无比浓烈激荡的情感。

身处社会文化底层,民间美术中的牡丹母题深受宫廷匠师与文人士大夫的创作影响,从历代流传的年画与民窑瓷器来看,牡丹母题既吸收了二者在造型和寓意层面的某些特征,又融入了民间所独有的泥土气息,由此形成了别具一格的审美风貌。就图像本身而言,民间画工绘制的牡丹图轮廓细密深刻,色调浓郁且对比强烈,这种造型方式比之文人画的清丽淡雅,在画风上更接近于宫廷画师的设色方法,非但如此,民间牡丹对于色彩的夸张运用达到了前所未有的程度,其通过明度、纯度和冷暖之间的对比,营造出热情洋溢的氛围,极大地增强了艺术作品的感染力。同时,其笔法质朴粗率而又少于变化,以至于灵动性稍嫌不足。从图像所蕴藏的象征意义来看,民间画工迎合的是普通市民庸常平凡的情趣喜好,而普通市民的追求和理想往往带有强烈的世俗性和市井气,他们的愿望也更加简单直接,那就是透过浓艳浑厚的原色使用,透过繁盛热闹的各色花卉来祈愿富贵,为日复一日的平静生活讨得一个好彩头,正因为如此,民间的美术作品更注重吉祥图案的组合使用,牡丹母题在与其他图案的结合过程中得到了更为广泛的应用。

明清时期广泛盛行于民间的年画作品中就大量出现了牡丹形象。清代木板刻制的杨柳青年画《凤凰牡丹图》在画法风格上深受殿版版画和中西融合的宫廷绘画影响,色彩绚丽,笔调细密，构图饱满充盈，画作中央绘一羽毛鲜亮的凤凰，两侧有红、黄、粉三色牡丹，整幅画作的象征意味不言而喻。同样绘制于清代的饾版印刷作品《牡丹花篮图》则出自苏州桃花坞，其以鲜妍硕大的牡丹为中心，杂以其他花朵、花苞修饰点缀，配以精巧富丽的花篮，整幅画面祥和美好。两地牡丹年画的色彩运用比之宫廷画和文人画都丰富明快得多，由此也可以看出民间百姓对于繁华热闹之景的喜爱之情，其祈求祥和的主旨寓意正是在枝繁叶茂、欣欣向荣的形象基础上建构起来的，这也进一步印证了民间广为流传的“年画要新鲜，才能中人意”①的画诀。

三、审美趣味的文化、哲学、美学三维透视

传统美术作品中的牡丹母题在宫廷、文人、民间三个阶层的审美文化中既有民族共通性，也存在着阶层差异性。其共通性造成了不同社会群体对于牡丹题材的图像和意义的分享，打通了三个相对独立的小环境；其差异性则导致了艺术创作和艺术鉴赏活动中对于牡丹题材的不同理解和运用。在形式层面，三个阶层对于笔法、设色的迥异追求显而易见，宫廷尚工致，文人好墨色，民间偏重彩，形式的差异构成了美学语言中最直观的视觉差异。在主题层面，宫廷喜华贵，民间求吉祥，文人重机趣，象征意义的分殊扩展了牡丹题材的美学意涵，并将差异进一步指向三个阶层不同的文化心理和价值取向上。从浅层来看，造成不同阶层审美趣味分野的原因与其所根植的社会环境

① 黄雅峰：《年画》，中国文联出版社2011年版，第6页。

息息相关,经济地位和资源占有方面的差距先要性地决定了各个阶层的文化素养,从而直接影响了牡丹母题的基本面貌。而究其实质,其原因又可以追溯到由外在条件所导致的内在艺术观念的差异上,包括不同阶层对于艺术功能的不同定位,对艺术之“真”的不同理解和追求,以及在审美活动中积久而成的不同艺术格调,它们分别又对应着文化、哲学、美学三个考察维度。

从文化之维出发,审美主体所具备的文化属性直接关涉到其对艺术功能的认知和定位,在这一层面,宫廷和民间的绘画及工艺美术中表现出的创作意图是与文人绘画截然相反的,前二者所承担的伦理价值远大于审美价值,只有文人牡丹才具备纯粹的审美特性。就宫廷牡丹而言,抛开工艺美术所固有的实用性的一面,仅观照图案本身,受儒家礼乐文化影响,“成教化,助人伦”的观念始终占据传统美术创作的主流,这就先要性地决定了宫廷牡丹母题必须能够彰显出皇室贵胄的尊贵地位,以此明确各个阶层之间的等级差异。而牡丹题材之所以备受皇室青睐,也正是由于其众芳之主、百花之王的身份契合了封建统治者的内在心理需求,其甫一出现在宫廷匠师笔下就自觉地带上了皇家的精细和富贵寓意,以至于后代画家不论如何改进技法、创新风格都要牢牢把握构成皇家牡丹的核心要素,创作主体也因其对于接受主体的依附而丧失了个性表达的机会。而民间美术中的功利性色彩则主要来自于两个方面:一方面是文化大传统对小传统的渗透和影响,即宫廷美术对民间美术的冲击,这种冲击使得民间工匠创作出的牡丹母题在主题层面上基本沿用了宫廷牡丹的旨意,取富贵吉祥的象征意义;另一方面,民间美术又承接了衍生自原始文化中的功利化信仰,受此影响,围绕着“生存”和“繁衍”这两大主题所进行的艺术创作绵延不绝。而随着时代环境的变化,原始先民对生存的最基本渴求逐渐演化为人们对于寿、禄、福这些较高层次的物质条件的追求,牡丹母题正是在这样一个背景下出现并且被反复组合运用的,故而其所具有的实用价值不言而喻。除指向明确的图像含义之外,其色彩配置也更倾向于象征意味显著的原色使用,“红红绿绿,图个吉利”①可谓民间美术用色的总观念,凡此种种最终推动着民间美术“超越了艺术而成为心灵慰藉的文化产物”②。文人牡丹的出现则打破了由牡丹题材凝结而成的社会性的伦理氛围和宗教氛围,将其价值意义“从外在于绘画的社会功利性上拉回到内在于绘画的主体表现性上”③。就文人画的总体特征而言,朱良志在《南画十六观》中将“文人画”界定为具有“文人气”的画作。所谓的“文人气”突显了一种“文人意识”,它从精神层面而非阶级层面对绘画类别作了区分,将文人画指向那些包蕴着“一定的思想性、丰富的人文关怀、特别的生命感觉”④的艺术作品。故而可以说文人画家的作画态度是一种“为己”而非“为人”的自觉行为,其为作品注入了自身所特有的文化修养,使得画作的精神内核和存在价值集中体现于对“道”的超越精神的追求和彰显之中。同时,由于文人画的思维过程省略了“技进乎道”的漫长演变历程而直接从“道”的层面展开,其借经由文章、书法等艺术行为所领

① 胡俊涛:《中国民间美术概论》,中国建筑工业出版社 2013 年版,第 105 页。

② 胡俊涛:《中国民间美术概论》,中国建筑工业出版社 2013 年版,第 18 页。

③ 卢辅圣:《中国文人画史》,上海书画出版社 2015 年版,第 14 页。

④ 朱良志:《南画十六观》,北京大学出版社 2013 年版,第 9 页。

悟的形上之道自上而下地规范着形下之器,故而文人画家对于创作过程尤为重视和享受,对于技法等形式要素则持一种“不争”的态度,即便是在激进的元代文人的艺术观——主张以技术的精炼来对抗传统的墨戏心态中,也仍然将寄兴写意、修身养性视作绘画的首要功能。在他们这里,“笔墨”“丘壑”这些形式要素与“气象”这一艺术境界是融于一体的,形式不是为气韵服务的媒介或工具,而是具有实实在在的表意效果的。正因为如此,文人画家笔下的牡丹自始至终都以“美”为最高标准,它分享了文人画的基本理念,以具体的牡丹形象作为载体,承担了审美主体富于个性化的情感体验,在与笔墨线条、题画诗和书法等“画外音”的交互作用中传递出主体内在的、自足的、超越性的精神追求。

从哲学之维出发,中国传统的宇宙观进一步规定了审美主体对于艺术之“真”的理解,作为本体论中的重要范畴,“真”的概念反复以“真人”“真性”的面貌出现在道家思想中,其含义根据传统的天人关系可以划分为由浅至深的三个层次,即物象之真、心灵之真与道之真。相比于宫廷牡丹对于“形似”即“物象之真”的高度追求,文人牡丹和民间牡丹更偏爱经由“神似”所折射出的“心灵之真”。同时,文人画的更深刻处还在于其对“道之真”的萦回探访,这集中表现为“画家不约而同地要回溯到‘物象之源’”[①]。在院体绘画和工艺美术作品中,牡丹造型鲜有夸张或抽象的变形,历代宫廷画师及工艺匠师皆致力于以细腻精巧的笔触呈现出牡丹花开的层次感和立体感,随着技艺日臻纯熟,牡丹形象的逼真度也愈发令人惊叹。可以说,宫

① 周雨:《文人画的审美品格》,武汉大学出版社 2016 年版,第 87 页。

廷牡丹的写实画法一方面极尽事物造型之妙,另一方面也不可避免地使得其主题内涵愈渐趋向于单一化和程式化,由于形式压倒了内容,牡丹母题最终走向了繁复和匠气。文人牡丹和民间牡丹在创作意图上虽然迥异,却纷纷摆脱了外在真实而趋向于更深一层的真实。在文人画的发展过程中,关于艺术之"真"的探讨从未中断过,从浅层来看,笔墨的使用使画作中的事物在外形上不可能接近于自然事物,于是历代文人画家便竞相提出了于"骊黄牝牡之外"寻找真实的观点;从深层来看,文人画与文人诗都以建构一个情景交融的艺术意境为宗旨,所谓"意象欲出,造化已奇"①,画作中的事物既不可能也更不必完全摹写自然,而应当以不拘常格的笔法绘就独特的心灵图谱,展现出与"视像"完全不同的"心象",也就是倪瓒所谓的"逸笔草草,不求形似,聊以自娱"②。文人画的这种特性可以追溯到老庄美学对于传统文人的深刻影响上,道家的"气"论和"逸"的人格精神反映在艺术创作中就突出体现为画家对于简淡的笔墨和幽深的境界的追求。一言以蔽之,文人画是以自然之道为本源和最高境界的,而"写意"也只是通往"天人合一"之至境的奠基石而已。除此之外,在美国学者卜寿珊(Susan Bush)看来,文人画的"写意"画法关注的不仅仅是画家的心迹流露,还包括对事物天性的理解,因为"事物的天性与画家的天性同样重要"③,所以画家实际上是以一个阐释者的身份对事物的

---

① 杜黎均:《二十四诗品译注评析》,北京出版社 1988 年版,第 130 页。

② (元)倪瓒撰,江兴祐点校:《清閟阁集》,西泠印社出版社 2010 年版,第 319 页。

③ [美]卜寿珊:《心画:中国文人画五百年》,皮佳佳译,北京大学出版社 2017 年版,第 111 页。

天性而非外形作了阐释,这就从客观事物的角度为文人画的“写意”做法找到了依据。以此来反观徐渭等文人画家的牡丹图,其或以墨色点染,或以淡彩挥就,无一不是以简达意、以简证道,正是在主客统一的和谐状态中,审美主体最终实现了心灵的自由驰骋,构筑起一个鸢飞鱼跃的艺术境界,完成了对于现实人生的超越式体验。而民间牡丹对于“心灵真实”的追求,一方面是出于其所占据的社会资源的匮乏,更为本质的一方面则是出于底层人民活泼泼的生命力。在封建社会,普通民众和工匠都处于社会底层,物质条件的匮乏与思维方式的简单直接使得画工的创作和民众的欣赏不可能像皇室贵族那样精致细腻,这就导致了民间绘画在用笔和绘制方式上的简单重复。然而,所处环境的劣势却进一步激发了人们对于充实饱满事物的喜爱之情,在他们看来,生动、丰盈、健康的姿态象征着顽强的生命力,也最能体现美。因而,民间牡丹形象虽然在主题层面只具备纳彩吉祥的单调含义,但其所追求的富贵吉祥却与统治阶层大不相同,广泛流行于民间的吉祥图案代表了底层人民善良美好的愿望,体现出人们努力克服生存困境、要求掌握自身命运的顽强生命意志。从这一角度出发,民间牡丹并不追求形似,其选材重视象征意义,用色热烈奔放,形象鲜活明晰,集中反映了传统文化当中贵生、乐生的思想。

从美学之维出发,审美主体在艺术创作和鉴赏活动中长期积淀而成的审美传统促使三个阶层之间的趣味差异愈渐分明,宫廷主“雅”,文人尚“清”,而民间则对应着“俗”,三个阶层积久而成的审美传统深刻影响着其对牡丹母题的审美偏好。就宫廷艺术而言,统治阶层对于“雅”的推崇早在先秦时期就已现端倪,音乐领域中“雅乐”与“郑声”的对立为“雅”和“俗”这对相反相成的审美范畴的出现奠定了基础。到魏晋时期，“雅”的内涵已经十分丰厚，刘勰提出“色糅而犬马殊形，情交而雅俗异势”，“若雅郑而共篇，则总一之势离”①。这些说法中的“雅”可以概括为两层意思：一是与俚俗、世俗相对的正统、雅正之意，二是与通俗、质朴相对的典雅、高雅之意。这两层意思分别从政治属性与审美境界两个角度对古典文化语境中的“雅”概念作了界定，并深刻影响了后世的文艺创作和鉴赏活动。在宫廷美术创作中，牡丹题材的运用与贵族主“雅”的审美偏好是一脉相承的，其敷彩华丽而恪守法度、气象堂皇而不失细腻，在与文人牡丹、宫廷牡丹的对比中突显了其所独有的雅趣。文人尚“清”的审美品格发源于“雅”而又在演化过程中获得了独立性，在封建社会，文人阶层长期居于文化主导地位，文人群体与贵族集团在文化层面上相互补充，一道构成了与民间的俗文化相对的雅文化。然而，社会地位的差异最终造就了“初发芙蓉”与“错彩镂金”两种泾渭分明的审美理想。尤其是魏晋以来，人物品藻之风大盛，画风之清与人品之清在精神层面上达到了高度统一，所谓“人品既已高矣，气韵不得不高”②，“书画清高，首重人品”③，既然文人画是文人群体用以寄托自己意趣心性的产物，那么人品的高低就直接影响了画品的优劣，而“清”这一审美取向也在艺术与人品的胶着过程中获得

---

① 周振甫：《文心雕龙今译：附词语简释》，中华书局2013年版，第279页。

② （宋）郭若虚撰，邓白注：《图画见闻志》，四川美术出版社1986年版，第49页。

③ （清）松年著，关和璋注评：《颐园论画》，内蒙古人民出版社1984年版，第16页。

了独立性。作为人物品质的“清”，其内涵囊括了嵇康的“越名教而任自然”和乐广的“名教中自有乐地”两个部分。也就是说，魏晋以来的名士既恪守老庄哲学，放任个性，极力挣脱礼教束缚，又不完全摒弃儒家所推崇的忠孝仁义，其借前者去改造后者，使得礼教之礼成为发乎自然心灵的人情伦理。人品之清投射到画品层面，就引发了文人士大夫对于画风之清的追求，并最终形成了文人画的基本格调。在陈望衡看来，文人画的清格有三个重要特质：一是意象孤洁静谧，二是情思高拔幽远，三是意境空明灵动。在文人牡丹绘画中，画家为突显牡丹有别于富贵呈祥的孤高气节，有意拆解了牡丹绘画中惯用的题材组合，以疏石、老松取代了彩蝶、锦鸡，加之以空旷的背景与清淡的笔墨，营造出一个幽远寂寥的艺术境界，用以寄托画家内心或浓烈激荡或深沉含蓄的真情。与宫廷的“雅”和文人的“清”相对，民间的美术作品则难以脱离“俗”的影响。这种俗首先表现为主题的浅近通俗，民间牡丹绘画以求生求福为根本追求，其主旨内涵明确可读；其次是用色的夸张艳俗，民间绘画以大红大绿的原色为主调来烘托题旨，无论牡丹抑或其他花卉皆不能免其用色之艳俗；最后是缺乏新意的平庸凡俗，民间画工在思想层面难以与院体画家、文人画家相比拟，其作品往往更易流于刻板匠气之弊端。当然，“雅”与“俗”这对审美范畴是相伴而生并且能够相互转化的，二者只在思想深度和审美境界上有高下之分，并不存在优劣之别。

明清小说中近代审美因素的表现*

——历史转型期一种文体在审美理想上的转变

明清是小说艺术最为繁盛的时期，作品数量多、流传广、成就大。小说作为明清时代的艺术代表，突出表现了这一阶段审美理想的转化和艺术审美的特征。“中国古代小说美学产生和发展于明清之际，是在资本主义萌芽、市民阶层发展的社会基础上，在近代民主启蒙思潮的浪涛中诞生和成长的，因而具有明显的近代现实主义的特色……但若从发展趋势来看，它是在不断从古典美学的影响下摆脱出来，向更为鲜明更为成熟的近代现实主义美学发展。”①也就是说，在发展趋势和审美理想的指向上，明清文学应划归为近代现实主义的大范围之中，而崇高美正是其美学理想的表现。

---

* 本文原载于《东岳论丛》2000 年第 5 期，转载于人大复印报刊资料《中国古代、近代文学研究》2001 年第 2 期。

① 周来祥：《论中国古典美学》，齐鲁书社 1987 年版，第 339 页。

一、美真统一与主体自由

1. 再现与真实

“再现”是近代艺术的一个突出特点，可以说是近代艺术的核心。而近代艺术中同样也有偏于再现或偏于表现的艺术划分，小说所突出强调的是客观、感性、再现、现实、个别、偶然等因素。因而，小说成为近代艺术的突出代表。

明清小说的客观再现因素是逐步加深的，这其中还存在一个从历史真实到艺术真实的问题，从《三国》《水浒》到《西游记》《金瓶梅》，其中都有历史演义的成分。《西游记》中的唐三藏与历史上的玄奘大师已毫无相似之处，但唐僧取经的故事又确实以其为背景。《金瓶梅》中的潘金莲最终还是被武松杀了，在两次杀嫂之间，这仿佛是一段从《水浒传》中延伸出的一段闲话，不过小说创作从历史真实走向艺术真实应该说也正是从这段闲话中完成的。《金瓶梅》无疑是一个虚构出来的世界，一个由作者创造的只属于《金瓶梅》的世界，它无疑摆脱了以往创作中对历史和传奇的依赖。而关注人的内心世界，深入精神与灵魂的深处，这种艺术创作的质的飞跃在中国古典小说中是由《红楼梦》完成的，因而说《红楼梦》在情感再现中达到了艺术的逼真。不过，在明清小说创作中，真实、客观、再现是各类题材共同的追求。毛宗岗说：“读《三国》胜读《西游记》。《西游》捏造妖魔之事，诞而不经，不若《三国》实叙帝王之实，真而可考也。”[1]再一次证实在明清之时,小说创作中艺术本身并不是第一位的,甚至在艺术性达到高峰的《红楼梦》中,脂砚斋也说“非经历过,如何写得出”[2]。可见,写历史必要有据可考,写生活必是亲力亲为。在主体与客体之间,首先得有客体的真实,主体只是要客观地再现客体的真实,在主观与客观之间,取客观而舍主观。因此可见,主体与客体、主观与客观、表现与再现、内容与形式诸因素之间是处于相对立的位置,以客体、客观、再现来取代主体、主观和表现的位置,偏重内容,而忽略形式。如果说在古典主义作品中,在和谐美理想的审美要求下,对立双方是统一的,那么,明清小说则是在此超越了和谐美的范围,这种表现正是崇高美形态的突出特征。当然,历史与生活毕竟取代不了艺术。金圣叹说:“因文生事即不然,只是顺着笔性去,削高补低都由我。”[3]“由我”则是艺术创作的特征,小说创作选取偶然的历史、个别的生活,反映出的则是必然的规律,引发的是理性的思考。在推崇再现、客观、真实的同时,推重个别、偶然和感性,这就使得小说艺术区别于编年史或民俗考。

2. 批判现实主义艺术

我们说明清小说在大范围上应划归近代现实主义,而近代

---

① 北京大学哲学系美学教研室编:《中国美学史资料选编》(下),中华书局1981年版,第218页。

② 北京大学哲学系美学教研室编:《中国美学史资料选编》(下),中华书局1981年版,第351页。

③ 北京大学哲学系美学教研室编:《中国美学史资料选编》(下),中华书局1981年版,第201页。

现实主义艺术的一个突出特征就是批判性,在思想启蒙、个性解放的美学思想潮流之中,作为代表性艺术的小说创作必然是这种审美思想的表现。批判性是明清小说所反映出的近代理性自觉。

明中叶之后,个性解放、主体觉醒、批判传统儒学思想成为首要的事情,后又逐步扩大到对社会现实和人性的批判等,而对传统儒学的批判,尤其是对封建礼教的批判是最突出的,也是最持久的。怀疑性、批判性是其鲜明的特征,体现在艺术创作中,这种批判性便也成了现实主义小说的突出特点。对传统儒学和封建礼教的批判贯穿了整个明清小说的发展,直至近代开端。

从明中叶直到明末清初,小说创作发展迅猛,其中的原因就包括小说对情感的宣扬和世俗化走向适应了社会需求和审美追求。在“三言二拍”中我们看到许多故事都突出了“情”和“欲”,即对情的追求、欲的肯定。书中有大量对经济活动的描述,在金钱和生理两方面肯定了私欲的存在。在对爱情的描写中则塑造了一系列勇敢追求情爱幸福,誓死捍卫人格尊严的女性形象,如杜十娘、花魁娘子、王娇鸾、玉堂春、刘宜春、金玉奴等等。她们出身不同,但敢于选择自己的爱情、掌握自己命运的举动都是不约而同的,这种精神不得不说是来自于一种对真情的向往,她们身上有着鲜明的个性解放色彩,而通过受压制最严重的女性形象的反抗行为所表现出的批判性也是最激烈的。明清小说表现个性解放意识是从对情欲的放纵开始的,除产生了《金瓶梅》等一批色情小说外,在“三言二拍”中也不乏色情描写,纵欲成为禁欲的绝对反叛。尽管在中国古典小说中,作者对纵欲往往是从道德批判的态度出发的,但是,在明清小说中，个性解放和主体意识的高扬还是清晰可见的，有些对礼教的反叛和人性的认同即使今天的人们仍然做不到。比如《蒋兴哥重会珍珠衫》的故事，不但塑造了一个真实可爱的三巧儿，更难得的是它从肉欲与情感两方面肯定了人性，既没有站在道德立场否认三巧儿与陈大郎的情感，也没有简单地把三巧儿的情与欲对立起来，三位主人公在情和欲两方面都是健康的、真实的、立体的，他们有痛苦和矛盾的挣扎，但并未就此放弃生命和生活的热情，这一点放在今天也是有些超前，富有个性解放性的。批判封建礼教对人的戕害也是明清小说的主题之一，比如《儒林外史》这样的讽刺小说，细细观来总有一些苦涩和忧郁的滋味在其中时隐时现。对落魄文人的勾描，使人在嬉笑的同时不免更深刻地感到一种悲凉的寒意，像周进、范进这样的人物，一生的命运被操纵于科举制度，显得又可怜又可笑。这种从礼教害人方面揭露的批判风格直到鲁迅的短篇小说中，又被推到了最显著的位置。

批判现实主义小说在批判封建礼教的同时，也深刻地揭露着社会的黑暗和腐朽，像清末出现的谴责小说便是一个集中的反映。李宝嘉的《官场现形记》、吴沃尧的《二十年目睹之怪现状》，从命名上就已经显出批判色彩，这类小说均以揭露封建官府的黑暗、官吏的暴政和百姓的疾苦为主旨。像《老残游记》中所说："赃官可恨，人人知之，清官尤可恨，人多不知。盖赃官自知有病，不敢公然为非；清官则自以为不要钱，何所不可？刚愎自用，小则杀人，大则误国，吾人亲目所见，不知凡几矣。试观徐桐、李秉衡，其显然者也……历来小说，旨揭赃官之恶。有揭清官之恶者,自《老残游记》始。"①

批判性不但是近代批判现实主义小说的特点,也是小说客观再现生活的一个主要要求,从这里讲,小说艺术是强调认识功能的。鲁迅先生讲,这时的文学兴盛一为娱心,一为劝善。道德、教育作用似乎一直是小说的责任之一,直到近代的小说界革命对小说的认识功能更是大加强调,梁启超就认为国人的思想从小说中得来,强调小说的功利作用正是小说界革命的要求,也是近代现实主义文学发展的极致。小说功利性的过分强调自然会影响小说艺术性的发展,也不利于小说艺术的独立,但是,就批判性而言,无疑是小说艺术对社会矛盾的重视,是深刻的社会矛盾、思想对立的反映,是崇高特色的一种表现。

3. 世俗文学的鼎盛

明清小说是中国古典文学中俗文学的鼎盛期,明清小说作为文学从雅到俗的一种转变,在审美心理上表现出求新求变的转型特色,在审美理想上则突出了对个性主体的强调。

明清小说的世俗化表现首先让人注意到的肯定是语言,语言的大众化、口语化不但是明清小说对中国文学发展的一大贡献,而且对体现时代的审美理想大有帮助。一方面,大众化口语的应用使得小说艺术有了更为广泛的表现对象;另一方面,对于再现艺术的小说,对"真"的追求成了决定性的条件。就小说艺术本身的发展而言,世俗化的方向为小说这种艺术形式提供了广阔的发展空间,无论是内容还是形式都是一种突破,这种突破不仅仅是题材转换的问题,其中包括着创作主体意识

① 鲁迅:《中国小说史略》,人民文学出版社 1976 年版,第 260 页。

的转型、社会思想发展的要求。从形式上讲,如果没有大众化口语的应用,我们很难想象明清市井小说的成功。

就发展趋势而言,俗文学在明清的崛起带有时代性,更贴近近代审美意识。我们知道“人”是近代审美思想中一个重要的概念,这个“人”首先是抽象的个性主体的代表,有着独立自尊的个性和七情六欲的情感世界,如果说西方近代意识是将目光从上帝反观到人体,那么,明清审美中对世人、常人、普通人的关注和表现同样是一种对“人”的重视。西方以真实的人对抗上帝,中国则以真实的人对抗权势。明清小说多以普通人的普通生活为表现对象,这些人的身上有着可贵的真情真义,也有着人性与兽性的斗争与撕裂,他们平常但真实,普通但独立,他们不虚伪,追求的是情爱,享受的是生活,表现出的是一种真实的人性。从圣贤权势到市民众生的关注点的转移,显然已经超出了小说艺术题材变化的意义,这种对人生中极普通、极正常的生理快感的享受恰恰反衬了“存天理,灭人欲”的礼教的虚伪。还人以真实的情感是一切人性解放的先声,像《西游记》和《聊斋志异》等神话志怪小说就通过神仙鬼怪对人世间生活的向往,通过他们身上所表现出的真实的人性和直率的情感,达到了不是人更似人,在主体人格上是人性完全鲜活的人的程度。市民意识是近代审美思想中的一个突出特点,这是文人在表现真实的人性、赞美主体人格时的一种自觉选择。

二、丑的因素与悲剧人生

明清小说对再现因素的偏重,对批判性、世俗性的突出都是强调对真的追求,真与近代崇高艺术紧紧联系在一起,美真统一是崇高美的终极追求,在对真的无限追求下,对丑的因素的不断加强和对悲剧人生的思考就不难理解了。

1. 表现丑与欣赏丑

丑的因素在古典和谐美理想笼罩下的古典艺术中是处于陪衬地位的,和谐美要求化丑为美,在和谐的统一尺度下,我们很难看到真正的丑,也就是从这一点上讲,古典壮美与近代崇高有着质的区别。作为美的对立面,丑一直存在,在艺术上的隐形,不过是人为的力量使然,但是,一旦人们意识到了真实的可贵,也就无法再藏起丑的因素。丑的因素在近代的突起,对古典和谐美来说是无奈的认可和无力的退让;对近代崇高美来说,则是突破和谐的大好良机。所以,对于17世纪的莱辛第一个明确提出丑的处理原则,鲍桑葵称之为“预告了一个新时代的黎明”。

随着追求美真统一的崇高意识的不断加强,美与丑的对立也愈演愈烈。明清小说虽多才子佳人的佳话,但并不缺乏对平凡、真实的人物的塑造,在人物的身上也可以感受到强烈的美丑对立的原则。明清小说中多妓女形象,而故事中的男主人公则有一类是负心汉、薄情郎,与女主人公,像杜十娘等的真诚、勇敢、自尊和忠贞相比,他们则成了负情、软弱、卑下、不忠的代表,这就形成了美与丑对立的关系,而他们自身无疑又都是翩翩佳公子,文质彬彬,谈吐文雅,所以在他们身上也形成了美与丑的对立。夏斯勒(Max Schasler)认为:“丑在本质上可以参与一切美,不但这样,还是一种活跃的要素或者说是辩证的否定。审美兴趣正是由于这种活跃的要素或辩证的否定,才被迫去创造形形色色的确定的富于特征的美。"①正是因为丑的因素的介入,才形成了对和谐美标准的一种冲破。

脂砚斋认为写美则无往不美的文字是不合情理的,所以满纸的闭月羞花是很可笑的事情,他在《红楼梦》第二十回的批语中说:"殊不知美人方有一陋处,如太真之肥,飞燕之瘦,西子之病,若施于别个不美矣。"太真之肥、西施之病更像是对瑕疵的欣赏,在本质上讲,这是对"真实""逼真"的一种追求;从审美心理上讲,则是在长期处于绝对和谐美状态之下对不平等、不和谐的向往,对刺激、新鲜感的体验。美感是一种和谐感、愉悦感;丑的主体追求则是不和谐感,是痛感;而崇高感则是由痛感转化而来的快感,是痛感与快感相掺杂的复杂的情感体验。这种由丑的因素加入而产生的崇高感在明清小说中则表现在对奇险、对立因素的强调上。金圣叹评《水浒传》时说:"夫天下险能生妙,非天下妙能生险也;险故妙,险绝故妙绝;不险不能妙,不险绝不能妙绝也。""我亦以惊吓为快活,不惊吓处,亦便不快活也。"毛宗岗评《三国》时也曾说:"读书之乐,不大惊则不大喜,不大疑则不大快,不大急则不大慰。"这种心理效果显然不同于古典和谐美所带来的平静、单纯的审美愉悦感,可以想象,对于长期浸泡于和谐美的审美心理,崇高感肯定会在艺术欣赏中带来新鲜的刺激,从而推动艺术的创作。不过,这种描写更多的是一种"无害的丑"。像《金瓶梅》中所展示的才是一个丑陋的世界:爱情的堕落、道德的沦丧、动物式的生活、黑暗混乱的社会。如果说丑的最终特征是混乱的、奇异的、怪诞的、荒谬的,那

① 转引自[英]鲍桑葵:《美学史》,张今译,商务印书馆 1985 年版,第 533 页。

么《金瓶梅》对丑的极力描绘在历史上的意义也许就在于与美的极端对立，让人们在丑中体会到和谐美的不真实和无价值。

2. 悲剧人生

当丑的因素不断加强时，美的单纯性也就被冲决和打破了，和谐美一统天下的局面也因之瓦解，广义的"美"的形态开始逐步分化，最终产生的是"崇高""悲剧""喜剧""滑稽"等一系列的独立的美学范畴，美的形态也随着它们的独立和丰富而变得丰富起来。审美对象由单一变得丰富，由一元走向多元。在崇高的大范围内，在丑的因素的介入下，悲剧得以独立。明清小说对悲剧的贡献自然是《红楼梦》的诞生。王国维认为中国的文学唯有《红楼梦》是一部真正的悲剧。王国维在其《红楼梦评论》中引用叔本华的理论，将悲剧分为三种："第一种之悲剧，由极恶之人，极其所有之能力，以交构之者。第二种，由于盲目的运命者。第三种之悲剧，由于剧中之人物之位置及关系而不得不然者；非必有蛇蝎之性质，与意外之变故也，但由普通之人物，普通之境遇，逼之不得不如是；彼等明知其害，交施之而交受之，各加以力而各不任其咎。""若《红楼梦》，则正第三种之悲剧也。"①像《红楼梦》中的人物，"不过通常之道德，通常之人情，通常之境遇为之而已。由此观之，《红楼梦》者，可谓悲剧中的悲剧也"②。正是因为这是普通人的悲剧，所以才更具有普遍的意义。

---

① （清）王国维：《红楼梦评论》，佛雏编：《王国维学术文化随笔》，中国青年出版社 1996 年版，第 166—167 页。

② （清）王国维：《红楼梦评论》，佛雏编：《王国维学术文化随笔》，中国青年出版社 1996 年版，第 167 页。

三、近代个性典型人物形象

人物的性格有个性和共性的两面，古典的类型典型人物更注重的是共性、普遍性的一面，个性的东西往往被淹没，复杂的性格被简单化了。脂砚斋在《红楼梦》第三十五回的批语中说："最恨近之野史中，恶则无往不恶，美则无一不美，何不近情况之如是耶？"他所倡导的正是一种个性典型形象。个性之所以成为近代艺术形象的特征，近代艺术之所以如此看重个别性和偶然性，恰恰是因为看到了这些属性与艺术本质的密切关系。

1. 从生活出发代替从观念出发

历史、生活以及人性存在着普遍的共通点，但具体到每一个人的生活中，情况就必然是复杂的，如果一味地强调普遍性，势必使人物失去了个性的魅力。当我们想起宋江、吴用就会想起"及时雨""智多星"，一个概念就代替了一个活生生的人，这显然是把人物性格简单化了。生活不可能按照人的主观意志而改变，现实主义要求作者在创作时从作品中消失，取消个人的主观倾向，避免以个人意志代替生活本身，从而创作出个性的人物，而不是某一类人的代表，正是黑格尔所说的"这一个"。因此，个性典型偏重客观对象，注重人物形象和外在行为，侧重在历史的、时代的背景下，通过矛盾的冲突，展开艺术情节，典型环境就成了个性典型问题中一个非常重要的问题。比如《红楼梦》中的女子，除了主仆关系外，终日生活于一个大园子中，出身大体相似，生活环境相类，年龄相仿，但人物形象却是异常鲜明，原因就在于各人不同的性格表现，这种表现渗透于她们的一言一行，一笑一哭。首先，大环境决定她们的言行举止文雅，显得有教养，言语绝不会像《金瓶梅》中的女性，所以，《红楼梦》中的诗词歌赋都是创作性的，属于人物的，不像《金瓶梅》中多用社会流行的诗词。其次，区别她们个人的小环境不同，使得她们的性格各异，决不雷同。正像脂砚斋评第七回中的“送宫花”，宝姑娘不喜花儿粉儿，志不在此。黛玉道：“我就知道，别人不挑剩下的也不给我。”脂砚斋评此语写进了颦儿天性骨子中。同样，环境的转变也会引起人物性格的变化，比如《金瓶梅》中的潘金莲始终是一个荡妇的形象，但她初入西门家时并未完全陷入嫉妒与性欲的泥淖中，与她后来挑弄是非、要用心机、卖弄姿色、冷酷无情、少廉寡耻相比，初时的形象更多了些天真与可爱，随着她在西门家中地位的起起伏伏，潘金莲身上的人性之恶便暴露无遗了。对环境的重视也就是对个性本身的重视，从生活出发成了塑造人物第一位的要求，也正是因为生活的纷繁复杂，才塑造了千姿百态的人物。

2. 矛盾性与复杂性

正因为生活是复杂的，所以人物的个性也是复杂的。古典类型化展开人物的艺术处理是将复杂的人物做简单化的处理，这样便于发掘个别后的一般、特殊性后的普遍性，但是在突出普遍性的同时，却失去了人物个性的光彩。近代艺术个性典型恰恰是从人物性格的复杂化、矛盾化上又使得人物成为“这一个”，成为唯一。

我们可以看看孙悟空这一形象。在师徒四人之中，孙悟空更具一位高僧的品质,他意志坚定、大智大慧、精神超然;作为一个精怪,他有顽皮的天性和旺盛的精力;作为一个人,又表现出忠心耿耿、负气自嘲的性格。与唐僧、八戒相比,孙悟空这一形象更多了一些超脱的精神表现,但同时他所表现出的赤胆忠心,又使得他的超脱有了对立面,在这种超脱与无法超脱的矛盾之中,孙悟空本应是痛苦的,所以集神性、猴性和人性于一身的孙悟空形象才显得异常丰满和吸引人。再看贾宝玉这个"今古未有之一人"的形象,脂砚斋在《红楼梦》第十回评语中说他"说不得贤,说不得愚,说不得不肖,说不得善,说不得恶,说不得正大光明,说不得混账恶赖,说不得聪明才俊,说不得庸俗平(缺一字),说不得好色好淫,说不得情痴情种,恰恰只有一颦儿可对,令他人徒加评论,总未摸着他二人是何等脱胎,何等骨肉"①。这种种的"说不得"正是宝玉性格的复杂和矛盾造成的,这正是"一种可能有、必定有的独特典型,一种不同于古典类型的个性典型,一种不同于古典传奇艺术的近代现实主义艺术"②。如果说《水浒》中的一百零八将有一百零八人的性格,而不同性格的表现还局限于一种量的多样性,到了贾宝玉,脂砚斋的种种"说不得",却道出了具有质的不同的矛盾对立因素的并存,当这些对立因素统一于一个典型形象身上时,形成的就必然是一个独特的矛盾复杂体,是一个个性典型的形象。

---

① 脂砚斋:《脂砚斋红楼梦评》,北京大学哲学系美学教研室编:《中国美学史资料选编》(下),中华书局1980年版,第349页。

② 周来祥:《论中国古典美学》,齐鲁书社1987年版,第349页。

应用审美文化在历史转型期的表现*

——明清服饰、饮食与茶文化论

明清时期由于经济生活的活跃、生产技术的提高和人们审美能力的增强，有意识的审美活动已经开始深入到生活的实用层面，所以，实用与审美价值同时存在的现象在明清两代十分突出。明清时期的实用审美文化，受经济和思想的双重推动。一方面，经济发展刺激物质消费，必然带动实用艺术品的繁荣，出现技艺精湛、做工考究的工艺品也是一种必然的发展；另一方面，受思想和艺术发展的影响，在反传统、求自由的历史驱动下，在市民文化的冲击下，实用艺术也在享乐主义的外表下出现反对束缚、背离礼教、追求个人幸福的表现。而明清时代作为封建社会的没落时期和古典艺术的总结时期，在思想界的反思和艺术界的总结趋势下，其社会消费层面的工艺品创作也发展到了登峰造极的地步，整体出现了华美、精巧、富丽、繁缛的审美风格。一方面，实用与审美并举，有了更完善的结合。另一方面，忽视实用，出现典型的夸饰现象。不过，这一时期也在一定程度上出现了审美自觉性，并有了理论上的关注，出现了像黄成的《髹饰录》、朱琰的《陶说》、朱启钤的《存寿堂丝绣录》等

---

* 本文原载于《思想战线》2000年第4期。

著作，而宋应星的《天工开物》、李渔的《闲情偶寄》也对工艺审美有重要的论述，在实用与审美的关系等问题上进行了深入的探讨和总结。

一、繁饰与奢华

明清时期是封建社会手工业最为发达的时期，与服饰相关的染织、刺绣和雕刻、镶嵌技艺日益精进。所以，与前代相比，明清的服饰有着明显的华丽、精致倾向。比如刺绣方面，以前只是出现在领、袖、裙的边缘部位，明代服装就有了相对集中的大面积刺绣部分，清代则显得更为奢华，清中期女式刺绣服装流行“满花不露地”的款式，显得花团锦簇。明清的装饰品也是品种繁多，制作精美。如清代的配饰就包括朝珠、朝带、吉服带、常服带、行带、金约、领约、耳饰、彩帨、钿子、簪、钗、步摇、耳挖簪、偏方、手镯、佩饰、指甲套、遮眉勒、荷包香囊、扳指、戒指、披领、霞帔等等。而仅指甲套，故宫中就藏有铜镀金累丝点缀满饰竹叶纹并带竹中形旒苏的，有铜镀金镂空万寿无疆纹的，银镀金累寿蝙蝠纹的，梅花加珐琅彩竹叶纹的，金镂空连环纹、菊花纹、兰花纹……不一而足。

饮食首先是为了满足生理的需要，但仅仅是为了满足生理需要，自然也就不必“食不厌精，脍不厌细”了。“食不厌精”还要有一定的前提条件，比如原料品种的丰富、烹饪技术的提高，甚至器皿的种类繁多等。明清时期物质条件相对丰厚，对外联系日益扩展，在食物的品种上和制作手法上都有了引进，比如西红柿就是郑和从海外引进的，再比如少数民族饮食习惯的影响。明清饮食活动表现出三个明显的特点:制作精巧、分类细致、场面宏大。

"精"体现在明清食品在选料、烹制、调味、火候、造型、搭配等方面都要求十分精致。比如《红楼梦》中王熙凤给刘姥姥讲茄鲞的做法,这道菜从选料到制作都令人叹为观止。如果说茄鲞的做法还只是富贵人家的吃法,那么李渔的"八珍面"该是家常小吃了。且看他是怎么做的:"八珍者何?鸡、鱼、虾三物之肉,晒使极干,与鲜笋、香蕈、芝麻、花椒四物,共成极细之末,和入面中,与鲜汁共为八种。"①这种精细也不次于茄鲞。"细"的表现也有许多,像烹饪技术的分类,明代弘治年间的食谱上就有1300多种食物,而香料也有28种之多,仅烹饪术语就有炙、脯、脍、腊、削、剁、馅、酪、酥、乳腐、滓、烹、煮、炮、爆、煎、熟、酿、炖、倒汤、正汤、煨、烙、炒、熏、炊、熬、酝等等。因而,清代的民族饮食、宫廷饮食、民间饮食、地方饮食都有了明显的发展特色。比如在北人嗜葱、蒜,粤地喜淡,江南好糖,而西南各地嗜辛辣的不同口味决定下,形成了后来著名的四大菜系,使得区域饮食文化各成体系,创制了不少名点、名菜和风味小吃。"大"主要指的是明清饮食的奢华表现,明清的生活状况崇尚享乐,这在《红楼梦》《金瓶梅》等小说中就可以常常看到。清代皇后某一天的点心就包括"糖耳朵""发面麻花""椒盐卷"等15种之多。清朝康熙、乾隆年间有以宏大场面著称的"百叟宴""千叟宴"等,清代著名的宴席则有"满汉全席""全羊大菜""燕菜席""鱼翅席""海鲜席"等等。以"满汉全席"为

① (明)李渔著,立人校订:《闲情偶寄》,作家出版社1996年版,第265页。

例，每道菜一般以4和8为基数，也有10件的，扬州的“扬席”就共有菜点110种，“满汉全席”的名目众多，有时要吃上一天甚至几天。满汉全席的特点是兼容并蓄，集各民族、各地方风味菜点的精华，称得上是中国饮食的荟萃，只是过于奢侈浪费了。明清菜点的精致是各代无法比拟的，其奢侈场面也是空前绝后的。

事实上，奢华和繁缛的风格在一定程度上是对艺术对立组成因素一方的过分强调造成的，在对立双方强调一方、否定另一方，偏重一方、轻视另一方，是近代思维的突出特征，这与古代强调和谐统一是完全不同的。将形式美的因素发展到极致，是古典和谐美衰落前不可控制的走向，也是古典审美理想发生质变前的极度表现，强调对立的近代审美理想就孕育其中。

二、矛盾对立的转化

除了繁缛和奢华的表现外，明清时期的审美文化还有一个显著的特点就是常常与政治相联系。比如服饰，穿衣戴帽本来是比较单纯的事，统治者强行制定规章制度来区分等级，明嘉靖年间强调中外官员不许滥服五彩装花、织造违禁颜色，民间服装更是规定不许用黄色，衣料不许用金绣、绫罗、锦绮、纻丝等，鞋襟不许裁制花样，不许用金线装饰，民间女子的礼服不许用金绣，不许用大红、雅青、黄色，庶人帽不许用顶，帽珠只许用水晶、香木。明末清初，清政府强令“削发易服”，服饰于是成了民族气节、国家荣誉的一个载体，许多人以出家隐居来表明绝不易服的决心，更有人以死明志。《画网巾先生传》记载，有主仆三人因不改服饰而入狱，被强行去网巾衣冠（即明代常用的系束发髻的网罩），于是三人就每日相对画网巾于额上，直到被处死。到清末，剪掉辫子、改穿新式服装又一次次成为轰轰烈烈的革命潮流，大概中国历史上只有明清时期的服饰才被赋予了这样的重要使命。

饮茶在中国一开始就具有形而上的含义，在社会矛盾激化状态下，文人把饮茶作为对自我心理的一种调整，试图换一种处世方式来适应社会，换一种思考方式来思考人生，是“在难以成就的人生中，希求有所成就的温良的企图”①。到了明代，以茶明志是文人的首要表现。明清也是政治高压的时代，文人只好三缄其口，明清茶文化也就成了一种思想和精神的曲折表现，正像涵虚子在《茶谱》序中所言：“吾尝举白眼而望青天，汲清泉而烹活水，自谓与天语而扩心志之大，符水火以副炼之功，得非游心于茶灶，又将有裨于修养之道矣！”②以茶明志是文人茶文化原有的一种内容，到了明清时期，随着文人主体更加独立，个性鲜明，在茶道之中表现自我也就更为多见。

政治统治一向注重向生活层面的渗透，其统治力度的愈加强硬，也就说明了统治力的愈加消解，无论是借服饰而表现出的被动反抗，还是文人在饮茶说禅时的主动退却，同时都说明了社会和思想矛盾的激化。

---

① ［日］冈仓天心：《说茶》，张唤民译，百花文艺出版社 1996 年版，第 2 页。

② 转引自陈瑜：《文人与茶》，华文出版社 1997 年版，第 89 页。

三、审美的强化

明清实用审美文化表现出实用与审美并举的特征,审美功能的加强是人们审美心理日渐成熟,审美功能逐渐独立的表现。

服装在舒适的前提下,注重服饰的搭配、色彩的协调,使服饰的审美性有了极大的提高。在当时的文学作品中有许多对服饰的白描式记录,《金瓶梅》中就细致描写了“上穿沉香色水纬罗对襟衫儿,五色绉纱眉子,下着白碾光绢挑线裙儿”,“上穿鸦青缎子袄儿,鹅黄绸裙子,桃红素罗羊皮金滚口高底鞋儿”。如果你不懂得服饰与人的搭配,服饰因素之间的搭配,结果就会适得其反。李渔曾说:“珠翠宝玉,妇人饰发之具也,然增娇益媚者以此,损娇掩媚者亦以此。”所以说,懂得美的原则才是服饰的关键。李渔提出服饰搭配原则有:一要以人为主,服饰为辅。如果“见金不见人,犹之花藏叶底,月在云中……使去粉饰而全露天真,还不知如何妩媚;使遇皮相之流,止谈妆饰之离奇,不及姿容窈窕,是以人饰珠翠宝玉,非以珠翠宝玉饰人也”。二要与肤色、年龄、身份相协调。正是“面颜近白者,衣色可深可浅;其近黑者,则不宜浅而独宜深,浅则愈彰其黑矣。肌肤近腻者,衣服可精可粗;其近糙者,则不宜精而独宜粗,精则愈形其糙矣”。第三是服饰艺术的各个因素之间要和谐统一。比如云肩与服装的颜色,“须与衣同色,近观则有,远视若无,斯为得体”。[1]

[1] 参见(明)李渔著,立人校订:《闲情偶寄》,作家出版社 1996 年版,第 139—146 页。

服饰在形式美上也不断改进，像裙装的逐渐流行就是为突出女性的美。李渔就认为裙装因折纹可以显出女性的步态美，所谓“折多则湘纹易动，无风亦似飘飘”。在清代末期，女装的变化十分迅速，清末的旗袍还是以宽大为特点，多为平直线条，少用曲线，腋部的收线也不明显，裙长至足，但是随着封建统治的崩溃和思想界对礼教的批判，人们的思想得到极大的解放，女子的服装也渐渐露出曲线美。20 世纪 20 年代到 30 年代初，受欧美服装影响，旗袍由宽松转为贴身，衣身缩短，腰身紧收以贴体，并缀以肩缝，两边开高衩，高领、窄袖，充分展现女子体形的曲线，给人以修长、柔和的美感，不但在式样上更为轻便、合体，而且已在形式上区别于男装，显示女性美。

饮食文化同样表现出生活艺术化的倾向，从一开始中国的饮食文化所追求的审美理想就是“和”，人们运用调和美的方法达到和的境界，实现理想追求。“美”和“调”从表面层次看，可以理解为调其味，调其色，调其形，美其器，美其色，美其形；从深层上看，调也就是调剂，调剂生活中的甘与苦，那么，也就达到了“和”的境界。明清饮食同样是对中国饮食文化的充实和发展，这一时期的饮食文化也充分体现了这种对更高目的的追求精神。

“调”有调味、调色、调型。比如食物的自然色法相搭配，红、黄、青、绿、白就可以调制得赏心悦目，而通过拼、叠、刻等手段，也可以组合出鸟语花香、亭台楼榭的图案，收到视觉上的美感，这些色彩和造型使静止的食物活泼起来，富有动感，不显得死板，又不过分夸张，显得和谐优美。“调”就是使这样的搭配符合艺术处理原则，这是饮食文化中极具审美性的表现，除了色、味、型等，有时香也可以调，菜点中就有一种借味的说法，像

“广寒糕”和“雪霞羹”就是借了桂花和荷花的自然香味。“调”在前,“美”在后,有了“调”也就有了“美”,美味、美色、美型,还有美器、美境。明清饮食对器皿的要求很高。李渔在《闲情偶寄》中写到酒具,认为“美酒入犀杯,另是一种香气……玉能显色,犀能助香,二物之于酒,皆功臣也”①。有了美味佳肴,还要有赏心悦目的佳境。李渔认为“灯烛”在宴席上重要,“灯烛辉煌,宾筵之首事也”,只有鼓乐声歌、玉液佳肴,只能“令人快耳快心,而不能大快其目者”②。可见,灯烛可更显菜点色彩,而且可以造成一种氛围,影响人的心情。

明清时期的茶文化更是追求文化氛围。徐渭在《徐文长秘集》中列出了他认为的最佳茶境:宜精舍、宜云林、宜永昼清谈、宜寒宵兀坐、宜松月下、宜花鸟间、宜清流白云、宜绿藓苍台、宜素手汲泉、宜红妆扫雪、宜船头吹火、宜竹里飘烟。③ 文人择人择境,不过是要对了性情,正像许次纾所说的“素心同调”。明清品茶也喜绿,比如张岱品兰雪茶,“以旋滚汤冲泻之,色如竹箨方解,绿粉初匀;又如山窗初曙,透纸黎光”④。以茶色碧澄清爽,给人心之清静洒脱。明清茶文化的审美意味十分浓郁,茶艺自来就十分重视茶具,明清茶具因瓷器工艺的发达,显得更为精致。明清制茶多是炒青,绿茶青碧,所以茶盏以

---

① (明)李渔著,立人校订:《闲情偶寄》,作家出版社 1996 年版,第 241 页。

② (明)李渔著,立人校订:《闲情偶寄》,作家出版社 1996 年版,第 243 页。

③ 转引自刘学君:《文人与茶》,东方出版社 1997 年版,第 100 页。

④ (明)张岱著,立人校订:《陶庵梦忆·西湖梦寻》,作家出版社 1995 年版,第 60 页。

白瓷为佳。张源说:“盏以雪白者为上,蓝白者不损茶色次之。”①明代白净工艺超绝,胎薄无骨,如透明一般,碧茶白盏的确是一幅赏心悦目的画面。明清另一种著名茶器是紫砂。李渔在《闲情偶寄》中说:“茗注莫妙于砂壶,砂壶之精者,又莫过于阳羡。”②紫砂壶中以供春壶、大彬壶、曼生壶最为著名,尤其是清嘉庆年间出现的曼生壶,它是由制壶艺人杨彭年和精于诗、画、书、篆刻的文人陈曼生共同制作的。由陈曼生设计,在壶坯半干时,再用竹刀在壶身上刻以书画,因而得名曼生壶,可以说曼生壶是文人书画和制壶工艺的结合,得文人情趣,极具审美观赏价值。

明清实用审美文化是生活艺术化的一种表现,表现出中华民族的审美情趣,透出中国人朴素的思想和乐观的人生态度。不过,明清实用审美文化在审美功能的加强上,显然仍处于古典和谐美的理想之中,追求的是一种“和”的理想境界,强调的是形式美的典范。但是审美功能的加强是毋庸置疑的,这是审美文化走向独立的近代贡献。

四、大众化的趋势

服装又被称为时装,是因为服装带有强烈的时代感。时髦看起来是一种简单的表面现象,实际上任何一种时尚的兴起和

---

① 转引自陈瑜:《文人与茶》,华文出版社 1997 年版,第 180 页。

② (明)李渔著,立人校订:《闲情偶寄》,作家出版社 1996 年版,第 239 页。

流行都有深刻复杂的社会因素和心理因素。就心理而言，赶时髦多是出于好奇、求新或趋同。在中国的服装史上，最华贵、最讲究、最时新的服装往往是礼服，为统治阶级所享用。为了区分等级秩序，封建社会的服饰有着一条条的外在规定，这些人为的因素造成了古代服饰流行色不可能大众化。到明中叶之后，随着商人地位的提高，拜金色彩浓郁，华服艳饰逐渐畅行于民间，时髦也成了民间百姓可享受的快事。不过，就整个社会来说，统治阶级仍然享有绝对的特权，除了设置一些禁区，他们的特权也决定了他们总是可以在服饰的质料、式样、色彩和纹样等方面起到领先作用。所以，从整体社会的趋同心理上讲，人们的效仿对象是那些统治者，比如女服中的凤冠与霞帔，这是被视为最尊贵、最显身份的一种女性服饰。在明代，它还是命妇的礼服，普通妇女是不能擅自穿戴的。到了清代，凤冠霞帔仍为命妇之服，但士庶妇女也可穿戴，只不过一生之中只有两次机会：一次是出嫁，一次是入殓。从这种风俗上看，实际上是服饰特权造成的。

随着清王朝的崩溃，封建特权阶层不再存在，服饰的禁忌也随之消除，服饰文化回归于大众，对服饰的追求真正成了一种好奇、求新、趋同的心理，像满族妇女学汉族妇女穿裙子，而汉族妇女也受满族妇女服饰的影响，一度以高髻为时尚。这一点在清末及民国初年表现得更为明显。据说最初穿旗袍的中国女子是上海的女学生，后引来更多妇女纷纷效仿，一时成为时髦服装。从这一时期留下的照片史料看，贵为末代皇后的婉容有着新式旗袍的照片，国母宋庆龄也有着旗袍、洋装的照片。而普通女子，如青楼妓女、评弹演员、小家碧玉都有这类的照片留世。可见清代末年以后，服饰呈现出大众化、平民化的趋势，人们的趋同心理也指向了单纯的新式服装,而不是特权服装,这是服饰本质的回归。服饰向大众化的发展还表现在服装的简便化、合体化的革新。贵族特权阶层可以不考虑服饰着装和出行的方便与否,他们只看是否具有符合他们身份地位的尊贵与华丽。在明清时期,这种繁缛与奢侈之风可以说走到了极端,清末之后,男子的长袍马褂、女子的上衣上裙取代一切繁缛的服饰,成为百姓的日常服装,后又有中山装和现代旗袍,人们也省略了许多烦琐的饰品。在适合快生活节奏和服装西化的潮流下,服饰为大众化所改造,更适合于百姓穿戴。

清朝末年,茶文化也从士文化走向了大众化。从元代将文人贬为"下九流"之后,文人便开始逐渐流入民间,文人的地位已成跌落之势。清末民国初年,文人不但失去了仕途,而且失去了经济来源,文人地位的跌落是茶文化流入民间的一个关键。在士大夫阶层渐渐失势的同时,与之相对的市民阶层却是日益壮大起来,市民文化在明清时期迅速繁荣,所以茶文化在这一阶段转向市民化是必然的。从此茶文化的内容由单纯的文化开始丰富为文人、市民、缙绅等各有特色的文化现象。市民茶文化刚刚脱胎于文人茶文化,还是市民茶文化比较讲究的阶段。虽然饮茶的方法更为简单,一般是煨茶法,也就是泡茶,但是使用的水和茶具还是有所计较的。比如《儒林外史》记录这一时期多用雨水烹茶,第四十一回描写秦淮游船上"放一张小方金漆桌子,桌上摆着宜兴砂壶,极细的成窑、宣窑的杯子,烹的上好的雨水毛尖茶"①。《灯下琐言》中也记载,明南京茶

① (清)吴敬梓著,王吉祥、王英志校点:《儒林外史》,河北人民出版社 1993 年版,第 289 页。

馆内用炭火煨水，茶是龙井银针。可见这一时期正是文人茶市民化，市民还不愿失去作为文人形象的品茶生活，于是也只好出入公共场合，到茶馆中去品茶。明清时期多茶馆，数量已在酒楼之上。以南京为例，“大小酒楼有六、七百座，茶社有一千余处”①，而清末民初北京城更是遍布茶馆，这些茶馆又分为专供商人谈生意的清茶馆，饮茶兼有食品的“贰浑铺”，有供说书和曲艺表演的书茶馆，还有容三教九流的大茶馆，供游人赏景的野茶馆等。茶馆虽然名目繁多，但一个总的特点是饮茶者身份复杂，环境一般比较嘈杂。茶馆作为一种社交场合，后来越来越多地与曲艺、戏剧、诗会等民间文化活动结合在一起，离开了单纯的茶文化形式，而形成独特的茶馆文化。如果说文人茶文化是一种文化现象，那么茶馆文化则更添了些经济内容。商家讲和气生财，所以茶馆之内洋溢的是和气、热闹、红火的大家庭式气氛，符合中国人的传统观念，给人以亲切温暖的感觉，茶馆文化充分表现出一种中国式的乐观的生活态度。可见，市民化的茶馆文化，是以社会交往、人情交流为特色的，一般不择茶境，尽可能地包揽人间众生万象。

实用审美文化中出现的这种大众化表现与近代的市民化文化倾向是一致的，其中所蕴含的正是个性解放、追求平等的近代思想。市民化是近代审美文化的一个主要特征，这是因为市民阶级在近代经济力量增强、地位得到提高，对文化有了自身的新要求。同时，古典美的形态与理想都已经不再适合时代的发展，所以，转变是内外双方面的一种需要。从外在形式上的奢华表现，到内在矛盾对立的激化，加上审美功能自身的独

---

① 刘学君：《文人与茶》，东方出版社 1997 年版，第 231 页。

立要求,大众化趋势实际上是市民化审美要求的一个集中体现。可见,生活实用层面的审美文化是大众表达审美需求的直接语言,当它出现极致化的现象,并形成一种潮流性的影响时,审美理想与美学形态的转变也就为时不远了。

从瓷器和家具看明清工艺品的审美文化特征*

工艺品的发展到明清两代可以说走到了顶点，在经济活动日益活跃的前提下，手工技艺与规模化的产品生产嫁接在一起，使得工艺技术发展有了新的飞跃，加上宫廷御用的需求、达官文人的享用，以及在市民百姓中的普及，都使得明清工艺品有着充足的发展余地。沿着技艺精进的路子，明清工艺品从明代的精致简洁，到清代的富丽、繁缛，呈现出华美之风，与欧洲洛可可式的工艺风格相类似，华美但不似唐朝时的大气，典雅但不如宋代的沉静，有些纤细、做作和俗艳，同时不掩其精美、富丽和灿烂之势，呈现出时代的特色，这种时代特色可以概括为装饰的艺术。装饰是为了使一件产品实现实用与审美双重功能，装饰是为了美化事物，而极度的装饰也可能会有损于事物的美。不过装饰美作为对理想美的一种追求，又是实用品具有审美价值的关键所在。明清的工艺品创作就处于一个装饰的时代，装饰是其主要的特征，它的表现就是日益地精致化和繁缛化。这其中的深层原因在于整个社会处于一个历史的转型时期。在社会生活上，精神状态呈萎缩之势，在严重的社会

* 本文原载于《淄博学院学报》(社会科学版)2000 年第 12 期。

矛盾之前，人们以享乐的生活方式满足低层次的精神需求，表现在实用艺术上就少了震撼灵魂的力量。在审美理想上，古典和谐美已经出现僵化的趋势，提供给艺术的发展空间十分有限，突破传统成为一个时代的要求，表现在日常生活中，就出现一种夸饰的实用艺术现象。明清工艺品的成就主要集中在瓷器、漆器、家具和刺绣等方面，在总体风格上，明清之间又有所区别，但是，在历史转型的大环境下，在多种艺术混杂的影响下，总体表现仍突出了审美理想出现质的变化趋势的特征。

一、玉的精神玉的美
——明清瓷器的审美特征

中国的陶瓷工艺历史悠久，我国现存最早的陶器残片距今天已有 9000—10000 年。瓷器的使用在唐代十分普及，到了明代，官府在景德镇设有专门的御器厂，他们不惜代价追求高技术和精度技巧，在其影响下，民窑的发展也十分迅速，精益求精已成了一种时代风尚。明代景德镇的瓷器以青花瓷为主，按制瓷工艺，其他品种还有釉下彩、釉上彩、斗彩和颜色釉等大类，各品种又有更细的分类。清代瓷器的生产工艺与产出达到历史高峰，其中以康熙、雍正、乾隆三朝最盛。这其中的原因包括社会生产力的提高、社会的相对稳定与繁荣、国内市场需求的扩大，另外皇室的热爱和大量外销也促进了瓷器生产的发展。明清工艺品的发展趋势有一种轻实用、重装饰的倾向，看明清工艺品会让人感慨技艺的创新是没有止境的。

1. 对形式美的无限追求

明清的工艺品呈现出华美的审美特色,艺术风格趋向于繁荣与华美,这并不是贬低明清时期,因为艺术境界有高低之分,艺术风格却无高下之别,作为一种审美风格,它只是区别于其他时代的艺术的一种特色,并且为艺术审美领域丰富了内涵。所以说,华美正是明清时期艺术表现的独到之处,这种华美的艺术审美首先表现在对形式美的追求上。

明清工艺品有着装饰性的整体追求,装饰正是对事物外在形式的美化,使之更符合人们的审美观点和审美情趣。明清时期工艺品对形式美的追求可以说是倾尽心力,在质地、造型、色彩、视觉效果等方面精益求精,甚至以牺牲内容为代价,为装饰而装饰,以装饰的作用淹没实用的价值。

中国最古老的关于工艺的著作《考工经》中讲:“天有时,地有气,材有美,工有巧。合此四者,然后可以为良。”①讲的就是工艺创作应该讲究天时、地利、用料和技艺,对“材有美”“工有巧”的工艺要求,明清时期应该是典范。明清时期的工艺品不但取材要求为上等,而且还要通过提高技术含量,使材料充分显露美丽动人之处,追求质地的细腻、光泽、绚烂。明永乐、宣德年间是青花瓷兴盛的时期,流传下来的“青花宝相花纹高足碗”和“青花折枝花卉纹高足碗”等都是胎质细腻洁白,釉汁给人以流脂般的感觉,润泽光洁,透光呈牙白色或肉红色,还闪着青灰的光泽,有玉石一样的品质。而永乐时期的甜白釉更是脂薄质白,釉汁洁白无瑕,以其色泽的温润娇媚、胎若无骨的感

① 闻人军:《考工记导读》,巴蜀书社1988年版,第216页。

觉被称为“甜白”。而一般加入金彩装饰的青花和红釉器又会透出红中透亮、清澈爽目、鲜艳异常的美感。质地讲究是明清工艺品一大特色,不同的材料还被用来表现不同的题材,装饰不同的器具。明清瓷器色彩丰富,工匠使用不同的色彩装饰瓷器,像明代的“青花款半斗彩葡萄杯”就用“平等青”作底,浅淡的灰蓝色显得柔和纯净,以红彩为枝,绿彩为叶,黄彩为蔓,紫彩为果,而紫色的葡萄又以填彩施透明釉,显得层次分明,光感极强,一个小杯上便出现了红中闪紫,绿中见亮,黄的娇嫩,紫的诱人,加上晶莹的器面效果,达到精美、华丽、美不胜收的艺术效果。而不同的材料也会因质地不同被用来做不同的器物,漆器多为家具、佛像;瓷器多为酒具、餐具、花瓶等;而紫砂陶专门用来做茶具;玻璃制品多是一些华灯、风铃、手饰、佛珠、拱像等较小的装饰品。利用材料各自在色彩、质感上的特点与所做的物品相适合、相烘托,瓷器有着丝一般的质地,玉一般的光泽,因得华贵雍容;紫砂陶壶则因色沉、不透亮,显出古雅清淡的风骨;描金漆器、珐琅制品还有景泰蓝,因金属的光泽而有了贵族的身份;玻璃制品又因其薄而脆的质料而衬托其小巧精美的个性。

我们在讲质地的光泽与质感的同时,已经举了具有动人色彩的作品,色彩作为一种表现力极强的形式因素,直接影响情感。色彩光艳夺目的物品会让人欣喜雀跃;细腻纯净的色彩又会让人爱不释手,产生怜爱之情;而洁净淡雅的颜色则又使人心灵安宁,情感平稳。色彩呈现于眼前,就像音符飘过耳际,高高低低,断断续续,牵动着情感的线。可以说色彩的表现力是奇妙而强大的。

像所有的形式因素一样,外观造型通过线的曲直婉转暗合着情感的缓急流动，形式因素最大的特点就是不通过语言文字，它直接与情感因素发生关系，调动人们的抽象想象力，通过回忆、联想、对比等心理活动而唤起情感，从而突出艺术的表现。明清的工艺品在外观造型上主要讲究精致完美，要求比例适当，弧度柔和，多以曲线对称形式为主，给人以均衡、有序、精巧的优美感，在比例和曲线的运用上都有着明显的古典美痕迹，尤以花瓶的造型为例，清代花瓶多为削肩，与前代不同，显得形态更为纤细，线条柔媚。应该说，这是古典和谐美对艺术的处理原则，明清工艺品在外观造型上仍严格遵循这种古典美原则。

无论是质地、光泽，还是外观造型，从视觉效果上讲，明清工艺品总起来给人一种“玉”的感觉：精致、优美。相比较而言，无论用色还是技艺，从明到清都有趋向华贵和繁缛的现象。色彩上，清代比明代更讲究多样和鲜艳；从工艺、造型上，清代也不似明代的简洁和精致，显出复杂的技艺和繁缛风格。对形式美的无限追求，事实上是古典美学走到末期时的一种反映。虽然在审美理想与思想深层，古典的基础已经开始动摇，但是在生活的表层，长年形成的审美心理和审美趣味一时并没有改变，而在惯性的发展和最后的强化阶段，形成美对古典原则的严格遵守是肯定的，而本身失去活力的古典美形态，也不同程度地在工艺产品中表现出衰败之势，繁缛和拘谨是其外在表现，只靠技艺的增进是很难让工艺品审美走出一片新天地的。

2. 民族风格与外来文化的互融

从对形式美原则的遵守中其实就可以看到民族心理的影响，应该说明清工艺品主要还是保持了原有的民族风格，创作仍遵循着古典艺术创作的一些原则，如虚与实、动与静、开与合的和谐统一，显得收放有度、动静相宜。比如瓶、碗、杯、罐、笔筒、茶壶等盛物的器皿，都是在外观上施以或简或繁的装饰，雕刻或绘出图案，增加了外部的内容含量。实的外部与虚的内部恰恰形成了虚实相合的搭配，就像明代的“白地红釉高足杯”，全白的底色，如晶莹透澈的一池碧水，晕出的红色大尾鱼跃上杯壁，好像正在自在地游戏，一静一动，生动盎然。而像明代的“小岗款青玉桃式杯”，从半边到杯底以桃枝桃叶托出一个桃形的杯子，可以想见无水时，枝为静，叶为动，也可以想见有水时，水为动，杯为静，同样是一静一动，令人遐想。而不论是瓶、杯还是罐、碗，都在造型的弧线曲度下有收有放，有开有合，似乎有一个中心点聚着整个器物的灵魂，使其高度统一。我们在绘画、书法甚至戏曲、建筑等艺术形式中经常可以感受到这种艺术处理原则，而工艺品创作中也有许多直接引用绘画手法的作品，如“成化鸡缸杯”。可以说这是中国古典哲学表现为中国古典美学的艺术精神，它不但滋养了中国古典艺术，也培育了中国人的审美情趣。阴阳相调，中和适度，这正是中国人心底所特有的审美心态，也是中国人追求的审美境界。

在传统的艺术风格下，明清工艺品又引入了许多异族艺术创作手法。明清时代是中西文化激烈冲撞的时期，西方科学与文化的传入，对中国这一时期的社会、文化都有着或多或少的改变。在日常生活中，将西方艺术拿来装饰生活用品也渐渐成了时尚，这种生活上的接洽在一定程度上促进了艺术风格的借鉴，出现了一些艺术技法与风格相互影响的艺术家和作品。比如说乾隆年间的瓷器就有着中西合璧的特色，既不离古典民族的风格，又表现出对西洋技艺的临摹，并将二者精美地综合在同一种工艺品中，这成了一种时代的特色。清代还有一位历任康熙、雍正、乾隆三朝的宫廷画师——意大利人郎世宁，他主要是以西洋画法为基础，并参考中国国画技法，重视明暗、透视，表现出刻画细致、注重写实、晕染均匀的风格。在他的作品中，建筑物的描绘使用了焦点透视的手法，注重明暗区别与投影的作用；在人物刻画上，笔法细腻，色彩丰富，具有立体感。郎世宁对清代的画坛有一定的影响，而乾隆时期的粉彩开光瓷就从中受到了启迪。

一边是对民族艺术规则的确定和严格遵守，另一边又是对异族艺术风格技艺的积极接受，中西艺术的互融互助共同形成了明清时代工艺品的制作风格，这也同明清时代注重技术和工艺技法的大前提有关。明清时期的吸收不像唐代，失去了文化优势的心态，接受的多是一些表面的风格和纯粹的技术，表现在对外在形式的变革上，而对文化内在的渗入和革新却很少。外来艺术的介入使得明清工艺品艺术在装饰技术上更加充裕，风格更为绚烂多姿。

3. 把玩之风的兴盛

中国文人一直有种“把玩”心态，因而，中国的玩器文化也就十分发达。明清两代的政治处于封建社会最后时期，因而政治的统治也更为严厉，文人在政治的步步逼迫下也步步退入自己的生活小圈子中，以园林的“壶中天地”陶养性情为代表，“玩器”到明清时代变得尤为兴盛，“把玩”盛风一方面是由于整个社会处于一种末代时期，无论在审美理想上，还是在文化艺术创作上都是处于新旧形态的转换之际，古典的艺术与理想渐失了向前的充分的发展空间，文化回流和艺术反刍成了一种普遍现象;另一方面,经济发展迅速,物质生活水平提高,享乐之风流行,有一种夸富和竞胜的经济社会中的心态,文人受此影响。而且他们有的也家财殷实,所以用艺术化的方式装饰日常用品,用工艺品将生活变得精细雅致起来。另则,晚明时期,泰州学派创始人王艮提出"百姓日用即道",这对文人的思想心理也产生了极大的影响,应该说,明清的把玩之风是受到了文人把玩心态的推动,但此时文人的心态较古代却实在是复杂了许多。

不过,文人在把玩玩器之时,追求的仍然是一种心灵的满足,尽管这种满足是低层次的。所以,他们将艺术品味代入工艺品欣赏之中,总结出许多工艺品艺术创作的审美规则。李渔是这一时期的一个大"玩家",他提到"炉瓶之制","法备于古人",也"不妨意为增减",增减的原则在于实用的方便,"初不过为省繁惜劳计耳,讵料制成之后,非止省力,且极美观"①,依据的是实用与审美等量的标准,尽善尽美,才是工艺品审美文化的最高原则。在此前提下,李渔在审美上追求的是新奇和精致,他提出"宜简不宜繁,宜自然不宜雕斫。凡事物之理,简斯可继,繁则难久,顺其性者必坚,戕其体者易坏"②。简朴、自然是中国古典艺术的总体追求,"顺其性"是文人在古典哲学思想基础上对工艺制作提出的要求。不过,李渔虽然提出了简朴自然的艺术风格,但是,他也要求工艺品的精致与新奇,这又与工艺制作的精雕细刻的时尚风格相一致。他说:"然造物鬼神

---

① (明)李渔著,立人校订:《闲情偶寄》,作家出版社 1996 年版,第 235—236 页。

② (明)李渔著,立人校订:《闲情偶寄》,作家出版社 1996 年版,第 176—177 页。

之技，亦有工拙雅俗之分，以主人之去取为去取。主人雅而喜工，则工且雅者至矣；主人俗而容拙，则拙而俗者来矣。”[①]李渔道出了工与雅、拙与俗的高下分别，体现出这一时期的文人把玩心态。重视人工之技艺，追求雅致之情趣，可以说是这一时期文人对工艺品的审美要求。

细腻的心态、儒雅的精神、文人的品味玩赏对明清工艺品出现柔媚的风格起了重要作用。不过，工艺品不是艺术品，后者多是文人欣赏文人创作，而前者则是文人欣赏匠人创作。工艺品在明清出现艺术化倾向，除了借用一些文人艺术中的形象，主要还是遵循一些文人的情趣，比如中国古典末期著名的玩器品种“鼻烟壶”，初以粗犷的线条和写意图案著称，后又追求精致，磨砂内壁，画以肖像人物、山水、花鸟并配文字，精美异常。一方面是实用工艺品的艺术化倾向，另一方面是艺术表现的世俗化倾向，这种趋势有着文人心态与匠人技艺相结合的原因。

二、典雅与繁缛——明清家具的风格变化

就明清这一段而言，家具的风格特征演化更为明显，尤其是工艺品装饰风格从明代的简朴、典雅转化为清代的华贵、繁缛，在家具制作的发展中一目了然。

---

① (明)李渔著，立人校订：《闲情偶寄》，作家出版社 1996 年版，第 215—216 页。

1. 明代家具的简朴与典雅——实用与审美的兼备

明代的家具给人的总体感觉就是简朴、精致、优美、典雅，这种风格使得它在古典工艺品的家族中有着独特的地位。明式家具的风格形成得益于取材、造型、装饰等方面的总体追求。17—18世纪英国家具大师齐本德尔(Chippendale)在《家具指南》一书中，便将“明式家具”与哥特式和洛可可式家具并称为三大类，在明式家具影响下，他的家具设计风格出现东方化倾向。

明式家具以合理、美观著称，是实用与审美兼备的工艺品种类，称得上尽善尽美。明式家具首先体现实用性，追求合理的造型和结构。在造型设计上要求基本符合人体结构特征，比如说“椅凳的高度要在40—50厘米之间，大体与人的小腿高度相等。大型坐具，因形体比例关系，坐面较高，但必须有脚凳配合……椅子的靠背大多与人的脊背高度相等，尤其是后背板，做成‘S’形，它是根据人体脊背的自然曲线设计出来的，且与坐面保持100—105度的背倾角”①。从这些要求上可以看出，明式家具在造型上是具有一定科学性的，体现出一种功能美，让人们感到舒适、自然，使用起来更舒服。而作为造型艺术，家具的形态在结构比例上也要给人以视觉的舒服感。在结构上，明式家具也以坚固、自然、实用为目的，就像李渔说的“具首重者，止在一字之坚，坚而后论工拙”②，道出了实用为第一性的

① 胡德生：《中国古代的家具》，商务印书馆国际有限公司1997年版，第123页。

② (明)李渔著，立人校订：《闲情偶寄》，作家出版社1996年版，第176页。

宗旨。明式家具一般利用多种榫卯构成,不用钉也不用胶,但长期使用也不会松动,多使用一些牙板、托泥、屏帽等构件,首先是为保证家具的牢固性,在此基础上,因省略了结构附件,使整体造型简洁、明快,附以简单的装饰又起到美化作用。

在实用基础上,明式家具具有极强的审美价值,不过审美性是与实用性的风格相统一的,要求简洁、自然,追求优美、典雅的风格,遵循"材有美,工有巧"的原则。明式家具选材也很讲究,这一时期以硬木家具为主,木质优良,多使用花梨木、紫檀、铁梨、红木、板木、乌木、樟木、榆木等。为了不破坏木材的质地美一般不用油漆,这些木材的色彩或鲜艳或沉静,或大方或稳重;纹理或者清晰有规则,或者细腻多变化,都以古朴、自然的姿态为明式家具打下了底色。在造型上,有优美的曲度和适当的比例,线条流畅灵动。原质的材料与简洁的造型相搭配,质地的厚与朴压得住造型的轻与巧;而造型的灵和精又在材料美上揉进了活与雅,可以说相辅相合,才有了典雅的气质。明式家具多曲线造型,如圈椅、绣墩等造型婉转流畅,没有生硬之感,极尽优美之态,也有的以曲线和直线相配合,如月洞门的架子床、各种座椅等,简洁的直线与优美的曲线一动一静,使得家具的线条富有韵律的变化,整体也就随之活了起来。明式家具以苏式家具为主,用料不多,不给人以笨重感,线条曲折有度,姿态优雅,这也是明朝一改元代粗犷的异族风情,向宋代的简朴和典雅回归的表现。

明式家具的装饰少而精致,一般集中于各种牙板等附件或线脚上,处于端部、底部位置,对家具起烘托和点缀作用,绝不喧宾夺主。其装饰手法有雕饰、金属装饰、漆饰和镶嵌装饰等,无论是装饰还是装饰手法都显出画龙点睛的巧妙运用,在自然合理之中显出精致的美丽,既不破坏家具整体简洁朴实的风格,又打破平直呆板的格局,显出活泼灵动来。除了这些结构部分,我们还可以在线脚上看到明式家具在小处的用心良苦,线脚的装饰是一种纯装饰,对家具的结构、造型作用不大,但是正是这种细微之处的处理,无形中就大大增加了家具的柔和感。

总起来看,明式家具给人的审美感觉就是清新简洁,素朴而典雅,像一个极有身份又懂得品味的女子,在不动声色中展现魅力,一切都流畅自然,毫无造作。温克尔曼(Johann Joachim Winckelmann)总结古希腊艺术是“高贵的单纯,静穆的伟大”,明式家具虽没有古希腊雕塑的神采,却也有古典式的静美,在静美之中又以柔和的线条、精巧的造型、巧妙的装饰营造出优美的风格。

2. 清代家具的华美与繁缛——为装饰而装饰

清代的家具制作趋向繁缛、复杂,更多的装饰淹没了家具作为实用品对功能美的体现。作为对明代家具的继承与发展,其实清代家具的现象在明代已经可以想见,追求精致的视觉效果、高超的工艺技巧一直是明代家具制作者的目标,只不过,明代的人们没有忘记家具只不过是应用品,它应该具有更多的功能性审美价值,另外,明代的文人化艺术风格也帮助了明式家具对简朴自然风格的保持。到了清代,追求技艺被片面地强调,经济发展带来的享乐之风使人们的头脑变得膨胀而浅薄,所以,清式家具的繁缛与华美之风是在所难免的。

清式家具以广式家具为首要代表,苏式家具位居其次,广式家具用料一般粗大充裕,不用拼接方法,而是以一块整木挖成,一件家具全用一块木料,保持木质一致,不加油漆,质地裸露,给人以实在厚重之感。清式家具较明代家具更为宽大,总体和部件尺寸都有所放大,加以华丽的装饰,常给人以豪华而庄重精致的风格感受。

清式家具表现出与明式家具截然不同的风格,除了造型上的宽大和结构上的拘谨外,主要就是装饰的堆积。广式家具花纹雕刻圆熟、精细,风格近似西方建筑雕刻,花纹隆起较高,近乎圆雕,手感滑腻如玉,这种圆熟的刀法、精细的磨工、柔和的视觉效果、平滑如镜的触摸效果正是广式家具的突出特点。其装饰手法多种多样,除了原有的品种,又加上了玻璃油画装饰,都力求精致、华丽,装饰图案在传统的纹样中又加入了西洋风格的式样,如巴洛克式的。装饰部位也同明代不同,从对部件、线脚的装饰扩大到许多主要部位,这种烦琐的装饰风格同样也进入了苏式家具,尽管苏式家具仍保持着秀美的姿态,但总给人一股华而不实之感。

清式家具从用料、造型、结构、装饰等方面都给人一种强烈的视觉刺激,强烈地突出了夸饰的特点。与明式家具的简练流畅、精美古雅风格相比,清式家具明显出现烦琐呆滞、富丽华美的现象,这种效果还来源于清式家具装饰图案的死板和臃肿,缺乏创新和活力。比如龙纹的雕刻,明代的龙多怒发冲冠,两角前耸,细脖小头,龙须向上,龙口大张,五指呈轮状,到清代,龙身渐粗,眉向下,指并拢,晚清的龙就显出呆板的姿态,龙鼻大而臃肿,这种庸俗的形象正是整个社会精神状态萎缩的表现,是在矛盾压力下的退缩。同时,这种追求高大、繁缛的艺术风格也是艺术对立因素分裂的直接结果,是为了打破传统模式的一种极端化表现。

明清戏曲艺术中的表现性审美特征*

当我们说戏曲艺术十分符合中国的古典审美形态时，是将东西方作为两大审美体系相对比而言的。东西方审美的特征相比较，在共同的和谐美理想下，中国古典美学有着偏重表现、情感、意境创造的特点，而戏曲艺术正是如此。这种特征从外在因素看，各种形式因素的表现功能明显多于再现功能；从本质上看，戏曲艺术有着与其他中国传统艺术形式相通的以形写神的内在要求，因而共同促成了这一表现艺术的代表形式。

一、形式因素的表现功能

表现与再现作为一对相比较而存在的概念，是艺术形式得以划分的关键，而组成艺术的各种形式因素也因其自身功能价值的不同，在表现与再现上被大概划分为两大阵营。偏重于表现功能的形式因素，大致有声音、形体、线条等，而偏重再现功

---

* 本文原载于周纪文著《中华审美文化通史》明清卷，安徽教育出版社 2006 年版，第 169—172 页。

能的形式因素则包括语言、文字、色彩等等。因此形成了以音乐、舞蹈、雕塑等为代表的表现艺术和以小说、绘画等为代表的再现艺术。

我们说戏曲与话剧有着很大的差异,同样也是因为二者在对形式因素的强调上有所不同,虽然他们同属于戏剧艺术,但是话剧更强调的是语言的功能,而戏曲则相对偏重于音乐。声音是表情的,语言是表意的,音乐是声音的艺术,而语言比音乐更突出认识功能,虽然戏曲也以讲述故事为主,但是在艺术表现过程中,“唱”是占有很大比重的。“唱”这一环节,由唱词、曲调和伴奏所组成,戏曲的唱词无论是杂剧、传奇,还是“花部”或“乱弹”,都十分强调词的韵律性,因为它直接来源于中国的词曲艺术。而“词”最初本身也是一种歌词,也就是说唱词本身就先天具有了节奏感和韵律感。每一段词都有曲调,这是在剧本创作时就已经规定好的,也就是说在创作剧本时作者心里就已经有了曲,或者可以说是先有了曲,是在头脑中有了符合情感表现的音乐节奏之后,才有曲调和唱词的。戏曲的伴奏从最初简单的锣鼓开始,强调的就是节奏感,在以后的发展中,又逐渐丰富,加入了笛、管、笙、琵等乐器,到乾隆年间,在以梆子、皮黄为代表的板腔体的乱弹戏中,胡琴逐渐被推到了主要地位上,乐器的加入起到了烘托气氛、渲染情绪的作用,戏曲的伴奏不但用于唱,在念、作、打时也常伴有鼓点,甚至一个眼神、一个手势都符合鼓点形式,使得整个艺术形式浑然一体,很有节奏感。同时,器乐相对于声乐更具有表现的空间。所以在京戏艺术中,琴师的地位是很高的,京剧中也流传了像《夜深沉》《将军令》这样的曲牌名段。除了唱,还有念,戏曲的念白也讲究节奏感,戏曲的道白是经过艺术化的口语，这种语言有很强的韵律色彩，富有音乐感。李渔讲："宾白之学，首务铿锵。一句聱牙，俾听者耳中生棘；数言清亮，使观者倦处生神。"①所以说，周来祥先生在分析中国戏曲和话剧的区别时从一个小处着眼——"听戏"与"看话剧"的区别。两个常用语看似简单，其实包含着戏曲艺术形式质的不同。戏曲艺术几百年流传下来，保留剧目一成不变，稳固到一招一式、一腔一韵，都如出一辙，观众却百看不厌，不能不说这是表现艺术创下的奇观。

除了音乐，还有舞蹈形体的表现功能。戏曲中的动作，有"做"和"打"的功法，在"做"功中又有韵体和散体之分。韵体近似舞蹈，边歌边舞，每一句配有相应的舞姿造型，也有片段的舞蹈，在一些地方戏中有"雄舞""道士舞""观音舞""舞龙灯"等，而像花鼓戏、采茶戏等更加离不开舞蹈；散体比较生活一些，是生活动作被规范、艺术化的表现，富有节奏的舞蹈性，如行走、上楼、瞭望等，虽有生活内容充实，却不能等同于生活。"打"也是同样，虽来源于武术和杂技，但也经过艺术化的处理，有一定的程式，具有符号化的倾向。戏曲舞蹈中的一些"做功"被称为"绝活"，指高难技巧性的动作，如翎子功、扇子功、长袖功、帽翅功、髯口功等，这同戏曲表演来自民间，吸取民间杂耍有关。其实，戏曲中的舞蹈不同于现代舞蹈艺术，虽然也利用形体语言去表现情感的起伏，但多数情况下不是抽象的表现，因为戏曲艺术的做功是有一定程式的，这种程式本身就含有再现的能力，我们知道帽翅功常

① （明）李渔著，立人校订：《闲情偶寄》，作家出版社1995年版，第54页。

表现得意、高兴或思考，髯口功则常表现愤怒、委屈，也就是说与现代舞蹈相比，戏曲艺术中的舞蹈动作不属于表现性艺术，但作为古典型艺术，戏曲又依赖着舞蹈动作呈现出表现的倾向。

因为这种动作虽然有一定的所指，但事实上还必须依靠观众的想象力。戏曲的表演讲“看山见山，看水见水”，演员看见了，观众也得看见，这才是演到家了，而这种看见当然不存在，也就是说戏曲艺术提供了很多虚化的空间、不可视的空间。作为道具，戏曲舞台往往只有一桌一椅，演员手中也常常只一个马鞭、一把扇子，仅此而已。在这里，道具、动作都被虚化了，不是写实的，而是写意的，所以说符号化的舞台道具加上演员的动作便构成了虚化的空间，这也是中国的戏曲艺术的特有魅力。

有时舞台上放一桌一椅，变换一下摆放位置，你可以想象这是皇帝的龙案、书生的书桌、小姐的梳妆台、家宴的桌面，有时还是打斗的战场；舞台上打一道“布城”可以代表任一城池；舞动的“水旗”可以代表江河湖海。演员手中的马鞭可以令人想象到白龙驹、赤兔马，船桨可以划出水的感觉，两面旗子也可以颠出车轿的滋味。可以说，戏曲艺术中的这些程式还是依靠着符号能指作用，而表现艺术从来就是依靠符号来表现的。

戏曲中的符号不仅包括这些我们看得见的道具，还包括演员的动作，比如开门、关门、上楼、下楼等，有时舞台上是空的，而演员通过一些动作的表演则可以使观众“看到”亭台楼阁，看到关山重重，他们仿佛在穿堂入户、策马狂奔。在《拾玉镯》《抬花轿》等剧曲中都有大段的动作设计，当然这些动作还都有生活的依托，而像髯口以单掌的抖动和双手的翻动来表现痛苦或气愤的情感时，则是一种抽象化的动作符号，符号在这里不但交代剧情，更是留给观众更多的艺术想象空间，充分发挥表现艺术的想象功能。

由此可见，想象在戏曲艺术中是非常重要的，想象同样也是表现艺术的基本特征之一。想象并不只是在脑海中勾画生活图景，以补充舞台的效果，想象更主要的是调动观众的情感，使其融入剧情之中，让观众的感情随着剧中人物的感情而跌宕起伏，情感在人们的心中就像一股暗流，其实它一直在心底流淌着，只不过并不是时时被人注意到，一旦受到激化，被想象的力量所推动、所挤压，便从心底流向心头。而戏曲的一切表现都是围绕着“情”字的，因而对情的论述在戏曲理论中也十分突出，除汤显祖以“因情成梦，因梦成戏”提出“主情说”，李渔也把“情”列为传奇之美的第一美。随着舞台上锣鼓的打击，情感也在时缓时急，生命的节奏在这时从无声无息中走出来，情感的节奏与生命的节奏在一片锣鼓声中激烈地演奏了一次。

二、自由的时空观念

戏曲艺术强调想象的功能，一个突出的表现是对时空的想象，这就是说戏曲艺术中的时空观念不是写实的、物理的，而是虚化的、心理的，时间与空间的结合十分自由，这有些像中国的绘画艺术。

在戏曲舞台上最常见的是以人物的移动来代替景物的转

换。在一个空空的舞台上，演员边唱边走，或者只有动作而无唱和做，而事实上交代给观众的剧情是场景在不断地变换，这种形式在戏曲艺术中非常多见，如《梁祝》《游园惊梦》《穆桂英挂帅》等，转个身便是另一个场景，绕一圈就是十万八千里，这是戏曲艺术的常用手法。像《梁祝》《游园惊梦》的场景变化还是通过唱词的交代；而在像《穆桂英挂帅》这些征战沙场的场面中则往往通过马童的翻腾、将官的马上动作来交代地势和战况。在想象的空间中，这是一种“蒙太奇”的组合，而事实上，舞台始终是空的，连写实的背景也没有，但通过主观的想象，舞台非但不空，而且观众还像真的“看见”了场景的变换一般，这依靠的就是一种主观的时空观念。

这个时空观念具有强烈的主观色彩，在一个特定时间和空间里，演员唱念做打又创造出无数个时间和空间，而观众则通过想象与感受仿佛也接收到了这些时间和空间。舞台上的时间可以一日十年，舞台的空间也可以“景随人移”，以“人”为点，随着一个人物的上场和下场，便展开了一段段的时间和一个个的空间，这些时空自由地连接，并不受客观的影响。舞台上的时间和空间不但可以流动，而且可以拼接，像《借扇》和《拜月亭》等剧目就有时间和空间的拼接现象。在《借扇》中，孙悟空与铁扇公主同时在舞台上表演，表现铁扇公主不胜肚痛、最终求饶的过程。一边铁扇公主痛得打滚，一边孙悟空腾挪翻跃，将肚子里外的两个空间拼接到同一舞台上。而《拜月亭》中有一场戏，蒋氏兄妹与瑞兰母女双双失散，四个人在舞台上同时边走边唱，交叉穿梭，却“视而不见”，表现在一个舞台上四个不同的空间。

舞台上的时间可长可短，舞台的空间可移可换，自由调度皆随人愿,所以说,中国戏曲艺术的时空观念是主观的、超脱的,是心理上的时空。但是这种自由的时空无非是围绕着情感这个点来变换的,所以,自由的时空观念只是为了更好地表现情感。

三、意境的展现

戏曲艺术中有着大量的表情成分和写意成分,因而说戏曲艺术是创造意境的艺术。无论是舞台上的戏曲符号作用也好,还是心理的时空观念也好,一切表现都是为了创造出一种意境。

中国的意境理论源远流长,神韵、韵味、滋味、意、象等理论都是对意境理论的阐述,这个意境就是象外之象、言外之意、味外之味,就是得意忘象、得象忘言,是以形写神、立象尽意。不是直接在这个形象上,而是需要你去体会,去悟,悟到了也不可说。所以说,戏迷听戏便是一种体会,悟的过程很神往、很沉醉,事实上意境创造是一种理想,而这理想便是一种不可企及的美,所以表现与体悟都是没有终止的,因而传统戏曲才会常演常新,戏曲才会百听不厌。

戏曲表演很讲究神,传神是一种理想的效果,舞台上的一切都是形,形的存在是为了表现神,所谓“以形写神”,而一旦传递了这种“神”,“形”的存在便被忽视了,但没有形的存在,也无从表现“神”,正像没有“象”的存在,也不可能尽“意”一样,“神”与“意”是一种虚化的境界,只存在于主观的理想之中,这就是意境的创造。王国维说杂剧是有意境的,

“何以谓之有意境？曰：写情则沁人心脾，写景则在人耳目，述事则如其口出是也”①。戏曲美学理论中的虚化论也是意境理论的阐述。

① 王国维原著，佛雏校辑：《新订〈人间词话〉　广〈人间词话〉》，华东师范大学出版社1990年版，第132页。

“因情成梦，因梦成戏”*

——汤显祖的“主情说”戏曲美学思想

“因情成梦，因梦成戏”是汤显祖戏曲美学思想的一个中心。汤显祖的美学思想以“情”为核心范畴，他的“情”与李贽的“童心”有着本质上的相通之处，事实上，他在思想上也的确受到李贽“童心”说影响。汤显祖是泰州学派主要人物罗汝芳的学生，他与僧人达观交好，而达观与李贽则并称“二大教主”，所以说汤显祖在哲学思想来源上是秉承泰州学派的。不过，汤显祖的成就并不在其哲学思想，而是表现在他的戏曲美学思想上，他毕生从事戏曲创作，以具体的艺术表现阐释着他的美学思想，所以说，汤显祖“主情”思想是在艺术实践上反映了李贽的“童心”说，从另一个方面提出了近代主体性问题，将高扬主体的时代思想生动地展现给世人。

---

* 本文原载于周纪文著《中华审美文化通史》明清卷，安徽教育出版社 2006 年版，第 172—176 页。

一、情与理和法的对立

“情”是汤显祖美学思想的核心范畴,但是,如果作为一个严格的美学范畴来看,汤显祖对“情”的论述显然不够严谨。汤显祖文中的“情”可以有很多解释,如才情、情趣、性情、爱情等,不一而足。有时,“情”很生活化,就是指人间的情感;有时也很哲学化,上升到了一种本体论的高度。汤显祖这种不甚严谨的论述方式是中国传统的理论形态特点,重感悟而不重思辨,因而才会造成概念偏差而庞杂。但从思想来看,汤显祖论述的情,显然更指向一种主体的真情,这其实就是李贽在哲学上指出的“意境”,也是那个时代的一个思想潮流,像冯梦龙在《情史》中也提到“至情”。

汤显祖首先将作为主体的“真情”与“理”和“法”相区别开来。在《牡丹亭记题词》中他写道:“嗟夫,人世之事,非人世所可尽。自非通人,恒以理相格耳。第云理之所必无,安知情之所必有邪?”①这种对“理”的怀疑直接指向了程朱理学,在程朱理学一统天下、成为社会意识绝对法则时,这种怀疑便表现出对“理”的反叛和主体的觉醒。程朱理学讲“存天理,灭人欲”,事实上就是要压制人的正常欲望,使主体在精神上达到统一的目的。所以,汤显祖树起反叛“理”的旗帜,将“情”与

① (明)汤显祖:《玉茗堂文之六·牡丹亭记题词》,北京大学哲学系美学教研室编:《中国美学史资料选编》(下),中华书局1981年版,第136页。

"理"放在截然对立的位置上,表现出对传统伦理道德的批判和对封建统治的背弃。

传统儒家思想在文学表达中表现出对"情"的压制,像《牡丹亭》中那个酸腐的老学究陈最良解释《关雎》时所说的"不嫉妒,后妃贤达""有风有化,宜室宜家",把一首纯正的爱情小唱解释成伦理道德的说教之词,无非是为了"无邪"两字,这是儒家"以理节情"的代表。而程朱理学的"以理代情"则更是扼杀了人的自然情感,要把人都变成像陈最良一样,春香骂他活了60多岁"一点趣也不知"。汤显祖正是痛恨理学这种对人的扭曲和压制,他笔下的杜丽娘才是有真性情的"活生生的人",她游园感时伤春,"原来姹紫嫣红开遍,似这般都付与断井颓垣。良辰美景奈何天,赏心乐事谁家院!"触景动情本是人之常情,正像春香转诉的"关关的雎鸠,尚然有洲渚之兴,可以人而不如鸟乎!"而像陈最良这样一辈子只知埋头读圣贤书的"假人"(李贽语),正是听从圣人所说"收其放心",才从不游园,也从不伤春。两相对比,可知"理"之害人,唯有主"情"才能唤起人的真情真性、自然欲望,"花花草草由人恋,生生死死随人愿",何等自由,这正是主体解放、个性自由。汤显祖的"主情"理论正是对抗理学思想,反对"以理格情",要把人的自然情感从"理"的桎梏下解放出来。

汤显祖的"情"与"理"相对立,同时也与"法"相对立,他说"世有有情之天下,有有法之天下……今天下大致灭才情而尊吏法"①,如果说"情""理"对立是对理学思想统治的反叛,

---

① (明)汤显祖:《玉茗堂文之七·青莲阁记》,北京大学哲学系美学教研室编:《中国美学史资料选编》(下),中华书局1981年版,第135页。

那么,"情""法"对立则是对政治专制统治的反抗。汤显祖要批判的正是"灭才情而尊吏法"的专制制度,他向往的是"有情之天下",但现实只是"有法之天下",专制的政治统治使人不得不"低眉而在此",这不利于文学的发展,更是对人性的迫害。汤显祖这种对"法"的批判是大胆的,他从"理"和"法"两个方面展开对传统思想和体系的批判,是比较彻底的,人们也正是需要看到这两方面的压制,才能唤起主体意识的觉醒,而"情"的高扬,无疑是走出"理"与"法"所包围的世界后的自由天地。

二、近代浪漫主义美学实践

如果说李贽等人的美学思想是哲学思想上的浪漫主义思潮的话,那么汤显祖的戏曲创作就是艺术上的浪漫主义表现。

汤显祖在其美学思想上已经表现出一种对立的近代思想意识,他对"情"和"理"与"情"和"法"的论述,就是把它们放在矛盾对立的位置上,是互不相容的,而不是古典和谐美思想下的统一,这种矛盾对立意识正是一种近代美学思想的基础。除了哲学和政治上的对立思想,在文学方面,他提出"情"与"志"的对立。"诗言情"与"诗言志"是中国古典文学上的两大思想流派,但一直以来"言志"总是占据主导地位的。文学理论家们不排斥"言情",甚至有时也十分注重"情"的作用,但是,"情"与"志"的对抗走到最终还是要求"思无邪","要发乎情,止乎礼",也许"情"是文学创作和欣赏的启动器和感染剂,但"志"必然是文学的最终指向。换言之,"情"与"志"的统一是以"志"包容"情"、以"志"统一"情"为结局的。汤显祖也认为"情"与"志"应该是相统一的。但本质的不同在于,汤显祖讲"万物之情,各有其志",这就将"志"的主导地位转让给了"情",而我们看到他所说的"志"也不全是道德说教的认知作用,更像是事物本身所含有的一种意志,既然"万物之情,各有其志",那么表"志"也就是言"情",这个"志"是"情"的"志",这和传统儒家"诗言志"的美学思想是不同的。

情感是近代浪漫主义的核心,倡导真情正是汤显祖浪漫思想和艺术的集中表现。他不但要求戏曲创作要"主情",而且认为还要把热烈的感情和奇丽的幻想投入到创作之中。所以他提出"因情成梦,因梦成戏"。因为有了情感、有了幻想,创作才是自由的,才可以感染人。他说:"万物当气厚材猛之时,奇迫怪窘,不获急与时会,则必溃而有所出,遁而有所之。常务以快其慉结。过当而后止,久而徐以平。其势然也。是故冲孔动楗而有厉风,破隘蹈决而有潼河。已而其音泠泠,其流纡纡。气往而旋,才距而安。亦人情之大致也。情致所极,可以事道,可以忘言。而终有所不可忘者,存乎诗歌序记词辩之间。固圣贤之所不能遗,而英雄之所不能晦也。"①这种对创作之中的情感奔流的阐述很像西方近代浪漫主义理论中对灵感的阐述,浪漫主义诗人形容灵感来时如"着了魔",而弥尔顿写诗的能力是依仗"一种激烈或狂热的心情",汤显祖的戏曲美学思想正是接近了这种浪漫主义思想。

---

① (明)汤显祖:《玉茗堂文之三·调象庵集序》,北京大学哲学系美学教研室编:《中国美学史资料选编》(下),中华书局 1981 年版,第 135 页。

在浪漫主义思想中,情感、想象和天才是重要的概念,对此,汤显祖都有论述,他的《牡丹亭》正是一部情感加想象的佳作,杜丽娘"生可以死,死可以生",这种有违常理的设想,当然是汤显祖理想主义主张的结果。而这种理想主义也透露出汤显祖所感到的理想与现实之间的矛盾和痛苦。现实社会仍是理与法的天下,情之天下只是理想王国,真情、至情并不为世道所容,只有靠作者想象的力量在戏曲创作中才得以表达。他对天才、灵感、想象、情感的论述并不成体系,散见在他文章中的这些论述,明确地表达了他的近代浪漫主义思想。他说"天下文章所以有生气者,全在奇士。士奇则心灵,心灵则能飞动,能飞动则下上天地,来去古今,可以屈伸长短生灭如意,如意则可以无所不如"①,这是对天才的充分肯定。他还说"夫使笔墨不灵,圣贤减色,皆浮沉习气为之魔。士有志于千秋,宁为狂狷,毋为乡愿"②。由此我们可以看出汤显祖对情感、想象、天才的强调,同时将情感与理智、想象与思维、天才与勤奋对立起来,在对立之中,将情感、想象、天才的作用与地位加以绝对强调,这同古典主义美学强调和谐统一的思想是完全不同的。

有了对立矛盾的思维方式,反对古典和谐美思想便成了一种必然选择,这种反对不仅体现在创作思维上,也体现在创作形式上,比如汤显祖就提出"不妨拗折天下人嗓子",不拘泥于

---

① (明)汤显祖:《玉茗堂文之五·序丘毛伯稿》,北京大学哲学系美学教研室编:《中国美学史资料选编》(下),中华书局1981年版,第137页。

② (明)汤显祖:《玉茗堂文之五·合奇序》,北京大学哲学系美学教研室编:《中国美学史资料选编》(下),中华书局1981年版,第138页。

音律形式。昆山腔在魏良辅之后有了"合律"的要求,但同时"合律"也会伤害内容的表达,汤显祖认为应以情为主,不必强求内容与形式的表面一致,文章不求"步趋形似之间",主要在"以意趣神色为主"[①]。矛盾对立的思想构成了汤显祖的近代美学思想,而对情感、想象、天才的强调表现了他的浪漫主义思想,这种思想的形成正是近代主体意识得以解放后的自由表达,有一种近代个性的光彩。

---

① 程炳达、王卫民:《中国历代曲论释评》,民族出版社 2000 年版,第 154 页。

传统艺术发展的困境与变革*

——戏曲的现代演绎

20 世纪 80 年代以来，整个中华大地都在以一种开放的胸襟接受外来的思想、文化和艺术，这就使传统艺术的生存空间进一步缩小。然而，从艺术自身的发展来讲，主动适应新形势、新环境和新媒介，保持与时俱进的姿态，是保持艺术生命力的必要条件。从国家文化建设的层面来说，传统艺术是代表中华文化的典型符号，是中华艺术自立于世界民族之林的根基，最能够代表中国走向世界的艺术必定是我们的传统艺术。因此，传统艺术一直在积极地走出困境，勇敢地进行探索。

在当代，传统艺术的发展主要面临四个方面的困境：一是外来思想的冲击，二是现代媒介的转换，三是市场竞争的压力，四是表演群体的衰微。新文化运动以来，在思想上否定传统，甚至主张废弃传统的声音从未间断过，传统思想和文化不断经受着猛烈的冲击。时至今日，近现代以来的思想启蒙尚未彻底完成，新的“现代”“后现代”思想又来叩打中国思想的大门，这

---

* 本文系与郭玉越合写。郭玉越，山东大学儒学高等研究院 2011 级硕士，中国海洋大学文学院讲师。本文系教育部人文社会科学重点研究基地重大项目系列成果之一，原载于周纪文等主编《美，在传统与创新之间》，山东大学出版社 2016 年版，第 81—92 页。

就给传统艺术的发展带来了从未遇到过的困扰。当代审美文化处于人类第三次科技革命蓬勃发展的时代,艺术家的想象力一次次令观众惊叹,而背后则是突飞猛进的媒介转换革命。而传统艺术却遭遇到了前所未有的尴尬:一方面,它们受到依赖新媒介进行创作和传播的现代艺术形式的挑战,这些新的艺术形式不仅更加贴近当代人的生活,也更加善于利用新媒介来捕获受众的兴趣,极大地转移了受众的注意力,使传统的艺术形式遭到冷落;另一方面,传统艺术的创作媒介自是产生于当时的生产力水平,即使想尽快适应新媒介,也要考虑到改造尺度的问题,改造得过多,有可能失去传统艺术的特有韵味,改造得不到位,则有可能显得不伦不类,徒劳而无获。再来看市场竞争的压力。在传统的中国社会中,"市场"这个概念并不像今天这么重要,目前,我国正在逐步建立起完善的社会主义市场经济体系,市场的竞争是一个适者生存的过程,也是一个优胜劣汰的过程,传统艺术也需要适应当下的市场。一段时间内,从事传统艺术创作和演出的艺术家所面临的首要问题甚至是如何保留和传承一门艺术,而不是如何创新和发展一门艺术——传统艺术和艺术家面临着基本的生存压力。如果说上述三个方面是传统艺术形式发展困境的外在方面,那么传统艺术表演群体的衰微则当属其发展困境的内在方面,也是事关重大的一个方面。继承和发展传统艺术的责任最终还是要由艺术家来承担,但就目前的形式来看,培养和壮大从事传统艺术创作和表演的艺术家群体的任务依然十分艰巨。艺术市场就好比一块蛋糕,传统艺术分的"蛋糕"少,从事这一事业的人的积极性自然就减退,传统艺术的演出规模和演出质量就随之下滑,最终,整个传统艺术表演群体便衰微了。

传统戏曲是一门综合性、集体性的艺术，这就决定了其变革的复杂性。其实，改与不改一直是困扰传统戏曲的发展难题，一方面，不能为了改变而改变，违背这一艺术类型本身的特质及其民族性和经典性的特征；另一方面，也不能故步自封、停滞不前，成为一门落后的、有可能被淘汰的艺术。变革的动力经常是源自自身存在和发展的危机，“1980年前后，‘戏剧危机’的阴影就日益严重地笼罩着戏剧界。观众走出剧场而趋向电影、电视乃至歌舞厅等，使戏剧家感受到危机的严重性，引起他们的惊愕、痛苦、焦虑和反思”①。伴随着改革开放的步伐，整个中国社会的审美风尚发生了巨大的转变，在这场变革中，传统戏曲明显地处于劣势。社会审美风尚的转变看似纷繁多变，其实背后都有深刻的转变原因或者说是转变的助力。在传统中国社会中，戏曲是为数不多的精神娱乐活动之一，与其他小众、单调的艺术门类相比，戏曲的场面之大、表演形式之多样都是它的优势所在。而在当代社会，戏曲的这些“优势”就不再是优势，电影、电视都可以满足观众对场面和表演形式的需求，此外，电影和电视还能够给观众带来全新的视听享受。我们知道，人类的历史在很大程度上就是追逐物质满足和精神满足的历史，同时也是使自己的物质满足和精神满足更加便捷、更加完满的历史，从这个意义上说，传统戏曲在当代之所以会处于劣势地位，不是因为传统戏曲自身变差了，而是观众可选择的娱乐形式变多样了、变快捷了。为了顺应时代的节奏，传统戏曲需要寻求改变，而改变的关键问题在于改变什么和怎

① 董健、胡星亮：《中国当代戏剧史稿（1949—2000）》，中国戏剧出版社2008年版，第272页。

么改变。

早在新中国成立之初,国务院就下发了关于戏曲改革的指示,提出了“改戏、改人、改制”的戏曲政策,在当时的时代背景下,“‘改戏’是修改旧有剧目,‘改人’是清除旧社会对戏曲艺人的影响,‘改制’是改革旧戏班社中的不合理制度”①。戏、人、制的改革几乎囊括了古典戏曲改革的各个要素,但是,不同的历史阶段有不同的改革背景、任务和重点。在当代,这一戏曲改革政策依然有其指导性的意义,但具体的指向却有所不同。

首先,就改戏而言,存在一个过度改编的问题。笔者认为,传统剧目的革新的确应该剔除那些不合时宜的“糟粕”,但在剔除的基础上,应该尽量尊重原剧的思想主线和情感特色,避免为了出新而刻意地加入过多的新元素,从而导致传统精神的丧失。传统戏曲的魅力就在于其古典的特质和风韵,只要改好了,定能赢得观众的掌声。改好的关键在于切实把握传统剧目的内在生命力,而不是一些刻意添加但又不合时宜的“创新点”,一些现代、后现代的“新”思想完全可以通过现代戏曲、现代话剧来表现,传统戏曲的变革绝不是传统戏曲的完全“现代化”。

其次,就改人而言,存在一份传承和弘扬的责任。目前,政府主要从两个方面入手来解决传统戏曲的传承问题:第一个方面,是依托国家的非物质文化遗产保护政策,建立传承人制度,以此来保护和传承那些稀有的、濒临灭绝的戏曲种类;第二个

① 朱颖辉:《当代戏曲四十年》,文化艺术出版社 1993 年版,第 11 页。

方面，是依托国家教育资源，在现代教育体制下，培养戏曲表演人才，支持戏曲理论研究，以此来传承和弘扬那些主流的、活跃的戏曲种类。通过这些举措，老艺人受到保护，中青年艺人得到培养，传统戏曲的传承有了人力资源上的保障。

最后，就改制而言，存在一个商业化与艺术性的矛盾。这里所说的"制"是指市场经济制度和文化产业制度，是传统戏曲改革必须跨越的门槛。为了适应新的发展环境，传统戏曲必须将自己置身于市场经济的浪潮中，必须赶上国家文化体制改革的步伐，力争在新一轮的文化发展和竞争中抓住机遇，有所突破。不能强求传统艺术形式在当代文化市场中占据主导的地位——就目前的情况来看，这也是难以实现的——而是让这一传统艺术形式占据一定的市场份额，立稳脚跟，持续发展。但是，持续发展是一个侧面，健康发展又是另外一个侧面，传统戏曲市场化的进程无疑将对其艺术性造成影响，传统戏曲的市场化和产业化要防止过分商业化和媚俗化。传统戏曲要想求得长远的发展，需要坚守艺术性的阵地，避免以牺牲艺术性来获得市场一时的关注。

通过上述分析我们可以看到，传统戏曲在当代的发展是一个充满曲折但又不乏收获的过程，它既有古典精神，又有现代魅力，它在一群有识之士的推动下改良革新、赢得掌声、收入票房。2004 年 4 月，青春版《牡丹亭》在台北进行了首场演出，之后，白先勇先生和青春版《牡丹亭》名噪中国，有的学者将这一文化现象称之为"青春版《牡丹亭》现象"。[①] 在这一现象背

---

① 参见朱栋霖：《论青春版〈牡丹亭〉现象》，《文学评论》2006 年第 6 期。

后，我们可以看到改戏、改人、改制的诸多成功之处。就改戏而言，“为了体现汤氏原著精神和艺术风貌，对原作遵循‘只删不改’原则，将原作55折提炼、整编为27折，保留了全部经典折子戏；加强了柳梦梅的戏份，使杜丽娘、柳梦梅的戏成为剧中两条互相呼应起伏的戏剧行动主线，形成耐人寻味的戏剧复调来丰富戏剧内涵。又以杜宝奉旨抗贼、强盗李全杨婆夫妇的活动为副线，形成全剧文武场、冷热场交叉协调，使全剧充满剧场张力”①。在这里，需要略微辨析一下“改戏”之“改”字与“只删不改”之“改”字的区别。“改戏”之“改”的意义更加广泛，后人可以在原著的基础上做加法，也可以做减法，不管怎样，只要与原著有所不同，都可以称之为“改戏”。而“只删不改”之“改”的意义是单一的，它是做加法的意思，“不改”就是不做加法，“只删不改”就是只做减法，不做加法，“是考虑在上、中、下三本九小时演出单元时间内如何更好地体现汤氏原作的精神，而不是将原剧本改得现代些，以适应今日现代社会观众的新的审美要求”②。谈到这里，自然就触及到上文提到的“改制”过程中出现的商业化和艺术性的矛盾。我们看到，白先勇先生倾力打造的青春版《牡丹亭》并没有仅仅为了满足市场的需求而削减了自身的古典性和艺术性，而是首先打牢自己古典性和艺术性的根基，然后运用现代营销手段开拓国内、国际市场。王省民就认为，青春版《牡丹亭》的成功离不开“广告传播和营销策划”，它“利用事件媒体大造声势”，“利用名人名牌提高传播

① 朱栋霖：《论青春版〈牡丹亭〉现象》，《文学评论》2006年第6期。
② 朱栋霖：《论青春版〈牡丹亭〉现象》，《文学评论》2006年第6期。

效果”，并“通过多种形式、多种渠道进行传播”。[①] 在青春版《牡丹亭》这里，商业化和艺术性并没有发生冲突，而是各取所长，相得益彰。还需要指出的是，青春版《牡丹亭》不仅在“改戏”和“改制”方面取得成功，在“改人”方面的努力也功不可没。青春版《牡丹亭》的一大特色就在于“青春”二字，朱栋霖就认为：“青春版《牡丹亭》启用青年演员来饰演处于青春爱情中的男女主人公，是这次演出获得轰动效应的根本原因。”[②]白先勇邀请张继青和汪世瑜两位老艺术家为沈丰英和俞玖林两位年轻演员亲自授课。“白先勇力主青春版《牡丹亭》重在推出青年演员。名不见经传的青年演员担纲的青春版《牡丹亭》的成功，对中国昆曲界在今日需迫切解决的人才培养与艺术传承问题，打破昆剧演员队伍固有的凝固、尴尬局面，具有特别意义。”[③]青春版《牡丹亭》在舞台上呈现的不单是一出唯美的戏曲，也是一番艰辛的磨炼和一次成功的传承。

尽管与青春版《牡丹亭》相比，浙江小百花越剧团排演的新版越剧《梁山伯与祝英台》没有那么大的名气，但自从2006年10月的首轮公演以来，这部新戏也一直是作为浙江小百花越剧团的经典剧目持续上演。由于梁山伯与祝英台的故事过于经典，观众也过于熟悉，因此要想再多出一个“新”字并不是那么简单。该剧一开始就用“天乃蝶之家，地乃蝶之灵，云乃蝶之裳，花乃蝶之魂，但为君之故，翩翩舞到今”这段新旋律和后台唱词将观众带入剧情，空灵典雅却又透露出时隐时现的忧

---

① 参见王省民：《民族艺术走向文化市场——对青春版〈牡丹亭〉演出成功的另类解读》，《文艺争鸣》2010年第5期。

② 朱栋霖：《论青春版〈牡丹亭〉现象》，《文学评论》2006年第6期。

③ 朱栋霖：《论青春版〈牡丹亭〉现象》，《文学评论》2006年第6期。

伤之感。此外,剧中还穿插了多处歌舞队的表演,出现了像"读书读书,越读越输"这样的戏谑性台词,这些表演在形式上是现代的、新式的,但在表演的内容上还是围绕梁祝故事的主线,既没有抛弃传统戏曲的精华部分,也在形式上更贴近现代观众的审美习惯。当然,也有论者认为这样的现代元素是画蛇添足,影响了传统戏曲的纯粹性。但笔者认为,我们应该允许这样的尝试和借鉴,原因主要有两个:第一个原因是,从历史的维度来看,越剧的历史只有一百余年,翻阅《不列颠百科全书》我们可以看到,越剧"发源于浙江嵊县……嵊县民间原流传'田头唱书'、'落地唱书'等说唱艺术,1906 年有人用'落地唱书'调为主要唱调化装演戏"[1]。之后几经名称更迭,20 世纪 40 年代才改称"越剧",并形成诸多流派。由此可见,如果不是在原有基础上不断借鉴和出新,越剧能否繁荣发展到今天这个地步也是值得商榷的。傅谨在评价浙江小百花越剧团的越剧创作时就说:"从创作《陆游与唐婉》和《西厢记》开始,她们有意识地在改变着越剧传统念白的用韵、辙口和发声方法,刻意追求一种高度舞台化的抑扬顿挫感,而恰由于她们大量运用这样的念白以烘托戏剧氛围,使得浙江小百花的新作总是弥漫着一股张力,她们为越剧念白找到了一种新的、同时更有舞台冲击力的'有意味的形式'。"[2]第二个原因是创作团队的创新是真诚而负责任的。茅威涛在手记中提到,1999 年在接受采访时他说,希望自己的作品"正好能够实现,能够积淀到既具有

---

① 中国大百科全书出版社不列颠百科全书编辑部编译:《不列颠百科全书:国际中文版》(18),中国大百科全书出版社 1999 年版,第 443 页。

② 董伟、茅威涛、傅谨等:《百年越剧与茅威涛的追求》,《中国戏剧》2007 年第 1 期。

前卫因素，又让人感觉不到其中的先锋或前卫，进入那种实实在在的、老百姓能够怦然心动的情感状态”①。而在2006年上演的“新版《梁祝》……竟然真的在某种程度上，通过它实践了7年前的心愿”。“我终于明白了我们复排《梁祝》的意义所在，一句话概述：用我们现代越剧人的语汇去重新诠释这份刻入越剧记忆中的浪漫与美丽。”②其实，所谓真诚和负责是两个主观性较强的概念，如果说得更直白些，那就是对待“创新”这一关键词的态度问题。虽然我们不能说新版《梁山伯与祝英台》的所有创新之处都是成功的，但其中刻意嫁接、矫揉造作的成分也确实不多见，编剧和演员都在用心地改进和表演，都在用自己的真诚和负责打造浙江小百花越剧团的品牌。我们曾经提到传统戏曲表演群体衰微的问题，作为当事人的茅威涛一定对这种困境有更深切的体验，也正是出于艺术家的责任感和荣誉感，她在自己的浙江小百花越剧团身体力行，为越剧的传承和发展培育新苗。浙江小百花越剧团“与浙江艺术职业学院合作开设‘小百花’越剧表演班，从近500位报名者中选取了25名成绩优秀的15至18岁的考生进入首届‘小百花班’。毕业后优秀艺术人才将由浙江小百花越剧团录用。办这个班是针对当今毕业生与剧团脱节的现象，‘小百花’希望探索出一个将传统的师徒制和戏班制与常规艺术教育模式相结合的新型艺术人才培养模式。在今年年初的期末考试中，团部领导惊喜地发现，经过短短4个月的培训，这些孩子的进步

---

① 茅威涛：《寻找平凡的心动：新版〈梁祝〉制作人和主演的话》，《中国戏剧》2007年第9期。

② 茅威涛：《寻找平凡的心动：新版〈梁祝〉制作人和主演的话》，《中国戏剧》2007年第9期。

很大,人们期待着这些含苞待放的蓓蕾在舞台上盛开的日子”①。与此同时,在当下的舞台上,小百花剧团也注重对新人的鼓励和培养,剧团中的“蔡浙飞,人称‘小茅威涛’,然而在排演《春琴传》时,茅威涛和导演郭晓男要求她完全摆脱老师的痕迹,以全新的、个性化的表演来刻画人物”②。这种传承古典艺术的理念有力地促成了越剧这一传统剧种在浙江小百花越剧团的长盛不衰。

关于中国现存的传统戏曲剧种,据张志全在 2013 年的统计,“中国戏剧节迄今已举办 12 届,跨越 25 年……历届戏剧节共入选 52 个剧种,不足全国现存 260 多个剧种的 1/5,绝大多数剧种多年来一直处在‘养在深闺无人识’的尴尬境地。即便入选的剧种,也主要是传统的地方大戏,其中,京剧入选最多,达 11 次;越剧、评剧、川剧均入选 10 次;豫剧入选 7 次;秦腔、粤剧各入选 6 次;晋剧、昆剧、黄梅、花灯各入选 5 次。就入选频率而言,以上剧种得到相对稳定的发展。另有 19 个剧种仅入选一次,虽然相较于未曾入选的剧种而言,有所突破,但保护与拯救仍然是这些剧种当前的主要任务”③。这一系列数字提醒我们不能将目光仅仅停留在几个剧团或几个剧种的发展上,要在重点抓好主要剧种的基础上兼顾其他小剧种,或者说是弱势剧种。从目前的情况来看,主要剧种的发展思路是加入市场、求新求变、学校传承,地方性剧种的发展思路是申报非遗、留存为主、传承为辅。

① 罗松:《“小百花”能否华丽转身》,《中国戏剧》2009 年第 2 期。

② 罗松:《“小百花”能否华丽转身》,《中国戏剧》2009 年第 2 期。

③ 张志全:《当代戏曲保护与传播的困境及其对策建议:以历届“中国戏剧节”入选剧目为考察对象》,《戏剧文学》2013 年第 4 期。

艺术情感体认与中华民族精神的传承[*]

体认，即体察认识。体，指身体；认，指认识，识别，分辨。体认在中国古典哲学思想中是一个非常重要的范畴，熊十力就在《十力语要》中说："中国哲学有一特别精神，即其为学也，根本注重体认的方法。"①明代著名的心学家湛若水就提出了"随处体认天理"的方式。中国古典哲学有时也把"体认"简称为"体"，比如"体道""体无"，这里的"体"主要是"以身体之"的意思，这是古代哲学家十分推崇的一种认知方式，这种方式重视的是亲身体验，他们甚至认为"体认"的认知方式比读书学习的认知方式更加有效，"夫学之所益者浅，体之所安者深"②。

张岱年先生在分析张载的《正蒙·大心》时指出，"体认"应该是一种直觉认识方法。熊十力在《新唯识论》中也说要认识和证实真实的存在，只有依靠"觉"，即直觉。熊十力先生的直觉论有一个批判西方哲学，尤其是实证主义哲学认识方法的前提。他的这个"觉"是一种既不依赖感觉经验也不依赖理性

---

* 本文原载于《东岳论丛》2003年第6期。

① 熊十力：《十力语要》，辽宁教育出版社1997年版，第126页。

② （南朝宋）刘义庆著，黄征、柳军晔注：《世说新语》，浙江古籍出版社1998年版，第173页。

分析的独立的认识方式,他称之为“反观自照的直觉”。由此可见,体认作为一种认知方式,虽然以感觉为主,以区别于理性分析,但是并不等同于感性认识,而是感性认识和理性认识的结合;虽然以直观的方式为主,但是也有对抽象概念的识见。因此,它是一种认识方式,而不是感觉方式。这种识见不是西方式的以概念范畴为中心的分析判断式的认识方式,而是以个体经验为中心的直观洞见式的认识方式。

体认方式因其直观性和以个体体验为主,就自然地符合了艺术表现和接受的规律。我们知道艺术创作的任务主要是具体形象,艺术表现的核心主要是情感,而艺术欣赏的主要方式则是直观,在这个艺术表达与接收的过程中,体认方式都具有天然的契合性。人类所有的认知都起始于感觉,感觉是思维的起点,无论是感性认识还是理性认识都离不开感觉,但是感觉作为感官对于外界刺激的反映,当它成为科学分析的材料和研究对象时,其认识的目的是发现真实;而当它作为艺术思维的材料和对象时,其目的就成了表现情感。这是艺术思维的特点,但是艺术除了表现情感,同样可以认识真理,就像亚里士多德在《诗学》里所说的,写诗比写历史更富于哲学意味,因为诗描述的事带有普遍性,而历史叙述的则是个别的事。也就是说,艺术思维作为一种形象思维,虽然一直都不离开具体形象和个体体验,但是同样也具有抽象思维的意义,反映事物的普遍性。这一点和体认方式既注重亲身体验又强调洞见本质的特点是一致的。

另外,艺术表现的核心是情感,无论是艺术创作还是艺术欣赏,从心理活动的策动到心理因素的组合,其枢纽和助动力都是情感。当然,艺术表现的情感不完全等同于我们的日常个体情感，正像苏珊·朗格一直强调的："艺术所表现的是一种概念，是标示情感和其他主观经验产生、发展和消失过程的概念……这些概念就是艺术形式的内涵，艺术正是那种将这些概念细腻而深刻表现出来的符号手段。""艺术表现的正是人类情感的本质。"[①]而个人情感只是把握这种普遍情感的媒介。朗格把这种普遍的情感称之为生命力，而艺术表现的功能和目的就是创造出"生命的形式"，即艺术幻象。生命的形式极为复杂，朗格说"艺术与情感的关系显然要比单纯的净化和刺激微妙得多"[②]。而表现和接受这种极为复杂和微妙的"生命形式"，注重"以身体之""以心悟之"的体认方式无疑是最恰当和有效的。

因为艺术是一种情感的表现符号，所以我们不妨把应用于艺术创作和欣赏的体认方式称之为情感体认方式。我们说体认方式是一种具有中国哲学基础和思维特征的思维模式，而表达和传递人类微妙的生命形式的情感体认方式也无疑是最契合中国古典审美模式的。

比如说，宗白华先生就曾经对比总结过中西绘画艺术中的空间意识。西方绘画的空间意识有着严格的几何概念，视角是焦点透视；而中国传统绘画则是"以大观小"，视角是散点透视，因此在欣赏绘画时，西方绘画适于站立观看，而中国绘画适于游目欣赏。"全幅画面所表现的空间意识，是大自然的全面节奏与和谐。画家的眼睛不是从固定角度集中于一个透视的

---

① ［美］苏珊·朗格：《情感与形式》，刘大基等译，中国社会科学出版社1986年版，第11页。

② ［美］苏珊·朗格：《情感与形式》，刘大基等译，中国社会科学出版社1986年版，第27页。

焦点，而是流动着飘瞥上下四方，一目千里，把握全境的阴阳开阖、高下起伏的节奏。”①宗白华先生认为，中国古代的画家并不是不懂得透视法，他们这样的处理方式是有意为之，因为他们重视的不是对自然外物的精准描摹，而是在意对内心世界的情感传达，他们要表现的是心中的理想境界和人生感悟，是对“道”的追求和阐释，相对而言，不是“务实”，而要“务虚”。如果说苏珊·朗格所讲的“艺术幻象”必须具有脱离现实的“他性”，具有虚幻的光泽的话，那么中国古典艺术的“他性”特征就尤为明显。无论是艺术表达还是接受，中国古典艺术都旨在“悟道”。

中国古典艺术的表达方式之所以是情感体认的悟道方式，是与中国哲学的气论和心学有着直接关系的。古人认为“气”充塞天地，化育万物，老子讲“道生一，一生二，二生三，三生万物”。其中“一”可看作混沌未分之元气，而“道”作为万物的本源与本体，看似“无”，其实孕化着生成万物的“气”，所以，古代哲人最为重视的就是“体道”和“体无”。之所以选择体认的方式，和“无”的特性有关。同样，万物由“气”而生，正如道家所谓“聚则成形，散则成气”。因此，中国古典艺术的形象表达，就不仅仅要有“形”，更要有“神”，外在的形似固然重要，内在的神似更加必须。同时，中国古代艺术十分关注于内心，“凡音之起，由人心也，人心之动，物使之然也。感于物而动，故形于声”（《礼记·乐记》）。而音乐最初的功能之一就是“养心”。“心”在中国人的观念中不仅仅是一个人体器官，还是思

① 宗白华：《宗白华全集》（2），安徽教育出版社 2008 年版，第 422 页。

维判断的“头脑”,是“气”汇聚之所,是理想形成之地,可以说是生命和精神的主宰和象征。因此,禅宗才有“以心传心”的传道和修行方式,心学家王阳明才讲“心外无物,心外无事,心外无理,心外无义,心外无善”。无论是“神”还是中国人意识中的“心”都是虚体的,是“道”的体现,是“气”的化成,所以,中国古典艺术的创作讲求“外师造化,中得心源”,艺术表达追求“象外之象”“韵外之致”“味外之旨”,艺术的特征是气韵生动,艺术的手法是虚实相生、情景交融,因此,认知方式也就只有“置心在物中”(朱熹语)的情感体认方式了。

情感体认方式不仅仅契合于艺术的创作、传达与接受,在其他文化领域同样作用明显。哲学是中国式体认认知方式的创立和实践的主要领域,我们可以看到大量的哲学思想是通过文学性的语言和形象思维方式来表达的。孔子所说的“己所不欲,勿施于人”,其实就是一种体认式的道德思想表达,而“父父子子,君君臣臣”“修身,齐家,治国,平天下”等家国一体的伦理思想本身也是一种体认式的构建方式。因此可以说,情感体认方式是中华民族传统的思维模式,是产生于中国古代文化,又构造了中国古代文化的思维模式,也是今天学习和继承传统文化、保持和弘扬民族文化的关键。

宗白华先生认为,继承民族文化精神的关键在于立足于民族文化的个性。我们民族文化的个性在于我们的核心观念和价值理想,而对于观念和理想的阐释与传承又无疑要依赖于本民族特有的,也是习惯接受和建立的思维习惯。究其原因,一方面和荣格所讲的“集体无意识”有关。荣格认为一些观念和思想是遗传的,就成为了一种“全民族的心理传统”,而包含这些观念和情感的带有原始意义的意象则是艺术创作的源泉,于是艺术无疑成为了民族情感和经验积淀的挥发地和传习者。斯宾格勒(Oswald Spengler)也说:“每一种文化都以原始的力量从它的土生土壤中勃兴起来,都在它的整个生活期中坚实地和那土生土壤联系着;每一种文化都把自己的影象印在它的材料、即它的人类身上;每一种文化各有自己的观念,自己的情欲,自己的生活、愿望和感情,自己的死亡。”①另一方面,这又和教育的特性,即文化习得有关。广义知识观认为,习得是个体获得事实性知识,并习得对外办事、对内调控能力的过程。而个体的人格形成和心理构造,是在消化、积累、运用和创造的过程中进行的。

艺术作为文化的重要组成部分,作为鲜活而广泛的表达方式,是情感体认方式应用与建构的主要对象。艺术作为教育的重要部分,作为生动而深刻的优质资源,是情感体认方式学习与实践的最有效的材料。因此,以情感体认方式来欣赏艺术、阐释艺术,也就可以更好地理解民族的价值观念和核心理念,更好地传习民族的文化精神和理想追求,无疑就可以成为民族文化传承的重要途径和方式。

---

① [德]奥斯瓦尔德·斯宾格勒:《西方的没落》(上),齐世荣等译,商务印书馆1963年版,第39页。

当代舞蹈艺术的审美观念：气韵生动的现代阐释*

舞蹈是以人体为物质材料，以动作姿态为语言，在时间的流程中以占有空间的形式来表达思想和情感的独特艺术门类。《毛诗序》写道："诗者，志之所之也，在心为志，发言为诗。情动于中而形于言，言之不足，故嗟叹之；嗟叹之不足，故永歌之；永歌之不足，不知手之舞之，足之蹈之也。"①这段话将人们情感表达的方式分为言语、咏歌、舞蹈等不同的层次，而舞蹈又被称为表达情感的最高层次，这是因为舞蹈能够凭借它鲜明的动态视觉形象表达情感，而不同于语言和歌唱等方式。舞蹈作为传情达意的一种特殊形式，早在古代就被人们所认识。汉代的傅毅在《舞赋》序中说："歌以咏言，舞以尽意，是以论其诗不如听其声，听其声不如察其形。《激楚》、《结风》，阳阿之舞，材人

---

* 本文系与戴孝军合写。戴孝军，山东大学儒学高等研究院2003级硕士，阜阳师范大学副教授。本文系教育部人文社会科学重点研究基地重大项目系列成果之一，原载于周纪文等主编《美，在传统与创新之间》，山东大学出版社2016年版，第161—168页。

① 郭丹主编：《先秦两汉文论全编》，远东出版社2012年版，第429页。

之穷观,天下之至妙。”①可见,舞蹈是传情达意的最理想的手段。

舞蹈和音乐、绘画、雕塑等都是突出情感的艺术形式,但舞蹈不同于其他艺术形式的最大特点在于它以人体动作姿态语言来展示人的心灵与情感世界。舞蹈家以自己的身体为艺术材料和表达工具,直观而又形象地反映社会生活,表达人的思想感情,直接与观赏者沟通,激起共鸣,这与其他艺术门类的艺术媒介相比极其独特。舞蹈从本质上来说,是靠人的肢体语言来表现和传达人的情感活动,情感是舞蹈的核心,舞蹈是情感的载体。无论是舞蹈的创作者还是欣赏者的审美情感,都必须寄寓在舞蹈作品这一特定的审美对象之中。钟嵘在《诗品·序》中写道:“气之动物,物之感人,故摇荡性情,形诸舞咏。”②这就从本质上抓住了舞蹈表情的核心问题,即流动性极强的情感是如何转化为具体、鲜明、生动的舞蹈形象的。舞蹈艺术充分运用了身体动作来“以情概貌”,融之以情,从而给人以强烈的审美感受。实际上,舞蹈艺术给人的审美感受就是“气韵生动”。

“气韵生动”这个词最早出现于南朝画家谢赫的《古画品录》中,是谢赫提出的绘画六法之一,他说:“六法者何,一气韵生动是也,二骨法用笔是也,三应物象形是也,四随类赋彩是

① 郭丹主编:《先秦两汉文论全编》,远东出版社 2012 年版,第 721 页。

② (南朝梁)钟嵘:《诗品·序》,王筑民编著:《中国古代文论选篇注析》,贵州人民出版社 2005 年版,第 161 页。

也，五经营位置是也，六传移模写是也。”①在这里，谢赫把“气韵生动”作为绘画六法之首，是总体上界定绘画艺术应当给人怎样的审美感受。那么“气韵生动”的含义如何？“气韵生动”是以“气”为主。气的含义有：第一，宇宙之气，最初指云气、山川之气；第二，进而泛指一切自然生命之气；第三，特指人的生命之气；第四，又进一步指向体现着内在生命的精神之气，如“神气”“气质”和“气势”以及孟子所说的“浩然之气”等，这就有了形而上学的意味。而我们今天所讲的气韵，作为中国古典审美类型之一指的是生命力给予文学艺术的艺术性影响，以及由此所形成的形象，都包含在一个“气”字的观念之内。这个“气”常常表现为作者的品格、气概，所给予作品的力的、刚性的感觉。这又常与“骨”字加以象征。例如钟嵘《诗品》评价曹植的诗是“骨气奇高”，说刘桢的诗是“真骨凌云”等，这里所谓的“骨”等同于气韵生动的气。谢赫所谓的“观其风骨”的“风骨”，“颇得壮气”的“壮气”，“神韵气力”的“气力”等也都说的是“气韵”的“气”。可见，气韵生动是具有力量的。表现在艺术上，它是构成体物的基本条件，是线条的紧劲而予人以力感，但这种力感是技巧性的、局部性的。总之，气韵生动作为一种审美形态，就是在审美活动中，审美对象洋溢着一股不可遏止的生命的活力，源源不断地流出来，而且这种生命的波动又具有一定的节奏和规律性，形成美的形象和美的感受，并且在文字、线条和声音等表现形式之外，给人留下很多联想和回味的余地。

---

① （南朝齐）谢赫：《古画品录》，王世襄：《中国画论研究》，广西师范大学出版社2010年版，第75页。

“气韵”是一种生命力,只有“气韵充实”才能让舞蹈动作的“实”转化为意象符号的虚,才能达到“生动之致”的境界。在舞蹈艺术中,“气”是舞蹈动作语言的有力塑造者。每一个舞蹈者,为了用想象力把握整个舞蹈,都要仔细关注自身的“气”,凭着身体感觉,气可以帮助他体会每一个动作,以及动作连接而形成的“势”,所以一个人的个性以及由个性所形成的艺术性都是由“气”决定的。舞蹈表演者肢体动作富有力度,刚柔相济,就是由气决定的。这是因为“气”可以指引内心感觉,并通过感觉直接作用于动作,使动作富有生气。“韵”指的是一个人的情调、个性,是合乎自然的一种生命律动。在艺术上体现为形、神、气所形成的一种审美效果,一种神情风度之美。舞蹈艺术中的“韵”表现为“结构时间感”和“身体的节奏意识”,即舞蹈表演者的身体、生命特质。“气”和“韵”不可分,“气”决定“韵”,“气”是“韵”的本体与生命。无论“气”还是“韵”,都由舞蹈表演者的“内在”所决定,它们是组成舞蹈形象的决定性要素,是获得舞蹈形象的基础。有了“气韵”,舞蹈自然生动,否则,舞蹈就没有生气,也就缺乏表现力。“气韵”指引舞蹈表演者在舞蹈结构之中把自身内在的形态进行时间上的重新安排,同时连接内心世界与人文空间,使动作产生情感性和语言的意味性。舞蹈艺术要达到“象外之象”“象外之意”的宇宙本体和生命存在,都必须在气韵中才能完成。传统舞蹈的这一特性无论是在庙堂之高还是在江湖之远都有所体现。比如三国时期吴国地区流行的“白纻舞”,“一个美丽的少女,穿着‘质如轻云,色如银’的长袖舞衣,装饰在头上和身上的珠翠闪闪发光,乐声渐起,歌声悠扬。她高举双袖,踏着轻盈的舞步,像白鹄飞翔,她的双袖时低时昂,婉转自若,如蛟龙漫游。在一瞬间的停顿中,那光彩有神的目光,照射着所有的观众。……她的身体在轻轻地移动,又好像不是在走动,而是被推引着行进(大概像戏曲舞中的‘云步’,或像上身平稳不动,脚下碎步急行的‘跑圆场’)。她倾斜着头,柔美地转身。时而慢转长袖轻拂面,时而急挥双袖如雪飞。敏捷轻快的舞步,像急驰的流波。管急弦繁的乐声,掀起如轻云般飘浮的舞姿”①。在这里,我们暂且将原文作者针对舞女的身份所进行的阶级分析放下,而专注于这段优美的舞蹈描写。所谓“白纻”是指用一种纻麻织成的白布。柔软细腻的质地、洁白明亮的颜色,再加上舞者婀娜的步态身姿和飘逸流动的舞袖,将绰约高洁之气与典雅灵动之韵完美地结合起来,使这种最先起于民间后又传入宫廷的乐舞持久不衰。直到唐代,包括李白在内的很多诗人都对白纻舞进行过描写,如“且吟白纻停绿水,长袖拂面为君起”,“吴刀剪彩缝舞衣,明妆丽服夺春晖。扬眉转袖若雪飞,倾城独立世所稀”等诗句。再如在中国民间广泛流传的舞龙。舞龙是中国文化的一种习好,“龙意识”表现在生活的方方面面。舞龙是人民在模拟臆想中的龙的飞动形态,模拟它的驰骋空际、飞腾环宇,模拟它的翻江倒海、兴风作浪,通过这样的模仿,以求具有和龙一样的神力。事实上,舞龙如同《易经》的爻象和卦象一样,不只是“言物”,而且也“尽意”。舞龙本身就是以这种富有神秘化的形态和神奇的美传达着人们内心的愿望与希冀,表达着人们的情感。从古至今,舞龙的形态万变不离其宗:先是“圆舞”,舞者绕场一两周,勾勒出一个圆圈,然后才

---

① 王克芬:《中国古代舞蹈史话》,人民音乐出版社 1980 年版,第 32 页。

是耍龙,舞者将龙头、龙身、龙尾依次先后从下而上、从上而下划“8”字,形成整个龙体的“S”形游动。随着人们越来越快的身姿的转动、脚步的快速移动,龙的身姿就会上下翻腾、左右盘绕,并且速度会越来越快,就像一条真龙在云中遨游,充满了生命活力的体动。在古代的中国社会,人们用这种舞龙的舞蹈传达着对龙所代表的一种神秘力量的敬畏,以及舞龙本身的身姿所展现的一种生命的活力。

我们知道,舞蹈所要表现的情感是通过一个个具体的舞蹈形象的塑造来实现的,而舞蹈形象又产生于舞蹈动作的自由展开之中。舞蹈动作姿态在塑造舞蹈形象的连续运动过程中又包含着动态与静态的统一。在一定的时间、空间里,持续的舞蹈动作由单一到各种组合方式不断地变化着,舞者从一个姿态过渡到另一个姿态,展现出一种人体运动线条的自由流畅的动态美,这正是舞蹈艺术独特的魅力所在。这种动态美展现在观众眼前的是一种“力”的相互作用,“是那种仿佛推动着舞蹈本身纯粹外观的力”。美国学者苏珊·朗格曾举例指出:“在一组双人舞中,两个人似乎是接受了一种力的吸引而紧紧地连结成为一体;在一组多人舞中,所有人似乎都受到同一个中心力量或同一种能量的激发。一个舞蹈的构成材料就是这个非物质的力,只有在这种力的收缩和放松、保持和成形中,舞蹈才具有了生命。”①“舞蹈演员所创造的却是一个力的世界,这个力的世界是通过一系列姿势的连续展现而显示出来的。这就是

① [美]苏珊·朗格:《艺术问题》,滕守尧、朱疆源译,中国社会科学出版社1983年版,第9—10页。

舞蹈艺术与其他艺术所不同的地方。”[①]她又说：“一种舞蹈越是完美，我们能从中看到的这些现实物就越少，我们从一个完美的舞蹈中看到、听到或感觉到的应该是一些虚的实体，是使舞蹈活跃起来的力，是从形象的中心向四周发射的力或从四周向这个中心集聚的力，是这些力的相互冲突和解决，是这些力的起落和节奏变化，所有这一切都是组成创造形象的要素，它们本身不是天然的物质，而是由艺术家人为地创造出来的。”[②]尽管东西方舞蹈的发展历程有所不同，舞蹈语汇与表现形式也有较大差异，但舞蹈艺术运用人体的姿势动作构成图形，以便传情达意，即苏珊·朗格所说的这种“力”的相互作用却是相同的。可见舞蹈艺术正是依赖于这种“非物质的力”才形成了具有生命形式的艺术语言，舞蹈艺术的肢体语言才被赋予了表现的意味。在当今的人们看来，艺术本身就是虚幻的，它要通过艺术本身的虚幻符号去创造一种超越现实、纯粹的情感世界、哲学世界。

当代中国舞蹈艺术盛行于20世纪50年代以后，虽然注重已有形态、元素的重新运用，革故鼎新，但气韵生动的审美观念仍然始终如一，尤其是以动作和姿态来塑造形象，无论是人物还是动植物、有形的还是无形的，常常采用夸张或变形的方式，以追求亦真亦假、写意传神的艺术效果。舞台意象一方面建立在历史和地域文化等时空背景上，一方面具象化在演员的肢体表现上，通过肢体语言构建具有表现力的舞台空间，营造意与

---

① ［美］苏珊·朗格：《艺术问题》，滕守尧、朱疆源译，中国社会科学出版社1983年版，第10页。

② ［美］苏珊·朗格：《艺术问题》，滕守尧、朱疆源译，中国社会科学出版社1983年版，第5—6页。

象相结合的情感氛围,形成气韵生动的舞蹈审美形态。当代中国舞蹈艺术吸收了传统舞蹈艺术和西方现代舞蹈艺术的精华,出现了一些新潮的舞蹈样式,表现了一种相当强烈的民族精神,传达了一种丰润的感情状态。

首先看新潮的舞蹈样式。各种新潮舞蹈的出现是从 20 世纪 80 年代开始的,列举起来,也是一长串的名字,如迪斯科、探戈、街舞、恰恰、华尔兹、爵士舞、交谊舞等等。虽然这些从西方引进的舞蹈节奏紧凑、动感十足,很受大众的喜爱,但是,如果硬要将气韵生动的特征赋予它们,显然是非常不合适的。因此,在各种新潮的舞蹈样式中,排除掉那些过于西化和大众化的休闲社交性舞蹈,能够继续继承和发扬气韵生动这一审美特征的要算"新古典舞"这一类了。中国新古典舞"在保持了中国戏曲舞蹈中沉淀下来的,积淀着中国历史文化传统精神在身体文化上的'拧倾圆曲'形态特征和动作运行规律'从反向做起'的逆向动作规律的运动时空观、得意忘形的人体审美观的同时,以科学和理性的观念、方法,吸取了包括中国武术,外来文化中的芭蕾舞、现代舞的方法和某些动作规律、方法,使得中国新古典舞更具有时代性。从形态上它更加挺拔,修长,升腾,并体现了努力向上,向外拓展的意识;在动的规律上,它或抑扬顿挫,或升腾盘旋,或行云流水,显得更加成熟与丰富和丰满,它极大地丰富了中国古典舞的舞蹈语汇系统,呈现出一个相对较为完善的舞种体系所具有的成熟感和魅力"①。例如,由王亚彬表演的舞蹈《扇舞丹青》。该舞蹈以一幅水墨画为背景,

---

① 李炜、任芳编著:《中国现代当代舞蹈发展概论》,四川大学出版社 2006 年版,第 95 页。

舞者手执舞扇，身着轻盈飘逸的白色舞衣，再佐以墨竹、荷花、菊花、梅花、奇石的形象和飘摇的雾气，仿佛一幅气韵生动的古典水墨画。然而，画中之人却伴随着典雅的音乐翩翩起舞，动作中不仅有传统舞蹈的俯、仰、冲、拧、扭、踢等动作，也有现代舞蹈的跳跃、旋转、蹲、屈伸等动作，可谓是人在画中舞，画衬舞中人。整个舞蹈传达出的不仅是干脆简练而又不失古典风范的中西舞蹈特征，还是音乐、舞蹈、绘画相协调的气韵生动之美。

其次看强烈的民族精神。如果我们经常观看当代新古典舞就会发现，这些舞蹈虽然在肢体动作和舞蹈技巧上借鉴了西方现代舞蹈的一些元素，但是，整个舞蹈的主题以及舞蹈所要表现的主要内容都和本民族的文化紧密相连，都不约而同地表现出浓烈的民族意识和强烈的民族精神，也许这正是新古典舞能够在众多舞种中屹立不倒的重要原因。例如，由当代中国著名舞蹈编剧家陈维亚创编、著名舞蹈表演家黄豆豆表演的《秦俑魂》，在表演中，黄豆豆采用了横移空中转叉、旋子三百六、空中转子大蹦子、朝天蹬等技巧，把“俑”演绎得布满了生气和灵气。他在节奏、造型、身体语言等方面表现出超一流的技巧，达到了一种挥洒自如、物我两忘的境界。这个舞蹈充分体现了中国古典舞内在气韵的运动方向，一举一动、一开一阖、一上一下，讲究承上启下、气韵连贯，时时照顾到整个舞蹈整体的运动感。通过气韵，舞蹈表演者可以将自身内在的“形象”“图画”“构成触觉”，在肢体动作的构成过程中进行时间上轻重缓急、起承转合的安排，将生命的潜在意识表现为艺术的形式感，构成舞蹈艺术特有的审美形态，完成“实体”与“虚象”的结合，创造艺术品形神兼备的境界。再如舞蹈《太极印象》，一方面，该舞蹈的音乐主体部分已经不是清心淡雅的古典音乐,而是节奏动感、庄重有力而又不乏沧桑感和历史感的现代音乐。同时,舞蹈的过渡性动作中也加入了大量现代舞蹈动作。另一方面,舞蹈音乐的辅助部分却传来一阵阵清脆悦耳的鸟鸣声和悠扬缥缈的洞箫声,让人仿佛置身于一篇寂静的深林。同时,舞者的主体定格动作则是以中国传统的太极拳动作为蓝本。舞者的着装和发型都是传统武术的造型。整场舞蹈的表达过程动静结合、快慢转换、刚柔相济。既有太极拳的气韵风骨,又有当代舞蹈的审美意识;既表现了自觉的民族风貌,也展露了创新的时代精神。

气韵之美是舞蹈的内在独特性和艺术魅力,舞蹈的过程就是舞蹈家的艺术创造和生命体验,以气韵生动的表现方式为中介经历的一个循环,而贯穿整个循环的就是舞蹈家丰润的感情状态。“舞蹈是一种表情艺术,它的内在本质属性就是抒情性。它能最直接、最强烈、最细腻、最充分地倾泻内心情感,它是人的内在情感冲动所引发出的人体动作的外化。我们常说,舞蹈的一个重要特点就是长于抒情,拙于叙事……人体动作的外化经过了人类文化历史的发展,经历了简单、粗糙的自发模拟形态,逐渐地向着复杂、细致的自觉表现形态的发展,至今已形成了具有表现人的丰富深刻的情感的能力。”①可见,舞蹈艺术的气和韵与舞者的情感有着很大的关系。有人将舞蹈称为“流动的雕塑”,既说出了舞蹈艺术的造型之美,又强调了舞蹈艺术情感表达的丰富和流动。以当代一些以敦煌雕塑和壁画

① 平心主编:《舞蹈表演心理学》,上海音乐出版社 2013 年版,第 253 页。

为题材的舞蹈为例:在盖一坤表演的舞蹈《敦煌彩塑》中,整个舞台的布景漆黑一片,只有舞者所站的位置周围有一片昏暗、泛红的灯光,舞蹈刚开始的数秒之内,舞者纹丝不动,宛如敦煌莫高窟里的一尊彩塑,一种清冷、孤寂却又悄然独立的感觉油然而生。忽然,这尊雕塑活了起来,翻转腾挪之间变化为另一尊彩塑的造型,接下来的舞蹈动作也都是以敦煌雕塑和壁画的人物动作为基准,一人之舞,千人之面,千人之情。而在2008年春节联欢晚会上表演的舞蹈《飞天》中,七名舞者身着金黄色的舞服,正面背景是浩瀚的星空,还不时有金色的流星划过。俯视她们,可以看到脚下的月亮,她们仿佛真的是站在月亮上起舞。舞蹈音乐庄严宏大,充满了深沉的底蕴和奔涌的气势。清风徐来,舞者定格,衣袂飘飘,宛若群仙,一组组飞天的造型摄人心魄。敦煌壁画的气韵、舞蹈者的情感和中华民族自强不息、奋发向上的时代节奏完美地结合在一起,让人在惊叹和感动之中获得审美愉悦。

苏珊·朗格说过:“一件艺术品总好象浸透着情感、心境或供它表现的其它具有生命力的经验……对于它所表现的东西,我们不是称为‘意义’,而是称为‘意味’。‘意味’是某种内在于作品之中并能够让我们知觉到的东西。它是由作品清晰地呈现出来的,因此在把握它时便不须再经过抽象的步骤,正如一个神话故事或某种真实的比喻离开它们那富有想象的表现就不存在一样。”①舞蹈艺术以生命活动作为舞蹈的意味,在追求生命的活力和律动过程中,达到自由的境界,实现终极

---

①　[美]苏珊·朗格:《艺术问题》,滕守尧、朱疆源译,中国社会科学出版社1983年版,第129页。

意义的超越。气韵生动的生命形式作为艺术本体，在人类的生命体验和现实世界之间架起了一座桥梁。舞蹈表演者借助娴熟的动作技巧，在获得肢体表达上的充分自由之后，通过对韵律、节奏、秩序、理性等方面的处理，将生命体验通过肢体动作的艺术传达外化为舞蹈作品——气韵生动的生命形式。这个转化过程将精神性的虚空的存在变为物质性的真实存在，将所有的虚幻力量组成了一个意象的王国。显然，这种物质性存在充溢着精神性内涵，是精神存在的特殊方式，也是舞蹈艺术形式的魅力和价值所在。

民族性与世界性交织的当代音乐艺术审美*

——谭盾的音乐试验

在一段时间里，各种类型的现代艺术都进入一个试验的氛围中，对于中国来说，还多了一个特点，那就是中西融合的问题。中国音乐在当代的尝试性发展主要体现在三个方面：一是保存中国古乐曲或民间乐曲，用西方乐器演奏；二是用传统乐器演奏现代乐曲；三是乐器的创新和音乐理念的创新。

现在，许多学院派称赞中国古曲如《百鸟朝凤》《阳关三叠》等在钢琴演奏中获得了新生。古曲的钢琴改编曲需要协调古乐的线性思维与西方音乐的立体思维的差异，还要在保存古乐特殊音色的基础上，结合钢琴的多声性做出改编。不仅是古曲，就连民间乐曲也被艺术创作者用西方乐器演绎。1978年，当谭盾还是中央音乐学院一名刚入校的学生时，他便创作了钢琴音乐《八幅水彩画的回忆》。这部组曲以他的家乡湖南

---

* 本文系与曾洁合写。曾洁，山东大学儒学高等研究院2012级硕士，任职于中国海洋大学党委宣传部。本文系教育部人文社会科学重点研究基地重大项目系列成果之一，原载于周纪文等主编《美，在传统与创新之间》，山东大学出版社2016年版，第193—199页。

长沙的民歌和地方戏曲为基础，“以古朴的楚湘文化为题材，表现作者对童年时期民间曲调、地方戏曲（花鼓戏）、哭嫁、哭丧等一系列红白喜事及祭祀活动的印象”①。他在钢琴组曲中保存了湖南当地音乐的素材和风格，还模仿民间乐器的音色，以及湖南地方戏曲中的特征音，“将旋律特性音级纵合为和弦，由此凸显旋律中的特征音，从而使乐曲更富有地方特色”②。同时，他在技法上借鉴了西方的音乐理念，“以音乐整体的音响结构与心理活动的内在联系为依据，从音乐的表现功能出发，侧重对内心情感的抒发，音乐具有一定的造型性、哲理性”③。乐器是音乐演奏的工具，因文化和地域的差异呈现出多种多样的类型，创造出丰富多彩的音色和音域。用钢琴、提琴等乐器演奏中国传统乐曲，并非抛弃中国传统乐器，而是在全球化提供的良好条件下，做一些尝试。这样乐曲与乐器分离，乐器形成的附加特色才会凸现出来。同时，乐曲由新的乐器演绎，给本土听众以全新的视听享受，也使听众感受到改革开放中“交流”的作用。但是并非所有的音乐都适合改编，所以将其定义为试验性的。

西方乐器可以演奏中国传统乐曲，中国传统乐器可否演奏西方乐曲呢？2013 年 11 月 23 日，山东大学艺术学院举行了名为“动感弹拨”的扬琴重奏音乐会，演奏了包括《阿斯达卡和

① 张彩云：《谭盾钢琴组曲〈八幅水彩画的回忆〉创作研究》，西南大学硕士学位论文，音乐学专业，2009 年，第 1 页。

② 张彩云：《谭盾钢琴组曲〈八幅水彩画的回忆〉创作研究》，西南大学硕士学位论文，音乐学专业，2009 年，第 37 页。

③ 张彩云：《谭盾钢琴组曲〈八幅水彩画的回忆〉创作研究》，西南大学硕士学位论文，音乐学专业，2009 年，第 1 页。

珊》四重奏、《园》三重奏、《野蜂飞舞》四重奏、《美丽爵士》二重奏、《多姆拉琴歌》二重奏等多首改编曲目,最多时由 14 个人同台演绎。扬琴是明朝末期由波斯国传入中国,在越剧、粤剧、闽剧、潮剧中做伴奏乐器。可见,扬琴通常是配合其他乐器共同演奏的,像这样所有曲调全部由扬琴承担的演奏实属创举。这也是中国自 20 世纪 50 年代以来兴起的中国民乐乐队化、交响化的衍生行为。扬琴表现大黄蜂振翅疾飞和云雀鸣叫这些自然题材,可谓惟妙惟肖,清新脱俗。但是表演《美丽爵士》和《魔力圆舞曲》,在西方既有成就的对比之下,则有些力不从心。笙、笛、二胡、扬琴、铙等中国乐器齐聚一堂共奏时,带给观众的感受很复杂。因为这样做的初衷就是模仿,底本便是西洋交响乐。观众会挑剔二胡的声音不如小提琴,笙的声音不如号,观众的评价也是以西洋交响乐为底本的。杨远婴在《〈秋菊打官司〉访谈录》中说张艺谋的几部电影都是张季平作曲,他个人不太喜欢,觉得曲子总是小过门,过于简单。张艺谋对此有着清醒的认识:“中国大管弦乐队演奏的水准和录制方法,在外国人那里跌份儿。在使用非常丰富的音乐(包括多音阶多声部的曲子编排和技术控制)方面,中国还缺乏底子。”① 西方由于编写交响曲谱的历史久远,所以在编曲方面经验丰富、游刃有余。中国的乐曲更为抒情,主旋律非常明显,相比之下单纯一些。这是因为中国最初以宫、商、角、徵、羽五音为主,也就是现在所说的 do,ra,mi,so,la 这五个音,比 fa、xi 更为准确和稳定,这是我们民族音乐的特点。

---

① 杨远婴、潘桦、张专主编:《90 年代的“第五代”》,北京广播学院出版社 2000 年版,第 110 页。

因此,谭盾给出了最机智的策略:“中国音乐走向世界,只有靠民乐。”何谓“民乐”? 天津音乐学院教授唐朴林针对谭盾这句话做出了解释:“谭盾所称之‘民乐’何指? 大约不是‘以西方交响乐队为模式的民族乐团’;大约也不是模仿‘辣妹提琴组合’的形式,因为它失去了中华音乐的特质。那种既继承传统而又不囿于传统,既能发挥中华乐器的特质,而又不为传统音色、技法所囿;以多色彩的随机编制的乐队,以中华人特有的音乐思维和不断开拓新的理念而构成的民乐作品,或许是谭盾先生所称之‘民乐’。”①从谭盾个人创作的音乐来看,他所谓的民乐主要指的是具有中国民间特色的音乐,而且主要指他的家乡湖南地区的民间音乐。但是,唐朴林教授给出的这个更为宽广的界说适用于中国古典音乐和民间音乐。古典音乐和民间音乐共同构成中华音乐。中华音乐的特质由中华人特有的音乐思维和中华乐器的特质综合体现。中国人特有的音乐思维从现存的古乐中可略知一二。如《广陵散》《高山流水》《汉宫秋月》《平沙落雁》《阳春白雪》《渔樵问答》等,多为独奏乐曲,像诗歌一样,抒情、写景、叙事题材均有涉及,整体格调优美。其中也有表现悲怆或崇高的感情的段落,但是不像当代西方交响乐那样淋漓尽致,这也可看作是中国乐器表现力的一个局限性。这种认识是在音乐艺术的世界性比较中产生的。

谭盾是一位不仅努力在音乐题材上寻求创新的当代音乐人,也是一位在乐器上寻求创新的行为艺术家。他著名的水乐、纸乐、陶乐为音乐界所津津乐道。1999 年,他创作了“水

① 唐朴林:《解读谭盾“中国音乐走向世界,只有靠民乐”之说》,《中国音乐》(季刊)2008 年第 3 期。

乐”，乐队前放置两个透明的圆形水缸，盛满水，由一位乐队成员以近似于打击乐的手法进行水乐表演，他身后的乐队由大提琴等乐器组成，为“水乐”协奏。谭盾是这场表演的指挥。主旋律仍来自提琴等传统乐器，敲击水面发出的声音，以及将中国湖南传统打击乐器浸入水中敲击发出的声音以“主角”的地位出现。整场表演首先具有行为艺术的性质，其次更像是一场试验——发明者将试验搬上舞台，给听众以全新的体验，听众带着习惯交响乐的耳朵，怀着好奇的心情尝试倾听“水”的音乐。表演者的严肃性和观众的新鲜感共同提升了音乐试验的级别，把看似“胡闹”的行为变成了具有创新性的历史事件。“水乐”之所以载入史册，是因为谭盾赋予它深刻的意义。2010 年，谭盾在《东方艺术》上发表了题为《〈水乐〉带我回家了》的文章，他说：“我儿时在湖南乡下和外婆一起长大，那时我是个赤着脚的野孩子，常听着浏阳河畔的堂客们洗衣、洗菜、洗澡和拨水的声音……儿时有机的生活环境为我埋下了后来创作‘有机音乐’的种子。我记忆里，湖南乡下的村子总是山清水秀，雨后的空气总是沁甜沁甜的。《水乐》中有我心里的那份回归感，更有水的音色和节奏带来的生命歌赞。”①他的回忆是甜美的，但是《水乐》的格调却与《八幅水彩画的回忆》更为相似，不接近一个孩童的戏水回忆，而更接近一个成年人对故乡神秘性的回忆。2003 年的“纸乐”表演和 2007 年的“陶乐”表演也继承了上述特点。谭盾的这些音乐创作是世界性的文化寻根热潮的产物。“近 300 年来，由于工业革命、市场经济、消费主义的发展，人类无限制地追求利润的最大化和争夺

① 谭盾：《〈水乐〉带我回家了》，《东方艺术》2010 年第 5 期。

世界资源,就像孙悟空被唐僧解除了'紧箍咒'一样,在科学的大旗下消解了一切神圣,人与自然之间、人与人之间的正常和谐关系被彻底打破,导致民族流血冲突、生态环境恶化、自然灾害频繁,地球已被人类弄得百孔千疮……如果人类还像现在这样无所节制,那么所谓的'可持续发展'就只能是一厢情愿的政治梦呓和自欺欺人的胡话。正是因为如此,西方许多有识之士早已看到了人类生存的危机与困境,都在寻找人类的新的生存之道。他们将目光转向东方,转向原始,转向生态,希望能从形形色色的'文化他者'(the cultural other)中寻找到反思与反叛现代性的镜子,寻找到拯救与解除现代文明病症的药方,从而在全世界范围内掀起了一场以恢复自然神性为本真的文化寻根运动。"①西方将东方现存的少数民族的风俗文化当作与现代文明对立的原生态,将神话"复魅"作为反向追求的对象。为什么文化寻根会追溯到自然乃至自然的神性呢?这是音乐人对寻根的一种解释,只可作为寻根的可能之一。如果《水乐》是想表达这一点,那么它确实做到了。但是,对于已经征服自然的人来说,这音乐不足以唤醒其敬畏之心。谭盾对民间音乐的采撷,从游子的情结入手,又以文化寻根、召唤自然神性的宗旨传播。在音乐之中,他是替湖南民间音乐代言,是回归故乡的角色,在音乐之上,他想传达有关自然崇拜的思想。然而,他的失败之处在于他无法跳出音乐素材的魅力,将这个思想表达出来。但无论怎样,这还是一次有益的尝试。我们说,其实中国的"现代感"是西方带来的,而现在,我们中华民族的

① 石峥嵘:《谭盾〈地图〉的音乐人类学解读》,《中国音乐》2006 年第 3 期。

一位音乐家从他的故乡湖南取材,在乐器和乐曲上均实现了创新,给世界范围内的音乐界一个声音。这正如塞尚将小便池放入博物馆参展,命名其为“泉”,谭盾将两口水缸放在音乐厅并严肃地指挥“水乐”,两者都会引起文艺界的议论。即使这只是一个艺术事件,相当于一颗石子激起涟漪,那它也是历史的推动者,甚至是思想进步的推动者。这意义是世界性的,而谭盾的灵感恰巧来自养育他的中国湖南。这正回应了谭盾“我要为学院出力,为祖国服务”①的承诺。因为他,中国的音乐人参与到了前沿性的音乐试验中,参与到了20世纪以来的世界性文化寻根热潮中。

上述三方面的尝试性发展,均得益于全球化提供的交流环境。原汁原味的中国古典音乐和民间音乐并未绝迹,这三部分只是在此基础上的试验。由于媒体宣传的影响,似乎所有的试验性行为都是成功的,反响强烈的。其实不然。谭盾是一位常年居住在美国的音乐人,他对创新的强调来自于他异乡人身份的焦虑和自豪相混杂的冲动。有些时候,他的理念是西方音乐理念的复制,他来自“文化他者”的国度,又向“他者”汲取资源。这种试验性的特色是否将是今后音乐发展的方向,是否会普及成为主流不得而知。就目前情况来看,创新似乎已不是问题,问题在于情感。“创新”似乎成了一个魔咒,造成艺术创作者的无力感和焦虑感。

2007年,《东方艺术》刊载了一篇采访音乐家谭盾与美术家徐冰的文章,名为《鸟和当代艺术》。两人都是长期旅居美

① 谭盾:《我要为学院出力,为祖国服务》,《中央音乐学院学报》1986年第2期。

国的华人艺术家，他们都深刻感受到不同地域之间交流的语言障碍，都在寻找一种无国界的交流方式。徐冰继发明了“天书”之后，又投入“地书”的创作中。《天书》表达对语言障碍的虚无性的认识，《地书》则通过实践试图找到一套世界通用的“语言”或“文字”。谭盾则在鸟身上发现了原始音乐无旋律的特点，打破传统认识对音乐的要求，创造无调的《鸟乐》，这其实与他的《水乐》《纸乐》《陶乐》的创作理念一脉相承。谭盾说：“中国的国乐与自然、动物、天地有很紧密的联系。”[1]在世界性的寻根热潮中，华人艺术家还是诉诸中国传统文化，找到了心理距离最近的艺术素材。

---

① 潘晴：《鸟和当代艺术——徐冰·谭盾对话》，《东方艺术》2007年第3期。

艺术发展及其在中国当代审美文化中的特征*

艺术处于大的文化系统之中，其发展不可避免地与文化的各种因素发生着关系，也就是说艺术的发展一直存在着一个自律与他律的二重性问题。艺术在自律与他律的矛盾性关系中发展，可以说这种现象一直都伴随着艺术的成长，但是在当代审美文化的语境中，这种基本特征又为艺术带来了新的形态和时代特色。在美学领域，艺术的自律指的是艺术活动的独立自足性，作为文化的一个独立的子系统，艺术应该有着自身的组成因素、结构形式以及发展规律。相对而言，他律就是指艺术活动不是独立自为的，是外在的或为他的，是受相关因素影响的。艺术是审美活动的一个主要方式，艺术活动首先要符合审美活动的特质，也就是说，在自律与他律的二重性问题上，自律应该是艺术的基本规定性，艺术只有获得自律性的发展，才能保证其审美特性的本质。但是同时艺术发展又不可能是完全自律的，因为艺术活动仅仅是人类文化活动的一种方式，人类的实践和认识方式有很多种，各种方式交织在人们的行为之中，共同构成社会文化环境，那么艺术活动当然也就会与各种

---

* 本文原载于《理论学刊》2003 年第 6 期。

社会因素发生关系,所以他律性也是艺术发展中不可回避的一个特征。艺术需要自律以保证其本质特征的纯粹,但是在历史发展中,艺术同样需要相关因素的促进。如果艺术完全处于一种自律状态,就会造成一种自我封闭,失去发展的活力,但是如果相关因素干扰过多,在艺术发展中表现出明显的他律性特征,同样会使艺术偏离其本质轨道。

在中国当代审美文化中,艺术发展更多表现出的是他律性。按照社会学理论,社会的发展有一个不断分化的过程,新中国成立后前 30 年的中国社会就是一个高整合低分化的社会,整合的统一点是政治,因而文化也带有浓烈的政治色彩,艺术符号成了政治意识形态的一种阐释符号。艺术发展浸染在政治氛围之中,表现出功利色彩,艺术的存在似乎只是服务于意识形态的解说和社会建设的目的。因而艺术创作的总体原则是要符合“典型化”要求,突出的艺术现象即“典型化”的普遍应用,出现了一批“高大全”式的艺术形象,其实这就是政治标准第一、艺术他律化的结果。所以这一历史阶段的艺术创作,无论什么形式,本质上差别不大,甚至在手法和风格上都有整齐划一的感觉。

20 世纪 80 年代以后,艺术摆脱了政治意识形态的控制,艺术自律成了一个迫切而主要的问题,因而艺术创作异常活跃,包括小说、诗歌、戏剧、绘画、电影等艺术形式都出现了一批试验探索性的作品,形式创新,观念转变,艺术又重新回到了审美性的自律发展之中。但是随着物质消费对生活的影响与改变,艺术发展再次向他律性倾斜。每一个社会发展的阶段都有着相对的文化“主因”,如果说新中国成立后前 30 年的文化主因是政治因素,那么改革开放以后逐渐占据主要位置的文化因素就是经济。文化消费成为人们生活中一个越来越重要的组成部分,不但改变了人们的生活方式,也改变着人们的思想观念,消费主义意识形态开始灌注到艺术发展之中。消费文化有两个主要的表现,一个是市场化,一个是大众化,事实上这只是一个现象的两种表述,市场化偏重指出产品的生产与消费规律,大众化则是要明确艺术生产背后的观念和心理。

在中国当代社会发展中,市场化绝不仅仅是一个经济学的规律,同时也是整个文化内在转型的趋势。艺术发展表现出大规模生产、产品商业化以及文化消费等现象,因而阿多诺(Theodor Wiesengrund Adorno)把大众文化称为“文化产业”。文化产业下的艺术生产遵循的是市场原则,比如大规模生产和复制等。如果说传统艺术生产是“有限的生产场”,那么大众文化中的艺术生产就是“大规模的生产场”(布迪厄语),这种生产就像工业流程中的产品一样,杰姆逊(Fredric R. Jameson)就曾拿汽车生产作比。既然并非手工制作,也就不存在本真的独一无二的原作,所有的产品就像复印机里出来的一样,所有的产品没有个性的区别,也没有时间和空间附加的限制,因而大众文化的研究者将其称为“类像”或“仿像”(simulacrum)。类像与摹本不同,后者有原作,类像则没有原作,如果说原作和摹本都是手工制作的,能够体现出主体原则和个性化痕迹,那么类像则完全抹去了劳动的痕迹,体现出工具理性的原则和非个性化的特征。类像首先是对现实的逼真模仿,使得艺术符号在能指与指涉物之间直接同一,而不再成为象征符号,于是就有了文化产业的一种内在逻辑,即影像在先,也就是说形象不但不是模仿对象而产生的,甚至是在无对象的状况下产生的。这就造成了现实与类像的混乱,甚至是颠倒。最明显的就是广告,给人造成一种幻觉真实感。事实上,大众文化的大规模复制生产本身就带来了时空感的混乱,其自身逻辑造成了文化上的无现实感,这种文化生产将艺术变成一种符号游戏。无论是大规模复制生产,还是类像文化的特征,内在的决定性因素就是商业性。杰姆逊说,“商品并不是纯物质的对象,商品中有些观念性的东西”,人们购买商品,也就买进了一个观念,“商品消费欲望是有传染性的”,它会形成一种集体无意识的精神追求。①

消费文化的另一个特征是大众化,其实大众化也包含两个含义:一个是民主意识,一个是大众趣味。大众文化推动了一种文化现象,即共享文化。相对于传统的特权文化,共享文化可以超越不同文化群体的差别、分歧,成为人人可以享受和消费的文化,比如网络文学、DV 和 flash 的出现。大众文化的共享性,带来了文化的民主化和多元化。大众文化摧毁了传统的文化壁垒,威胁着正统的文化等级制,“在民众能够使自己获得一种大众文化、不依赖知识分子们对这种文化的鉴赏和对它的乐趣进行界定之时,知识分子们对适用于文化商品消费的各种鉴赏力标准的象征性权力,已变得较难保护和维持”②。大众文化还突出了平民意识形态。相对于主导意识形态和精英意识形态而言,平民意识形态没有权力意识,《东北人都是活雷锋》借 flash 的形式一夜响彻网络乃至社会,关键就在于其中的平民意识形态引发了共鸣。当然消费文化中的日常生活意

---

① 参见[美]杰姆逊:《后现代主义与文化理论》,唐小兵译,北京大学出版社 1997 年版,第 221 页。

② [英]多米尼克·斯特里纳蒂:《通俗文化理论导论》,阎嘉译,商务印书馆 2001 年版,第 54 页。

识形态也很具平民姿态，但是在更多的大众文化产品的生产中起决定作用的是市场，具体操作的是一些文化中间人，或称文化媒介人，这些人依据市场要求，策划、制作、发行文化产品，同时还制造和引导市场需求。也就是说，是一部分人生产文化产品，由大众来消费，在表面化的参与和选择下，则是剥夺性和被动性。虽然共享文化带来了一定的文化民主性，为多元文化存在提供理解和支持，但是受市场游戏规则左右，受流行趋势摆布，虽然表面上分化越来越细致，实质上则是一种本质相同的状态。

中国当代文化中审美趣味的组成十分复杂，正如文化结构本身的复杂性一样，当代审美趣味的构成呈现出多元并存的现象，精英趣味、正统趣味、传统趣味、现代趣味、流行趣味各自都拥有着文化产品和审美欣赏者，其中大众流行趣味影响最为广泛。虽然趣味取向之间存在本质的不同，但是外在的现象却有一个共同的表征，那就是从审美走向了审丑。审丑现象的出现，应该首先关注现代艺术。现代艺术以一种审丑的文化现象外化出来，但是其本质的艺术追求都是严肃的审美体验和执着的理想化追求。随着精英艺术的边缘化，审丑的艺术现象也逐渐从追求思想的深刻性和艺术的严肃性转向物质化、平面化和感官刺激，这其实就是一种大众文化的审美趣味。大众文化是一种文化产业，也就是说流行文化是文化产业制造出来的，因而程式化、平面化等特征也是必然的。流行文化遵守一种“最低公倍律”的原则，即将大众人群中不同的趣味、意志进行最低程度的“平均化”处理，求得标准的“最低值”，实质上是受市场逻辑的影响。商业社会的物质主义加上世俗文化的享乐主义，造就了追求感官刺激的庸俗趣味。相对于精英文化的高雅趣味，大众文化的流行趣味又被称为“畸趣”，其外在的特征表现为对色情、暴力、隐私、内幕等内容的过度消费需求。而大众审美趣味的这种对平面化和感官刺激的追求，一定程度上也促进了图像化艺术形态的发展。

现在整个社会占主导地位的是消费主义意识形态，消费主义改变了我们的思想意识，塑造了我们的生活方式，同样也影响了艺术的存在形态。艺术面对新的客体对象，必然要寻找新的表达方式。于是说我们进入了一个视觉文化时代，一个图像化的艺术世界，复制和类像是这一时代的主要特征。美国学者雅科布逊曾指出，每个时代的文化都有其“主导性”，如音乐性、视觉性、语言性等，由此我们可以说，20 世纪 80 年代的中国文化是以语言性为主导的，因而文学发展十分迅速，进入 90 年代，大众文化占据了主流地位，于是视觉性成了主导性，比如电视、杂志、橱窗、表演等等。正是技术的发展，使得大规模复制成为可能，大众文化才有了今天的局面。

从比较的意义上讲，视觉性为主的艺术和语言性为主的艺术有着不同的媒介手段、结构形式，也有着不同的欣赏方式和审美效果。以语言为主的艺术，比如小说，以文字为媒介，是一种线性结构，对其观赏的方式是传统的静观；而视觉性为主的艺术，以图像为媒介，尤其是当代建立在仿像基础上的艺术，打破了时空的界限，提供一种虚幻的影像，追求“震惊”的艺术效果（本雅明语）。图像是建立在与对象相似的基础上，以相似性来表达现实，尽管仿像造成的效果是“超现实”的，抹去了现实与非现实的界限，但并没有改变图像性艺术传达与现实的相似关系。语言没有与形象的天然相似关系，也不以模仿为本性，也就是说语言与现实之间不追求相似性，因而与图像比较起来,语言更为理性。反过来我们说,视觉文化时代的到来是对语言性文化文字中心的消解,人们又找到了形象表达的方式,更为感性的方式。

我们说艺术是人类实践和认识的方式之一,人们面对新的问题和现象时总要寻找新的方式,因而可以说图像化的艺术表达也是一种新的认识方式和表达方式。就像文中说过的一样,艺术是在自律与他律的矛盾关系中辩证发展的,没有他律性的真空发展是不现实的,也不利于艺术的发展,但是没有自律性的艺术重心,艺术也就无法保证其审美性的本质特征。

生活方式与当代审美文化之间的关系*

我们说生活方式是一种文化，而审美文化从本质上讲，“就是一种典型的意义符号系统，它像一个晴雨表，巨细无遗地表征着社会的各种变化”①。由此可见，审美文化与生活方式之间存在着相互印证、互为表里的关系。作为审美文化典型意义的符号存在于生活方式之中，表现着生产方式的演变，并进而表征着人类的发展与社会的变化；而生活方式作为人类的一种生存模式的选择，则又体现着一个时代或一个群体共同的、潜在的审美趣味和审美理想。人们通过对方式的不同选择和塑造，形成审美文化符号，在文化历史上积累下来。本文就是要考察一下生活方式层面的新形态与当代审美文化之间的关系。

一、快乐原则

法兰克福学派理论家阿多诺指出了大众文化的一个基本

---

* 本文原载于《东岳论丛》2003 年第 6 期。

① 周宪:《中国当代审美文化研究》，北京大学出版社 1997 年版，第 5 页。

特质，即大规模生产和消费的交换与流通的逻辑，这种文化特质直接导致了一种消费主义的意识形态。消费主义意识形态指导日常生活，也必然会滋生出享乐主义和现世主义，培养出追求感官刺激和肤浅快乐的趣味选择，这就是享乐主义和快乐原则。人们越来越注重物质生活，消费是为了享受，享受是为了快乐，快乐原则是时下很多人的生活准则。“我快乐，我健康”，“你快乐，所以我快乐”，“痛并快乐着”，快乐成了时代性的标志语汇。快乐是第一选择，生产快乐也就至关重要。游戏就是为了快乐。游戏成为一种方式，它可以渗透进许多活动，比如读书，现在人们喜欢图说类的书，图说上下五千年，图说世界名著。游戏的另一种表现是只重过程，不计结果。比如“成功”是一个社会范畴，当一个社会价值判断指向某一个方向时，也必然会造就一个时代的理想生活方式。在理想主义的时代，人们可以为了信仰过清教徒式的生活，甚至付出生命，可现代人认为，“现在”才是最重要的，把握好现在，让追求的过程变得快乐而有意义。价值观念的不同直接导致了生活方式的不同，比如现代人比较注重生活的外在形式，衣食住行都讲求审美化，因为他们更看重现在的生活质量，他们可以为了今天的生活消费明天的钱，而绝不愿意把今天的希望寄托给明天。

这种游戏心态和快乐原则当然有其生发的原因。一是经济消费原则和逻辑对人们思维和行为方式的影响。经济活动中遵循的是平等交换原则，无论你付出的是金钱、真情、才智还是体能，只要获得了相应的回报，就可以让心里感到满足。二是现世主义的价值观念。快乐原则是一种世俗化文化的表现，遵循的是实用哲学。三是受西方现代思潮影响，强调个体生命的价值。私欲和本能是感性的，社会规则是理性的，既尊重感性选择,又不违背理性规则,这就是现代人的处世原则。四是经济生产的发展,给人们带来了大量的空闲时间,同时经济社会的不稳定感也给人们带来了精神上的巨大压力,一方面要消耗富裕的时间,一方面要缓解精神的压力,因而选择没有任何责任和负担的游戏就成了一种必然。

这种游戏心态和快乐原则还有很强的平民色彩。巴赫金的"狂欢诗学理论"认为,广场狂欢行为是一种典型的通俗文化行为,属于民间自发的群体性活动,大众性是其主要特征。这种大众性的文化活动又以去等级性、宣泄性和颠覆性表现出鲜明的自身特点,人们参与和喜欢群体化的狂欢行为首先是因为参与者不必考虑身份地位,加入这个活动之中的人都是纯粹的狂欢者。现在的一些娱乐活动,比如蹦迪、演唱会等也带有这种狂欢行为的色彩。

二、新新人类、小资与波波士

"新新人类"是个舶来语,由日本作家渥太一提出,原指出生于20世纪60年代,成长于70至80年代的日本新一代。这代人没有经历过战争、饥饿,受过良好的教育,过着富裕的生活,伴随着现代科技文明成长起来。现在在中国的大城市中,也出现了这样的新新人类。"小资"指一些喜欢小资产阶级情调的年轻人。小资有许多技术性的特征,比如受过高等教育,注重文化修养;有一定经济基础,处于中产阶级边缘;喜欢休闲,喜欢将名牌服装穿得随意而不张扬;有固定的喜好和习惯等等。"波波士"是美国著名作家布鲁克斯(David Brooks)在

《天堂里的波波士》中创造的一个新名词,“波波士”(Bobos)就是布尔乔亚(bourgeois)和波西米亚(bohemian)的组合词。如果说小资是处于中产阶级边缘的人,波波士一族则是典型的中产阶级。这些人群其实是以区别于前辈的特征而引起世人的注意,因而他们又被人们统统称作新人类。当我们谈论和区分这些新人类时,其实已经承认一种生活方式,他们用自己的文化行为理念倡导一种生活,以其生活方式的特点区别于其他人群。尽管他们在年龄、经济地位、文化层次上有所不同,但是又有相同的东西,比如都出生在大都市,是都市文化的组成部分,有良好的物质基础、很好的教育背景,都非常适应和享受现代文明等等。从这些相同之处,我们就可以看到这种新的生活方式中深层次的东西。

从经济消费上看,20 世纪 80 年代的消费属于非理性的,有着暴发户心态,是金钱刺激下的物欲膨胀。90 年代以后,消费逐渐趋于理性,开始追求文化品位。像小资和波波士们就十分痛恨暴发户式的消费,他们追求的是简单的生活,但是是在精致前提下的简单。“富裕的波波士极力避免炫耀铺张的消费习惯,他们喜欢把钱花在必需品上,尤其在浴室和厨房。诸如花费 1 万美元在浴室里铺上亚可瓷砖是‘堕落’,但是花费 2 万美元把自己的浴室装成整个的暗灰蓝色板岩墙而只有沐浴喷头是一种‘善良’。”①事实上,他们反对的是粗糙的物质主义,需要的是精致的物质享受。没有一定的物质消费标准,就没有充当新人类的资格。但是他们也在试图摆脱物质对人的

① 邢慧敏:《时尚:俱乐部里的波波士》,《三联生活周刊》2002 年第 1 期。

异化，超越物质对人的束缚，追求一种返璞归真的状态。在《时尚家居》杂志2002年举办的论坛上，出现了一个新概念——“第三种生活”，即未来中国人的生活方式。参加讨论的艺术家和大众文化传媒人都阐述了对于“第三种生活”的理解，其中有一些较核心的概念，像简单生活、朴素生活、自然生活、快乐生活、个性生活等等。理解这些概念，其实有一个比较统一的基本内涵，那就是选择一种适合你自己的生活方式，不要被物质所左右，也不要受他人利用，让生活方式还原到生活本身，仅仅成为真正的生活的一种选择。当然这还只是一种理想的状态，一种看似最简单的生活状态，却又是一种极难达到的生活境界。

新人类还有一个共同的特征就是对时尚的强调和对个性的追求。时尚是一个极不稳定又极为矛盾的概念，它就像一个流行的风向标，在流行季风到来之前，它带有预言家和先锋者的双重身份，而一旦时尚成了流行，就又成了最不时尚的表现。新人类往往有着捕捉时尚的极敏锐的触觉和制造时尚极发达的头脑，他们是时尚文化的制造者和追捧者。新人类是青年人的代名词，而青年人又往往会充当文化先锋的角色。从20世纪60年代的嬉皮士，到70年代的雅皮士，再到今天的新人类，从愤世嫉俗、放浪不羁，到玩世不恭、游戏生活，再到专注自身，青年人旺盛的精力和反叛的天性都浓缩在了对个性的追求和对时尚的塑造上。有经济学家分析，新的经济生活已经从农业经济、工业经济、服务经济发展到了第四阶段——体验经济，也就是所谓的“量身定制”，产品为个人设计，以个性要求为标准，典型个案是高度个性化的“超现实主义住宅”和“表现主义服饰”。① 其实个性化的追求是对抗大众文化对消费者平均化的表现,然而个性化产品仍然是大众文化流水线制造出来的,因此,对个性化的追求也就无可奈何地又落入了大众文化预设的圈套之中。

大众文化中有一种“去分化”现象,即模糊和抹平许多界限,比如说日常生活和艺术。生活艺术化是大众审美的一种生活追求,其倡导者、制造者和追随者就是一些新人类或准新人类,比如说文化中间人。所谓生活艺术化,在生活中就有许多印证,比如人们对家居和服饰的审美追求。日常生活艺术化符合后现代文化特征,属混杂文化的表现,然而一些所谓文化品位的追求不过又走向了物质追求的另一端。

三、生活在“.com”之中

英国社会学家吉登斯(Anthony Giddens)认为全球化就是现代性的发展,而现代生活中有一个十分重要的现象就是远距作用(action out distance)。在传统社会中,人们往往被限定在时间和空间里,生活仅仅存在于此时此地。随着科技的发展,传媒实现了时间和空间的分离,也就是“时间和空间的虚空化”,不但特定时间对事件和人的限定不存在了,而且地域的界限也不存在了,于是,人从传统的限定的时间和空间中被抽离出来,而远距作用建立的基础便是电子媒介时代的到来。

今天的社会是媒介化的社会,我们的生活方式甚至意识形

---

① 参见汪丁丁:《在自我实现的年代里》,《读书》2002 年第 6 期。

态都受到了媒介的左右。媒介正凭借远距作用,将个体生活改变成社会生活,将本土生活改变成世界生活,将地域文化改变成全球文化。现在媒介与媒介之间也形成了一个互相联系的网络,更加充分地发挥各自的优势,将远距作用的影响进一步推进。远距作用使我们的触觉随着媒介不断延伸,因而影响我们的声音和事件也就越来越遥远。无论你在何时何地,有什么样的阶级身份、社会地位,每天接收到的信息,总是从世界范围的最重大事件开始,时间和空间的界限已经被媒介所拆除,我们的生活方式,乃至意识形态也正在被媒介的远距作用所影响。也许你觉得巴黎时装周离你很遥远,事实上,它所传递的信息又通过设计师、模特、媒介人、生产商、广告人、经销商等一系列环节,不断地重复影响你,改变你的观点,引导你的视线,最终改变你的选择方式。其实远距作用的影响的最大特征就在于对时间和地域的跨越性,这种跨越直接导致了我们生活方式的许多转变。比如拜年,过去是走亲访友、书信问候,后来是电话、贺卡拜年,形式简单了,但还可以感受到人的行为,现在的短信拜年、E-mail 拜年,形式又简单了,可以定时定量发送,已经没有多少行为性的感觉。所以,对于媒介化的远距作用,我们的思考和认识也应该是两方面的,它在给我们提供了便利和视野的同时,对于人与人之间的距离是拉近了还是拉远了?

生活是依据各种方式进行的,选择一种方式,也就选择了一种行为和思想观念,远距作用改变了一些方式,也就从根本上改变了一些生活的面貌。比如打电话,过去打电话是一对一的交流,在一个相对封闭的空间里,这种交流的形式使人在观念上认定这种行为应该是个人化的,带有一定的私密性。但是现在这种方式有所改变,随着手机的发展,打电话的行为从相对封闭的空间中走了出来，在街头、公共汽车等场所到处都是用手机打电话的人，人们丝毫不在乎在陌生人面前流露信息和表达情感。这说明技术工具的改变，引发了行为方式的改变，人们依赖技术工具所带来的便利，进而接受它所转达的意识观念，改变思想行为方式。媒介化的远距作用使人们愈来愈寄生在媒介上，一方面更加适应和欣赏现代化的生活方式，另一方面也更加怀念传统的情感方式，这也正是现代人的矛盾。

媒介化生活方式的另一个特点就是虚拟化。虚拟化的时间、空间以及社会关系，正改变着传统社会中人们的思维方式、行为方式，还有人与人的关系。比如青春偶像剧，虚构故事本来是最基本的艺术手段，但是对于偶像的崇拜，使欣赏者忘记了虚幻的前提。除了电视，网络也给人提供了虚拟生活的可能，如网上购物、联络、聊天、交友。网络化生存占据生活更多的时间和内容。虚拟世界自有虚拟世界的游戏规则，虚拟世界没有真实世界附加在人身上的束缚和负担，因而轻松好玩。因为时间和空间的虚拟化，人们可以同时身处两个世界之中，拥有两种身份、两种社会关系。基于这个前提，便出现了像“网恋”“网上家庭”等现象。这种虚拟化的人与人的关系是由虚拟化的交流方式造成的，英国学者汤普森称之为“媒介化的准互动”，哈贝马斯则称之为“准主体间性”。理想的交流方式应该是面对面的，即“纯粹的主体间性”，而虚拟化的交流方式则是面对机器的，或面对想象中的对象，事实上是一种虚拟互动。网恋最忌讳的是见面，所谓“见光死”，就是因为这种关系存在的前提是不真实的，只能存在于虚拟世界之中，遵循虚拟游戏的规则。但是生活方式却由此改变了，并延伸到人们的思维与行为。

对话与历史真相*

——《白鹿原》中“秘史”的呈现深度

陈忠实在《白鹿原》的卷首引用了巴尔扎克的一句话:“小说被当作是一个民族的秘史。”这是一个强烈的暗示,可以作为作者创作旨向的注脚。陈忠实在完成写作后的一次创作访谈中比较明确地谈到了《白鹿原》的创作动机,在他越发深入的思索中产生了一种渴望,想要系统审视近一个世纪以来发生在这块土地上的历史。① 以小说题材书写历史不乏其人,在当代文学史上,小说家写史讲史的劲头几欲盖过专门治史的历史学家,新中国成立后,一大批革命历史小说涌起,充塞文坛,柳青的《创业史》、梁斌的《红旗谱》等巨著彪炳一时。这一时期的该类小说雄心极大,结构营造宏伟,情节跌宕起伏,富有很强

---

* 本文系与梁宏安合写。梁宏安,山东大学儒学高等研究院 2015 级硕士,中国人民大学博士在读。本文在原载于《贵州社会科学》2017 年第 9 期的原文基础上有所修改。

① 陈忠实谈道:“我发觉思索刚一发生,首先照亮的便是心灵库存中已经尘封的记忆,随之就产生了一种迫不及待地详细了解那些儿时听到的大事件的要求……所有悲剧的发生都不是偶然的,都是这个民族从衰败走向复兴复壮过程中的必然。这是生活演变的过程,也是历史演进的过程。”(参见陈忠实:《寻找属于自己的句子》,上海文艺出版社 2009 年版,第 184 页)

的戏剧性,人物形象突出,展现出了社会主义革命的波澜壮阔,不乏“史诗”气象,但是也存在一些问题,如叙述单调、对话性不足、人物塑造有概念化倾向,缺乏“自我意识”。[①] 作品就像一部旋律单一的进行曲而不是多音共鸣的交响曲。新时期以来,革命历史小说作为一种“独白式”叙事创作在实践上走向了终结,这也反证了对话意识对于把握历史真相的必要性。同样被喻为“史诗”的《白鹿原》开始尝试着突破这种单一音部的独霸地位,让埋藏在历史深处的不同声音也纷纷登台亮相,打破单一的革命叙事话语权,重新审视历史,体现出一种多元复合的历史观。《白鹿原》中的人物开始有了主动发声意识,多种声音交叉对峙,如白嘉轩坚持的“耕读传家”传统,白灵、鹿兆鹏追求的平等、自由、民主等现代性价值理想,以及田小娥、黑娃追求的个人欲望得到肯定的诉求。作者并没有预先设定不同声音的主次优劣,为对话的萌生提供了必要的土壤,但就整部作品来看,主人公的主体意识仍然没有充分建立起来,不同声音并没有得到平等展现,现代性革命话语似有实无,处境尴尬,欲望话语在被肯定和传讯中纠结,不同音部之间出现了失衡局面,这在很大程度上限定了陈忠实开掘民族“秘史”的“野心”。

---

① “自我意识”是巴赫金对陀思妥耶夫斯基小说创作特点的描述,他认为陀氏小说主人公不是作为具有明确固定的社会典型标志及个性性格学标志的一种写实现象,也就是说,人物的塑造不是围绕“他是谁”这个问题确定其面貌,陀氏笔下的人物是“活的”,不仅意识到外在世界而且意识到自身。

一、“对话”于“历史真相”的必要性

对真理的寻求是人类的普遍心理，在文学领域，尤其是以历史人物、历史事件、历史时段为对象的小说，作者大都抱有求真动机，然而对“历史真相”的看法有很大差别。新中国成立初期，作家对“历史真相”的书写热情高涨，充满了对社会主义社会的畅想激情，对国家意识形态所宣扬的历史真相积极靠拢。革命历史小说要构筑一个客观化的历史，首先表现在对“元叙事”①的构建热情。“元叙事”建构的往往是一种宏大叙事，期冀以客观化、规律化、系统化的叙述方式定义何为历史真实，它作为一种释义系统，负责构建价值体系，为知识的合法性提供源头，并保障其权威性，同时也为历史题材类文学叙事的真理性提供检验标准。“元叙事”在革命历史小说中具体表现为“阶级斗争”“人民解放”“伟大胜利”“历史必然”“远景许诺”等，对历史的叙事几乎等同于对它们的叙述，革命叙事有较强的排他性，审慎对待异端声音出现，以免对“元叙事”形成解构威胁。这一时期的文学创作在企图解释或定义历史真相时与“元叙事”形成了同构关系。然而单音部独奏的主调模式必然会对更为复杂的历史真相形成遮蔽。林道静的青春之歌

---

① 利奥塔在《后现代状态》中把“元叙事”定义为具有立法者地位的哲学话语，他说：“我用现代一词指称任何根据某种元话语为自己立法的科学，它们明确地求助于一些宏大叙事，如精神辩证法、意义的解释学、理性或者劳动主体的解放以及财富的创造。”中国革命历史小说企图设立“元叙事”以建构阐释系统的这种思维模式也来自这种“立法”诉求。

并不尽然是她自身独立成长的赞歌，更是“元叙事”证明自身的一首颂歌，林道静对地主阶级家庭出身的反抗，对知识分子布尔乔亚式生活方式的决裂，宣告着一种历史的必然。她的命运虽然坎坷复杂，但并不妨碍最后的必然结局。当然，英雄模式是有特定历史社会的需要，所以当个体被当作群体的一个符号塑造出来的时候，难免会在个体性的观念和情感表达上有所取舍。故而并不是林道静这一人物的塑造不够鲜明，而是林道静本身就是一类进步青年的代表，她不是独特的个体，这个文学形象是成功的，但是对于文学界来说，人物形象过于集中，缺乏个体独特性，就显得不够真实、不够丰富。历史真相对于读者来说并不是有待阅读和思考的问题，而是已经被证明的历史规律，读者只是被它规训的潜在对象。英雄叙事是革命历史小说的另一个特征，当然革命历史小说中的英雄并不是个体英雄，而是群体英雄，他们是历史规律的化身，这种叙事有一种潜在的二元对立结构：英雄/反动者，进步/落后，历史真理/历史反动。这种二元对立的结构有着明显的逻辑指向，两者之间是一种压迫性的对立存在，这种关系决定了多种音调无法同时发声，更不可能让它们之间产生对话。《创业史》中塑造最成功的人物被认为是梁三老汉，柳青在他身上注入了自己真切的农村体验，梁三老汉既有朴实勤劳的一面，也有保守自私的劣根性，作者充分尊重了这一人物的复杂性。然而梁三老汉的转变过程也是二元对立结构转换的具体体现，一个由落后迈向进步的绝佳案例。20 世纪 80 年代末到 90 年代初，新历史主义思潮兴起，对“历史真相”进行重新反思，主张抛弃以往纯粹外在的客观历史真实论，从内在的精神和心灵世界确立真实。作家李锐直言：“我不相信真的会有一个所谓统一‘真实’的历史。

所以我不愿去做这徒劳的努力……我放弃了那个‘真实’的历史……走进情感的历史,走进内心的历史。”①新历史主义小说创作由外转内,关注个体的精神状态,是为了重新刨出被单一叙事所掩盖的鲜活声音、更多元的声音,重新审视历史的复杂性,把人从空洞的历史规律以及为验证特定思想的功利化观念中解放出来,让鲜活的生活自身说话。

元叙事构建激情和英雄叙事模式遮蔽了部分历史真相,这种局面不得不让人反思文学创作对历史真实的把握方式。从新时期作家的反思来看,历史就是生活,只不过是过去时态,生活不是一个死寂无声的世界,众声喧嚣是生活的本态,历史亦然,它们在本质上都是由话语建构的。语言是连接人类的通道,否则人类社会无法维持。“语言只活在其使用者的对话交流中。对话交流是语言生命的真正所在。语言的整个生命在其各种使用范围里(如日常的、事务的、科学的、艺术的范围等等)都渗透了对话关系。”②语言无法离开对话关系而存在,无对话意识的自言自语只是疯子嘴里的一堆无序词汇。由语言建构的人类能够自主创造生活,形成历史。历史自然不是由杂乱无序的词汇堆砌,它栖息在由语言构成的对话关系中。对话不一定保障历史真相的完全呈现,但它至少使得历史真相变得可以接近和把握,没有对话就无法进入充满对话关系的真实的生活,也无法接近历史真相。

如果暂不论各自取得的艺术价值,单就对历史真相的发掘

---

① 李锐:《关于〈旧址〉的问答——笔答梁丽芳教授》,《当代作家评论》1993 年第 6 期。

② [俄]米哈伊尔·巴赫金:《陀思妥耶夫斯基诗学问题》,刘虎译,中央编译出版社 2010 年版,第 201 页。

来说，与“独白”式的革命历史主义小说相较，《白鹿原》对历史的阐释更为深刻，它没有预设一个绝对的主调，不拒绝多样声音的出现。徐家镂刻着“耕读传家”的青砖门楼下的两扇黑漆木门后面幽深难透的宅院里传出的声音，密密麻麻布满贞洁烈女姓名的正史方志中压抑着的千万个各不相同的女性的声音，在古老的原上回荡着初创革命事业的“新人”的声音……这些相互纠缠、相互斗争着的声音在《白鹿原》中纷纷登台。陈忠实在卷首引用巴尔扎克那句话是有明确指向的，他想通过不同声音的对话来还原生活本身的复杂的面相，也尽可能去还原历史真相。

二、对话意识的萌生

“萌生”是指已经有发生的迹象但还没有臻于成熟和完善，正如一栋建筑，粗略的框架已经搭建完毕，我们可依此判断成型后的姿态样式、风格布局，甚至是更为细节的屋檐回廊。因此，萌生实际上是未成熟状态，但它指向一种清晰可辨的局面。《白鹿原》中的对话意识就是一个框架已有、趋向完善的萌生状态，这主要表现在作者与主人公的关系中。在复调小说中，作者重新思考了对主人公的艺术立场，就是贯彻到底的对话立场，它肯定主人公的独立性、内部自由性和不可决定性。主人公对于作者既不是“他”，也不是“我”，而是充分有价值的“你”，这并不是关于称谓的转换游戏，而是一种创作的态度。直观地说，“他”与作者是背对关系，作者是在外部勾画主人公，也即人物的“物化”。“你”与作者是面对关系，意味着地位平等，作者一方面与主人公话语发生紧密联系，另一方面又不融合它、不吞没它、不把它的重要性在自身中溶解掉，就是说充分维护它作为话语的独立性。在最紧密的涵义关系中保持距离。①

我们首先从陈忠实在创作之前的构思过程来看，他已经意识到了这种不融合、不吞没的距离感的重要性，也触及了成功书写“秘史”的心诀。在《〈白鹿原〉创作手记》中，陈忠实在谈到他的榜样柳青时说，柳青在离他不远的终南山体验生活 14 年并完成了《创业史》，他自认为在农村生活经验的储存上不比柳青差多少。陈忠实认为他俩的差别是在对乡村社会生活的理解和开掘深度以及艺术表述上。陈忠实并没有把话说透彻，但意思很明显，要超越他的偶像，方法就是转换艺术表述立场，尽管陈忠实并不了解对话理论，但他凭借艺术家的直觉触摸到了转变艺术立场的关捩，首先要改变作者与主人公的关系，意识到了作者与主人公话语紧密联系而又不融合它的重要性，也正是基于这样的艺术思维，他自认为能够在过往历史的开掘深度上超过柳青。

在《〈白鹿原〉创作手记》中，陈忠实具体谈到他和人物之间的关系时认为，他需要有一个真实的生活里的人物为依托，哪怕这个人物的基本事迹不用，或是无用，但需要他或她的一句话，一句凝结着精神和心理气氛的话，或独秉的一种行为动作，写这个人物就有把握了。由此可以看出，陈忠实明白他需要的不是主人公的故事，他认为事迹可以不用，最核心应当是

① 参见［俄］巴赫金：《诗学与访谈》，白春仁、顾金铃等译，河北教育出版社 1998 年版，第 84 页。

抓住属于人物的独特话语,这让我想到了巴赫金评论陀思妥耶夫斯基小说中的人物时所认为的那样,他说,陀氏的主人公不是客体形象,而是完整的话语、纯粹的声音;我们不是看到它,而是听到它;除了主人公话语外,我们所看到的和听到的都不是本质的。实际上,这两位作家都认为应该与主人公之间保持第二人称的倾听关系。主人公是有充分价值的话语承载者,也就是说,作者关于主人公的构思就是关于话语的构思。因此作者关于主人公的话语就是关于话语的话语。它被引向主人公正像被引向话语,并因此对主人公采取对话态度。作者不是谈主人公,而是与主人公谈。① 细读《白鹿原》,谁能否认陈忠实不是倾听白嘉轩、田小娥、黑娃、白灵并和他们对谈呢?谁能否认陈忠实没有把他们当作各自不同的话语,也即一种含义立场对待呢?

接下来我们以白嘉轩和田小娥为例,分析陈忠实是如何创造对话立场,同时肯定两人的独立性和内在自由,尝试让两者的话语展开自身内在逻辑和独立性。白嘉轩是白鹿村的族长,是旧中国儒家伦理道德理想的维护者,他依照先人传下来的乡约要求自身、治理宗族。如此描述白嘉轩并没有问题,这也是他在《白鹿原》中的本来形象,但这远远不够。熟悉中国现当代文学史的读者对白嘉轩作为地主乡绅形象的演变再了解不过了,他先是《家》里的高老太爷,后是《红旗谱》里的冯兰池。高老太爷和冯兰池这两个人物形象塑造得不乏生动、典型,但也正是这种典型化的艺术立场使得作者以第三人称关系来看

① 参见[俄]巴赫金:《诗学与访谈》,白春仁、顾金铃等译,河北教育出版社1998年版,第84页。

待主人公,人物被物化(固化)了,他们缺乏独立的、不被决定的个性,历史的需要在他们身上留下了明显的烙印。白嘉轩秉持着耕读传家、学为好人的信念维护白鹿村的道德秩序,修缮族谱,维护祠堂,兴办学堂,他一辈子腰杆子挺得很直,活得光明磊落。在鹿三杀了田小娥之后,白嘉轩埋怨鹿三做事不够光明磊落,自认为没有做过一件偷偷摸摸的事。实际上白嘉轩并不是道德完人,陈忠实并没有按照儒家伦理把他理想化,他没有忘记白嘉轩是活着的、现实的人。白嘉轩曾经通过卖地的方式骗取了鹿子霖家的一块风水宝地。直到小说结尾,当鹿子霖精神失常时他才忏悔起来。但这并不能说明他所坚持的传统价值的虚伪性,因为作为一个小农经营者,他脱离不了迷信和自私的烙印。他把发现仙草当作神灵显示给他的吉兆,他换地是奉承神灵的旨意行事,但最终他依然是愧疚的,这是他的矛盾之处,也是鲜活之处,白嘉轩作为一个有充分价值的人物形象在作者构思中是自由的,他的道德力量和自私迷信并在。他可以仁慈到把长工鹿三当成手足对待,并不是以往叙事中的地主恶霸,但也可以残酷到对一个女子焚尸扬灰;他曾支撑了旧中国白鹿村的和睦有序,但却无力重塑新时代摧枯拉朽后的乡村秩序。作者以谦卑的姿态倾听主人公倾诉自己的命运,在这里我们看不到作者对于主人公那种高高在上的态度,那种给白嘉轩定型的企图。小说结尾,白嘉轩一手拄着拐杖,一手拉着黄牛,站在坎坡上久久凝视远处暮霭中南山的峰峦……

田小娥,这个白鹿原上的“荡妇”,最终被关中大儒朱先生设计的六棱砖塔镇压,永远不得出世。田小娥附身鹿三这一章写得非常精彩,陈忠实巧借古中国流传不断的恶鬼附身故事展开了一段狂欢叙事。且不论恶鬼附身科学与否,作者本意是通过这样一种神秘的民间现象，为不同话语提供交锋机会，在它们激烈的冲突中形成对话关系，让不同话语在对话中自由显现自身，正如巴赫金认为陀思妥耶夫斯基所做的那样，把思想置于多种意识对话交叉的边缘上，把这些彼此隔绝的思想与世界观拉到一块儿，迫使他们争论。田小娥附身鹿三后对白鹿原男女老少发表了一段非常精彩的演讲："我到白鹿原惹了谁了？我没偷掏旁人一朵棉花，没偷扯旁人一把麦秸柴禾，我没骂过一个长辈人，也没搡戳过一个娃娃，白鹿村为啥容不得我住下？"田小娥的发问句句戳心，每一句都是实话。白嘉轩以道德宣判田小娥是烂货，并间接导致了鹿三的谋杀，田小娥也以道德尺度控诉白嘉轩们的罪恶。当不同的思想和世界观交叉并发生激烈冲突时，对话的意识就显现出来了，谁更道德？作者在倾听，在思考，读者亦是。

以上论述从两个层面分析了对话意识的萌生，一是作者写作前的构思过程、艺术立场；二是具体创作中的对话意识的培养。但是就如前文所说，萌生只是搭建过程中的框架，一个不成型的建筑。《白鹿原》虽然为多种声音提供了一个对话的场域，但这些声音之间的对话并没有充分展开，出现了对话失衡状态。

三、对话意识的失衡

《白鹿原》问世以后，其叙述的复杂性得到了评论界的一致肯定，它不完全是家族历史故事，或革命战争故事，或个体欲求的挣扎故事，而是它们的复合，它突破了以往革命历史小说的单一视角,在历史真相的呈现上具有更大的可能性,然而遗憾的是,被夸誉的“多声部”并未实现充分的合奏。陈忠实并没有将三种声音放置在充分的对话状态,甚至各种话语之间有些各行其是的倾向,多种声音没有同等展开。同时,作者的不完全退场造成的干扰也导致了对话意识的失衡状态。

失衡之一,现代性革命话语的尴尬处境。

20世纪前半期的中国是革命的中国,一系列社会变革无不是通过革命完成。辛亥革命在社会制度上开启了现代性改造,新文化运动则是从文化上变革传统,共产革命以人的真正自由解放为理想。这一时期“革命”是主流话语,尽管革命内容不一,但这种颠覆性的现代思潮席卷了当时暮气沉沉的中国大地。陈忠实也明白,他书写的秘史无法绕开革命话题,然而革命话语在《白鹿原》中却处于一个尴尬的地位,与其他两种声音之间缺乏有机黏合,“如果说宗法家族权威与叛逆者之间的搏斗形成白鹿原上一系列戏剧性故事,那么,政治势力与这两者却没有一座相互衔接的情节拱桥。这两批人物所以撮合在一起,更多是由于时间、空间、或者血缘关系”①。这一判断一针见血,看出了革命话语与文本之间的龃龉,虽然作者意识到了提供这一声部的重要性和必要性,但他没有把他与其他两个声部做对话安排,所以从文本叙述语流上来看,三种声音交叉并行,但实际上革命话语在小说中地位尴尬,与其他声音若即若离,革命者的性格气质基本依靠事件推动和自身行动展现,缺乏与其他声音的对话,以至于革命者的思想状态无法得

① 南帆:《文化的尴尬——重读〈白鹿原〉》,《文艺理论研究》2005年第2期。

到清晰的呈现。如果我们将政治势力这条线索上的故事抽掉，小说的完整性并未受到明显损害，这恰好从反面证明，《白鹿原》的叙事话语出现了断裂。其实，叙事话语的断裂也是对话可能性的断裂，我们失去了从具体人物之间的对话关系中把握真相的机会。

白鹿类似于一种图腾式的存在，是智慧与美好的象征，它被白鹿原世世代代奉为灵物。在小说中，白鹿屡次化身为人物，白灵便是其中之一，在南梁革命根据地“肃反”运动中，她被同志坑杀，死后以一种民间信仰的神秘感应方式，化作白鹿出现在白嘉轩及仙草的梦中，可见作者给予了白灵很重的分量。她代表着一种新生力量，在这里具体表现为共产主义理想。所以她应该是一个重要的发声者，但事实上，白灵作为一个反抗者、觉醒者并没有得到深度挖掘，只停留在一个理想化的革命者形象上，成了观念的符号化表达。在小说中，白灵是一个反叛者，是旧道德和旧秩序的掘墓人，她的声音与父亲白嘉轩处于尖锐的对抗状态，最终也在与父亲的决裂中宣告了对新思想的坚定拥抱。然而作者在展现这两类声音时却显得刻板，叙述有模式化倾向，沦为父亲按传统礼俗安排婚嫁、女儿以出逃来回应这种“陈旧”书写模式来处理他们之间的思想观念冲突，和以往新文化运动时期小说中的新青年形象并无二致。

如果说是父女关系和白灵的年轻幼稚限制了两种不同价值取向声音的对话，那么作为两个成熟思考者的鹿兆鹏和朱先生，一个是经过百般锤炼的共产主义者，一个是关中学派的大儒，价值的冲突和观念的激辩最应该体现在作为思考者的他们身上。但遗憾的是，他们自身内部以及彼此之间自始至终没有形成对话关系，以至于这两种最重要的声音之间本应有的“同意和反对的关系、肯定和补充的关系、问和答的关系”几乎处于缺失状态，仅有的几个片段简单叙述了两种声音的辩驳。但这些片段中的对话基本是浅尝辄止，完全没有展现出那个时代不同思想激烈对抗着的历史真相。鹿兆鹏就像一个飘荡在白鹿原附近的“幽灵”，他策划农协运动，国共合作破裂后转入地下活动，策反以“大拇指”和黑娃为首的土匪势力，直到他打入西安城，策动滋水县解放，他的身影无处不在，却也无比模糊，以至于给文本留下了许多难解的空白。例如，他是如何成长为白灵眼中的“成型的家具”？又是如何在思想上历练为一个坚定的共产主义者？凡此种种都成了谜。现代性政治话语在文本中作为事实的存在和实际上的缺失形成了一种现代性革命思潮的尴尬表述。所以，看似文本中人物视点复杂，价值多元冲突，实际上他们之间并没处在一个平等的对话关系中，人物主体内在心理状态以及主人公彼此价值观念的冲突与对话意识都没得到深入呈现，主人公很大程度上是观念的表现物，被客体化了，很大程度上制约了历史真相的发掘，很显然，这是受了陈忠实文化心理决定论的影响。

失衡之二，欲望话语被儒家伦理“招安”。

《白鹿原》出版之后引起了很大的争论，评论界褒贬不一，个体欲望叙述过于显露成为诟病的主靶。孟繁华认为《白鹿原》中大量的性描写是取悦大众消费时代的“媚俗”[①]行为。宋剑华甚至认为作者“用西方现代性解放说来做挡箭牌，不仅没

① 孟繁华认为性与暴力成了《白鹿原》的主能指，陈忠实的创作被这双重欲望所驱动，作家在叙述这两种欲望时，抛弃了遮掩，在生理与本能的层面施展了表象描写的全部才能，一切都服从于欲望的震荡。（参见孟繁华：《〈白鹿原〉：隐秘岁月的消闲之旅》，《文艺争鸣》1993 年第 6 期）

有使《白鹿原》表现出女性解放的丝毫气息，相反却极大地丑化与伤害了女性形象和女性情感”，并指出“这也是《白鹿原》反‘现代性’的思想特征之一”。[①] 这类指责文章大都是因为文本中对性的描写过于“绘声绘色”，把女性过度“欲望化”描写了。实际上，参照一些优秀的长篇，这样直率的性描写不胜枚举，例如马尔克斯在《霍乱时期的爱情》中对乌尔比诺与费尔米娜·达萨船上蜜月期的大篇幅性爱描写。陈忠实也直接谈到了这个问题，他说：“我在查阅三县县志的时候，面对难以数计长篇累牍的节妇烈女们的名字无言以对，常常影响到我的情绪……我在那些密密麻麻书写着的节妇烈女的名字与现代西方性解放说之间无法逃避，自然陷入一种人的性的合理性思考。”[②]

实际上，作者对性的合理性思考以及表现至关重要，如果作者处于世俗道德考虑，把这几乎是人性最重要的一部分略去不表或者遮遮掩掩，那何谈“秘史”的发现？原始人性的事实存在并不是作者要不要写的问题，而是如何写的问题。陈忠实从故纸堆中，从贞洁烈妇碑牌的阴影里解放出了人性的声音，希望让它呈现出本有的样子。在整部小说中，追逐个人欲望的人物占了很大比重，作者给予了他们发声机会。然而遗憾的是，这股声音并没有与其他声音形成充分的对话关系，作者对人物依然固化处理，田小娥成了封建礼教吃人的“典型教材”，而黑娃成了“浪子回头”的典型，被儒家伦理道德莫名“招安”。

田小娥借本能欲望行动，这个欲望不单指身体欲望，还有

---

① 参见宋剑华：《〈白鹿原〉——一部值得重新论证的“经典”》，《中国文学研究》2010年第1期。

② 宋剑华：《〈白鹿原〉——一部值得重新论证的“经典”》，《中国文学研究》2010年第1期。

挣脱受欺压的社会地位的欲望。她勾引黑娃,在满足了自己的性欲的同时也有更长远的思考,她想与黑娃私奔,过上有尊严的人的生活。虽然评论界普遍承认田小娥是《白鹿原》中塑造最成功的人物之一,但是田小娥自始至终仍是思想单一的人物,她只是一个依从本能行事的单纯女性。她委身鹿子霖,脱下白孝文的裤子并不是因为内心的复杂,只是迫于生存需要而被鹿子霖利用的结果。但是黑娃不一样,他是欲望的"盲从者",同时也是"觉醒者"。作为"盲从者",他在个人欲望与现实形势对立中并不能做出理性选择,他的行动往往是本能式的反抗,黑娃的"叛逆"姿态与其说是对阶级压迫的反抗,毋宁说是"力比多"魔力的显现,这在他的早期行为中可以得到充分说明。但是黑娃作为欲望话语的代表并不是一个简单的声音,它有别于田小娥的"单纯",而与传统儒家伦理、现代革命话语纠缠很深。纵观他的一生,我们可以用诸多复杂矛盾的词语来形容他,比如,反阶级压迫的斗士,搅风雪的革命者,打家劫舍的土匪,学为好人的儒者。黑娃可以说是《白鹿原》中最复杂的一个人物,他在不断转变中生成,诸多转变的背后其实就是多种历史力量的角逐,是不同声部深度对话的结果。

然而,作者没有以对话的模式挖掘故事背后的内在冲突,尽管我们也可以清楚地看到小说充斥着冲突事件,但这都是外在的冲突。黑娃的命运起伏就是一系列冲突造就的,但事件的纠葛、行动的冲突只是一种表征,而历史真相往往是潜伏在下面的暗流,是历史表象后的声音。作家要想剥开外壳,呈现"秘史",就必须要把握背后的暗流和声音,正如巴赫金称赞陀思妥耶夫斯基:"陀思妥耶夫斯基具有天才的禀赋,能听到自己时代的对话,更准确地说,能听出自己的时代是一场伟大的对话。他在其中捕捉到的，不仅仅是一些个别的声音，而首先是各种声音之间的对话关系、他们的对话相互作用。”①对各种声音的捕捉之所以如此重要，是因为“统一真理要求意识的多样化。意识的多样化原则上不能被纳入单一意识的空间的，就是说，他在本质上是事件的，是产生于各种意识的交点上的”②。但遗憾的是，我们很难看到黑娃与其他声音是如何相交的以及相交之中敞开了什么样的真相。如果我们把黑娃走向革命理解为一种盲动而不是真实的觉醒，那么在他经历了一系列人生磨难之后，决定回归压迫自己的传统伦理就让人很难理解，难理解的并不是他不能如此选择，而是作者没有把这转变真相的关键之处展现出来，“浪子回头”的经典叙事模式并不能简单说服读者。对于这次转变，作者只是以黑娃的一跪来完成，“黑娃进门再进入庭院……紧走几步就扑通一声跪倒了：‘鹿兆谦求见先生。’”然后说出了“学为好人”的心愿：“兆谦闯荡半生，混账半生，现在想念书求知活得明白，做个好人。”③对于黑娃突然回归传统的质疑，陈忠实借白嘉轩之口做了解释：“凡是生在白鹿村炕脚地上的任何人，只要是人，迟早都要跪倒到祠堂里头的。”文化心理结构真能解释所有人物的思想与行为吗？如果这样，那人物仍然是一种被决定物，而不是思考着的、永远未完成的活着的生命。“第二种重音的出

① ［俄］米哈伊尔·巴赫金：《陀思妥耶夫斯基诗学问题》，刘虎译，中央编译出版社 2010 年版，第 97 页。

② ［俄］米哈伊尔·巴赫金：《陀思妥耶夫斯基诗学问题》，刘虎译，中央编译出版社 2010 年版，第 88 页。

③ 陈忠实：《白鹿原》，人民文学出版社 2015 年版，第 543 页。

现,不可避免地会被看作是作者世界观内部的糟糕矛盾。”①这种传统的创作思维依然困扰着陈忠实,一方面田小娥、黑娃被当作对抗传统桎梏的“他者”受到赏识,作者给予了他们自我代言的权利,另一方面作者却处处透露出对超稳定传统的赞赏和留恋,使他无法彻底坚持历史真相。只有在这些多元重音的交叉点上,作者才能敞开自身的创作理念,也难怪有评论者把《白鹿原》当作陈忠实对逝去的儒家传统唱出的一曲挽歌。

失衡之三,作者不完全退场的干扰。

作者介入在小说中很常见,尤其是中国传统小说,大多数叙述者往往凌驾于文本之上,以上帝之眼俯瞰作品人物的命运起伏,对人物道德评头论足。介入的方法也多种多样,如果从叙事学的角度来看,作者的介入方式实际上就是叙述角度问题。叙述者可以是“现身式”叙述者,也可以是“隐藏式”叙述者。“叙述者完全可以在叙述中显示自身,有个明显的身份,它可以兼任作品中的人物甚至是主人公,他也可以仅仅作为叙述者出现,只是偶尔参与情节”②,第一人称小说几乎都是“现身式”叙述,第三人称大都是“隐藏式”叙述,“尽量不在叙述中显示自己的存在”。很显然,复调小说基本属于“隐藏式”叙述,叙述者要严格限制自己的权力,这样才能保证作者的话语不僭越主人公话语,“陀思妥耶夫斯基的小说能做到这一点,正是因为其中不存在孤立的,高于其他意识之上,并充当全体人物语言叙述者的意识,这样,作品中的人物就相对来说具有

---

① [俄]米哈伊尔·巴赫金:《陀思妥耶夫斯基诗学问题》,刘虎译,中央编译出版社 2010 年版,第 89 页。

② 赵毅衡:《当说者被说的时候:比较叙事学导论》,四川文艺出版社 2013 年版,第 6 页。

独立的人格”[1]。正如我们在文章第二部分所分析的，陈忠实并没有滥用作者权力，随意地评论和干预主人公的话语，而是很谨慎地保持作者与主人公话语的距离，尽量尊重人物的独立人格。但是，我们仍然可以从很多细节处找到作者露出的马脚，作者既想保持距离又不由自主干预叙述。因此，作者的不完全退场所暗含的话语偏向造成了对话失衡的状况。

作者不完全退场主要表现在对朱先生、白嘉轩所代表的传统话语既审视又迷恋的矛盾心理，导致创作过程中不自知的僭越了作者想要保持的叙述距离，通过“评论干预”透露出了作者的话语偏向，尽管手法很谨慎，往往是几个词、字，或者是貌似客观的一段论述，实际上已经造成了对平等对话意识的干扰。《白鹿原》中纯粹景物描写的篇幅很少，不多几处物景的铺展恰恰流露出了一些端倪。在第十七章开头有一段非常精彩、细腻的场景描写：

> 已是秋末冬初，白日短促到巧媳妇难做三顿饭的季节。太阳坠入白鹿原西部的原坡，一片羞怯的霞光腾起在西原的上空。白嘉轩双手拄着拐杖站在地头，瞅着鹿三一手捉着犁杖一手扬着鞭子悠悠地耕翻留作棉田的地块，黄褐色的泥土在犁铧上翻卷着；鹿三和牛的背影渐渐融入西边的霞光里，又远远地从霞光里迎面奔到他眼前来了……

之所以花费篇幅引用这一段文字，是因为其中隐含了太多的信

---

① 赵毅衡：《当说者被说的时候：比较叙事学导论》，四川文艺出版社 2013 年版，第 32 页。

息,从中可以看出隐藏精妙的作者话语。这一段在表面上看是白描笔法,不动声色地描绘了一幅农耕图景,实际上大量的细节散逸出作者的评论干预,不过这手法很高明,不似那种赤裸裸的直接评论,以作者的叙述权威地位引导读者的价值判断和情感取向。注意作者对一系列词组的使用——羞怯的霞光、悠悠地翻耕、渐渐地融入霞光,当这一连串轻缓柔和、静谧悠扬的词组像潺潺流水一样铺展开来的时候,作者成功激活了存在于读者心中的在古中国延续了千年的乡村田园梦。再加上一系列动词的组合,霞光腾起、站在地头、瞅着鹿三、泥土翻卷、融入霞光、迎面奔来,每一个动词都恰到好处地推动着这一场景的诗意化,使得我们完全忘记了这是一个地主和他长工的普通劳动日。作者苦心坚持倾听立场,平等对待多种声音的对话意识在不经意的评论干预中受到了干扰,尽管作者精明、克制,但他的话语偏向依然掩盖不了。这样的评论干预虽然不多,但几乎贯穿了整个小说,尤其是对朱先生近乎半神的叙述,过滤掉了许多凡夫俗子习气,如果说作者在流露出认同白嘉轩的感情的时候依然保持了这一人物的内部自由和独立性,那么对于朱先生的倾慕反而使这一主人公被固化了,俨然成了儒家理想的现实化身,作者只能从一个外在理念塑造出他。当然,如果理解了陈忠实关怀现实的知识分子立场,我们也就理解了他既想转变独白艺术立场又想表达自己关怀的矛盾心理,因此,作者的不完全退场导致的对话意识失衡也就不可避免了。

四、结语

历史的真相存在于对话之中,“秘史”应该是活的事件,它是活跃在两种或者更多意识之间的对话交锋点上的,应该在多种声音的合奏中显现,单一的独白话语只能让历史平面化,甚至会形成话语霸权,必然会扭曲历史的真相。革命主义小说“元叙事”构建的崩解和英雄叙事的失落无不昭示这一事实。鲜活真实的思想是人际的、主体际的,它的存在环境不是单一意识,而是多种意识之间的交流对话。陈忠实在历史叙事遭到冷遇的新时期依然举起了探究民族秘史的大旗,他的底气并不再来自主流意识形态的支持和对历史必然律的自信,而是一种谦卑的自信,谦卑在于他不把作者凌驾于人物之上,尽管他采用的是第三人称全知叙事,但并没有完全去掌控人物的思考与行动,而是让每个人物从“心里的真实”发声,让不同的声音形成合奏,作者与人物主体之间趋近于“我”与“你”的关系,不再是作者主导的“我”与“他”的关系。自信在于作者并没有因“放权”而产生无所适从的感觉和控制焦虑,作者更愿意做一个舞台的提供者,为各色人等唱出不同的心声搭楼建台。但遗憾的是,这些声音始终没有做到平等对话,大型对话没有充分展开,革命话语处于一个似有实无的尴尬局面,尽管所占篇幅不少,但没有与其他话语形成有分量的对话,革命话语内部也缺少足够的自我审视,使得小说诸多关捩处布满罅隙,历史真相部分被遮蔽起来了。欲望叙事话语被给予了充分的主动权,得到了精彩的展示,一扫以往英雄叙事对个体真实的抹杀,但田小娥和黑娃作为传统的“他者”始终处在被肯定和传讯之中,最后以死亡和悔过完成传统话语对欲望话语的“招安”。作者的评论干预意味着话语偏向,不断干扰着对话意识的构建,破坏了部分主人公的话语自由与独立性。因此,总体来说,《白鹿原》中的对话意识还没充分展开就走向夭折,民族秘史挖掘的深度也就不可避免地被限制了。

戏谑美学*

——21 世纪中国都市喜剧电影的审美特质

进入 21 世纪,喜剧电影越来越受到观众的欢迎。据 CSM 媒介研究公司的中国首个国际标准的电影观众研究项目的结果显示,喜剧片是最受 14 岁以上观众喜爱的电影类型,即使 14 岁以下的儿童受众,喜剧片也仅次于动画片,名列第二。有关媒体报道,金融危机并没有阻挡中国电影的发展步伐,在很多产业都不景气的 2009 年,中国电影却在以"井喷"的态势发展着。6 月 21 日刚刚落幕的第 12 届上海国际电影节不但是一片繁荣盛景,更可谓是"喜剧当道"。紧随其后的暑期黄金档竞相上映的国产电影也多为喜剧,《夜·店》被称为内地第一部单情景喜剧,《气喘吁吁》被贴上了疯狂喜剧的标签,《非常完美》则是都市爱情喜剧。

都市喜剧电影并不是喜剧电影的一个种属类型,而是指以都市生活为题材,带有明显喜剧色彩的影片。这类电影多以鳞次栉比的高楼、人流如潮的商业街和大型超市、川流不息的车辆、流光溢彩的霓虹灯等都市景观为背景,用多样的喜剧手法

---

* 本文原载于《"21 世纪东亚文科中日韩国际研讨会"论文集》(2007 年)。

表现都市文化氛围下人们的生存状态和精神状态。以都市生活为题材的电影早已有之,“据不完全统计,从 1952 年开始到 1965 年间,中国各国营电影制片厂一共拍摄了 30 多部喜剧片;其中,有近 20 部影片的故事场景发生在都市”①。可见,都市题材的喜剧电影一直都很受欢迎,但是,早期的此类电影中,都市仅仅是作为特征模糊的背景,并没有体现出都市的文化特质和审美特征,这也和中国的都市发展程度有关。20 世纪 80 年代中期以后,改革开放加速了都市化的进程,人在都市的艰难处境和无奈感成为都市喜剧的主要基调,都市喜剧电影荒诞感增强,对人生的调侃性增强。90 年代中后期,中国喜剧电影率先发力,都市喜剧一面轻拂着都市人的心灵,一面引领着中国电影市场的繁荣。从冯小刚 1997 年的《甲方乙方》等一系列贺岁片开始,喜剧片的娱乐性、消遣性逐步加强,成为真正具有娱乐消费价值的影片。近几年,以宁浩的“疯狂”系列、阿甘的“大电影”系列和张建亚的“爱情”系列等为代表的喜剧电影更是成为一种电影新力量,带来了都市喜剧电影发展的高潮,以强烈的时代感、表达元素的风格化和鲜明的娱乐精神,形成了日趋成熟的文化标示和美学特征,我们将其概括为戏谑性审美特质。

---

① 章柏青、贾磊磊主编:《中国当代电影发展史》(上),文化艺术出版社 2006 年版,第 115 页。

一、中国当代都市喜剧电影戏谑性审美特质的规定性

戏谑的本义是用诙谐的语言开玩笑。《诗·卫风·淇奥》中有“宽兮绰兮,猗重较兮;善戏谑兮,不为虐兮”。戏谑的同义词是调侃。宋代张世南《游宦纪闻》卷二记述:“蜀,昔有术士,精于谈天,尤善戏谑。”

当代戏谑性都市喜剧电影的第一个审美特征是“解构性”。戏谑主要通过戏仿、拼接等方式解构权威,使整体、历史、理性、深度等日趋消逝。相反,片段、现实、感性、平面则得到日趋张扬,具有不确定性、零散性、无深度性等特征。

事实上,与戏谑的解构性相比,黑色幽默的解构性更强。幽默是一种轻松诙谐的喜剧精神,黑色幽默则是一种特殊的幽默,它打破了喜剧和悲剧的界限,在荒诞不经、冷嘲热讽、玩世不恭的外表下往往包含了沉重、苦闷、痛苦、忧郁,甚至残酷的基调,因此,它是一种苦涩的笑,是一种哭笑不得的幽默。黑色幽默是把悲剧的内容和喜剧的形式混杂在一起,努力表现世界的荒诞、社会对人的异化、理性原则破灭后的惶惑。英国的怀利·辛菲尔(Wiley Sinfield)说:“我们对喜剧新的鉴赏源于现代意识的混乱……每当人想到自身所面临的窘境,就会感受到‘荒诞的渗透’。人被迫正视自己的非英雄处境……我们不得不承认荒诞比任何时候都更加深入人的生存:无理性的、不可言喻的、令人惊奇的、愚蠢的东西触目皆是——换言之,到处都

有喜剧性。"①黑色幽默式喜剧中的人物形象往往是"反英雄"式的,怀疑和否定一切传统价值,但内心并没有放弃追求。在中国内地,王朔的电影便属于这一类,正如专家评论王朔电影所说:"在反讽中亵渎着权力话语,在亵渎中消解着神圣规范,在消解中树立着游戏意识。"②一直到后来的冯小刚喜剧电影,"顽主"精神一直存在,深入骨髓。

可以说喜剧在诞生之初,就以批判精神为标志,黑格尔把悲剧看作势均力敌的双方冲突,而把喜剧看成一方为主体的自我暴露和自我否定。解构性是批判精神的一种体现,如果说黑色幽默式喜剧的解构性是直面荒诞的苦涩体验,是内心的挣扎和苦闷,要颠覆和反叛传统与理性,那么戏谑的解构性更多体现在批判社会发展的不完善、生活状态的不如意,以及对人的异化上。所以它一方面有黑色幽默中的荒诞感,另一方面减弱了黑色幽默的悲剧情感,让观众笑得轻松、纯粹,在表现都市生活的同时,突出娱乐享受。近年的《爱情呼叫转移》与张建亚的早期喜剧电影《少爷的磨难》相比,黑色幽默色彩几乎退尽,前者在几番巧合后一笑了之,而后者则是在一场闹剧中哭笑不得。

第二个审美特征是"温柔的讽刺性"。戏谑的讽刺与传统讽刺不同,传统讽刺喜剧中人物角色好坏分明、黑白对立、新旧事物斗争激烈;戏谑的讽刺是温和的,人物角色真实饱满,有优

---

① [英]怀利·辛菲尔:《我们的新喜剧感》,[加]诺思罗普·弗莱等:《喜剧:春天的神话》,傅正明、程朝翔等译,中国戏剧出版社2006年版,第14页。

② 曾耀农:《中国近期电影后现代性批判》,华中师范大学出版社2004年版,第109页。

点也有缺点，不能简单地归为好人或坏人，正像张建亚说他的喜剧不拔高一方也不矮化另一方，要势均力敌，是为了好看，让人在赏心悦目之外，多少也有一点点的震慑作用。它让你心有所动，却又不至于因为太过注重防范它而丧失了欣赏它的乐趣。在喜剧电影里，对严肃的社会问题的讽刺，这里面有个度的问题。讽刺性太过强，人性的丑陋尽现，让人心情沉重；讽刺性太过弱，则又让人波澜不惊，不强不弱便是戏谑。可以形象地说，戏谑的左手是讽刺，展现人类面对生活的智慧和勇气，右手是温柔，抚摸人们被都市生活压力折磨得焦躁、冷漠的心灵。拿冯小刚早期和近期的电影为例，早期冯小刚拍的多为王朔的黑色幽默喜剧，讽刺性强，情绪是玩世不恭外表下的愤怒。这种喜剧是严肃、沉重的社会责任感的载体，是逃离崇高和理性的有意而为，在调侃的语言缝隙中流露出的是消极和烦闷。而贺岁片之后，冯小刚喜剧变得越来越温情脉脉，嬉笑怒骂，举重若轻。冯小刚将四两拨千斤式的民间智慧融在喜剧里，戏谑的讽刺，让人看完会心一笑，领悟到小的道理，获得精神满足的快感。

第三个审美特征是"游戏化"。"柏格森说，喜剧是一种游戏——一种模仿生活的游戏。梅瑞狄斯在写《利己主义者》一书的序言时，把这种游戏视为在客厅里与人性打交道，'这里没有相互倾轧的外部世界的尘埃，没有污泥，没有剧烈的冲突'。"①也就是说，喜剧的审美本质包含了游戏性，而表现的中

① ［英］怀利·辛菲尔：《我们的新喜剧感》，［加］诺思罗普·弗莱等：《喜剧：春天的神话》，傅正明、程朝翔等译，中国戏剧出版社2006年版，第12页。

心则始终是生活,是以游戏的方式表现生活,以游戏的精神阐释生活。我们总是感觉喜剧离生活很近,但又游离于生活,这正是因为喜剧往往是运用夸张、巧合、闹剧等手段来表现生活。这种游戏性在当代都市喜剧电影中随处可见,宁浩的《疯狂的石头》就像争夺一块石头的游戏,游戏三方攻有手段,守有策略,斗智斗勇,你来我往。而在阿甘的《高兴》中,游戏性伴随着歌舞的插入和异想天开的梦想,成为了一种对待生活的乐观精神。另一个突出的游戏化表现是戏仿和拼贴手段在喜剧电影中的大量运用。戏仿和拼贴的手法以无逻辑性、随意性、夸张为特征,以搞笑为目的,在电影中的大量运用,一方面凸现了喜剧元素和效果,集中表现了娱乐精神,另一方面却也经常妨碍电影的完整性,削弱喜剧精神。戏仿和拼贴的手法在香港电影早已出现,比如周星驰的电影,在21世纪科学技术发展的前提下,这两种手段得到普遍性应用。近几年的喜剧电影无一例外都或多或少加入了这些喜剧元素,有的甚至是依赖于此,比如阿甘的“大电影”系列。

也就是说,戏谑作为一个美学范畴并不是当代才有的,作为一种审美表象也并不仅仅存在于当代都市喜剧电影之中,而我们把戏谑性作为当代都市喜剧电影的审美特质,主要是想区别于以往的讽刺喜剧、黑色幽默喜剧、无厘头喜剧和闹剧等喜剧电影形态,在具有喜剧艺术共性——如幽默、讽刺、滑稽、批判、游戏——的基础上,突出其都市性、市民性、娱乐性和时尚性的文化气质。

二、戏谑性审美特质在当代中国都市喜剧电影中的形成

中国电影在新中国成立之后一直是政治意识形态表述体系的重要组成部分,喜剧电影也不例外,比如《五朵金花》就是作为1959年的献礼片播映的,还有《锦上添花》《女理发师》《李双双》《今天我休息》《小二黑结婚》等,沿用的是"讽刺旧制度"和"歌颂新时代"的指导思想,风格以轻松、喜庆为主,喜剧效果用讽刺、误会的手段来制造,人物形象大多比较简单,突出新社会和新生活的朝气蓬勃。在题材选用上,既有农村题材也有城市题材,但是区别不大,都以讽刺陋习和歌颂新事物为主题,人物的个体差异以及生存状态的表现就被忽略了。

伴随着改革开放,中国的政治经济全面转型,城市发展速度加快,人们开始慢慢适应随着经济水平提高带来的一系列翻天覆地的变化,慢慢适应新都市的生活。表现在喜剧电影创作上,都市不再是可有可无的电影场景,而是主人公生活和劳动的重要场所。20世纪80年代喜剧的关注主题从时代大局转向小人物和生活琐事,生活的自我矛盾通过人物滑稽搞笑的性格和事件得以表现,歌颂性减弱,滑稽性增强。典型如"阿满"系列喜剧(从1984年的《愁眉苦脸》开始至今20余部),王秉林的《父与子》《二子开店》,刘国权的以陈佩斯父子为主角的"二子系列"等。然而讽刺与歌颂并举的基调依然普遍存在,只是内容转向了改革开放的新生活,比如《小字辈》《爱情啊,你姓什么?》《烦恼的喜事》《瞧这一家子》《喜临门》《咱们的牛

百岁》等，但是在电影场景和关注视角上，城市与农村的差异性开始逐步显现出来。

20世纪80年代中期以后，随着商业化大潮的兴起与各种社会问题的浮现，都市问题也越来越复杂，显现出更加令人迷惑的气质。人在都市生活中的困顿状态和无奈情感成为都市喜剧表现的着力点。1988年，王朔有四部小说被先后搬上银幕，其中《顽主》可谓是中国后现代喜剧电影的滥觞。《顽主》中出现的人物，都是已经完全融入都市生活的现代人，影片的叙事围绕三个主人公的工作、交友、奋斗和迷茫展开，影片以"三T"公司作为审视现代都市芸芸众生复杂情感和生存状态的透视镜。《顽主》作为一部喜剧电影，不再是时代的欢乐颂，也不是纯粹的娱乐消遣，而是在调侃和玩世态度中，夹杂着荒诞、戏谑，还有些失落和孤独。《顽主》从审美品质、喜剧手段、结构语汇等方面开启了中国喜剧电影的新思路，使喜剧电影从传统走向了现代，人们发现喜剧变为了现代人的一种生存智慧和愉悦享受，于是，也便开启了真正意义上的现代都市喜剧电影时代。但是，王朔的都市喜剧电影，在浓郁的都市感中表现出的却是精英主义的思维方式和情感逻辑，而真正应该隶属于都市电影范畴的市民性文化品位依然缺乏。

80年代末90年代初，还有一个突出的文化现象就是西方文化产品和港台娱乐影视的大举进入，而对中国喜剧电影产生了深入影响的便是港式喜剧，尤其是周星驰的无厘头喜剧电影。周星驰的无厘头喜剧吸收了传统喜剧片的各种表现元素，比如世俗、武打、鬼怪等，形成自己的鲜明个性，突出特征就是夸张怪诞、不讲逻辑、热闹搞笑。他与王朔喜剧电影的共同特征是拥有反叛的视角和颠覆的手段，具有嘲弄权威和讽刺经典的文化精神，不论是王朔还是周星驰，在电影的深层基调上都流露着精英主义的文化情绪，比如《大话西游》开始的票房并不好，是因为人们不能理解其中的文化意义，而在受到北京大学的学生热捧之后，才又在社会上流传开来，并成为经典。当然，与王朔相比，周星驰的喜剧大多表现出的还是市民文化的世俗性格，比如《赌圣》《千王之王》《大内密探零零发》《食神》等。

随着中国经济改革发展的进一步深入，电影业进入了市场化的阶段。1993 年 1 月 5 日，广电部下发了《关于当前深化电影行业机制改革的若干意见》及其实施细则，打破了中影公司垄断式的发行机制，从此中国电影终止了延续 30 多年的以计划经济为核心的发行放映模式，电影制片厂开始作为一种文化产业，独立承担经济风险，享有经济利润。中国电影迈入了市场化时代。伴随市场化的推进，好莱坞大片的冲击日趋严重，本土电影市场占有率日渐萎缩。中国电影的创作者们不得不重新思考和寻找观众和社会的心理需求，以赢得观众和市场。1997 年，冯小刚拍摄了《甲方乙方》，冯氏喜剧为困顿中的中国电影开拓了一条道路，“贺岁片”在进口大片的包围中逐步夺回阵地，冯氏贺岁片成为了一种文化品牌。

进入 21 世纪，中国的电影市场不断成熟，电影不但成了人们主要的休闲娱乐方式，而且作为一种重要的文化产业，也成为了高利润、高回报的经济行为。2002 年，张艺谋的《英雄》创下 2.6 亿元的票房业绩；2003 年，冯小刚的《手机》以 5600 万元票房夺取单片冠军；2004 年，冯小刚的《天下无贼》国内票房为 1.2 亿元，张艺谋的《十面埋伏》则是 1.53 亿元。电影业的繁荣也吸引了国有资本以外的民营和海外资本的投入，多主体投资带来了国产电影的多形态和多样化尝试。在 20 世纪 90 年代已形成的都市喜剧电影更是展现出令人瞩目的发展态势，内地成功的商业类型影片几乎成了喜剧片的天下，而可观的票房回报又反过来促使更多的制作者和资金投入到喜剧片的创作中。新时期的都市喜剧不再过多地描摹都市生活的尴尬、无奈和困窘，而是在一种虽有节制却不乏狂欢色彩的娱乐化潮流中，表达创作主体已经逐渐适应时代变迁和都市生存的某种"快乐"感受。人们用解构、戏仿、搞笑、复制、拼贴等形式手段营造出带有后现代特质的都市喜剧，同时，这些喜剧又具有强烈的观赏性和娱乐性，成为真正具有娱乐精神的文化产品。

新世纪的都市喜剧电影在基因上仍然有着血缘上的承继关系，既可以在语言风格上看到王朔喜剧中的"痞子"风格（冯氏喜剧对此风格是一脉相传），又可以在喜剧元素上看到港式搞笑片、周星驰喜剧的无厘头手法（像《一石二鸟》《大内密探零零狗》基本上就是照搬）。此外，年轻一代的喜剧导演还几乎同时表达了他们对盖·里奇、昆汀·塔伦蒂诺等西方喜剧电影大师的膜拜，毫不掩饰对西方黑色幽默喜剧电影的学习。事实上，这一类的喜剧电影并不像黑色幽默喜剧那样颠覆和反叛得非常彻底和决然，它们是在肯定主流价值观念的前提下，对人生的困境和社会的矛盾小小地戏谑一下，用调侃的口气自嘲一下，没有偏袒，也不手软，但还是削弱了社会批判的犀利性，使讽刺和批评在嬉笑之间成了游戏。为什么会出现这种现象？清华大学的尹鸿先生在分析国庆献礼片时的一段话可以说明戏谑美学中的问题："改革开放 30 年后的今天，稳定、建设、统一、集中已经成为新的基调，整个意识形态也发生了重大改变。权力的集中、对资源分配能力的增强，尤其在文化市场上十分突出……真正有批判反思性的那批人基本上开始退出主流消费人群了，80后成为消费主流……这一代人的观念是：在文化上他们很认同西方；但是在社会上，他们很认同这个国家。他们并不排除主流意识形态，前提是你要跟他们的消费需求相一致。他还不像上一代的所谓精英知识分子带有强烈的批判性。"①

戏谑性审美特征与其他形态的区别，既是内在的喜剧元素的不同组合造成的，也是外在的文化环境和观众需求造成的。在喜剧元素的组合构成上，当代喜剧电影也大量使用了讽刺、滑稽、误会、夸张、巧合、反讽、黑色幽默、闹剧等各种元素和手段，但是非常集中使用的还是戏仿和拼贴，于是戏仿和拼贴也就成了具有区别性和代表性的表现手法和外在特征，同时体现出后现代主义艺术风格特征。

戏仿和拼贴作为戏谑性喜剧电影的两种主要表现方式，通过对经典的戏仿和对符号（包括语汇、行为、环境等）的拼贴，将艺术杂烩，在短时间内给观众带来集中强大的感官愉悦。

戏仿是一种通过对原作的游戏式、调侃式的模仿从而解构新文本的符号实践。起初是后现代主义小说的一个常用技巧，主要是对历史事件和人物，对日常生活中的某些现象，对古典文学名著进行夸张的、嘲弄的模仿，使其变得荒唐可笑，从而达到对传统和现实进行批判、讽刺和否定的目的。一直以来，戏仿因为其在文化实践上的"低劣的摹仿"被当作派生或者寄生的艺术形式而被蔑视。而在后现代艺术实践中，戏仿从边缘走

① 平客：《影院国庆不送礼，送礼只送贺寿片》，《南方周末》2009年10月1日。

向了中心,成为后现代文本或者艺术表现的主要手段。戏仿的手法在以往的中外电影中也多有出现,比如香港喜剧《东成西就》,好莱坞喜剧《史莱克》。然而,其在新世纪的中国都市喜剧电影中几乎成了一种集体行为,成了一种标志。最有代表性的是2006年阿甘导演的《大电影之数百亿》,这部电影以小成本制作换来2000万元的高票房。阿甘声称戏仿了20多部经典影片片段,包括韩国的《雏菊》《我的野蛮女友》,美国的《黑客帝国》《断背山》,中国香港的《花样年华》《功夫》《无间道》,中国内地的《四面埋伏》等,数量之多、范围之广令人咋舌。除此之外,该电影还有对现实的戏仿。电影中,业主和开发商出现在拳击台上,解说员兴奋地吼出:"伟大的销售人员,他继承了无商不奸的'光荣'传统……在这一刻灵魂附体,潘志强一个人,他代表了黑心地产商的光荣传统,在这一刻,他不是一个人在战斗,他不是一个人……"听到这番解说词,几乎所有观众都会忍俊不禁。不止因为解说词本身具有可笑性,更重要的则是因为戏仿了2006年世界杯上黄健翔的解说词。在意大利对澳大利亚的比赛中,黄健翔几近歇斯底里地喊道:"伟大的意大利的左后卫!他继承了意大利的光荣的传统。法切蒂、卡布里尼、马尔蒂尼在这一刻灵魂附体!格罗索一个人,他代表了意大利足球悠久的历史和传统,在这一刻他不是一个人在战斗,他不是一个人!"黄健翔的这一段解说本身即具有很强的娱乐性,在国内广为传播,在网上已经被戏仿出各种版本。多数学者在谈及"戏仿"时,单方面强调其对戏仿对象的颠覆性,事实上,"戏仿"对于戏仿对象构成的是一种双重关系,既是颠覆、戏谑,又是肯定、认同。《大电影之数百亿》在戏仿了20多部电影之后,导演阿甘打出的却是"向经典影片致敬"的旗帜,由此可见一斑。

戏谑的第二个表现方式是拼贴，拼贴原本指的是将纸、布条等不相干的东西贴在画布上的一种绘画技巧，后来成为后现代主义文学、电影等艺术的一种主要表现手段，是将艺术元素之间的组合关系惯例打破，把旧有的部件以新颖的方式重新组合，阐释出全新的含义。后现代主义小说家巴塞尔姆（Donald Barthelme）说："拼贴原则是20世纪所有传播媒介中的所有艺术的中心原则。"[①]中国喜剧电影早在20世纪80年代就已经采用拼贴的后现代策略。如张建亚执导的《三毛从军记》用真纪录片与卡通段落拼接，故意混淆纪录片和故事片的界限；《绝境逢生》则将现代体育竞技运动中的双杠、鞍马等动作与造型引入本该激烈、严肃的战争场面，解构权威，给观众带来一种游戏感。

与20世纪的喜剧相比，新世纪中国都市喜剧电影大多色彩明快，清新浪漫，演员也大多是俊男美女，时代感强烈，于是影片中充满了时尚流行元素的拼贴。MTV、说唱音乐、广告、摇滚、新闻等流行的媒介文化均频频展现，如2001年冯小刚的《大腕》将中美外交、房地产、广告招标、娱乐圈新闻、网上选秀、各种广告拼贴进一场葬礼的筹备中，一方面消解了符号元素原有的意义，另一方面又通过新语义场的形成，讽刺社会现实，比如广告对生活无孔不入的渗透。电脑技术的发展为拼贴提供了可能性，观众审美需要则为拼贴提供了必要性。一个个生活表象在电影中的拼贴，目的在于在最短的时间里给观众以

---

① ［美］唐纳德·巴塞尔姆：《白雪公主》，周荣胜、王柏华译，哈尔滨出版社1994年版，第331页。

最大的感性冲击，在一分钟内抓住观众的眼球，在三分钟内让观众哭泣或哄堂大笑，让观众在这种时哭时笑、笑中带泪的举动中获得疯狂的情绪宣泄。于是，当代都市喜剧电影不再以讽刺为主要目的，而是大量运用拼贴手法，以再现生活中种种有趣的表现为趣味，凸显文本的戏谑性。

三、中国当代都市喜剧电影戏谑美学性质的文化和审美意义构成

当都市喜剧电影不约而同地选择了戏谑性审美性质作为电影话语表达方式时，戏谑美学就带有了一种时代性的文化内涵，这种文化意义是在当代文化语境和审美趣味中形成的，当然也是我们日常生活方式和情感体验模式所塑造的。

1. 都市化的新市民文化风俗景观

市民在辞书上的一般解释就是城市居民，这是按户籍来界定的。从形成的角度讲，市民是伴随商业活动而出现的特殊民众，因商业经济的发展而群居在一起，区别于依靠自然经济生存的农民。可见，市民阶层从出现开始，商品经济就对其价值观念、生活方式起着决定性的影响作用。在文化范畴中，市民概念主要是指一种生存状态，以及所表现出的文化形态。对于市民群体来说，生存是首要目标，利益是最高标准，物质生产和生活是主要内容，因此世俗性和商业性是市民文化的主要特征。

作为当代市民生活空间的城市，相比于传统的城市，最大

的变化在于“都市化”过程。“都市化是指一个城市伴随着商品经济的发展,按照市场原则而形成的一个高度集中的较大规模的人口聚集地。城市经济的高度市场化,是都市化的重要标志。”①当都市化的浪潮席卷全球并进入当代中国之后,我们看见了一座座闪亮登场的新都市,摩天大楼、城市立交、穿流的车辆、闪烁的霓虹和摩登的青年,这些都是当代都市在我们视线中留下的生动景象。在都市化浪潮中成长起来的当代中国市民文化,自然也不可避免地被卷入其中,有着深深的都市化的印记。如果说,让人窒息的密度和令人目眩的速度是当代都市的两个关键词。那么,物质欲望的高度膨胀和生存压力的无限增强就是当代市民面临的两个最严峻的问题。

当代电影人对“都市化”的文化现象非常敏感,都市喜剧电影《爱情左右》《桃花运》《非诚勿扰》《阿司匹林》,让我们可以看到大都市男女在情感与物质之间的摇摆和纠结;在《疯狂的赛车》《大电影之两个傻瓜的荒唐事》《大话股神》《夜・店》中,我们可以看到都市生存的扭曲与疯狂;在《我叫刘跃进》《高兴》中,我们又透过进城务工农民的眼睛看到都市底层的另类生存。也就是说,当代都市喜剧电影在创作上表现出多元化的倾向,但是其表现对象无疑都瞄准了都市现实生活,不论是城市时尚青年还是进城务工农民,无论是大老板还是小市民,也无论是纷纭的都市婚恋还是农民工的城市奇遇,都从不同的视角给我们展现了新世纪的都市风俗景观。“疯狂”喜剧系列的导演宁浩说过,他之所以选择成都作为故事背景,一是

① 贺万里:《永远的前卫——中国现代艺术的反思与批判》,郑州大学出版社 2003 年版,第 134 页。

这里够世俗、地域特色明显;二是因为它处于城市向都市发展的过程之中,很容易凸现变化之中的矛盾与问题。在电影《阿司匹林》中,小白颓丧地告诉文静说,他觉得自己就像苍蝇一头撞在玻璃上——有光明,没前途。事实上,都市中还有一群人的感觉是相反的——有前途,却没光明,物质优裕,精神贫乏。这就是都市生活中的矛盾,矛盾中的都市人彷徨、困惑、孤独,却又爱着霓虹一样炫目的都市,这种又爱又恨的情绪也许只有戏谑的话语方式最适于表达。

2. 消费文化逻辑和娱乐精神表达

都市是消费和娱乐的中心。

"消费主义,正是一种以价值观念与生活方式的传播,煽动人们的消费激情,刺激人们的消费欲望。"①消费主义作为消费社会必然的意识形态,迅速成为了后现代社会的主流价值观念和标准。文化作为一种消费品,无疑也成为消费环节中的一个组成部分。波德里亚(Jean Bandrillard)曾经讲过,在后现代社会里,是消费决定着美学的生产以及和政治、伦理、生活的关系。他还讲到在生产型的社会中,人们基本上把自己看作是"工作前的人",而在消费型的社会中,则是"娱乐前的人"。因此,电影作为一种文化产业,它所表现的创作原则,也不再是艺术探索、思想教育和意识形态的表述,而是紧紧围绕观众的娱乐需求,提供快乐服务。因而《夜店》的导演杨庆就说,"希望从现在起,中国导演能明目张胆地偏向商业","商业电影必须

---

① 梅琼林、李文洁:《透视时尚杂志的文化策略》,《社会科学》2005年第8期。

要有明星。导演的艺术观、价值观和品位都吸引不了观众，真正吸引观众的就是明星，所以我在演员的选择上还兼顾了风格类型的多样化”。①

偏向商业就是追求票房，保障票房的关键是吸引观众，吸引观众就要满足观众的审美需求和娱乐需求。因此，宁浩在筹拍《疯狂的石头》时，首先就提出要拍一部类型片，这种影片在国外已经很成熟，比如盖·里奇（Guy Ritchie）的《两杆老烟枪》等，但是中国没有，这就会使观众产生新奇感；其次，宁浩在类型片讲究“多线索”叙事结构的同时，在故事和细节上又绝对贴近现实生活，注重时代性和市民性，这又使观众在陌生化的审美的同时不失亲切感；最后，导演还用方言、戏仿、黑色幽默等喜剧元素使整个影片笑声不断，所以，《疯狂的石头》才会一鸣惊人。人们在分析影片的时候，讲到结构、细节、喜剧手段等成功因素，事实上，归根结底，《疯狂的石头》的成功在于它的娱乐性效果具有商业价值，娱乐精神符合观众的审美趣味。

什么是娱乐精神？对此的理解可谓众说纷纭。有人认为娱乐精神就是颠覆、恶搞，也有人认为娱乐精神就是狂欢和泛娱乐化，但也有人警醒世人，娱乐精神不可缺失了人性和人文关怀，娱乐精神也要讲道德和教育。针锋相对的观点说明娱乐在我们这个年代是多么普遍和重要，娱乐已不仅仅意味着笑声，它还意味着生活的观念、审美的标准和精神的指向。比如在美国，强调娱乐被认为是对“美好生活”的追求。尼尔·波

---

① 参见唐雪薇：《宁浩成功是很难复制的　杨庆：我拍的是“俗片”》，《北京娱乐信报》2009年7月29日。

兹曼在《娱乐至死》中讲："我们的问题不在于电视为我们展示具有娱乐性的内容，而在于所有的内容都以娱乐的方式表现出来……娱乐是电视上所有话语的超意识形态。"①当娱乐成为超意识形态时，它对于社会和个体而言就起着主导的影响作用，假如娱乐精神就是颠覆和恶搞，那么它就只有破坏性，但是过分强调道德准则和教育意义，又会偏离娱乐精神的实质，因此，我们认为娱乐精神首先要有核心的观念，其次要有清醒的态度和超越的精神，而这种核心的观念应该是人性的解放和自由的追求，归根结底是人生的审美精神。我们这个时代之所以能成为娱乐的时代，事实上就是人性解放和自由追求的结果，但是，对于娱乐的强调和追求不能过度，不能泛娱乐化，那样的结果也是人性的迷失。

消费主义逻辑的作用和娱乐精神的追求使得当代都市喜剧电影在创作上紧紧依靠的是商业规律和快乐原则，宁浩的陌生化追求源于此，阿甘的过度戏仿也源于此，当然还出现为了搞笑而搞笑，创作同质化的现象。当代都市喜剧电影的娱乐精神追求在深层次上还表现了一种后现代的城市生活和无深度的形式折中主义，体现了多元文化观念和消解等级的民粹精神，戏谑元素的选用在制造娱乐效果的同时，还起到消解权威，将民主、和平等意识渗透其中的作用。

3. 青年文化观念的时尚符号化

21世纪青年文化既有以往青年文化的叛逆性和批判性特

---

① ［美］尼尔·波兹曼：《娱乐至死》，章艳译，广西师范大学出版社2004年版，第14页。

征,也有当今青年人的审美趣味特征,比如各种符号成为青年人制造的辨识特权,形成新的审美范式。从“80后”的“猫扑”到“90后”自造的“火星文”,可见青年人对张扬个性、制造群体差异的热衷。“雷人”、“BH”(彪悍)、“ORZ”(膜拜)、“囧”(感到震惊、无奈)等“青年制造”的词语成为该文化的独特组成部分。这种文化现象在都市喜剧电影中也多有体现,如《疯狂的石头》将宝马“BMW”标识解读为“别摸我”的调侃。而经常被拼贴进都市喜剧电影中的基本上也都是时尚文化符号,不论是语汇、经典片段还是时尚品牌,这些符号构成了一种文化和情感的共同体,“就是一种人类现实生活的共通结构,它是现实存在着的。这就好似在人与人之间里面做出了群体的划分一样,不同的‘共同体’对同一审美对象具有大致可以区分开来的趣味趋向,因而人类社会形成了一个个相互交织和彼此叠合的‘情感共同体’群落”①。事实上,我们的观念和标准大多来自于他人,来自于对生活的想象,来自于各种符号的暗示,因此,这种符号化的情感共同体在便于青年人沟通的同时,又自然地与社会其他群体划分了界限。

青年人热衷于“戏谑”,一方面和青年文化的叛逆性有关,另一方面也和社会发展有关。这些青年出生在中国经济复兴的时代,从小享有富裕的物质条件,消费活动更加自由化。一来他们大多未参加工作,或涉世不深,二来他们从小接受了大量的西方文化观念,崇拜个性张扬和自由生存,这就使得他们能够以轻松的态度对待生活,以“玩”的姿态看待社会百

---

① 刘悦笛:《生活美学——现代性批判与重构审美精神》,安徽教育出版社2005年版,第320页。

态——玩艺术、玩摇滚、玩音乐等。《疯狂的石头》中的谢小盟就是一个典型:不务正业、玩世不恭、热衷于在公众场合“泡”美女的摄影师。其天马行空的出场台词更是充满了时代感:“老天对我太不公平了,我天天坐索道过江,居然从来没有看到过你,也许是我太关注这个城市的风景了,谁叫我是摄影师呢?噢,我叫谢小盟,叫我查尔斯好了。每当我从这个角度看这个城市的时候,我就强烈地感觉到,城市是母体,而我们生活在她的子宫里。刚才我正在想这个问题的时候,我突然一抬头就看见你,你身上有一种东西深深地打动了我,你知道这是什么吗?母性,伟大的母性气息。”这种将欲望用语言赤裸裸地表现出来的风格,既符合青年文化的特征,也符合后现代艺术的表现特征。

总而言之,我们认为21世纪的中国都市喜剧电影因为其高产量的存在和高回报的票房,更因为其鲜明的时代感和娱乐性,已经表现出不同于以往喜剧电影的美学性质,我们将其归纳为戏谑性。尽管戏谑的审美性质与黑色幽默、讽刺、调侃、闹剧等有着重叠性和相似度,但是从其表现手段的选择、喜剧元素的组合、审美趣味的表达上,依然可以具有辨识度和独立性。我们将21世纪中国都市喜剧电影作为戏谑美学的重要表征,主要原因还在于其中所表达的美学意义和所蕴含的文化意义。作为娱乐精神的体现,它既阐释了后现代主义的精神诉求,又表现了中国本土文化的审美追求。这种戏谑美学在中国当下的表现虽然还不成熟,也不是严格意义上的审美自觉追求,但是它却以广受欢迎的事实必然地引起我们的注意。

中华“龙”原型在当代大众文化中的不同阐释及思考*

一、“龙”的形象所引发的文化事件和问题

近几年，两个与龙的形象有关的文化事件引起了人们的关注和热议，一个是立邦漆“龙篇”的广告，另一个是关于中国国家形象品牌构塑的课题。

2004年9月，《国际广告》杂志刊登了立邦漆的“龙篇”广告作品，画面上有一个中国古典式的亭子，亭子的两根立柱各盘着一条龙，左边立柱色彩黯淡，龙紧紧地攀附在柱子上；右边立柱色彩光鲜，龙却跌落到地上。画面旁边的介绍是，右立柱因为涂抹了立邦漆，所以盘龙滑了下来。这则被认为极有创意、很好地表现了产品特征的广告，却引起了中国民众极大的反感，一致认为看过之后有不舒服、厌恶的感觉，甚至认为这是对中国人的戏弄。后来专家也指出，这则广告的创意本身并没有问题，但是广告的设计和发布却忽略了最为重要的一个因

---

* 本文系与周来祥合写。周来祥（1929—2011），山东大学终身教授，当代著名美学家。本文原载于《“文化原型的大众化，解释的问题”国际学术研讨会论文集》（2010年）。

素,那就是广告与文化的关系。

2006 年 12 月,关于中国形象标志应不应该继续使用“龙”的问题成为了热门话题,这个话题是由“构塑中国国家形象品牌”的研究课题所引起的。课题负责人、上海外国语大学吴友富教授认为,从古到今,龙一直是中国形象的一个代表性标志,中国人也以自己是“龙的传人”而自豪。然而,“龙”的形象在西方世界却被认为是充满霸气和攻击性的庞然大物,因此,往往让外国人产生一些不符合实际的联想。“中国国家形象标志将来可能不再是龙”的消息一出便引起了人们的广泛争议,不论是专家还是普通民众都坚决反对动摇“龙”作为国家形象标志的观点。于是,吴友富教授在接受记者采访时表示,他从未说过“中国国家形象可能不再是龙”的观点,相反,他认为龙象征了中华民族勇敢、顽强和一往无前的精神,不但要坚持作为国家形象,而且,在以后的对外宣传和传播时还应该使“龙”的形象更完整、更丰满,尤其是对和谐文化元素的挖掘,可以不断提升中国的国际形象。

这两个文化事件争议的核心都是“龙”的形象在当代文化中不同的阐释、使用和塑造问题。这一问题之所以会引发公众的争议,一方面说明文化原型对于本民族文化观念和审美心理有着重大影响作用;另一方面也说明,现在无论是学界还是社会上都存在一种民族文化的发展焦虑问题,反映在心理上,就是任何触碰民族文化神经的问题都会使中国人很“激动”。由此,我们认为民族的文化原型在当代文化中的使用和塑造问题、传播和阐释问题是需要有针对性地研究的,文化原型需要保持,也需要发展,需要与时代接轨,而人们则需要以发展的、理性的心态对待之。

当今社会消费文化和大众文化有很大发展，在这种背景下，民族文化原型的大众化就成为了民族文化发展所面临的问题，这也就是产生上述文化争议事件的症结所在。“大众化”概念在这里有一点多义。大众化，我们可以理解为“被大众化”，也就是被大众所接受、所喜爱。应该说在这个层面上，“龙”文化原型形象没有异议、没有争议，它不但被中国人所喜爱，而且在历史发展过程中，逐渐积淀成了一种民族文化情结；在另一个层面上，则是指民族文化原型在大众文化和消费文化中，尤其是在全球化时代的被传播、被塑造、被阐释问题。

二、中华“龙”文化原型的形成与符号象征意义

中华龙的形象是原始图腾文化的产物。在距今8000—4500年的原始社会时期，龙还是模拟实际存在的动物，如蛇、鳄等，属于意象写意的图腾。到了商代，龙则变为令人恐怖的神兽，其幻想的形象给人一种神秘感和狞厉的美，龙的形象主要被雕刻在青铜礼器上，以龙的威慑力来表达原始宗教理念。西周以后，原始宗教色彩弱化，人文色彩加重，龙的形象也少了张扬和狞厉，变得比较平和，趋于艺术化与图案化。在龙的形体变化上，加上了与虎相似的四足，突出兽的特征。可见，夏、商、周时期，是龙形象的创造期，其“部件”已经基本齐全了，包括鳞片、眼睛、犄角等。到秦汉时期，龙的形象基本定型，即长角、尖耳、兽足，蛇躯。从秦汉到明前这一阶段，龙的形象由短变长，并不断完善，注重一些细节的丰富、姿态的变化等艺术化

表现,也综合了更多的动物特点。比如隋唐时期,出现了龙首鱼身的形象,学者称其为"鱼龙变纹"。再比如宋代,出现了一整套画龙的理论,即所谓"三停九似",三停为龙首至前肢、前肢至腰、腰至尾三部分长度相等,九似即角似鹿、头似驼、眼如兔、项似蛇、腹如蜃、鳞如鱼、爪似鹰、掌似虎、身如牛。明清时代是龙的形象集大成发展阶段,包括对龙的"部件""姿势""行为规范"都有了一套很完整的定式,这就是今天人们所看到的最多的龙的模样。

龙的形象是中华民族的一个象征符号,它虽然是一个具象的动物形象,但其实是一种虚构的祖徽标志。龙的形象之所以最终成为中华民族的一种象征,有一个主要原因就是,龙形象的形成演化代表了民族融合的过程和文化交融的内涵。闻一多在《伏羲考》中认为,龙的形象是以蛇为主体,接受了兽类的四脚,马的毛,鬣的尾,鹿的角,狗的爪,以及鱼的鳞和须。王大有在《龙凤文化源流》中表达了不同的意见,他认为龙应该"是以各种水族为主体(主要是湾鳄、扬子鳄、蛇、龟等)与鸟兽复合为图腾的氏族——部族的徽识"。"定型化后其形象大体是牛头(或马头、扬子鳄头、鱼象混合头、鳄虎混合头、蛇头等),象鼻,鹿角,马鬣,蛇躯,鳞身,鳄棘,鱼尾,鹰爪,鼍足,能水中游,云中飞,陆上行,能呼风唤雨,行云播雾,司掌旱涝。"①其实不管考证的结果如何,有一点是肯定的,龙的形象是逐步复杂化的,复杂化的过程正是氏族战争兼并融合的过程。传说中伏羲、女娲都是蛇身人面,王大有认为女娲是蛇图腾的氏族,伏羲

① 王大有:《龙凤文化源流》,北京工艺美术出版社 1988 年版,第 77 页。

是雷神之子,雷神是龙身,这里的龙指的是扬子鳄,所以,伏羲与女娲是异族联婚;神农氏是炎帝族,炎帝一族又称神龙氏,以扬子鳄即蛟龙为图腾。所以说,龙的原型表征了血缘祖先和民族融合的信息,随着人类历史的发展,血缘因素渐渐褪去,但是龙的形象依然承继着原始的种族记忆。

除了作为族徽标志,表征了原始的民族融合过程,我们所熟悉的还有龙作为皇家文化的象征意义。自秦汉开始,皇帝被说成是真龙天子,所以龙的形象在神兽的含义外,又成为了君主的化身。秦汉以后,龙的形象逐渐表现出世俗化和艺术化倾向,神性和政治化特征也随之淡化。但是,到了明清时期,政治化倾向再次被强化,这与明清两代统治者急于神化和强化皇权有着直接的关系。朱元璋的贫民出身和清王朝的外族身份,都使得他们急于要神化自己的统治权,而龙的形象作为一种天赋神权的象征,被皇家垄断,成为帝王的专利品,龙形象的宗教和政治意义再次被凸显。

事实上,除了象征民族与文化融合,以及皇家文化外,在民间文化和艺术表现上,龙更多地还被当作一种祥瑞的象征符号。春秋以降,原始的宗教观念发生了重大变化,吸收了阴阳交合、化育万物的思想。与此观念相适应,龙的形象逐渐演变为以阴阳相合为特征的吉祥图案,纹饰中出现大量蛟龙、蟠龙和龙凤合璧的造型,更加突出祥瑞气氛。龙的形象除了出现在礼器上,也开始逐渐出现在日用器具上,如铜镜、帛画、丝织品等。而宋元时期,对龙的形象刻画更加注重艺术性,注重审美感受,龙的形象在宋代俊雅刚健,在元代更是飘逸灵动,极具美感,被世人喜爱。龙的形象在宋元时期达到了完美的艺术高峰,这与当时人们的喜爱以及其在民间的普及有很大关系。世人对龙形象的喜爱和崇敬,主要就是因为把它看作一种具有神性和灵性的吉祥象征符号,并最终成为代表中华民族的艺术形象和文化原型。

“原型”一词来自希腊文,柏拉图用它来指称事物的本源。荣格说:“原型概念对集体无意识观点是不可缺少的,它指出了精神中各种确定形式的存在,这些形式无论在何时何地都普遍地存在着。在神话研究中它们被称为‘母题’。”①荣格认为人类一直传承着现代与原始相联系的种族记忆,个体存在之前,集体无意识的内容就已经给个体的行为提供了预先形成的形式或模式,原型就是这种与生俱来的模式,一种可以领悟原始精神的典型模式。对于“原型”的形成和传承,程金城从心理和文化的角度作了解释,他说:“原型所显现出的‘原’的原始性和‘型’的模式性,不仅仅体现了作为人类共同心理体验载体的那个原型的古老和原始的性质,同时也体现着人类心理需求和情感体验本身的恒定性、相通性和它的古老原始性。”②“原型的最终生成、呈现、承传等是文化现象,原型的载体是文化方式……原型是根植于一定的文化模式基础上的心理情感模式。”③

总之,中国人,甚至是东方人都认为龙代表吉祥、富贵、仁慈、贤明,象征着强大的力量和精神,是先人团结奋斗、自强不息、勇敢无畏的精神写照,因此中国人把自己视为龙的子孙。中华龙作为基于民族文化观念的文化创造和文化符号,它的原

---

① [瑞士]荣格:《心理学与文学》,冯川、苏克译,生活·读书·新知三联书店1987年版,第94页。

② 程金城:《原型批判与重释》,东方出版社1998年版,第234页。

③ 程金城:《原型批判与重释》,东方出版社1998年版,第236页。

型意义在“原”和“型”两个方面表现了具有中华性的文化观念、情感模式和审美理想，如果用一个概念来概括的话，那就是“和谐”：是天人合一、阴阳和合、兼容并包；是天、地、人的和谐；是人与人、人与自然、人与社会的和谐；是种族与种族、文化与文化的多元关系的和谐。同时，表达了中国人的和谐理想、和谐精神，以及对和谐的追求。

三、中华“龙”文化形象在当代大众文化中的传播与阐释

从龙文化原型以及文化观念的形成来看，我们就不难理解为什么中国人对诋毁龙的形象的事情反应这么强烈。的确，龙的形象作为文化的原型，刻画着中华民族的原始记忆，积淀着先民的智慧和成长的经历，作为一个已经为世人所接受、所喜爱、所传承的文化符号，表达着中国人的审美习惯和审美理想。因此，立邦漆“龙篇”广告的设计理念显然违背了中国人的文化和审美习惯，也就伤害了中国人的情感。尽管当代文化是一种大众文化、消费文化，崇尚的是文化观念多元化，视觉快感为上，审美趣味表达标新立异，但是，这个事件表明，文化原型所积淀出的文化观念和情感模式，不但具有承继性，而且具有塑造力，它所塑造出的审美趣味和审美理想已经成为了民族文化观念的核心，成为了影响社会生活和文化表达的深层因素。因此，即便是历史发展和文化变迁造成了社会环境和文化语境的巨大变化，对于文化原型的传播和阐释首先仍然应该注重承继性，表达出核心的民族文化观念和审美理想。

再说构塑国家形象品牌课题所引起的文化争议问题，如果说，一个国家的形象品牌要有对内和对外的两方面展示的话，对内主要是起到凝聚国人的作用。按照荣格所说的，文化原型很容易唤起人们的集体无意识，作为民族文化观念和审美情感的一种象征符号，可以帮助人们在集团、民族等人群中达成情感的沟通和共识，比如华人在海外就特别喜欢同唱《龙的传人》。荣格说："一个用原始意象说话的人，是在同时用千万个人的声音说话。他吸引、压倒并且与此同时提升了他正在寻找表现的观念，使这些观念超出了偶然的暂时的意义，进入永恒的王国。"①因此，文化原型在对内的展示和表述方面基本上无须作为。

但是，对外的传播和阐释就需要我们有应对性的思考和举措，尤其是在商业文化发达的今天，人们对 LOGO 的作用是非常认同和重视的。LOGO 是徽标或者商标的英文说法，通过形象的 LOGO 让消费者记住公司主体和品牌文化，起到识别和推广的作用。吴友富教授所说的国家形象品牌，事实上就是一种国家的 LOGO。作为 LOGO，辨识度是首要的，应该说，龙的形象在这方面的作用无可替代，因为"龙"并不是现实世界中的动物，而是中华民族独创的，虽然西方文化中也有"dragon"（龙），但就形象本身而言，与中华龙有很大差别。其次，LOGO 主要是为了方便对外宣传和推广，因此对主体形象和品牌文化是一种浓缩性的象征表达。这也应该是吴友富教授研究课题的主要内容和目的所在，但是，人们没等他讲完，便开始就龙形

① ［瑞士］荣格：《二十世纪西方美学经典文本》第 2 卷，冯川译，复旦大学出版社 2000 年版，第 73 页。

象的存废问题展开了讨论。事实上,龙的形象作为中华民族的象征符号是历史形成的,不是现在一场讨论可以决定其存废的。国家形象品牌构塑课题本身其实是一种对民族文化阐释和传播的思考,但是,世人过激的反应却恰恰表明我们对民族文化发展的焦虑心理,这种焦虑表现为一面盲目自大,一面不够自信的矛盾心理,其外在表现就是要么绝对排斥别人,要么完全否定自己,这在当代的许多文化建设项目中都有所表现。

龙作为国家形象品牌并不存在问题,吴友富教授后来也重申了这一点,但是,在文化传播和理解上却存在问题,主要是中西方文化对"龙"这一形象的理解存在文化差异。西方神话中人与龙的战争,是与现实中的邪恶争斗的表现。同时,龙的传说也反映了早期基督教的信仰和价值观,其认为龙是魔鬼撒旦的象征,被代表正义精神的英雄打败。因此,龙在西方文化中象征着邪恶和凶霸。尽管这不是中华龙的形象和象征意义,但是容易让西方人产生误读和联想,这与中国所树立和宣传的强大、友善、和平、不称霸的国家形象相左。

那么,龙的形象要不要重新构塑,要不要变?我想这个问题要分开来看,一是需不需要变。在文化全球化的今天,文化的交流和展示是必要的。有交流就存在沟通,有展示就存在解读,西方文化背景中有"龙"的语汇和象征意义,所以,就必须考虑文化的衔接问题,从这个角度讲,变是有必要的。而作为一个国家形象的 LOGO,对外要有一个好的印象,也是基本的要求。第二个问题是可不可以变。从历史发展角度来看,文化原型作为一种符号表达也是在不断发展变化的。龙的形象含义从最初的宗教性倾向到政治性倾向再到艺术性倾向,明清时期又强化了政治性倾向,可见龙形象的变化不仅体现在体态、细节上，在象征含义的倾向性和文化观念的表述上也存在变化。这种变化是由于各种各样的社会政治和文化环境变迁造成的，比如隋唐时期的“鱼龙变纹”，蕴含着鲤鱼跳龙门的观念，就是当时受科举制度影响的社会心理变化的反映。第三个问题是变什么？中华龙作为文化原型，它所具有的象征意义、所内含的文化观念、所代表的价值理想都处在文化结构的深层，已经转化为东方人的审美模式和情感模式，是可以被唤醒的集体无意识和民族文化情结，是在历史中形成的核心内涵，是民族文化的标识和民族情感的扭结点，是不能变也变不了的。因此，我们能变的就是在构塑、传播、宣传龙的形象的时候加强倾向性，突出中华龙形象所象征的吉祥、智慧、仁爱的意义，弱化其刚猛好斗的凶猛形象；宣传中华龙所包含的和谐观念，倡导各种文化、种族、价值观念的多元融合，弱化民族性情绪。

最后，就是如何变的问题。龙的文化形象所引发的争议，是文化原型在当代文化和大众文化中如何表达、如何传播的问题，带有一定的普遍意义。我们认为，文化原型在今天的传播与阐释首先要考虑和把握当代文化的特性，比如大众文化突出视觉性和娱乐性的特点，消费文化注重针对性和包装的特点，还有后现代文化强调文化的多元性等。荣格在谈到对原型的加工造型时也讲过：“通过这种造型，艺术家把它翻译成了我们今天的语言，并因而使我们有可能找到一条道路以返回生命的最深的源泉。”①要用今天的“语言”来表述和塑造文化原型，

---

① ［瑞士］荣格：《二十世纪西方美学经典文本》第2卷，冯川译，复旦大学出版社2000年版，第73页。

这是文化原型服务于今天的文化发展的前提,也是其得以传播和被理解的前提。比如说我们可以在日常生活审美化的潮流中看到龙的形象被越来越多地使用着,像某明星在电影节上穿着的由龙袍创意改制的礼服,这是在传统文化中不可能存在的,但是它符合了后现代文化中的颠覆意识,又是对民族文化的积极表述,所以被人们接受。但是,立邦漆的广告同时也告诫我们,文化原型也有着自身的生命力,即便是在消费文化当道的今天,对于文化原型也不可过度"消费",否则就会违背审美习惯,伤及民族情感。关键是掌握一个"度",要适度,要恰如其分。文化原型在传播和阐释时还要注意两点:一是在内涵上,要更加突出核心文化观念的表达和审美模式的演示;二是在形式上,利用各种技术手段、艺术手法,多样化、多层次地丰富、推广民族文化符号。比如吴友富教授提出以龙凤呈祥的图案替代龙的单一形象,便是希望加强对和谐观念的诠释和宣传。当然,单一的龙的形象同样可以很好地诠释和谐的中华传统文化观念和理想,只是这种诠释不能仅仅靠一个 LOGO 标示,而应该是多种手段的艺术塑造过程,比如利用大众文化和消费文化中的主要艺术形式——影视,来重新打造龙的形象,创新其意义。好莱坞可以让中国的大熊猫来讲述美国式的价值观念和人生理想,为什么我们不能让中华龙把我们的情感、观念、理想演示给全世界呢?

浅论结构主义与美学*

皮亚杰在《结构主义》一书中一再强调结构主义真的是一种方法而不是一种学说。既然是一种方法，当然可以为学科的研究服务，于是就有了数学、物理学、心理学、语言学结构主义和人类学结构主义等学说。但是，严格来说，即便是作为一种方法论，也没有结构主义美学，或称美学结构主义，因为当文学理论家们拿着结构主义语言学的金钥匙去开启文学的研究殿堂时，根本没有想到美学这一角度。然而，艺术作为美学的一种感性外化的形式，是不可能回避美学问题的，因而结构主义与美学也便有了一点远亲关系。所以，当提到结构主义和美学这一论题时，我们首先是把结构主义作为一种方法论介入美学研究；其次，再来看一下结构主义诗学的研究中又反映出怎样的美学问题。

一、作为一种方法论的介入

美学研究的方法论大体经历了素朴的辩证法、形而上学和

---

* 本文原载于《山东社会科学》1994 年第 5 期，转载于人大报刊复印资料《美学》1995 年第 2 期。

马克思主义辩证法三大历史阶段。在素朴的辩证法阶段,尽管讲运动、讲变化发展,但做的却是一种表面研究。而到形而上学思维时,人们把事物各自独立,加以精密地分析,是一种静止的研究。结构主义也把研究相对静止,但是后者志在发现一个深层结构,而形而上学仍是徘徊在对事物表现出来的外部现象的规律研究。到了马克思,他相信“社会过程的真正意义是在个别动因的背后进行的”。也就是说,到辩证逻辑作为方法论时,理论家们开始探求内在规律性。然而,自始至终,研究是处于一种历史性的状态之下。甚至像系统论、控制论这些现代自然科学提供给我们的最新思维方式,也都是一种历时性的。结构主义则不然,它是反历史主义的,也可以说是一种相对静止的研究方法。

索绪尔提出一对概念——共时性和历时性。他认为作为科学的语言学,其研究对象应该是共时性的语言,而不是历时性的。传统的语言研究关注的是语言的历史演变,从语言的渐进、变化、增加与消失,看社会的发展和生活的变迁等社会历史现象。应该说这是一种功利性的语言学,而不是研究语言自身。另外,语言的历史演变必然表现出大量的或然性、不稳定性和不规则性,这就很难从中找出一个统一的结构,并为语言自身建立系统。而这正是索绪尔的结构主义所要做到的。既然要寻求稳定、成体系、有秩序的语言结构,当然不能再着眼于语言的历史变化。结构主义者于是把研究视角调整到共时性的语言上,即某一时代内的语言。在一个相对静止的范围内,结构主义认为可以寻找确定的结构,建立体系。当列维·斯特劳斯(Claude Levi-Strauss)分析神话时,便把大量的故事进行拆散和重组,例如他在分析俄狄浦斯的故事时,就找出了8个促使故事发展的情节要素和11个构成情节的基本要素。斯特劳斯以语言学的方式将这些要素列表,使读者在阅读时避开了许多历史的偶然性因素,很容易地在一个共时平面上发现一个基本稳定的结构。

在共时性的研究场面上,索绪尔又指出任何一种符号都可以分作"能指—语言"形象和"所指—概念"内容两部分,二者之间的关系是任意的,它们之间之所以被联系起来是后天人为的结果,也就是说如果最初人们约定把"树"说成别的什么读音,那么现在那个读音便会被以为是"树"的语音形象。而且"树"只是汉语读音,英语又发作"tree"音。所以说符号的意义与事物没有什么关系,而是在符号系统中被约定的。这就提出了一个语言系统的问题,伊格尔顿就认为意义是"某些共有的指示系统的产物","人们能准确表达什么意义首先取决于人们所掌握的文字或言语"。① 能指与所指的提出深深打击了个别主体是意义的源泉这一信念,而把语言推到了一个至高无上的地位,语言成了创造这个世界的一种方式,不是语言依赖于世界,而是世界依赖于人们支配的符号系统。所以,我们研究的主题应该是语言本身。而结构主义又不似新批评和俄国形式主义那样执着于语言本身表现出来的意义,而是研究使得语言负载这些意义,即这些意义得以成立、被符号系统认可的原因,以及支配这些意义的那个深层结构。

与辩证逻辑方法相比,结构主义方法论是相对静止和反历史主义的,而前者却总是把思维引向历史主义,二者都是要建

① 参见[英]特里·伊格尔顿:《文学原理引论》,刘峰译,文化艺术出版社1987年版,第128页。

立体系的方法论。结构主义要寻找的体系便是深层结构，一个整体性的、含有种种转换规律的、有自我调节性的体系。在体系之中，事物元素的二项对立原则组成关系，并在关系中存在。这个“体系—结构”的存在就是为了决定表层的意义。辩证逻辑方法也遵循具体同一律、能动转化律等规律，它在营造体系时主要是依赖从抽象上升到具体的方法与逻辑和历史相统一的方法。这两种方法的使用既是一个研究过程，同时又是一个建立体系的过程。辩证逻辑方法寻找的体系首先要有一个逻辑起点，也就是前思维阶段得出的那个抽象概念，即事物的最初状态。而结构主义像 20 世纪许多理论流派一样，是放弃了这种本质论的探求的。就像语言，是行动早于语言，还是语言早于行动？结构主义以为这是不可知的，所以它们的抽象是把表面具体向深层结构抽象。辩证逻辑对逻辑起点却是十分重视，有了这个逻辑起点才能开始一步步沿着由抽象上升到具体的逻辑之路前进，不偏离历史的轨道。辩证逻辑提供的是一个以逻辑中介相连的链状发展过程，是历时性的，每一个范畴都严格遵守自己的逻辑位置。而结构主义提供了一个网络式的坐标图，各元素都有一个坐标位置，如果说辩证逻辑的范畴是在逻辑的历时发展关系中存在的，那么结构主义的元素便是在坐标系上以二项对立关系成立的。辩证逻辑有一个相对的逻辑终点，也就是得到一个相对具体的逻辑范畴，这个逻辑终点又是下一个逻辑发展的起点，从一个逻辑起点到一个逻辑终点便完成了一个逻辑发展过程。但辩证逻辑的发展是一个螺旋上升的开放体系，历史没有完结，逻辑发展便也没有止境，它永恒地接近真理。而结构主义建立体系的同时便找到了一个深层结构，那么结构一旦找到，任务便也就完结了，然后再去寻找另一个体系。结构主义这个深层结构概念的提出是有创造性的,开启了研究的另一番天地。结构主义讲美的自身,是其自身的深层模式赋予其美的,就像不同的语言系统产生东西方不同的深层模式,艺术也便带有不同的性质。结构主义这种思维绝对是有道理的,而且对传统美学研究来说提供了一个新的视角,但是,结构主义这种把人的因素放进括号里的做法,同样也是错误的,艺术也好,美也好,离开了人的因素都很难成立。所以,皮亚杰又说,作为方法论,结构主义是开放性的,在应用上只能是有限制的,并不是它先行决定体系,而是体系通过构造过程构造了种种结构。

所以说,结构主义作为方法论介入传统美学研究,是对传统研究方法的一种新鲜血液般的刺激,是一种有益的补充。但是,喜新厌旧、鱼和熊掌只取其一是要不得的。

二、结构主义文学研究的美学价值

文学是艺术的一种主要形式,对文学的研究是离不开审美价值判断的,虽然结构主义从未直接涉足美学领域,但我们还是可以从它对叙事文学的分析中得出它对美学研究的一些贡献。

结构主义同新批评派一样执着于文学形式的研究,是超越了内容而关注于形式的,而对艺术形式的研究往往是对艺术自身的挖掘。结构主义的这种挖掘是从叙事开始的,无论是列维·斯特劳斯的神话分析、托多罗夫的《十日谈》分析那种为了寻找深层结构而进行的抽象分析,还是像巴尔特模式、热内特模式那样对叙事文学进行的多层次描述，都抛开了文学所反映的东西，正像托多罗夫所说的："研究的目的不是描述一部具体作品，作品只是作为抽象结构的表现形式。"①他认为作品只不过是相当于言语，而结构主义却是要从言语中归纳出语法。内容是言语中的"言语"，具有更大的随意性和个别性，相对而言，形式就要稳定一些，如果说内容多杂入了社会或个人的因素，形式则较多地表现了艺术本质的东西，从形式入手，其实是从符号入手。索绪尔认为语言是完美的符号系统，但却不是唯一的，到巴尔特就把语言直接命名为第一符号系统，而把神话、叙事文学等都列入第二符号系统。同时，巴尔特认为语言学研究到句子是终极单位，而叙事的基本单位是话语，作为支配决定话语和句子的同源关系的同一形式，又是相当于一个大的"句子"的话语。所以，巴尔特在研究叙事时，便是按照语言学的研究方法，以句子为元素进行的，他认为可以对句子进行不同层次的描述，每个层次可以作为一个被研究对象，但每个层次只有同高一级层次结合才能产生意义。于是，他把叙事作品分作功能层、行动层和叙述层三个层次，这三个层次只有逐步结合才能表达出行动者的全部行动意义。在对功能层的描述中他又分出了两个功能单位——基本功能单位和补充功能单位，即核心与催化。其中核心是可以被概括出来的，改变核心也就改变了故事，相当于兰色姆的结构；催化若被改变只是影响到话语，话语相当于兰色姆的肌质，兰色姆认为肌质是有艺术价值的，可供审美的，而巴尔特则认为只有核心与催化

① ［法］托多罗夫：《叙事体的结构分析》，《文学研究参考》1981 年第 3 期。

结合起来才能成为文学。符号(这里是指话语)之所以区别于一般语言而具有审美价值,正是因为它有核心为意义的关键联结点,又有催化作用的补充,到了热内特对叙事的分析便更加细致了。热内特认为故事是一个动词的展开,在全方位的审视之下,他把叙事分出了时态、语式、语态三大范畴。我们只简单地看一下他对语式的分析。他认为语式又有两大因素,即距离和视角,其中距离也就是内容与叙述者之间的距离,近距离感来自于直接叙述,远距离感来自于间接叙述。热内特总结道:信息+信息传递者=距离,而不同的距离感带给读者的便是不同的审美感觉,同样,作品也会因此而呈现出不同的风格,就像戏剧的表演,过于现实主义的戏剧,如易卜生的话剧,讲究真实感,把生活原样搬上舞台,例如房间的三面墙的设计,都是力求贴近生活的,求得与观众达成共鸣,使观众身临其境,忘记表演。但是,到了现代主义的表演,却利用道具、舞台设计等与观众拉开距离,告诉观众你在看戏,有的甚至在剧情中不断提醒观众。比如川剧《潘金莲》,作品利用审判员的旁白串起了故事的基本情节和众多历史人物的观点,这当然不是生活,现代主义并不像现实主义那样急于贴近观众,让观众参与进来,而是极力与观众拉开距离,因为只有距离感才能引起思考,就像《潘金莲》作者关心的不是潘金莲的命运,也并不要求观众熟悉剧情,他只是提出了一个怎样重新看待女性权力的问题,他要求观众加以注意和思考。现实主义多再现生活,而现代主义多表现思索,不同的艺术形式,反映了不同的审美理想。

除了叙事作品,结构主义对诗歌也很关注。雅各布森认为诗歌研究必须关注符号本身,而诗性首先存在于具有自觉的内在关系的语言之内。他认为诗性的语言、符号与对象之间是脱节的。因此,隐喻和换喻方式是表现诗性语言非常有利的技巧。他的观点和艾略特对意象派诗的推崇有不谋而合之处,艾略特就认为只有这样才能把读者的思维充分发动起来,把想象引申到所能企及的最远处。劳特曼更是把诗的本文看作是系统的系统、关系的关系。诗歌是最简单的语言,又是最复杂的话语形式,它因为删除了多余的连接词和说明内容部分,只保留了最简洁的质的语言,但同时又把一系列的系统加以压缩蕴含其中,因而又是最为复杂的。因此,诗歌包含了自身的张力、对称、重复的对立,这同新批评家退特提出的张力说有相通之处。

当结构主义在人类学、文学等领域寻找到这样一个深层结构时,我们很自然地便联想到弗洛伊德的无意识、荣格的集体无意识,甚至尼采的强力意志,可以说这种对人类自身的观照本身就是一种审美的人生态度,是以人、人生作为审美对象,寻找一直支配着人自身的潜在的普遍精神活动。比如尼采的日神精神和酒神精神,人始终是受各种普遍精神矛盾的统一支配的,但是,人的潜在精神又受到外在社会规则等因素影响,被压抑到弗洛伊德的无意识之中形成本我,而最终又在荣格那里发展成为具有普遍人类文化性质的集体无意识。文学是作为文化性质的形象、集体无意识的原型出现的,因而研究文学本身也就是对人的审美观照。有了对人的这种普遍精神活动的认识,我们自然也就较为容易地抓到了现代主义和后现代主义艺术的表现特征,以及在美学上反映出的审丑现象。应该说,这是人类在心理上越来越具有承受力,敢于正视社会、正视自身,越来越渴望解剖人本身的反映。同样,也是一种宗教信仰彻底幻灭的当代普遍精神结构的反映,表现在艺术上是荒诞、无聊、混乱和不可理喻,体现的正是对人生、生命、生活等问题的深层探索。

当然,结构主义在研究文学时完全揭去了文学的神秘性,持一种绝对的客观态度,把文学当作科学对象一样剖析也是违背文学本性的,美学研究认为美感本身是有主观性的,是模糊性的,文学也是一样。另外,文学的研究是不能脱离作者与读者的因素而孤立地关注文本的。但是,这里不对结构主义失之偏颇之处加以分析,只是点到为止。

转身向前*

——谈“80后”女作家的转变

2016年，“80后”女作家的代表张悦然出版了长篇小说《茧》，被称为“一代人的自我破茧”之作。如果我们将其放大来看，会发现这一过程在十年前就已经萌动，可以说“80后”女作家作为一个群体，在近十年的时间里，一直在努力破茧，转身向前。

“80后”作家作为当代文坛的一个代际概念，从一出现就不断被诟病，事实上，最初这一概念更多的作用是一种商业宣传需要，文学批评意义上的使用更像是既成事实的延续。尽管许多人都明确表示过对于这种贴标签行为的排斥和无奈，但是如果要做宏观考察和历时分析，这样的归类和划分就又具有了一定意义。谈到“80后”女作家，我们可以数出很多名字：张悦然、周嘉宁、笛安、张怡微、马金莲、春树、蔡东、文珍、周李立、颜歌、于一爽、蒋方舟、郝景芳、宋小词、孙频、默音、七堇年、徐小雯、柏邦妮、夏茗悠、落落、步非烟……其实这个名单还可以很长。女性作家的创作天然与网络时代的写作模式更为契合。因此，自90年代末，网络文学发展的10年也是女性作家人数

---

* 本文原载于《山东文学》2018年第3期。

激增的10年。为了便于观察和分析，我们把视野缩小，舍弃了诗人、影视编剧、博客作家和类型小说的作家，比如科幻作家郝景芳和武侠作家步非烟等。

一、生为“80后”

“80后”是在世人注视中成长的一代，他们出生于国家改革开放初期，伴随着社会经济的高速发展生长，在互联网的生态环境中长大，作为完整的第一代独生子女，一边被家庭小心呵护，一边被社会不停批评。因此，生为“80后”，他们在众多的关切目光中孤独着，当关怀和希望遇到青春期的叛逆时，“80后”们表达的愿望就异常强烈，属于“80后”的青春文学也便应运而生。“80后”作家之所以在当代文学史上能成为一种现象，一方面有社会文化环境的外在原因，另一方面也有文学特征的内在原因。应该说，如果没有《萌芽》和新概念作文大赛，“80后”作家的集体亮相不会在社会上引起迅速而广泛的关注，但是对于文坛来说，“80后”作家登堂入室却是迟早的事情，因为除了畅销书，“80后”们更是在网络世界开疆拓土，一呼百应。简单来看，也可以说消费主义的盛行和网络生态的健全成就了“80后”作家群。

谈及转变，当然要从“80后”女作家们初登文坛说起，她们是以青春校园文学第一次集体亮相的。应该说青春书写不是“80后”的专利，每一代人在经历青春岁月时，都会留下文字痕迹，而很多作家的创作生涯也开始于青春期。比如老一代作家的作品《家》《春》《秋》《三家巷》《青春之歌》中的青春书写更像家国主题的旋律,“50后”“60后”的青春书写有饥饿和残酷的记忆,而“70后”的青春书写则被称为“疼痛青春”,对比发现,在百年现当代文学史中,青春文学有着从群体形象到个体情感的书写变化,也有着从宏大主题到小情小爱的诉求变化。还是中学生的“80后”女孩子们就这样开始描画属于她们的青春,周嘉宁的《流浪歌手的情人》、笛安的《姐姐的丛林》、张悦然的《葵花走失在1890》、蒋方舟的《正在发育》、颜歌的《花样年华》、七堇年的《被窝是青春的坟墓》等相继出版,并催生出一批少年明星作家。如果说“70后”的青春体验是疼痛,那么“80后”们则更多地感到孤独,孤独的心田生长出奇幻的意象、灿烂的描述和灵动的文字。比如周李立就在访谈里说到独生子女都会自己扛事,自打生下来每天吃饱穿暖又无所事事,除了在卧室里思考人生也没有什么别的娱乐,最初写小说的想法就是因为一些很日常,但又奇奇怪怪的感觉。当然,孤独不只是梦田,更会滋长叛逆,当更多端坐窗前的女孩把叛逆改换成奇幻梦境的时候,春树则用她的《北京娃娃》直接表达了叛逆的残酷与愤怒,春树被称为“中国80年代后的代表”,但是事实上春树只是极端地表达了一种青春期的叛逆。

无论是隐晦还是愤怒的表达,透过“80后”的青春写作,都可以看到一些“80后”的特质,比如敏感、早熟、爱思考、愿意表达、关注内心、强调自我等等。“80后”出道已有20年,现在回溯来看,她们在心性、观念、能力、题材、风格等方面都有了或多或少的改变,但是最初作为新生代的特征——“自我”性依然保留,她们都认为写作是“个人的事情”,是“私密的事情”,首先应该关心的也是“个人的问题”,所以,她们更喜欢以“我”的叙述角度展开文学构思。同样是第一人称的叙述视角,笛安认为老一辈作家的作品中潜在的主语永远是“我们”，作家是站在一群人的身后，而“80后”永远都是在表达自我，认为每个人都是独一无二的，以至于有的研究者认为，相比于“70后”的整体代际特征，以代际命名的“80后”更多的是以“个体”方式出现的，并不存在统一的共同性。如果说青春写作中的“自我”还是一种稚嫩的本然选择，那么作为成熟的作家，“80后”女作家们现在的选择则是一种对文学观念的坚持，所以张悦然会说“我没有呈现社会全景的野心。我会努力让自己的小说的视野更宽广，但我不会放弃个人化的表达”①。当她选择李佳栖和程恭——两个非历史事件亲历者作为历史的叙述者时，更关注的似乎还是他们的个人成长。同时，强调“自我”还给“80后”的写作带来一种品质，那就是“诚实”。严歌苓认为自己这一代人的心里往往有一把道德审美的标尺，在写作的时候会做自我审查，而“80后”不会，他们“对自己更诚实”，这种“诚实”无疑使得“80后”的写作笔触更宽广，也更真实。

二、自然而温和的女性意识

按照伍尔夫的理论，女人写小说的两个条件是钱和属于自己的房子，“80后”女作家早早就具备了。她们大都少年成名，家境优裕，接受过高等教育，甚至不乏名校研究生学历，或是留学海外，踏上社会就拥有体面的工作、喜欢的事业、不错的收

---

① 张悦然、霍艳：《“80后”的文学对话——霍艳访谈张悦然》，《中国图书评论》2013年第7期。

入，相比于前辈，她们的文坛之路也大都顺风顺水，这样的经历一方面让她们有从事创作的充分条件，另一方面作为女性作家，女权主义意识似乎并不强烈。很多人都说自己不是女性主义者，也没有明确的女权意识。苏童说张悦然写女性非常自然，而自己写女性只是在模仿，因为张悦然是根据自己的感受在写。苏童的对比准确指出了女性作家与男性作家在女性塑造上的本质不同，也无意中总结出“80后”女作家女性视角的特点——自然而非自觉。

作为女性作家，选择女性的视角、表达女性的情感，这似乎是最正常不过的，比如谌容、张洁、王安忆、张抗抗、迟子建、林白、陈染等前辈女作家。但是，如果从女性主义文学观念的视角来审视所有女作家的作品就会发现不同时代的女性主义观念还是有所差异的，以至于文艺作品的表达和对其的解读都存在很大不同。比如林白和陈染的作品，就是反对男权主义的女权主义表达，她们身处女权主义话语在中国文化中不断扩大影响力的时期，作为意识形态组成部分的文艺作品有此表达不难理解。林白、陈染的“私人化写作”实际上是在进行一场两性间的战争，准确地说是女人向男人宣战，武器就是她们的身体，作品中充斥的是紧张的性别对峙关系。这种剑拔弩张的性别关系在“80后”女作家的作品中忽然消失了，在她们笔下，男人和女人都只是作为社会人，同样面对着社会发展所产生的问题和家庭变化所产生的纠葛。

当然，这种性别对立关系的缓和并不是性别意识的消失或模糊，应该说“80后”女作家更多表现的还是女性形象和女性情感，习惯选择的还是她们最熟悉、最擅长的女性视角，比如张悦然的《誓鸟》《红鞋》《嫁衣》，马金莲的《马兰花开》《绣鸳鸯》，笛安的“龙城”三部曲，文珍的《银河》，周李立的《欢喜腾》《刺桐》，蔡东的《无岸》《断指》，颜歌的《平乐镇伤心故事集》，宋小词的《晚妆》《血盆经》等，小说中人物关系在性别的区分与相处中是自然的，尤其是性关系的存在和描写也就变得自然而本真。如果说林白、陈染对女性意识是有意的夸大，那么“80后”女作家对女性意识就是无意的淡化，因为是无意的、不自觉的，因此变得自然，变得温和。比如笛安在《西决》中就塑造了南音这样一个优秀的男性形象，他最终成了东霓的依靠和归宿，男人不再是女人的敌人。再比如马金莲的作品，她写“母亲”“奶奶”“嫂子”“姐姐”“女孩”，写一群在西海固贫瘠土地上的女人，她们的日常生活贫穷而艰难，内心却平静而坚韧，马金莲描写苦难的笔就像母亲的眼睛，苦难让它写满沧桑，但始终包含温暖和热爱的力量，这种母性的视角同样是女性的、自然的。

对于女性视角和女性情感，作为“80后”的女性作家，她们也有着自己的反思和警惕。张悦然就认为女性作品往往有“自恋”的心态，或者自我欣赏，或者过度美化和保护女性角色，所以她宣布不想再写“美”的东西，而要写“脏”的、“丑”的。而于一爽、周李立、笛安、张悦然、蔡东等都有意识地追求冷面旁观、笔法尖锐、冷静克制，孙频的《同体》被认为“生猛”“酷烈”“崇尚力量”，周李立的《刺桐》也被称为“中性主义”的写作，在这里我们看到的又是对女性特征的刻意回避，对感性、温和、婉约的反驳。在我们看来，女性视角是文学创作不可或缺的，女性特征也是自然存在的，既不用有意夸大，也不必刻意遮掩。

三、转身向前

大家对2006年的一场笔战都记忆犹新,究其原因,有新旧观念的冲突,也有作品自身的问题。而实际上,经历了写作的历练和市场的淘洗的“80后”作家们,在2006年前后已经在思考着何去何从的问题。

虽然评论界认为《茧》是张悦然的破茧之作,但同时也认为她的转型应该是从2006年的《誓鸟》以及后来的《嫁衣》开始的。回顾青春文学,张悦然也坦承应该走出那种基于幻想的书写样态,她寻找的突破口就是历史和现实,认为历史意识的觉醒是这一代人“迟到的成人礼”。长篇小说《茧》就把视线放在了“文革”时期。而以科幻小说出道的默音,也在今年推出了她的长篇小说《甲马》,虽然风格依然是现实与虚幻的结合,但是故事呈现的是家族三代人的人生经历,时空跨越了西南联大、知青时代的景洪农场和千禧之年的上海。七堇年的《大地之灯》也展现了两代人的成长故事。

“80后”曾被批评缺乏历史意识和现实关注,现在他们的目光就集中在了这里,投向现实的目光又分别聚焦于城市和乡村。“80后”女作家中更多的人生长在都市,都市间人与人之间的隔膜,日常生活中微妙的情感变化,外来者的奋斗与失败,繁华中的迷茫与孤独,成为她们的灵感和故事。于一爽被称为“80后”中的城市现代派,她的《一切坚固的都烟消云散》和《火不是我点的》,都描写了细碎生活中的都市普通人,作家曹寇说她“似乎轻易地就滤去了时代的浮华,直抵城市人的内心褶皱”①。而蔡东近些年的作品《我想要的一天》《通天桥》《福地》《朋霍费尔从五楼纵身一跃》等,描写的也全都是都市生活,她认为现代都市人有着更加复杂的生活体验和精神挣扎。还有周李立《八道门》《空驶禁行》《如何通过四元桥》中的都市小人物,张怡微《细民盛宴》《我自己的陌生人》中的都市新世情,反复刻画的都是弥漫在城市中的芜杂日常和人生困顿。

有人说城市是“80后”的故乡,但是“另一种80后”用她们的作品告诉你“80后”的故乡还有乡村。马金莲、宋小词笔下的乡村有都市繁华对照下的贫穷,也有城市喧嚣到不了的平静,她们的苦难叙事和方言写作讲述着“80后”的乡村记忆,破败、沧桑,但又不失温暖、平和。王干评论说“郭敬明笔下的豪奢大都市和马金莲的偏僻乡土构成分裂”。说到方言文学,还有颜歌的四川方言小说不能忽略,她虚构出的平乐镇,在麻辣味的川音中,更像家乡的小镇风味写实。都市与乡村,现实与历史,“80后”女作家们正在全方位地展现着她们对生活的观察、对问题的思考。张悦然曾经说以前的“80后”文学只有潮没有思,那么,她们现在的作品正在重塑世人对“80后”文学的印象,潮水退去后的沙滩不再空无。

在推窗远望和低头沉思之间,“80后”女作家们还在摸索着属于自己的文学之路。大家对“80后”的创作转型都非常重视,都会提到比如张悦然的《誓鸟》、颜歌的《良辰》、七堇年的《尘曲》、周李立的《每一个混蛋都很悲伤》,在题材、语言、结构

---

① 李唐:《于一爽:面对文学我挺严肃的——“我不会为市场写小说,没必要”》,http://book.sina.com.cn/zt/yuyishuang.html?isappinstalled=0。

上有了不同程度的明显变化。如果以创作群体来看,“80后”女作家们还表现出向文学传统学习和回归的意向。比如颜歌对80年代文学精神的继承,对“文学自觉”写作态度的认同;张悦然主动引入作品的历史意识;笛安在新生代文学与主流文学之间架起的精神连接;张怡微提出的作品要有现实感和历史感,作家要有责任感等。于是,我们在笛安的作品中看到了古典韵味,在马金莲的《长河》中看到了萧红的身影,在宋小词的文笔间读出了张爱玲的细腻,在蔡东的《净空山》中看到传统文人的精神,在张怡微的世情小说中看出对王安忆的学习,在颜歌的平乐镇上看到苏童的香椿树街。

有人说“80后”女作家的转型是“断尾求生”式的突围,显得有些壮烈,当然也凸显了她们主观而强烈的愿望。事实上,在最后一批“80后”女作家即将步入而立之年的时候,走出青春文学是她们必然的选择,当她们告别自己的青春时,也是在挥别一个群体的青春文学梦,这次的转身向前已经走出大家习惯性的群体认知,走上了属于她们每个人的文学之路,这之后,她们会让大家逐渐忘记“80后”这个标签,只记得作家之名。

什么样的悲剧性影视作品才具有青少年美育的价值?*

电视剧《人世间》一轮播出后好评如潮,也引发了各种讨论和思考,比如电视剧对原著人物命运和结局的改编。编剧王海鸰在接受采访时就谈到她是调色调的,原著是钢铁色的、青灰色的,而她希望的色调是明亮和温暖的,因此,调过色调的电视剧减少了原著中的悲剧感。事实上,即便是原著,大家也都是称之为严肃文学,并没有直呼为悲剧,改编后的电视剧更不具有悲剧特征。人们一般认为悲剧就一定意味着主要人物的毁灭或死亡,否则就称不上悲剧,这种类似常识的认知也让我们联想到这两年的一个网络热词"BE 悲剧"。作为网络流行语的"BE 悲剧"或者"BE 美学"并没有严谨的定义,BE 就是 Bad Ending 的缩写,相关联的词汇"HE"即 Happy Ending,"BE 悲剧"主要就是指故事的结局,准确地说就是男女主人公相爱不得并为爱殉情。网络检索并不能确定这个概念是在什么时候由谁提出的,公认的代表作品是由网络文学 IP 改编的网剧《东宫》和《周生如故》,伴随着对"BE 美学"的热捧,更多作品也被观者划归到这一种类,甚至搬出了文学名著《红楼梦》。

---

* 本文写于 2022 年。

2021年8月《周生如故》播出，截至2022年10月底，“微博超话”中该话题的讨论次数高达9万多次，阅读次数已经过亿；而开播三年之久的《东宫》，超级话题仍拥有52.3万“东宫女孩”以及278.4万帖子，与其相关的“BE美学”话题及视频剪辑也依旧热度不减。这种现象不能不引起我们的关注和思考。首先，不论是《东宫》还是《周生如故》，我们看后都不由得会产生疑问：这真的是悲剧吗？我们承认“BE悲剧”很像悲剧，不仅有主人公死亡的结尾，故事也往往涉及国家政权斗争和民族安危等宏大背景中的对立矛盾，男女主人公多是帝王将相、王侯千金，两人背负着国仇家恨又错结姻缘，这些元素都很容易让稍具文学常识的观众联想到古希腊悲剧、莎士比亚悲剧以及黑格尔的悲剧冲突论等，再加上“痛苦而满足”“意难平”这样的观剧体验，自然会认为这就是悲剧。但是我们认为在悲剧形式感的外表下，这些作品缺少的恰恰是悲剧的内核。

当然，古今中外对于悲剧的认识是动态发展的，因而也存在争议，所以我们不妨绕开悲剧的定义，从悲剧的存在意义和美学价值来看。“悲剧源于人的生存发展的无限性与其特定条件的有限性之间不可调和的矛盾，这种矛盾可以从时间和空间两方面去理解。从时间的方面来看，个体的生命首先受到自然的限定，由此产生了生与死的矛盾；而人类的发展进程，又受到历史的限定，于是产生出理想与现实的矛盾。”①也就是说，人类之所以要抒写悲剧，是因为作为处于主体与客体关系中的个体，人与自然、人与社会、人与人之间存在着普遍而必然的对立矛盾，这是人类生存中的根本性意识，是生命存在发展的意

① 杜卫：《美育论》，教育科学出版社2014年版，第285页。

志与能力局限性之间发展与阻碍、牺牲与突破的对立斗争，体现的是生命的悲壮性与崇高性，因此，我们才把悲剧看作是一种审美形态，而不仅仅是一种戏剧样式，更不是悲惨的事件。无论是哪种悲剧理论，对于悲剧本质的认识还是一致的，那就是悲剧一定会表现出理性的反思和生命的抗争，在反思中让心灵丰富，明晰世事复杂的本质，在抗争中锻炼意志，体验生命经历的价值。所以一部真正的悲剧既要有戏剧的表现特征，更要有美学的内在精神。为什么各种艺术形态都给予悲剧极高的地位？为什么哲学和艺术理论都反复研究和论证悲剧？简单来讲，就是因为悲剧意识是根植于人类生命密码中的，悲剧是人类敢于面对生命局限和生存困境的勇气和智慧。如果没有这样的悲剧精神内核，不但称不上悲剧，甚至还可能是有害的。同样作为热播剧，电视剧和网剧属于大众文化的范畴，一定程度上会照顾收视群体的心理感受，所以很难出产真正的悲剧。“BE 悲剧”和电视剧《人世间》，前者只有戏剧特征，后者保留了原著的悲剧精神，我们姑且称之为具有悲剧性的文艺作品，正因如此，二者就具有了可比性。那么，谁更具有美学价值和美育作用呢？

作为“甜宠剧”的替换口味，“BE 悲剧”虽然有一个 Bad Ending，但是并没有改变整部剧的“甜宠模式”，反而作为对比形成了越甜越虐的效果，所以才会有“玻璃碴里找糖”的说法。可见无论是“甜宠剧”还是“BE 悲剧”，其实是同质化的，如果说前者是“工业糖精”，那么后者只不过加了点眼药水而已，二者本质上都是消费主义生产逻辑下的娱乐产品。在消费主义主导之下，商品进入文化艺术遵循的是“仿真”原则，大量复制生产“拟像”(simulacra)产品，它的特点就是没有摹本，这样的商品品质使得艺术作品变得非真实化，但是它又自成一种表达方式，用“超真实”取代真实植入受众的观赏习惯里。正是因为这样的商业逻辑和创作原则，使得我们大量的影视剧作既没有现实感也没有历史感，更谈不上对真理的揭示。有观众在看到小南辰王（《周生如故》男主人公）剔骨而死的内容时（剧作并没有画面语言的表达），直呼痛苦、震撼，但如果你看过历史题材电影《勇敢的心》（《Brave Heart》，1995 年）中的威廉·华莱士赴死之前怒吼“Freedom”的镜头，两相比较才能感受到真正的悲剧震撼和崇高美感。与“BE 悲剧”相反，像《人世间》这样的文艺作品遵循的就是现实原则，尽管所有的文学艺术作品都离不开虚构的创作手法，但是虚构的只是情节和人物，艺术模仿的是现实，而艺术手法更是拨开了现实表面乱象，把本真的生活呈现在观众面前。文艺作品可以虚构，但是虚构之路通向的却是真实之境，不论是历史现实题材还是神话科幻题材，也无论是写实还是写意，所以亚里士多德才说“文学比历史更真实”。尤其是对于成长于互联网时代的青少年来讲，是让他们更沉溺于虚幻的世界、自我的封闭之中，还是用文艺作品去打破这个封闭世界，勇敢面对真实的人间呢？举一个简单的例子，这两年观众对于影视剧过度“加滤镜”的情况多有调侃，因而《人世间》一播出，女演员的素颜妆容首先获得了观众的赞赏，演员脸上的每一道皱纹都在告诉观众，这才是活生生的人。事实上，这种区别就是不同的创作原则所决定的。娱乐性的影视作品不仅仅过滤了画面，内容也是被过滤了的，这也就是为什么这些架空了历史和现实的作品明明喜欢使用家国情怀、朝权争斗、民族大义等大概念、大架构，但是感觉只不过是儿女私情的注脚。而《人世间》描写的只是当下和普通人，却可以让观众感受到时代洪流、世态万象，感叹于命运无常、人性明灭。如果一个文艺作品不具备“真”的品质，那么何来悲剧的认知和反思？又谈何带来悲剧的精神和智慧的启示？

对比之下我们还会发现，二者之间不仅创作原则不同，创作目的也不同。像“BE悲剧”事实上是为了迎合观众需求的，你想要视觉上的享受和情绪上的宣泄，那就给你梦幻般的画面和极端化的情节，不管是甜的还是虐的，其实都是追求情绪上的“爽”，这是一种浅层次的快感。消费文化和娱乐产品天然地要讨好和引导消费，深刻和隐晦容易吓退接受者，因而“无深度”的直接性和强刺激的感官体验往往更受欢迎，表面化风格变成了支配性的要素，我们则在逻辑和意识的“塑造”下变成了消费形象和符号的消费者。“风格”化的审美幻觉会使观众产生阶层和集团的亲切感和归属感，“量身定制”的感觉正是消费主义固定目标人群的商业策略，因此，这些看似命运悲剧的故事情节，国仇家恨、理性与感性的对立矛盾，并没有像真正的悲剧那样给观众带来恐惧感和崇高感，只是满足了“求虐”的收视心理，“比起美满的全剧终，那些自己偷偷哭红眼的Ending才是意难忘吧”，“唯有BE的剧情才会令人念念不忘，那种血里带肉的故事才会体现出撕心裂肺的痛，越是BE的结局就越爱看”（来自网络评论）。BE爱好者也有人提及朱光潜先生的悲剧心理学，欣赏悲剧不能离开审美距离产生的安全感，但就个人体验来讲，他们还是更愿意沉浸在“越虐越爱”之中，这种“求虐”心态带来的痛不会触及心灵，这种泪非常廉价，因为痛哭之后并不会产生任何觉醒和沉思。悲剧的恐惧感首先来自于对“真”的模仿和揭示，没有对“真”的深切感受，怎么会产生感同身受的恐惧？悲剧的恐惧感并不追求惊悚的刺激，而是为了震颤心灵，把观者从平庸的生活和麻木的感知中唤醒，这应该是一种残酷的体验，因为人类心智的成长必须面对“真”的考验。有人评论“BE 美学”时引用鲁迅先生“悲剧将人生的有价值的东西毁灭给人看”的观点，但是鲁迅写《再论雷峰塔的倒掉》恰恰批判的是国人用“瞒和骗”的心态去完成的“大团圆”，“瞒和骗”才是鲁迅痛心的关键，他主张对社会和人生要做“如实描写”。事实上，真实的生活是像《人世间》所描写的那样，在命运面前，没有一个人可以幸免，在时代面前没有一个人可以旁观，在人性面前没有一个人可以例外，在生活面前没有一个人是容易的。同样是年轻人，不管是周秉昆周围的底层人群还是周秉义、周蓉周围的精英人群，在那个年代无一例外都历经磨难，所以“苦是吗？嚼嚼咽了！”这句朴实的话才显得掷地有声。

当然，我们也要看到“BE 悲剧”被热捧，说明青少年观众群体有着对悲剧性作品的审美需求，一方面是有追求陌生化审美感受的转向原因，另一方面也符合人类审美能力提高的自然规律。从漫长的人类发展历程来看，人类主体的审美能力与客体审美形态的丰富性和复杂性一直都是相互伴随和促进的，个体审美能力的增长也遵循这样的规律。文学艺术是人类最为重要的审美表达和鉴赏对象，如果没有崇高、丑、滑稽、悲剧、荒诞等审美形态的出现，人类的感性认知力就难以发展，审美感受力就难以提升，以至于心灵的丰满和人格的健全都会受此影响，正因如此，蔡元培先生才会在一百多年前提出“以美育代宗教”的教育思想。网络影视剧的受众以青少年为主，这个年龄阶段情感充沛，但也极易冲动和偏执，学习能力强，但观念和意识也易多变和迷惘。新一代青年生长在国家平安富裕的历史阶段，又伴随着互联网对生活的深刻影响和改变，他们没有对于战争、贫穷等苦难的记忆，又习惯于网络上的情感幻想，因此，新媒体上的文艺作品能够给他们提供什么样的情感体验就显得非常重要。在他们所认可的“BE 美学”作品中，画面追求美轮美奂，连死亡的表达都要美得像一幅画，俊男靓女的主人公的爱情梦幻凄美，人物身份设定具有超越常人的特权。所以他们一边在生活中恣意任性，根本不识愁苦滋味；一边又在爱而不得时、理想受挫时轻率地选择以死明志。这种完美主义的表达方式看上去像是一种审美享受，其实这种欣赏体验会使人在舒服和沉浸之中接受其叙事逻辑，要么力求完美，要么宁为玉碎。同时，“BE 悲剧”从表面看也许仅仅是用年轻生命的逝去博取情感共鸣，深层观察会发现其夸大了个体生命在矛盾对立面前的牺牲作用。所以我们认为这样的暗示不但无益而且有毒。你看到漼时宜（《周生如故》女主人公）纵身一跃，定格成白雪红裙的美丽画面时，会感受到这是一个鲜活生命的失去吗？更何况她又在续集《一生一世》中复活成了现代人，这样的传达会让年轻人接收到什么样的信息？体会到什么样的生命意义？再看《人世间》中最具苦难色彩的女主角郑娟，这个生来命苦的女子一次次被命运逼到死角，但是她就像石缝中的小花，不断被摧残碾压又不断挺立绽放，而命运的捉弄和生活的磨难不但没有摧毁这个柔弱的女子，反而在她身上打磨出来了美丽的光辉，中年之后的郑娟就像宽阔而沉静的大海，温柔的表面下饱含力量，这种力量是岁月累积和生命顽强的馈赠，因此《人世间》这样具有悲剧性启示的文艺作品才能真正让观众感受到真善美。

影视作品是大众喜闻乐见的文艺形式，这些年其实一直都不乏带有悲剧性质的优秀作品出现,这类作品也往往会发挥出更大的美育作用,这也提醒我们,文艺作品创作必须要明确作品的核心价值观念和美学精神,尤其要注意网络文艺作品对青少年审美的影响。一定程度上讲,正确理解和传播悲剧美学观念既是优秀影视作品创作的基础,也是文艺作品更好发挥美育作用的前提。